Recettes pour enfants

Recettes pour enfants

Laurence du Tilly

Photographies, Rina Nurra
Stylisme, Delphine Brunet

Avec la collaboration de Gaz de France

HACHETTE
Pratique

sommaire

je veux la recette !

Tomates farcies / Préparation 20 min / une façon très chouette de leur faire manger des crudités. / LE BLÉ EST EXCELLENT POUR LA SANTÉ / Salade de blé à tomber / Pommes au four aux caramels / Cuisson 45 min / Préparation 10 min / C'est dingue ! Allez-y comprendre quelque chose. / Cuisson 15 min / 40 petits bonbons assortis (fraises Tagada, bonbons gélifiés, acidulés, etc.) / ôtez le cœur et coupez-la en 8 morceaux. / Servez avec les cubes de fruits pour tremper dedans. / Super bon avec des petites madeleines ! / 1 CAQUELON À FONDUE / Le tuyau de Laurence / Vous pouvez ajouter 1 Michoko / Ajoutez-y un caramel mou / Après 45 min, vérifiez la cuisson / À faire pour vos potes ou vos petits potes, j'en suis dingue / à ne pas vous brûler / RIEN QUE POUR LESLIE / Les ingrédients pour 4 personnes / 150 g de chocolat noir dessert / 12 Carambars / c'est sa maman qui gère la mise au four !! / Escargots au chocolat de Pauline / Lavez les mini-concombres et essuyez-les / Arrosez d'1 filet de miel et servez. / Concassez grossièrement les noix. / MELON JAMBON TOUT BON / 100 g de jambon cru fumé / Essayez de remplacer les jus de citron par autant de jus d'orange / Œufs cocotte aux super mouillettes

Croissants au jambon

PRÉPARATION 10 MIN | **CUISSON** 15 MIN | **COÛT** ★ | **DIFFICULTÉ** ★

→ C'EST LA SPÉCIALITÉ DE MON THOMAS… IL FAUT TOUJOURS EN PRÉVOIR BEAUCOUP CAR TOUTE LA FAMILLE LES DÉVORE VOLONTIERS.

1 Préchauffez le four à 150 °C (th. 5). Fendez vos croissants en deux dans l'épaisseur. Battez les œufs en omelette avec la crème et le gruyère, salez légèrement.

2 Ouvrez chaque croissant, déposez-y 1 demi-tranche de jambon puis ajoutez le mélange d'œufs. Refermez.

3 Déposez dans un plat à gratin beurré et enfournez pour 15 min de cuisson.

Les ingrédients pour 6 personnes

6 croissants au beurre
2 œufs
1 cuil. à soupe de crème fraîche
70 g de gruyère râpé
3 tranches de jambon
1 noisette de beurre pour le plat
sel et poivre

Pour varier_ Ajoutez 1 rondelle de tomate, c'est délicieux et bien équilibré !

la botte secrète d'aude et leslie

Testez l'alliance jambon aux herbes + tomme de brebis râpée. C'est carrément bon !

le tuyau de laurence

En entrée, prévoyez-en un par personne ; en plat principal, comptez-en deux et servez-les avec une salade verte.

Quiche fastoche

PRÉPARATION 10 MIN | **CUISSON** 40 MIN | **COÛT** ★ | **DIFFICULTÉ** ★

MATÉRIEL SPÉCIFIQUE 1 MOULE À TARTE

→ LE PREMIER EXPLOIT DE MON FILS VALENTIN ! QUELLE FIERTÉ DE PRÉPARER, TOUT SEUL, LE DÎNER DU SOIR. C'EST VRAIMENT LA CHOSE À FAIRE POUR LES LAISSER PRENDRE UN PEU D'AUTONOMIE.

1 Préchauffez le four à 180 °C (th. 6). Étalez la pâte feuilletée dans votre moule en conservant le papier sulfurisé. Découpez le surplus de papier. Piquez le fond de pâte à l'aide d'une fourchette et répartissez-y les lardons.

2 Cassez les œufs dans un saladier, versez la crème et battez-les en omelette. Ajoutez le gruyère râpé, salez, poivrez et mélangez. Versez cette préparation sur le fond de pâte.

3 Enfournez pour 40 min de cuisson.

Les ingrédients pour 1 quiche

1 rouleau de pâte feuilletée prête à dérouler
200 g de lardons
6 œufs
30 cl de crème fraîche épaisse
150 g de gruyère râpé
sel et poivre

Pour varier_ • Vous pouvez ajouter des petits légumes à cette recette. Une bonne façon de les faire passer ! Pensez à des dés de tomate ou de courgette. • Remplacez les lardons par des dés de jambon ou de poulet. • Ajoutez des herbes, c'est super joli et vraiment délicieux. La persillade en pot, ça assure !

la botte secrète d'aude et leslie

Pensez à utiliser des moules à tartelettes. Les enfants sont fans des mini-quiches.

le truc de stéphan

Blanchissez les lardons avant de les utiliser : la quiche sera moins salée.
Pensez aussi au jambon fumé, au speck, au magret fumé, etc.

Salade de coquillettes, c'est la fête !

PRÉPARATION 15 MIN | **CUISSON** 10 MIN | **COÛT** ★★ | **DIFFICULTÉ** ★

→ C'EST PARFOIS UN CASSE-TÊTE DE FAIRE UNE RECETTE FESTIVE QUE NOS PETITS AIMENT. LÀ C'EST SANS SOUCI. MÊME SI VOUS NE TROUVEZ PAS LES COQUILLETTES TRÈS CHIC, POUR EUX C'EST LA FÊTE !

1 Mettez les coquillettes à cuire dans une casserole d'eau salée. Suivez les indications du paquet pour le temps de cuisson. Égouttez-les, rincez-les et laissez refroidir. Mettez les petits pois à cuire, égouttez. Lavez les tomates et séchez-les dans un torchon propre.

2 Coupez le saumon fumé en petits carrés. Coupez les tomates en dés. Pelez le demi-concombre, coupez-le en deux pour ôter les graines du milieu et coupez-le en dés. Pelez l'avocat et coupez-le en dés. Égouttez les boules de mozzarella. Versez tous ces ingrédients avec les petits pois sur les coquillettes dans un saladier.

3 Dans un bol, mélangez la crème, le jus de citron et l'aneth. Salez et poivrez puis versez sur la salade. Mélangez et servez. Vous pouvez aussi la placer au réfrigérateur et la déguster plus tard !

Les ingrédients pour 6 personnes

300 g de coquillettes
50 g de petits pois surgelés
2 tomates moyennes
2 tranches de saumon fumé
½ concombre
1 avocat
125 g de mini-boules de mozzarella
15 cl de crème liquide
2 cuil. à soupe de jus de citron
1 cuil. à soupe d'aneth ciselé
sel et poivre

le tuyau de laurence

Pour éviter que vos pâtes ne fassent un tas compact en refroidissant, passez la passoire abondamment sous l'eau froide pour bien les rincer avant de les mettre dans votre saladier.

le truc de stéphan

Pour alléger la recette, pensez à utiliser de la crème liquide allégée.

Tartines de tomate-mozza rôties

PRÉPARATION 5 MIN | **CUISSON** 10 MIN | **COÛT** ★ | **DIFFICULTÉ** ★

→ ILS ADORENT LES TARTINES ET EN PLUS C'EST TRÈS SIMPLE POUR EUX DE VOUS AIDER. À DÉGUSTER AVEC UNE SALADE OU TOUT SIMPLEMENT À CROQUER AVEC LES DOIGTS !

1 Préchauffez le four à 180 °C (th. 6). Coupez les muffins en deux dans l'épaisseur. Lavez et séchez la tomate et coupez-la en rondelles. Détaillez la mozzarella en 8 tranches.

2 Tartinez les moitiés de muffins de tapenade, recouvrez de 2 tranches de mozzarella. Salez puis ajoutez 1 belle rondelle de tomate sur le dessus. Saupoudrez d'un peu d'herbes de Provence et de poivre pour les grands.

3 Enfournez pour 10 min de cuisson. Servez avec 1 feuille de basilic en décoration.

Les ingrédients pour 4 personnes

- 2 muffins anglais
- 1 belle tomate
- 200 g de mozzarella (en barre)
- 1 cuil. à soupe de tapenade
- ½ cuil. à café d'herbes de Provence
- 4 feuilles de basilic pour la décoration
- sel et poivre

la botte secrète d'aude et leslie

Et si vous troquiez la tapenade contre de la purée de tomate séchée ? On en raffole... Vous en trouverez dans les supermarchés près du guacamole et du tarama.

le tuyau de laurence

Pourquoi ne pas ajouter 1 tranche de jambon cru ou de jambon blanc à la place de la tapenade ? C'est super bon sur 1 tranche de pain de campagne ou de pain Poilâne.

Fondue au camembert

PRÉPARATION 5 MIN | **CUISSON** 10 MIN | **COÛT** ★ | **DIFFICULTÉ** ★

→ UNE FOIS CHAUD LE CAMEMBERT EST BEAUCOUP MOINS FORT EN GOÛT. EN PLUS C'EST SUPER LUDIQUE, ILS VONT ADORER !

1 Préchauffez le four à 150 °C (th. 5). Sortez le camembert de sa boîte pour enlever le papier et replacez-le dedans. Enfournez pour 10 min de cuisson à 150 °C (th. 5).

2 Pendant ce temps, coupez la demi-baguette en mouillettes.

3 Mettez la boîte de camembert chaud sur une assiette, ôtez délicatement la croûte sur le dessus. Dégustez en trempant vos mouillettes dans le fromage fondu.

Les ingrédients pour 4 à 6 personnes

1 camembert (boîte en bois)

½ baguette

poivre du moulin

le tuyau de laurence

Complétez les mouillettes avec des tomates cerise et des radis. Vous pouvez aussi servir cette fondue au camembert comme une raclette avec des pommes de terre et du jambon.

le truc de stéphan

Prenez soin de choisir un camembert encore très légèrement dur, pas trop fait : s'il est trop fort, il risque de choquer un peu les petits. En revanche, pour les adultes, faites tout le contraire.

Hamburger de Julie

PRÉPARATION 10 MIN | **CUISSON** 10 MIN | **COÛT** ★★ | **DIFFICULTÉ** ★

→ C'EST LE TRUC DE MA GRANDE, JULIE. UNE RECETTE AUSSI RAPIDE QU'AU FAST-FOOD ! SON SECRET ? ELLE NE FAIT PAS TROP CUIRE LES STEAKS HACHÉS.

1 Dans une poêle, faites chauffer le beurre et cuire les steaks hachés à feu moyen pendant 6 à 10 min selon le niveau de cuisson voulu.

2 Pendant ce temps, dédoublez vos pains « spécial hamburger », recouvrez chaque chapeau et chaque base d'1 tranche de fromage et placez-les 5 min sous le gril du four.

3 Sortez les pains du four et tartinez la base de mayonnaise, recouvrez d'1 steak haché et d'1 pointe de sauce ketchup. Refermez avec le haut du pain. Servez aussitôt.

Les ingrédients pour 4 personnes

4 steaks hachés de 100 g chacun
4 pains « spécial hamburger »
8 tranches de fromage « spécial hamburger »
2 cuil. à soupe de mayonnaise
2 cuil. à soupe de sauce ketchup
1 noix de beurre pour la poêle

Pour varier _ Ajoutez, selon les goûts de chacun, 1 rondelle de tomate ou 1 feuille de salade.

Del Monte
KETCHUP
Del Monte
KETCHUP

Raclette de toastinettes

PRÉPARATION 10 MIN | **CUISSON** 15 MIN | **COÛT** ★ | **DIFFICULTÉ** ★

→ VOILÀ UNE PETITE RECETTE DE RACLETTE PLUS ENFANTINE ET PLUS FACILE À FAIRE SANS SORTIR TOUT LE MATÉRIEL !

1 Lavez les pommes de terre avec leur peau et mettez-les dans une casserole d'eau froide salée. Mettez sur le feu et comptez 10 min de cuisson à partir du début de l'ébullition. Vérifiez la cuisson avec la pointe d'un couteau. Prolongez de quelques minutes si nécessaire. Le couteau ne doit pas rencontrer de résistance !

2 Préparez quatre assiettes avec 1 tranche de jambon blanc, 1 tranche de rosette et 2 cornichons dans chacune d'elles.

3 Égouttez les pommes de terre et coupez-les en deux sans vous brûler. Déposez les moitiés de pommes de terre sur la plaque du four recouverte de papier sulfurisé. Recouvrez chacune d'elles d'1 demi-tranche de toastinette. Passez 2 min sous le gril du four à mi-hauteur.

4 Servez les assiettes avec 3 moitiés de pommes de terre chacune.

Les ingrédients pour 4 personnes

6 pommes de terre à chair ferme de taille moyenne
4 tranches de jambon blanc
4 tranches de rosette
8 cornichons
6 tranches de toastinette « spécial croque-monsieur »
1 pincée de gros sel

le truc de stéphan

Choisissez des gros cornichons russes « Mollosol » assez sucrés que les enfants aiment beaucoup.

Croque-madame en cœur

PRÉPARATION 15 MIN | **CUISSON** 10 MIN | **COÛT** ★ | **DIFFICULTÉ** ★

MATÉRIEL SPÉCIFIQUE 1 EMPORTE-PIÈCE EN FORME DE CŒUR

→ SUCCÈS GARANTI ! SI VOUS N'AVEZ PAS D'EMPORTE-PIÈCE EN FORME DE CŒUR, VOUS POUVEZ TOUT SIMPLEMENT DÉCOUPER UN ROND DE PAIN AVEC UN VERRE RETOURNÉ.

1 Toastez 4 tranches de pain de mie. Tartinez chacune d'elles avec un peu de beurre puis recouvrez d'1 tranche d'emmental et d'1 demi-tranche de jambon blanc.

2 Placez l'emporte-pièce au centre des 4 tranches de pain de mie restantes et évidez-les pour obtenir une découpe en forme de cœur.

3 Mettez le reste du beurre dans une grande poêle et déposez-y les tranches de pain évidées au centre. Quand la face du dessous est légèrement dorée, retournez-les et cassez 1 œuf au centre de chaque tartine. Quand le blanc est coagulé, retirez délicatement de la poêle les tartines garnies de l'œuf au plat à l'aide d'une spatule, et déposez-les sur les bases déjà préparées.

Les ingrédients pour 4 personnes

8 tranches de pain de mie « spécial sandwich »
30 g de beurre
4 tranches d'emmental
2 tranches de jambon blanc
sel et poivre du moulin

Astuce_ Foncez p. 114 pour la recette filmée !

la botte secrète d'aude et leslie

Voici un mariage détonant pour ces croques à croquer : Kiri et bresaola... Tentez l'expérience, c'est fou, fou, fou !

le tuyau de laurence

- Vous pouvez ajouter 1 rondelle de tomate à l'intérieur.
- Remplacez le pain de mie blanc par du pain de mie aux céréales et troquez le jambon par du blanc de poulet ou du jambon de Parme.

Ma pizza à moi

PRÉPARATION 10 MIN | **CUISSON** 20 MIN | **COÛT** ★ | **DIFFICULTÉ** ★

→ THOMAS A PRÉPARÉ CETTE SUPER PIZZA POUR SES COUSINS VICTOR, INÈS ET LÉO... IL N'EN EST PAS RESTÉ UNE SEULE MIETTE ! VOUS POUVEZ LA PRÉPARER À L'AVANCE ET LA METTRE AU RÉFRIGÉRATEUR EN ATTENDANT DE L'ENFOURNER DANS UN FOUR BIEN CHAUD POUR LA CUIRE.

1 Préchauffez le four à 200 °C (th. 6-7). Sortez la plaque du four et recouvrez-la de papier sulfurisé.

2 Découpez le jambon blanc en carrés, la mozzarella en tranches et la tomate en rondelles.

3 Étalez la pâte sur la plaque du four. Tartinez-la de purée de tomates en laissant intact le pourtour de la pizza sur 1 cm environ. Recouvrez de carrés de jambon puis de tranches de mozzarella et de rondelles de tomate. Arrosez d'1 filet d'huile d'olive et parsemez de basilic ciselé. Ajoutez les olives et enfournez pour 20 min de cuisson à 200 °C (th. 6-7).

Les ingrédients pour 4 personnes

3 fines tranches de jambon blanc
150 g de mozzarella (en barre)
1 tomate
1 rouleau de pâte à pizza à étaler
3 cuil. à soupe de purée de tomates
1 filet d'huile d'olive
1 branche de basilic
5 olives noires dénoyautées

Pour varier_ Ajoutez de fines lamelles de chorizo, des lamelles de champignons de Paris, 1 œuf... ! Mais ce que je préfère ce sont des oignons et des poivrons rouges en lamelles, dorés avant à la poêle.

le tuyau de laurence

Prenez 1 poivron rouge et coupez-le en deux. Ôtez les graines et découpez des morceaux dedans à l'aide d'un petit emporte-pièce en forme d'étoile ou de cœur. Ajoutez sur la pizza avant d'enfourner. Pas mal aussi avec de la courgette : coupez-la en rondelles et donnez-leur une forme !

le truc de stéphan

Quelques minutes avant la fin de la cuisson, cassez 1 œuf bio extra-frais sur la pizza : en général, les petits adorent ça !

Œufs cocotte aux super mouillettes

PRÉPARATION 10 MIN | **CUISSON** 10 MIN | **COÛT** ★ | **DIFFICULTÉ** ★★ |

MATÉRIEL SPÉCIFIQUE 4 RAMEQUINS

Les ingrédients pour 4 personnes

20 g de beurre mou
1 cuil. à café de ciboulette ciselée
½ baguette
2 portions de Kiri
1 tomate
4 cuil. à soupe de crème fraîche
4 beaux œufs
1 noix de beurre pour les ramequins
sel et poivre du moulin

1 Préparez vos mouillettes. Mélangez le beurre et la ciboulette ciselée. Découpez la demi-baguette en « bâtonnets » et tartinez-en la moitié avec le beurre et l'autre moitié avec le Kiri. Disposez dans un plat.

2 Coupez la tomate en quatre, ôtez les graines et coupez la chair en petits dés. Mélangez à la crème fraîche, salez et poivrez légèrement. Beurrez quatre ramequins. Répartissez la crème à la tomate au fond des ramequins. Cassez 1 œuf dans chacun d'eux.

3 Placez une sauteuse sur le feu avec 3 cm d'eau. Portez à ébullition et déposez-y délicatement les ramequins en prenant soin de ne pas vous brûler. Laissez cuire dans ce bain-marie 10 min environ. Le blanc doit être cuit et le jaune encore liquide. Salez et servez aussitôt avec les super mouillettes.

Pour varier_ Ajoutez un peu de fromage râpé sur le dessus.

la botte secrète d'aude et leslie

Nos mouillettes préférées ? Des lichettes de pain brioché toasté avec du beurre salé et du comté.

le tuyau de laurence

Vous pouvez également faire ces œufs cocotte dans un bain-marie au four ; dans ce cas, séparez le blanc du jaune d'œuf et ajoutez le jaune en fin de cuisson pour qu'il ne soit pas trop cuit mais juste chaud.

Taboulé super bon

PRÉPARATION 15 MIN | **REPOS** 2 H | **COÛT** ★ | **DIFFICULTÉ** ★

→ CETTE RECETTE EST TRÈS AGRÉABLE QUAND IL FAIT CHAUD, ET SURTOUT TRÈS RAPIDE À FAIRE. SUR CETTE BASE, LAISSEZ PARLER VOTRE CRÉATIVITÉ.

1 Mettez les raisins à gonfler dans un peu d'eau chaude. Versez la semoule dans un saladier.

2 Dans une casserole, portez à ébullition ¼ de litre d'eau, le cube de bouillon et 2 cuil. à soupe d'huile d'olive. Versez sur la semoule, remuez, couvrez et laissez gonfler 5 min.

3 Détachez les grains à la fourchette et laissez refroidir au réfrigérateur.

4 Lavez les tomates et le demi-concombre puis coupez-les en dés. Coupez finement le cerfeuil et les petits oignons. Ajoutez tous ces ingrédients dans le saladier avec le jus des citrons et le reste d'huile d'olive. Salez et poivrez. Mélangez et placez au régrigérateur au moins 2 h avant de servir bien frais.

Les ingrédients pour 4 à 6 personnes

25 g de raisins secs blonds
200 g de semoule moyenne
1 bouillon KUB
4 cuil. à soupe d'huile d'olive
3 tomates
½ concombre
1 botte de cerfeuil
2 oignons nouveaux
le jus de 2 citrons
sel et poivre

Pour varier_ Troquez le cerfeuil contre de la ciboulette.

le tuyau de laurence

Il existe des semoules parfumées aux épices, idéales pour la réalisation de taboulés plus originaux.

le truc de stéphan

Essayez de remplacer les jus de citron par autant de jus d'orange ou de pamplemousse. Effet et surprise garantis !

Pommes de terre en robe de chambre !

PRÉPARATION 10 MIN | **CUISSON** 50 MIN | **COÛT** ★ | **DIFFICULTÉ** ★

→ VOUS ALLEZ DÉCOUVRIR LE POT-AUX-ROSES ! LES POMMES DE TERRE NE PORTENT PAS DE ROBE DE CHAMBRE ! DÉSOLÉE DE VOUS DÉCEVOIR, MAIS CE SONT DES POMMES DE TERRE EN ROBE DES CHAMPS !

1 Préchauffez le four à 200 °C (th. 6-7). Lavez les pommes de terre et enveloppez-les entières avec leur peau dans une feuille de papier d'aluminium en évitant les surépaisseurs. Mettez à cuire 45 min.

2 Pendant la cuisson des pommes de terre, faites chauffer l'huile d'olive dans une poêle, puis mettez le bacon à cuire. Quand il semble cuit, retournez-le et poursuivez encore un peu la cuisson afin qu'il soit bien croustillant. Déposez-le sur du papier absorbant. Émiettez le bacon et versez-le dans le bol de votre robot. Ajoutez la crème et mixez. Versez dans un bol, salez, poivrez et ajoutez la ciboulette ciselée. Mettez au frais en attendant vos pommes de terre.

3 Après 45 min au four, vérifiez la cuisson avec la pointe d'un couteau ; elle doit entrer dans la pomme de terre sans résistance. Déposez dans les assiettes puis coupez-les en deux et versez la sauce au milieu.

Les ingrédients pour 4 personnes

4 grosses pommes de terre
4 tranches de bacon
25 cl de crème fraîche
½ botte de ciboulette
1 cuil. à soupe d'huile d'olive pour la poêle
sel et poivre du moulin

Pour varier_ Variez les petites sauces : beurre et fleur de sel, 25 cl de crème et 1 cuil. à soupe de sauce ketchup, 25 cl de crème et 1 cuil. à café de curry en poudre.

la botte secrète d'aude et leslie

Vous pouvez aussi remplacer le bacon par des petits lardons « grillotés ».

Escalopes panées

PRÉPARATION 15 MIN | **CUISSON** 10 MIN | **COÛT** ★ | **DIFFICULTÉ** ★

→ PRÉPAREZ LES ESCALOPES ET LES ASSIETTES CREUSES PUIS PASSEZ-LEUR LA MAIN, ILS ADORENT TOUTES CES MANIPS !

1 Mettez le gril du four à chauffer. Préparez la plaque de votre four en la recouvrant de papier sulfurisé.

2 Râpez le cheddar et mélangez-le dans une assiette creuse avec la chapelure. Battez les œufs en omelette dans une deuxième assiette et versez la farine dans une troisième. Placez les escalopes de poulet entre deux feuilles de film transparent et aplatissez-les sur 1 cm d'épaisseur. Aidez-vous d'un rouleau à pâtisserie pour les « battre ». Coupez chacune d'elles en deux et salez-les.

3 Passez successivement vos escalopes de poulet dans la farine, les œufs battus puis le mélange chapelure-fromage. Déposez-les sur la plaque du four et arrosez de beurre fondu.

4 Enfournez et laissez cuire 5 min de chaque côté. Servez avec le citron coupé en quartiers.

Les ingrédients pour 4 personnes

100 g de cheddar
100 g de chapelure
2 œufs
50 g de farine
4 escalopes de poulet
40 g de beurre fondu
1 citron
sel

Pour varier_ • À faire aussi avec des escalopes de dinde ou de veau. • Vous pouvez remplacer le cheddar par du parmesan râpé. • Vous pouvez même ajouter des fines herbes ciselées au mélange fromage-chapelure.

le tuyau de laurence

Une fois aplaties, vous aurez 8 escalopes, ne soyez pas affolé, elles sont fines et bonnes... Ils vont tout dévorer !

le truc de stéphan

Faites varier la saveur de vos escalopes en changeant de fromage : mozzarella, provolone picante, scarmoza, comté, à vous de choisir.

Sandwichs club en fleurs

PRÉPARATION 10 MIN | **COÛT** ★ | **DIFFICULTÉ** ★

MATÉRIEL SPÉCIFIQUE 1 EMPORTE-PIÈCE ROND ET CANNELÉ DE PRÉFÉRENCE, DE 9 CM DE DIAMÈTRE ENVIRON

→ C'EST VRAI QUE LE CÔTÉ CANNELÉ EST SYMPA CAR CELA FAIT PENSER À DES FLEURS. SI VOUS N'EN AVEZ PAS, UTILISEZ UN VERRE RETOURNÉ !

1 Découpez les tranches de jambon en deux. Préparez tous vos ingrédients en les coupant à l'emporte-pièce : le salami, les demi-tranches de jambon et les tranches de pain. Beurrez ces dernières.

2 Recouvrez 8 tranches de pain d'1 tranche d'emmental. Recouvrez ensuite de jambon et de salami. Terminez vos sandwichs avec les tranches de pain beurré restant.

Les ingrédients pour 4 personnes

2 tranches de jambon blanc
4 tranches de salami
16 tranches de pain de mie « spécial sandwich »
30 g de beurre
8 tranches d'emmental

Pour varier_ • Remplacez le beurre par de la mayonnaise. • Ajoutez selon vos envies 1 rondelle de tomate ou d'œuf dur.

Cake jambon-emmental

PRÉPARATION 15 MIN | **CUISSON** 40 MIN | **COÛT** ★ | **DIFFICULTÉ** ★

→ C'EST SUPER EN TRANCHES POUR UN DÎNER, EN CUBES POUR UN APÉRO, OU À EMPORTER ENTIER POUR UN PIQUE-NIQUE.

1 Préchauffez le four à 180 °C (th. 6). Beurrez votre moule à cake. Mettez les petits pois à cuire. Coupez le jambon et l'emmental en petits dés.

2 Cassez les œufs dans un saladier et battez-les en omelette. Faites fondre le beurre. Incorporez la farine et la levure tamisées et mélangez pour obtenir une pâte lisse. Versez alors la crème et le beurre fondu tout en remuant énergiquement. Ajoutez le gruyère râpé, les dés de jambon et d'emmental, les petits pois égouttés, salez légèrement et poivrez.

3 Versez la pâte dans votre moule. Placez-le dans le four à 180 °C (th. 6) et laissez cuire 40 min. Vérifiez la cuisson avec la pointe d'un couteau. Laissez tiédir avant de démouler.

Les ingrédients pour 6 à 8 personnes

300 g de petits pois surgelés
200 g de jambon blanc en tranches épaisses
200 g d'emmental
3 œufs
50 g de beurre
150 g de farine
1 sachet de levure chimique
15 cl de crème liquide
50 g de gruyère râpé
1 noix de beurre pour le moule
sel et poivre du moulin

la botte secrète d'aude et leslie

Mordus de fromages dignes de ce nom, troquez l'emmental et le gruyère contre de l'appenzeller et du beaufort... Et croyez-nous sur parole, les enfants en raffolent !

le tuyau de laurence

Coupez le cake en cubes et servez avec des petites piques en bois.

Petits roulés au pain lavash

PRÉPARATION 10 MIN I **COÛT ★★ I DIFFICULTÉ ★**

→ ÇA CHANGE DU SEMPITERNEL JAMBON-BEURRE. FACILE À TRANSPORTER ET EN PLUS ILS ADORERONT VOUS AIDER. MERCI FLAVIE.

1 Détaillez les tranches de saumon en lamelles. Faites de même avec le jambon.

2 Tartinez le fromage frais sur l'ensemble de la surface des pains lavash. Recouvrez avec les lamelles de saumon pour 2 pains et de jambon blanc pour les 2 autres. Roulez aussi serré que possible.

3 Enveloppez chaque pain lavash de film transparent et gardez au froid avant de servir.

Les ingrédients pour 4 personnes

3 belles tranches de saumon fumé

2 tranches de jambon blanc

150 g de fromage frais de type Saint-Môret

4 pains lavash (350 g environ)

Pour varier_ Délicieux en ajoutant de fines lamelles de concombre et de radis.

le tuyau de laurence

Pour les grands, servez ces sandwichs roulés pour l'apéro en les coupant en tronçons.

le truc de stéphan

Faites varier la saveur de cette recette en utilisant d'autres fromages, comme la brousse, la ricotta et en y ajoutant des épices ou des herbes fraîches hachées.

Allumettes au fromage

PRÉPARATION 10 MIN | **CUISSON** 10 À 12 MIN | **COÛT** ★ | **DIFFICULTÉ** ★

Les ingrédients pour 4 à 6 personnes

1 œuf

1 cuil. à soupe de lait

2 rouleaux de pâte feuilletée à dérouler

70 g de gruyère râpé

poivre du moulin

1 Préchauffez le four à 200 °C (th. 6-7). Préparez la plaque de votre four en la recouvrant de papier sulfurisé.

2 Dans un bol, battez l'œuf avec le lait et un peu de poivre. Déroulez les pâtes feuilletées et badigeonnez-les au pinceau avec ce mélange.

3 Saupoudrez la première pâte feuilletée de gruyère râpé puis recouvrez avec la deuxième pâte, face badigeonnée vers le bas.

4 Appuyez légèrement sur toute la surface de la pâte pour qu'elles collent. Taillez des bandes de 1 cm de large avec la pointe d'un couteau tranchant. Prélevez chaque bande et déposez-la sur la plaque du four en prenant soin de la tordre légèrement sur elle-même. Coupez les plus longues en deux. Enfournez pour 10 à 12 min de cuisson.

Astuce_ Pour suivre pas-à-pas la recette, rendez-vous p. 115.

Pour varier_ Remplacez le gruyère râpé par un mélange parmesan-cheddar râpé. Vous pouvez également ajouter des graines de pavot ou de sésame.

Baby tartelettes au poulet

PRÉPARATION 15 MIN | **CUISSON** 25 MIN | **COÛT** ★ | **DIFFICULTÉ** ★★ |

MATÉRIEL SPÉCIFIQUE 4 RAMEQUINS

1 Préchauffez le four à 180 °C (th. 6). Étalez la pâte brisée et découpez-y 4 ronds égaux. Beurrez quatre ramequins et disposez-y les ronds de pâte comme dans un moule.

2 Coupez le poulet en dés. Pelez et émincez finement l'oignon. Faites chauffer l'huile d'olive dans une poêle et faites revenir l'oignon 2 min en remuant. Ajoutez alors les dés de poulet et laissez cuire à nouveau 3 à 4 min avant de les verser sur les fonds de tartelettes. Ajoutez les petits pois.

3 Dans un bol, fouettez l'œuf avec la crème, salez et versez sur le mélange poulet-petits pois. Enfournez pour 25 min de cuisson.

Les ingrédients pour 4 personnes

1 rouleau de pâte brisée
1 petit blanc de poulet
1 petit oignon
50 g de petits pois surgelés
1 œuf
15 cl de crème fraîche épaisse
1 filet d'huile d'olive pour la poêle
1 noix de beurre pour les ramequins
sel et poivre du moulin

le tuyau de laurence

Pour des petites tartelettes plus rapides à préparer, remplacez le poulet par des dés de jambon blanc. Vous pouvez ajouter un peu de fromage râpé à cette préparation.

le truc de stéphan

Faites cette recette en utilisant tout simplement des restes de poulet rôti.

Melon jambon tout bon

PRÉPARATION 10 MIN **I COÛT ★ I DIFFICULTÉ ★**

→ VOILÀ DES PETITES BROCHETTES SUPER SIMPLES ET SUPER RAPIDES À FAIRE POUR UN BRUNCH OU UN APÉRO.

1 Coupez le melon en deux, ôtez les graines et coupez la chair en cubes. Coupez le fromage en cubes. Détaillez le jambon en lamelles et roulez-les sur elles-mêmes.

2 Préparez vos brochettes en alternant 1 cube de mimolette, 1 bille de melon et 1 rouleau de jambon.

Les ingrédients pour 4 personnes

1 beau melon
150 g de mimolette
100 g de jambon cru fumé
poivre du moulin

Pour varier_ • Remplacez le jambon par 1 rondelle de chorizo mi-fort. • Zappez la mimolette et mettez des mini-boules de mozza.

la botte secrète d'aude et leslie

Pour faire découvrir de nouveaux goûts à vos chérubins, lancez-vous dans des brochettes jambon cru, melon et figue.

le tuyau de laurence

Utilisez des piques cure-dents pour réaliser ces petites brochettes.

le truc de stéphan

Faites une autre présentation en utilisant une cuillère spéciale permettant de former des petites billes de melon.

Mini hot-dog

PRÉPARATION 30 MIN | **CUISSON** 10 MIN | **COÛT** ★ | **DIFFICULTÉ** ★

→ CE TYPE DE RECETTE RÉGRESSIVE, NOUS, LES FILLES ON ADORE ! À SE DEMANDER QUI SONT LES PETITS POTES PARMI LES POTES !

1 Préchauffez le four à 180 °C (th. 6). Préparez la plaque de votre four en la recouvrant de papier sulfurisé.

2 Fendez les petits pains navette en deux dans la longueur sans les ouvrir complètement. Dans un bol, mélangez la crème et la moutarde, poivrez, ajoutez le fromage râpé et mélangez à nouveau. Répartissez cette préparation dans les navettes. Disposez-les sur la lèchefrite du four et enfournez pour 10 min de cuisson.

3 Pendant ce temps, coupez chaque saucisse en trois et plongez-les 3 min dans une casserole d'eau bouillante. Égouttez.

4 Sortez les petits pains du four. Déposez 1 petite saucisse dans chaque navette, recouvrez d'un peu de sauce ketchup et refermez. Servez chaud.

Les ingrédients pour 4 à 6 personnes

24 petits pains navette
1 cuil. à soupe de crème
1 cuil. à soupe de moutarde de Dijon
70 g de fromage râpé
8 saucisses de Strasbourg
sauce ketchup
poivre

le truc de stéphan

Pensez aussi à utiliser des moutardes anglaises : elles sont plus sucrées et plaisent beaucoup aux enfants. Vous les trouverez assez facilement dans les rayons « produits étrangers » de la plupart des grandes surfaces.

Feuilletés à la petite saucisse

PRÉPARATION 10 MIN | **CUISSON** 20 MIN | **COÛT** ★ | **DIFFICULTÉ** ★

1 Préchauffez le four à 180 °C (th. 6). Préparez la plaque du four en la recouvrant de papier sulfurisé. Fouettez le jaune d'œuf avec le lait.

2 Déroulez la pâte feuilletée et éliminez les bords pour ne garder qu'un grand carré. Découpez ce carré de pâte en 16 carrés égaux (4 par 4).

3 Découpez les chipolatas en quatre. Enroulez chaque morceau de saucisse dans un carré de pâte. Déposez sur la plaque du four et badigeonnez de jaune d'œuf battu. Enfournez pour 20 min de cuisson.

4 Servez avec les ramequins de sauces en accompagnement.

Les ingrédients pour 4 personnes

1 jaune d'œuf

1 cuil. à café de lait

1 rouleau de pâte feuilletée

4 chipolatas

1 ramequin de moutarde douce

1 ramequin de sauce ketchup

Pour varier_ Remplacez les chipolatas par des merguez, des saucisses de Francfort ou de Strasbourg.

le tuyau de laurence

Pour une présentation sympa, enfilez ces petites saucisses sur des piques à brochettes en bois.

le truc de stéphan

Si vous avez le temps, préférez la pâte feuilletée pur beurre vendue surgelée et non étalée : la présentation sera bien plus appétissante.

Pitas au saumon

PRÉPARATION 15 MIN | **COÛT** ★★ | **DIFFICULTÉ** ★

→ VOUS TROUVEREZ CES PAINS GRECS AU RAYON DES PAINS INDUSTRIELS DANS VOTRE GRANDE SURFACE.

1 Égouttez les cubes de feta. Lavez les crudités et coupez-les finement.

2 Passez les pitas 30 s au micro-ondes pour les ramollir. Ouvrez-les sur un tiers de leur pourtour. Garnissez chacune d'elles d'1 tranche de saumon fumé puis répartissez les cubes de feta et les lamelles de crudités dans les 4 pitas.

Les ingrédients pour 4 personnes

200 g de feta (à l'huile en bocal)
10 radis roses
10 cm de concombre
4 pitas
4 tranches de saumon fumé
poivre du moulin

Pour varier_ • Remplacez le saumon fumé par du jambon blanc ou fumé. • Zappez le concombre et troquez-le contre du cœur de laitue émincé.

le tuyau de laurence

À faire en format apéritif avec des mini-pitas.

Croûtons aux rillettes de sardines

PRÉPARATION 10 MIN | **CUISSON** 15 MIN | **COÛT** ★ | **DIFFICULTÉ** ★

→ C'EST VRAIMENT UNE RECETTE HYPER SIMPLE ET RAPIDE, À FAIRE AU DERNIER MOMENT.

Les ingrédients pour 4 à 6 personnes

- 1 baguette
- 1 boîte de sardines à l'huile (130 g environ)
- le jus d'½ citron
- 150 g de fromage frais « ail et fines herbes » ou de type Saint-Môret
- 1 cuil. à soupe rase de cerfeuil ciselé

1 Préchauffez le four à 100 °C (th. 3-4). Coupez la baguette en tranches et répartissez-les sur la plaque du four. Enfournez pour 15 min de cuisson. Sortez-les du four et laissez refroidir.

2 Égouttez les sardines, ouvrez-les en deux et enlevez l'arête centrale. Versez dans un bol, arrosez de jus de citron et écrasez à la fourchette. Ajoutez le fromage frais et le cerfeuil ciselé. Mélangez bien et placez au frais.

3 Servez ces rillettes de la mer avec les petites tranches de baguette grillées.

la botte secrète d'aude et leslie

Sympa aussi de faire moitié sardine, moitié thon à l'huile d'olive égoutté. Et pour le reste, vous faites tout pareil…

le tuyau de laurence

Profitez d'une baguette même rassie pour préparer vos croûtons. Ils se garderont très bien dans un bocal ou une boîte de conservation.

le truc de stéphan

Pour bien réussir cette recette, ne prenez que des sardines en boîte top qualité. Quelques sardines fraîches grillées seraient le summum…

Tartines Kiri du jardinier

PRÉPARATION 15 MIN | **COÛT** ★ | **DIFFICULTÉ** ★

→ UNE TARTINE DÉLICIEUSE POUR FAIRE MANGER DES CRUDITÉS... AUX PETITS COMME AUX GRANDS ! LILOU EN RAFFOLE.

1 Lavez et séchez les radis, le concombre et la tomate. Coupez les radis en petites rondelles. Émincez le concombre en lamelles aussi fines que possible. Coupez la tomate en quatre, ôtez les graines et détaillez la chair en petits dés.

2 Fendez la demi-baguette en deux et coupez chaque morceau encore en deux. Tartinez avec le Kiri. Recouvrez avec les crudités. Saupoudrez d'un peu de ciboulette ciselée. Dégustez.

Les ingrédients pour 4 personnes

12 radis roses
10 cm de concombre
1 tomate
½ baguette
6 portions de Kiri
10 brins de ciboulette

le tuyau de laurence

Variez les plaisirs avec différents pains : muffins grillés, pain de campagne toasté, pain viennois...

Soupe de carottes à la Vache qui rit

PRÉPARATION 10 MIN | **CUISSON** 15 MIN | **COÛT** ★ | **DIFFICULTÉ** ★

→ IL Y A DES RECETTES QUI N'ONT PAS D'ÂGE, CELLE-CI EN FAIT PARTIE. SI VOUS N'AVEZ PAS TROP DE TEMPS, UTILISEZ DES CAROTTES SURGELÉES EN RONDELLES.

Les ingrédients pour 4 personnes

- 6 belles carottes
- 1 bouillon KUB
- 4 portions de Vache qui rit
- sel

1 Pelez les carottes et coupez-les en rondelles. Versez dans une casserole, ajoutez le bouillon KUB et couvrez d'eau juste à niveau. Mettez sur le feu et comptez 15 min de cuisson à partir du début de l'ébullition.

2 Récupérez les carottes avec une écumoire, ajoutez 1 louche de bouillon de cuisson et les portions de Vache qui rit. Mixez pour obtenir une soupe épaisse. Ajoutez un peu de bouillon si vous voulez. Goûtez et rectifiez l'assaisonnement en sel. Servez bien chaud.

la botte secrète d'aude et leslie

Ajoutez des petites pâtes alphabet cuites dans la soupe juste avant de servir. Les enfants dévoreront leur bol jusqu'au bout.

le tuyau de laurence

Ajoutez des petits dés de jambon et des petits croûtons pour une soupe-repas. *So delicious !*

le truc de stéphan

Si vous faites cette recette pour des adultes majeurs et vaccinés (!), ajoutez 1 cuil. à café de gingembre frais finement râpé en début de cuisson.

Brochettes de crudités et dip mimi

PRÉPARATION 10 MIN | **COÛT** ★ | **DIFFICULTÉ** ★

→ ENCORE UNE FAÇON TRÈS CHOUETTE DE LEUR FAIRE MANGER DES CRUDITÉS.

1 Supprimez les fanes des radis et lavez-les. Fendez le demi-concombre en deux, ôtez les graines du cœur et détaillez la chair en cubes. Lavez et séchez vos tomates cerise. Détachez 8 petits bouquets de chou-fleur. Épluchez la carotte et coupez-la en 8 bâtonnets.

2 Préparez vos huit brochettes en alternant sur chaque pique tomate, radis, concombre, chou-fleur et carotte.

3 Fouettez le Saint-Môret et la sauce ketchup à la fourchette et servez dans un petit bol avec les brochettes.

Les ingrédients pour 4 personnes

8 radis roses

½ concombre

8 tomates cerise

1 gros bouquet de chou-fleur

1 carotte

100 g de Saint-Môret

2 cuil. à soupe de sauce ketchup

le tuyau de laurence

Complétez avec un petit bol de sauce mayonnaise.

Salade fraise-mozza

PRÉPARATION 10 MIN | **COÛT** ★★ | **DIFFICULTÉ** ★

→ J'AI GOÛTÉ CETTE RECETTE DE COCO ET JE DOIS DIRE QUE J'AI ÉTÉ CONQUISE. D'HABITUDE, JE MÉLANGEAIS FRAISE ET CHÈVRE FRAIS, MAIS AVEC DES PETITES BOULES DE MOZZA, C'EST TROP BON ET TROP MIMI !

1 Équeutez les fraises et coupez-les en deux ou en quatre selon leur taille, puis versez-les dans un saladier. Égouttez la mozzarella et ajoutez-la aux fraises.

2 Arrosez d'huile d'olive et de vinaigre balsamique, poivrez légèrement et saupoudrez de feuilles de basilic ciselées. Mélangez et servez sans trop attendre.

Les ingrédients pour 4 personnes

250 g de fraises
250 g de petites boules de mozzarella
2 cuil. à soupe d'huile d'olive
1 cuil. à café de vinaigre balsamique
1 branche de basilic
poivre du moulin

Astuce_ Si vous préparez cette recette à l'avance, attendez le dernier moment pour l'assaisonner. Vos fruits resteront frais et juteux.

Pour varier_ Panachez fraises et tomates cerise coupées en deux.

le tuyau de laurence

Pourquoi pas des petites brochettes fraises-mozza pour épater vos potes à l'apéro autour d'un jus d'orange ?

Concombres farcis

PRÉPARATION 10 MIN | **COÛT** ★ | **DIFFICULTÉ** ★

→ SI VOUS VOUS DEMANDIEZ L'INTÉRÊT DES MINI-CONCOMBRES… LE VOILÀ ! TROP JOLI ET TROP BON POUR UN PETIT GRIGNOTAGE GOURMAND.

1 Lavez les mini-concombres et essuyez-les. Coupez-les en deux dans la longueur et évidez-les légèrement. Concassez grossièrement les noix.

2 Émiettez la feta et mélangez avec les éclats de noix. Remplissez les moitiés de concombre et déposez-les dans un plat. Arrosez d'1 filet de miel et servez.

Les ingrédients pour 4 personnes

6 mini-concombres
50 g de cerneaux de noix
150 g de feta
2 cuil. à soupe de miel

Pour varier_ • Vous pouvez aussi faire très simple et garnir vos concombres de tarama, de tsatziki, d'œuf dur écrasé avec un peu de mayonnaise, etc. • Si vous n'avez pas de mini-concombres, prenez des gros concombres, coupez-les en deux et évidez-les également. Une fois garnis, coupez-les en tronçons de 2 à 3 cm.

le truc de stéphan

Agacez cette recette en y ajoutant quelques épices : cumin, paprika, à votre goût.

Soupe de courgettes au fromage frais

PRÉPARATION 15 MIN | **CUISSON** 15 MIN | **COÛT** ★ | **DIFFICULTÉ** ★

→ C'EST LA SEULE FAÇON QUE J'AI TROUVÉE POUR FAIRE MANGER DES COURGETTES À MES LOULOUS... ET ILS ADORENT CARRÉMENT ! C'EST DINGUE ! ALLEZ Y COMPRENDRE QUELQUE CHOSE.

1 Pelez l'oignon et coupez-le en quatre. Pelez les courgettes et coupez-les en grosses rondelles. Versez dans une casserole avec le bouillon KUB et couvrez d'eau juste à niveau. Mettez sur le feu et comptez 15 min de cuisson à partir du début de l'ébullition. Égouttez et gardez une louche de bouillon.

2 Versez les légumes dans le blender, ajoutez le fromage frais et mixez. Ajustez la consistance de votre soupe avec le bouillon que vous aurez gardé. Goûtez et salez si nécessaire. Servez bien chaud.

Les ingrédients pour 4 personnes

- 1 oignon
- 1 kg de courgettes
- 1 bouillon KUB
- 150 g de Saint-Môret
- sel

le tuyau de laurence

Délicieux glacé avec des petits dés de tomate sur le dessus.

le truc de stéphan

Pas mauvais non plus mixé avec 1 gousse d'ail nouveau blanchie, quelques feuilles de basilic et 1 beau trait d'huile d'olive.

Ma petite salade verte

PRÉPARATION 5 MIN | **COÛT** ★ | **DIFFICULTÉ** ★

→ MOI QUI SUIS UNE GOURMANDE TOUJOURS PRESSÉE, JE SUIS AUX ANGES DEPUIS QUE J'AI DÉCOUVERT CES PETITS CŒURS DE SALADE VENDUS PAR 3 OU 6 ! C'EST JOLI, ORIGINAL ET VRAIMENT TROP CROQUANT.

1 Dans un bol, préparez la sauce en fouettant l'huile, le vinaigre, la moutarde et 1 pincée de sel. Faites des copeaux d'emmental à l'aide d'un couteau économe.

2 Passez les sucrines sous l'eau et séchez-les en les épongeant dans un torchon propre. Coupez chaque cœur de sucrine en deux dans la longueur.

3 Disposez les demi-salades dans un plat, arrosez de sauce et recouvrez de copeaux de fromage. Servez sans plus attendre.

Les ingrédients pour 4 personnes

3 cuil. à soupe d'huile d'olive
1 cuil. à soupe de vinaigre balsamique
1 cuil. à café de moutarde
30 g d'emmental
4 cœurs de sucrine
sel

la botte secrète d'aude et leslie

Pensez à ajouter 2 œufs durs écrasés dans la vinaigrette. *So delicious !*

Tomates farcies

PRÉPARATION 20 MIN | **CUISSON** 40 MIN | **COÛT** ★★ | **DIFFICULTÉ** ★

→ C'EST LA RECETTE DE MON ENFANCE, ALORS JE PERPÉTUE LA TRADITION ET J'AI BEAUCOUP DE SUCCÈS.

1 Lavez vos tomates et séchez-les dans un torchon propre. Préchauffez le four à 180 °C (th. 6).

2 Coupez le chapeau des tomates puis évidez l'intérieur avec une cuillère. Conservez la pulpe. Pelez et émincez l'oignon. Coupez le bœuf cuit en gros cubes.

3 Dans le bol du robot, versez les cubes de bœuf cuit, la pulpe de tomate, l'oignon émincé et les herbes de Provence. Salez, poivrez et mixez le tout en actionnant votre robot par à-coups.

4 Garnissez les tomates avec cette farce. Déposez 1 petite noisette de beurre sur le dessus et replacez les chapeaux. Enfournez pour 40 min de cuisson.

Les ingrédients pour 4 personnes

8 tomates moyennes
1 oignon
400 g de bœuf cuit
(en vente chez votre boucher)
1 cuil. à soupe rase d'herbes de Provence
20 g de beurre
sel et poivre du moulin

Pour varier_ • Idéal à faire aussi avec les restes de viande de pot-au-feu ; dans ce cas, ajoutez aussi les restes de légumes dans la préparation de la farce. • Cette recette est délicieuse également avec des restes de gigot d'agneau. Dans ce cas, ajoutez quelques raisins secs et 1 cuil. à soupe de dés de citron confit.

le tuyau de laurence

À servir avec du riz ou des pâtes.

le truc de stéphan

Remplacez le bœuf par une bonne chair à saucisse mélangée avec un peu de persil et d'ail frais haché.

Salade de blé à tomber

PRÉPARATION 20 MIN | **CUISSON** 10 À 20 MIN | **COÛT** ★ | **DIFFICULTÉ** ★

→ NON SEULEMENT LE BLÉ EST EXCELLENT POUR LA SANTÉ MAIS À UTILISER À LA PLACE DU RIZ POUR LES SALADES COMPLÈTES, C'EST VRAIMENT AGRÉABLE. C'EST MOINS SEC ET, PAR CONSÉQUENT, VOUS METTREZ MOINS DE SAUCE.

1 Plongez le blé dans une casserole d'eau bouillante salée. Laissez cuire le temps indiqué sur le paquet puis égouttez. Versez dans un saladier et laissez refroidir.

2 Coupez le demi-concombre en deux, ôtez les graines du centre et coupez la chair en petits dés. Pelez les pommes, coupez-les en quatre, ôtez le cœur et détaillez les quartiers en petits dés. Coupez le comté en petits cubes. Coupez les raisins en deux. Concassez les noisettes dans un petit mixeur.

3 Versez tous ces ingrédients dans le saladier, sur le blé refroidi. Ajoutez la ciboulette et le cerfeuil ciselés.

4 Dans un bol, préparez la sauce en mélangeant le vinaigre et l'huile. Salez et poivrez puis versez sur la salade. Mélangez et placez au frais avant de servir.

Les ingrédients pour 4 à 6 personnes

Pour la salade

250 g de blé
½ concombre ou 3 mini-concombres
2 pommes granny-smith
150 g de comté
1 petite grappe de raisin blanc
75 g de noisettes décortiquées
½ botte de ciboulette
5 branches de cerfeuil

Pour la sauce

1 cuil. à soupe de vinaigre de cidre
3 cuil. à soupe d'huile d'olive
(ou 2 cuil. à soupe d'huile d'olive et 1 cuil. à soupe d'huile de noisette)
sel et poivre

le tuyau de laurence

Maintenant que vous avez découvert la salade de blé, amusez-vous en troquant les raisins contre des dés de tomate. Ajoutez des dés de poulet, des olives... Bref, soyez inventif et régalez-vous !

Soupe de fraises aux Tagada

PRÉPARATION 10 MIN | **REPOS** 30 MIN | **CUISSON** 1 MIN | **COÛT** ★ | **DIFFICULTÉ** ★

→ JE SUIS SÛRE QUE MA PETITE FILLEULE JOSÉPHINE VA CRAQUER. ELLE EST AUSSI GOURMANDE QUE SA MARRAINE !

1 Équeutez les fraises et coupez-les en deux ou en quatre selon leur taille.

2 Versez 30 cl d'eau dans une casserole avec 20 fraises Tagada. Mettez sur le feu et remuez jusqu'à ce que les fraises Tagada soient fondues.

3 Versez sur les fraises, laissez refroidir avant de mettre au réfrigérateur au moins 30 min avant de servir.

4 Au moment de servir, disposez la soupe dans des assiettes creuses et ajoutez 5 fraises Tagada par assiette.

Les ingrédients pour 4 personnes

400 g de fraises

1 paquet de fraises Tagada (300 g environ)

Pour varier_ Super bon sur des quartiers de pamplemousse ou même des pêches.

le tuyau de laurence

À tester avec des petites bananes bonbons. Dans ce cas, prévoyez 250 g de fraises et 2 bananes pour cette soupe.

le truc de stéphan

Allez, lâchez-vous ! Ajoutez aussi quelques marshmallows coupés en deux.

recettedel'internaute...

Gâteau *crunchy*

PRÉPARATION 10 MIN I **CUISSON** 3 MIN I **RÉFRIGÉRATION** QUELQUES HEURES I **COÛT** ★ I **DIFFICULTÉ** ★

→ UN GRAND MERCI À JOCELYNE MAYSSENG, LA GRANDE GAGNANTE DU CONCOURS DE RECETTES LANCÉ SUR LAPOPOTEDESPOTES.COM, POUR SON SUPER GÂTEAU *CRUNCHY* TOTALEMENT RÉGRESSIF QUI NOUS A FAIT CRAQUER TOUS LES QUATRE.

Les ingrédients pour 4 à 6 personnes

150 g de chocolat dessert au lait
90 g de beurre
250 g de marshmallows
150 g de riz soufflé (céréales du petit déj')

1 Cassez le chocolat dans une casserole, ajoutez le beurre et faites fondre à feu très doux sans cesser de remuer. Ajoutez les marshmallows et continuez à tourner jusqu'à ce qu'ils soient fondus.

2 Sortez la casserole du feu et ajoutez le riz soufflé. Mélangez bien.

3 Recouvrez une plaque de papier sulfurisé et déposez des petits tas de préparation à la cuillère. Mettez au frais quelques heures avant de déguster.

le tuyau de laurence

À décliner en 3 versions : chocolat lait, noir et blanc.

le truc de stéphan

Si vous habitez une grande ville, achetez les marshmallows de marque anglaise ou américaine en épicerie spécialisée. Leur parfum, inimitable, donnera un cachet très original à cette recette.

Brochettes de fruits aux bonbons

PRÉPARATION 10 MIN | **COÛT** ★ | **DIFFICULTÉ** ★

→ TOUTES LES OCCASIONS SONT BONNES POUR MANGER DES BROCHETTES DE BONBONS CHEZ MA PETITE FILLEULE DIANE. AJOUTEZ-Y DES FRUITS, C'EST COLORÉ ET FINALEMENT ÇA JOINT L'UTILE À L'AGRÉABLE. ELLE ADORE !

1 Pelez la mandarine et détachez les quartiers. Pelez le kiwi et coupez-le en 8 morceaux. Pelez la demi-pomme, ôtez le cœur et coupez-la en 8 morceaux. Détachez 16 grains de raisin.

2 Préparez vos brochettes en alternant 1 morceau de fruit et 1 bonbon. Prévoyez pour chaque brochette, 1 quartier de mandarine, 1 cube de kiwi, 1 cube de pomme, 2 grains de raisin, 1 fraise, 1 marshmallow et 5 bonbons.

Les ingrédients pour 8 grandes brochettes

1 mandarine
1 kiwi
½ pomme
1 petite grappe de raisin
8 petites fraises
8 marshmallows
40 petits bonbons assortis (fraises Tagada, bonbons gélifiés, acidulés, etc.)

Pour varier_ Laissez libre cours à votre imagination pour le choix des bonbons (mous !) et des fruits (banane, poire, orange, pamplemousse, ananas, etc.).

le tuyau de laurence

La maman de Diane pique ses brochettes dans une base en polystyrène recouverte d'un joli papier sympa. Pas mal aussi dans 1 demi-pastèque.

la boisson qui va bien

À servir avec des verres de grenadine et de menthe disposés en alternance, les uns contre les autres.

Fondue aux Carambar rien que pour Leslie

PRÉPARATION 15 MIN | **CUISSON** 5 MIN | **COÛT** ★ | **DIFFICULTÉ** ★

MATÉRIEL SPÉCIFIQUE 1 CAQUELON À FONDUE

→ VOUS PENSIEZ QUE LESLIE ENTRAIT EN TRANSE DEVANT LE NUTELLA ? C'EST VRAI, VOUS AVEZ BIEN SUIVI ! À VRAI DIRE ELLE EST DINGUE DE CHOCOLAT ET SURTOUT DE TOUT CE QUI EST UN PEU RÉGRESSIF !

1 Pelez les bananes et coupez-les en rondelles. Pelez les kiwis et coupez-les en cubes.

2 Versez la crème dans une petite casserole et portez à ébullition. Ôtez-la du feu puis ajoutez le chocolat coupé en petits morceaux et les Carambar. Remuez pour faire fondre et remettez sur feu doux si nécessaire. Quand la sauce est bien lisse, transvasez dans le caquelon et maintenez au chaud.

3 Servez avec les cubes de fruits pour tremper dedans.

Les ingrédients pour 4 personnes

2 bananes
2 kiwis
15 cl de crème liquide
150 g de chocolat noir dessert
12 Carambar

Pour varier_ • À tester avec d'autres fruits comme la mangue, la pêche, la poire, etc.
• Super bon avec des petites madeleines !

la botte secrète d'aude et leslie

Avec des cubes de brioche trempés dans cette fondue 100 % régressive, c'est le nirvana !

le tuyau de laurence

Vous pouvez vous passer de caquelon si vous la dégustez très vite avant qu'elle ne refroidisse et ne durcisse.

recettepourépater...

Charlotte aux oursons d'Aude et Stéphan

PRÉPARATION 20 MIN | **RÉFRIGÉRATION** 1 NUIT | **COÛT** ★ | **DIFFICULTÉ** ★★

MATÉRIEL SPÉCIFIQUE 1 MOULE À CHARLOTTE

1 Tapissez le fond du moule à charlotte d'un rond de papier sulfurisé. Disposez les oursons contre la paroi du moule, face contre le moule et pieds en l'air !

2 Coupez le beurre en petits cubes. Cassez le chocolat en carrés. Mettez le chocolat à fondre dans une casserole avec une cuillère à soupe d'eau. Mettez sur feu très doux sans cesser de remuer. Ôtez du feu dès que le chocolat est fondu. Ajoutez le beurre froid tout en mélangeant. Ajoutez les jaunes un à un et mélangez.

3 Plongez les feuilles de gélatine 10 min dans l'eau froide. Dans une petite casserole, faites bouillir 2 cuil. à soupe d'eau puis faites-y fondre les feuilles de gélatine essorées. Mélangez et ajoutez au chocolat.

4 Montez vos blancs en neige bien ferme avec 1 pincée de sel puis ajoutez-y le sucre glace. Prélevez 2 cuil. à soupe de blanc d'œuf battu et mélangez à la préparation au chocolat. Ajoutez le reste de blancs d'œufs et mélangez très délicatement cette fois-ci. Versez dans le moule et couvrez de film transparent. Placez au froid jusqu'au lendemain.

5 Au moment de servir, démoulez délicatement sur une assiette. Enlevez le papier sulfurisé et recouvrez le dessus de petites billes en chocolat.

Les ingrédients pour 4 à 6 personnes

- 14 oursons en guimauve au chocolat
- 90 g de beurre
- 150 g de chocolat dessert
- 2 œufs + 2 jaunes
- 1 cuil. à soupe rase de sucre glace
- 2 feuilles de gélatine
- 1 boîte de billes en chocolat (au rayon des aides culinaires)
- 1 pincée de sel

le tuyau de laurence

Soyez patients et mettez bien la charlotte 1 nuit au réfrigérateur sous peine de la voir s'effondrer !

Tiramisu aux Smarties

PRÉPARATION 15 MIN | **RÉFRIGÉRATION** 1 H | **COÛT** ★ | **DIFFICULTÉ** ★★

MATÉRIEL SPÉCIFIQUE 1 PLAT CREUX DE TYPE PLAT À GRATIN

1 Versez la crème liquide dans un saladier et placez-le au frais avec les fouets de votre batteur (5 min au congélateur ou 10 min au réfrigérateur). Quand le tout est bien froid, fouettez pour obtenir une crème Chantilly. Ajoutez le mascarpone et le sucre et fouettez à la fourchette pour bien mélanger le tout.

2 Émiettez les cookies au chocolat et tapissez-en le fond d'un plat à gratin. Recouvrez avec la moitié de la préparation au mascarpone, puis de lamelles de fraises et de la moitié des Smarties. Nappez avec le reste de crème. Couvrez de film transparent et placez au réfrigérateur au moins 1 h. Au moment de servir, ajoutez le reste des Smarties.

Les ingrédients pour 4 personnes

20 cl de crème liquide

500 g de mascarpone

3 cuil. à soupe rases de sucre en poudre

8 cookies chocolat aux pépites de chocolat

250 g de fraises

200 g de Smarties

Pour varier_ Très sympa aussi en format individuel.

la botte secrète d'aude et leslie

Pensez à troquer les Smarties contre des M&M's et les fraises contre des framboises... Et hop, une nouvelle recette trop chouette !

le tuyau de laurence

Remplacez les fraises par des rondelles de banane, de poire ou un panaché de fruits !

Pommes au four aux caramels

PRÉPARATION 10 MIN | **CUISSON** 45 MIN | **COÛT** ★ | **DIFFICULTÉ** ★

→ C'EST UNE RECETTE AUSSI DINGUE QUE FACILE. N'HÉSITEZ PAS À LES SAUPOUDRER DE PRALIN POUR UNE PETITE NOTE PLUS FESTIVE.

1 Préchauffez le four à 180 °C (th. 6). Lavez et séchez les pommes dans un torchon propre. Évidez-les à l'aide d'un vide-pomme et déposez-les dans un plat allant au four.

2 Dans un bol, malaxez le beurre avec le sucre en poudre. Garnissez l'intérieur des pommes avec ce mélange. Ajoutez-y 1 caramel mou et enfournez pour 45 min de cuisson.

3 Après 45 min, vérifiez la cuisson avec la pointe d'un couteau qui doit entrer dans le fruit sans résistance. Servez tiède.

Les ingrédients pour 4 personnes

4 belles pommes de type golden

30 g de beurre mou

30 g de sucre en poudre

4 caramels mous

Pour varier_ Vous pouvez ajouter 1 Michoko, après tout c'est du caramel... avec du chocolat !

le tuyau de laurence

Super bon avec 1 boule de glace vanille qui fondra au contact de la pomme encore chaude !!

le truc de stéphan

Pour raccourcir le temps de cuisson de ces pommes au four d'au moins 15/20 min, cuisez-les 2 à 3 min dans le four à micro-ondes réglé à la puissance 500 watts.

Banane aux Michoko en papillote

PRÉPARATION 10 MIN | **CUISSON** 20 MIN | **COÛT** ★ | **DIFFICULTÉ** ★

→ À FAIRE POUR VOS POTES OU VOS PETITS POTES, J'EN SUIS DINGUE. C'EST ULTRASIMPLISSIME. ATTENTION TOUTEFOIS À NE PAS VOUS BRÛLER EN VOUS JETANT DESSUS À LA SORTIE DU FOUR !

1 Préchauffez le four à 200 °C (th. 6-7). Pelez les bananes, coupez-les en rondelles et arrosez-les de jus de citron.

2 Découpez 4 carrés de papier sulfurisé de 25 x 25 cm environ. Déposez au centre de chaque carré ¼ des bananes citronnées, ajoutez-y 3 Michoko. Fermez la papillote en ramenant les bords droit et gauche vers le centre puis nouez les extrémités afin de la fermer comme un bonbon.

3 Enfournez pour 20 min de cuisson à 200 °C (th. 6-7). Servez les papillotes encore chaudes.

Les ingrédients pour 4 personnes

6 bananes

1 cuil. à soupe de jus de citron

12 Michoko

Pour varier_ Remplacez la feuille de papier sulfurisé par une feuille de brick. Tout se dévore !

la botte secrète d'aude et leslie

Nous, on adore faire moitié Michoko-moitié Toblerone... Trop fondant !

le truc de stéphan

Si vous faites cette recette pour des grands, ajoutez un peu de citronnelle hachée et de rhum dans les papillotes juste avant de les mettre au four.

Gâteau au yaourt pour rire

PRÉPARATION 15 MIN I **CUISSON** 30 MIN I **COÛT** ★ I **DIFFICULTÉ** ★

MATÉRIEL SPÉCIFIQUE 1 MOULE À MANQUÉ

→ TOUT LE MONDE CONNAÎT LE GÂTEAU AU YAOURT. CRÉEZ LE VÔTRE AVEC DES INCLUSIONS GOURMANDES ET ORIGINALES.

1 Préchauffez le four à 180 °C (th. 6) et beurrez le moule.

2 Versez le yaourt dans un saladier et gardez le pot pour mesurer les autres ingrédients. Ajoutez les œufs et le sucre puis mélangez. Ajoutez la farine et la levure puis mélangez à nouveau. Terminez par l'huile. Fouettez bien pour obtenir une pâte homogène. Mettez les 150 g de Smarties dans la pâte et mélangez à la spatule. Versez dans le moule.

3 Enfournez et laissez cuire 30 min. Vérifiez la cuisson avec la pointe d'un couteau. Démoulez sur une grille et laissez refroidir.

4 Préparez le glaçage. Fouettez le sucre glace, le beurre fondu et le jus de citron avec quelques gouttes de colorant alimentaire jusqu'à l'obtention d'un mélange homogène. Étalez sur le gâteau à l'aide d'une spatule métallique. Recouvrez avec quelques Smarties.

Les ingrédients pour 6 à 8 personnes

Pour la pâte

1 yaourt nature
3 œufs
2 pots de sucre
3 pots de farine
1 sachet de levure
¾ de pot d'huile
150 g de Smarties
1 noix de beurre pour le moule

Pour le glaçage

125 g de sucre glace
15 g de beurre
1 cuil. à soupe de jus de citron
quelques gouttes de colorant alimentaire (facultatif)
quelques Smarties pour la décoration

le tuyau de laurence

Pour décorer ce gâteau vous pouvez aussi utiliser des billes chocolatées.

Escargots au chocolat de Pauline

PRÉPARATION 10 MIN | **REPOS** 30 MIN | **CUISSON** 15 MIN | **COÛT** ★ | **DIFFICULTÉ** ★

→ C'EST LA SPÉCIALITÉ DE MA PETITE FILLEULE PAULINE. À 5 ANS, ELLE SE DÉBROUILLE COMME UN VRAI CHEF, C'EST ELLE QUI PRÉPARE LE GOÛTER DU MERCREDI POUR SES DEUX FRÈRES, LOUIS ET THÉODORE. PAR CONTRE C'EST SA MAMAN QUI GÈRE LA MISE AU FOUR !

1 Préchauffez le four à 180 °C (th. 6). Mettez à fondre votre chocolat coupé en morceaux à feu très doux. Coupez le rouleau de pâte feuilletée en deux bien au milieu et déroulez les 2 moitiés. Tartinez ces 2 moitiés de pâte de chocolat en laissant une bande de 3 cm propre le long du bord droit découpé.

2 Roulez la pâte en partant du côté arrondi vers le bord droit en vous arrêtant de rouler en arrivant sur la partie sans chocolat. Placez au réfrigérateur 30 min environ afin que la pâte et le chocolat durcissent.

3 Sortez les deux rouleaux et éliminez les quatre extrémités. Coupez en tranches d'1 cm comme un saucisson. Couchez vos escargots sur une plaque de four recouverte de papier sulfurisé.

4 Enfournez pour 15 min de cuisson. Laissez refroidir avant de vous régaler.

Les ingrédients pour 4 personnes

100 g de chocolat noir dessert

1 rouleau de pâte feuilletée

Astuce_ Pour une recette en images, foncez p. 116.

le tuyau de laurence

Vous pouvez saupoudrer le chocolat de graines de sésame ou d'éclats de noisettes.

Génoise à la confiture

PRÉPARATION 15 MIN | **CUISSON** 30 MIN | **COÛT** ★ | **DIFFICULTÉ** ★

MATÉRIEL SPÉCIFIQUE 1 MOULE À MANQUÉ

1 Préchauffez le four à 200 °C (th. 6-7). Séparez les blancs des jaunes d'œufs. Montez les blancs en neige au batteur électrique. Ajoutez les jaunes tout en continuant de fouetter puis ajoutez le sucre et enfin la farine, toujours en fouettant. Coupez le demi-bâton de vanille en quatre et incorporez-le à la pâte.

2 Beurrez un moule à manqué et versez-y la pâte. Baissez votre four à 180 °C (th. 6), enfournez et laissez cuire 30 min sans ouvrir. Vérifiez la cuisson avec la pointe d'un couteau. Démoulez et laissez refroidir.

3 Coupez le gâteau en deux dans l'épaisseur avec un grand couteau à pain. Tartinez la base de confiture de fraise et replacez le dessus.

Les ingrédients pour 6 à 8 personnes

6 œufs

le poids des œufs en sucre en poudre

la moitié du poids des œufs en farine

½ bâton de vanille

1 pot de confiture de fraise

1 noix de beurre pour le moule

Pour varier_ • Vous pouvez varier les parfums de confitures et même y mettre du Nutella. • Hyper bon en fouettant 1 boîte de mascarpone avec 1 cuil. à soupe de crème liquide et 2 cuil. à soupe de sucre. • Ajoutez-y des fraises coupées et des framboises, vous obtiendrez un fraisier « maison » trop bon !

Milk-shake au chocolat

PRÉPARATION 10 MIN | **REPOS** 5 MIN | **COÛT** ★ | **DIFFICULTÉ** ★

MATÉRIEL SPÉCIFIQUE 1 BLENDER

→ À FAIRE À TOUTE HEURE AVEC UN BLENDER.

1 Coupez les marshmallows en deux et collez-les en trois moitiés à la paroi de chaque verre, face coupée contre le verre. Placez 5 min au réfrigérateur avant de les remplir.

2 Préparez vos milk-shakes en deux fois. Versez la moitié du lait et la moitié de la glace dans le bol de votre blender. Mixez assez longtemps pour obtenir un mélange homogène. Versez dans deux verres hauts et plantez 2 Mikado dans chaque verre pour accompagner.

3 Refaites la recette pour les deux autres verres avec le reste des ingrédients.

Les ingrédients pour 4 personnes

6 marshmallows

80 cl de lait

8 cuil. à soupe de glace au chocolat

8 Mikado

le tuyau de laurence

Super bon aussi avec de la glace à la vanille ou à la fraise ! Variez les couleurs des milk-shakes et celles des marshmallows pour un éventail de verres super ludiques !

Smoothie pêche et vanille

PRÉPARATION 10 MIN | **REPOS** 5 MIN | **COÛT** ★ | **DIFFICULTÉ** ★

MATÉRIEL SPÉCIFIQUE 1 BLENDER

1 Badigeonnez l'intérieur de votre verre avec du sirop de sucre chaud, ajoutez alors des mini-perles de couleurs ou des vermicelles multicolores. Bougez votre verre dans tous les sens pour qu'ils collent bien à toute la paroi. Laissez sécher 5 min au congélateur avant de remplir votre verre.

2 Procédez en deux fois. Dans le blender, versez la moitié du yaourt à boire à la vanille, des pêches et du lait et mixez pour obtenir un mélange lisse. Versez dans les verres et recommencez l'opération avec le reste des ingrédients. Servez sans plus attendre.

Les ingrédients pour 4 personnes

3 cuil. à soupe de sirop de sucre
1 bocal de perles multicolores sucrées (au rayon des aides culinaires pour la pâtisserie)
500 g de yaourt à boire à la vanille
4 oreillons de pêche au sirop
10 cl de lait

le tuyau de laurence

Utilisez du sirop de fraise ou de grenadine si vous n'avez pas de sirop de sucre.

le truc de stéphan

Remplacez à l'envi les pêches par des fraises, des framboises, de la mangue, etc.

Fondue de madeleines aux 3 chocolats

PRÉPARATION 15 MIN I **CUISSON** 2 MIN I **COÛT** ★ I **DIFFICULTÉ** ★

1 Coupez chaque variété de chocolat en carrés et coupez chaque carré en petits éclats. Disposez dans trois bols.

2 Versez la crème dans une petite casserole et faites chauffer. Aux premiers signes d'ébullition, répartissez la crème également dans chacun des trois bols. Mélangez pour obtenir une sauce lisse.
Si vous avez quelques petits éclats qui ne sont pas fondus, passez votre bol 10 s au micro-ondes.
Servez aussitôt avec les madeleines.

Les ingrédients pour 4 personnes

150 g de chocolat noir dessert
150 g de chocolat au lait
150 g de chocolat blanc
40 cl de crème liquide
500 g de madeleines (coquille ou barre)

Pour varier_ Complétez cette fondue avec des morceaux de fruits : rondelles de banane, quartiers de mandarine, fraises, etc.

la botte secrète d'aude et leslie

Vous pouvez ajouter 1 cuil. à soupe de pralin dans cette délicieuse fondue, ça apporte un petit goût inimitable.

le truc de stéphan

Allégez un peu cette recette très généreuse en remplaçant la crème par du lait écrémé.

Banane bateau

PRÉPARATION 5 MIN | **COÛT** ★ | **DIFFICULTÉ** ★

→ TOUS LES PETITS POTES QUI PASSENT CHEZ MOI SONT FANAS DE CETTE FAÇON RIGOLOTE DE MANGER LES BANANES. SI VOUS N'AVEZ PAS DE VERMICELLES CHOCOLATÉS, PAS DE SOUCIS, C'EST TOP RIEN QU'AVEC DU SUCRE !

1 Dans un bol, mélangez le sucre et les vermicelles multicolores.

2 Coupez les bananes avec leur peau en deux dans la longueur. Taillez des tronçons de 2 cm dans chaque moitié.

3 Saupoudrez les bananes du mélange sucre-vermicelles et servez aussitôt.

Les ingrédients pour 4 personnes

2 cuil. à soupe rase de sucre en poudre
4 cuil. à soupe de vermicelles multicolores
4 bananes

Pour varier _ • Remplacez les vermicelles multicolores par des vermicelles chocolatés.
• Préparez une petite mixture détonante en mélangeant 3 cuil. à soupe de sucre et la poudre contenue dans 10 bonbons « disco » !

la botte secrète d'aude et leslie

Ajoutez quelques noisettes de chantilly « maison » sur ces bateaux rigolos : il suffit de verser 20 cl de crème liquide dans un saladier, de placer le tout pendant 20 min au réfrigérateur puis de fouetter à l'aide d'un batteur électrique d'abord lentement puis plus rapidement. Ajoutez 1 sachet de sucre vanillé et le tour est joué !

Profiteroles

PRÉPARATION 15 MIN | **COÛT** ★ | **DIFFICULTÉ** ★

→ QUAND JULIE FAIT DES PROFITEROLES AVEC SES COUSINES MARGAUX ET HORTENSE, ELLES EN FONT DES PLATS DE 30 MINIMUM... ET TOUT PART EN UN CLIN D'ŒIL, MERCI LES COUSINS !

1 Coupez les chouquettes en deux dans l'épaisseur.

2 Cassez le chocolat en carrés. Dans une petite casserole, faites chauffer la crème. Aux premiers bouillons, ôtez la casserole du feu et ajoutez les morceaux de chocolat. Mélangez pour obtenir une sauce bien lisse. Couvrez pour garder au chaud.

3 Garnissez chaque base de chouquette d'1 cuil. de glace vanille, couvrez avec le chapeau et disposez 4 chouquettes garnies par assiette. Nappez de sauce au chocolat et servez aussitôt.

Les ingrédients pour 4 personnes

16 chouquettes
100 g de chocolat noir dessert
10 cl de crème liquide
1 bac de glace vanille

le tuyau de laurence

Vous pouvez varier la glace vanille en switchant avec chocolat, nougat, poire... Lancez-vous dans des mélanges plus originaux : glace fraise et coulis de chocolat blanc.

le truc de stéphan

Pensez à remplir les profiteroles avec de la glace tant qu'elle est souple et molle, idéalement dès la sortie de la sorbetière. Si vous prenez une glace du commerce, travaillez-la un moment dans un saladier.

Crêpes roulées

PRÉPARATION 10 MIN | **REPOS** 30 MIN | **CUISSON** 30 MIN | **COÛT** ★ | **DIFFICULTÉ** ★

Les ingrédients pour 8 crêpes

Pour la pâte

125 g de farine
1 pincée de sel
2 œufs
25 cl de lait
20 g de beurre + 20 g pour la cuisson

Pour la garniture

1 assortiment de pots de confiture (fraise, framboise, abricot, etc.)
2 cuil. à soupe de sucre glace

1 Versez la farine et le sel dans un saladier et creusez un puits. À part, fouettez les œufs, le lait et le beurre fondu puis versez dans le puits de farine. Fouettez à nouveau pour obtenir une pâte fluide. Laissez reposer 30 min.

2 Faites fondre le beurre dans la poêle et versez l'excédent dans un petit bol. Essuyez le surplus avec un papier absorbant. Quand la poêle est bien chaude, versez rapidement une petite louche de pâte en tournant la poêle en tout sens pour bien répartir la pâte sur toute sa surface. Dosez bien la quantité de pâte dans votre louche car si vous en mettez trop, votre crêpe sera trop épaisse, mais si vous n'en mettez pas assez, elle sera pleine de trous !

3 Quand la surface de la crêpe devient sèche et qu'elle a doré en dessous après 2 min environ, il est temps de la retourner à l'aide d'une spatule. Laissez cuire à nouveau 1 min sur l'autre face. Déposez vos crêpes au fur et à mesure sur une assiette pour former une pile.

4 Étalez les crêpes et tartinez-les d'une fine couche de confiture. Roulez-les et déposez-les dans un plat puis saupoudrez de sucre glace.

le truc de stéphan

Pensez à utiliser d'autres farines : farines de sarrasin, de kamut, de quinoa, de châtaigne, etc.

Truffes «surprise»

PRÉPARATION 15 MIN | **CUISSON** 1 MIN | **COÛT** ★ | **DIFFICULTÉ** ★★

Les ingrédients pour 6 à 8 personnes

180 g de chocolat noir
10 cl de crème liquide
1 paquet de M&M's
3 cuil. à soupe de cacao en poudre

1 Cassez le chocolat en petits morceaux. Versez la crème dans une casserole et faites chauffer. Aux premiers signes d'ébullition, versez sur le chocolat et mélangez pour obtenir une préparation bien lisse. Laissez refroidir et mettez au réfrigérateur.

2 À l'aide d'une petite cuillère, prélevez l'équivalent d'une noix de chocolat, placez-la dans la paume de votre main et aplatissez-la légèrement. Déposez un M&M's au centre et reformez la boule autour.

3 Roulez les truffes au fur et à mesure dans la poudre de cacao et déposez-les sur une assiette. Couvrez et gardez au frais.

la botte secrète d'aude et leslie

Pour un effet *black and white*, roulez la moitié des truffes dans du sucre glace et l'autre moitié dans du cacao.

le tuyau de laurence

Sur ce principe, troquez les M&M's contre des Smarties, des Maltesers... et pourquoi ne pas rouler vos truffes dans des vermicelles colorés.

le truc de stéphan

Pour faire des truffes au chocolat destinées aux enfants, ne prenez pas un chocolat trop amer et riche en cacao. Idéalement, panachez 100 g de chocolat noir à 52 % et 80 g de chocolat au lait.

je veux en savoir plus !

il ne faut pas perdre de vue que cuisine / cuisiner avec les enfants / d'une maman gourmande / C'EST AVANT TOUT UN MOMENT PRIVILÉGIÉ / Alors donnons-leur ce goût / petits trucs pour les amuser / trucs et astuces à votre disposition / bonbons pour décorer les gâteaux / quand vous cuisinez avec eux / donner des formes rigolotes et originales à vos plats / Soyez avant tout ludiques et créatifs / UN PEU RUSÉS POUR LEUR FAIRE MANGER DE TOUT ET LEUR FAIRE DÉCOUVRIR DE NOUVELLES SAVEURS / préparez-le pané ou en gratin avec des pommes de terre... / une salade de fruits avec 1 boule de glace vanille... / les décors de table à bricoler avec eux... / des bonbons pour décorer les gâteaux, à préparer en brochettes, pour accommoder des coupes glacées... / vermicelles, petites boules en tout genre / CROQUE-MADAME EN CŒUR / Toastez 4 tranches de pain de mie / vanille en dessert de sorcière ou de princesse ! / escargots au chocolat / propre le long du bord droit découpé / avec la pointe d'un couteau tranchant / Prélevez chaque bande / qu'elles collent entre elles / Laissez refroidir avant de vous régaler / 1 cm comme un saucisson / COUCHEZ VOS ESCARGOTS / retirez délicatement de la poêle les tartines garnies de l'œuf / Mettez le reste du beurre dans une grande poêle

Je veux la technique !

L'importance de cuisiner avec les enfants

Comme pour les grands, il ne faut pas perdre de vue que cuisine et repas sont avant tout des moments d'échange, de partage, de rencontre et de convivialité.
Alors donnons-leur ce goût aussi jeune que possible.
Pour une maman, c'est avant tout un moment privilégié qu'elle partagera avec son enfant... Que du positif !

- Vous élaborerez ensemble un plat, un repas, que vous offrirez aux autres et partagerez avec eux.

- C'est l'occasion de leur faire découvrir l'immense variété d'aliments qui existe, comment ces aliments sont constitués (anatomie d'un poulet, d'un poisson, etc.), et comment ils s'accommodent entre eux.

- C'est le moment de la transmission. Éduquez leurs habitudes alimentaires, apprenez-leur vos recettes de famille.

Quelques règles d'or d'une maman gourmande

- Rythmez la journée de vos enfants avec quatre repas équilibrés. Chaque repas a son importance, n'en négligez aucun. Même le goûter leur apportera les forces dont ils ont besoin pour se remettre au travail après l'école ! Bien sûr, vous adapterez les quantités en fonction de leur âge, de leur activité physique... et de leur nature.
  En revanche, apprenez-leur à manger dans le cadre des repas. Pas de grignotage et de pillage de placard entre les repas !

- Il existe plusieurs familles d'aliments avec, pour chacun d'eux, des apports spécifiques. Picorez vos idées de menus quotidiens en balayant chacune de ces familles et vous aurez des repas équilibrés : fruits, légumes, féculents, produits céréaliers, produits laitiers, viande, œufs, poisson. Sans oublier de boire de l'eau, des jus frais et du lait de préférence. Gardez les sodas et boissons sucrées pour une occasion spéciale (goûter, fête) mais évitez-les pour se désaltérer.

- Il n'y a pas d'aliments interdits. Mangez de tout mais raisonnablement.
  Les frites, les bonbons, les gâteaux ne seront pas nocifs s'ils sont consommés occasionnellement et modérément !

- Soyez créatifs et... un peu rusés pour leur faire manger de tout et leur faire découvrir de nouvelles saveurs. Ils ne sont pas très fruits ? Proposez-leur des brochettes de fruits avec quelques bonbons, une salade de fruits avec 1 boule de glace vanille... Ils n'aiment pas les légumes ? Glissez-en dans leur quiche adorée ou autour d'un bon poulet rôti. Ils ne sont pas fous de poisson? Préparez-le pané ou en gratin avec des pommes de terre.

- Ne les forcez pas à manger mais par contre poussez-les à goûter au moins une bouchée ! Ils ont le droit de ne pas aimer mais ce n'est pas correct de refuser net sans tester.

- Les repas sont des moments de partage et de convivialité. C'est un moment de plaisir et de rencontre. On se « pose » à table, c'est mieux... sans la télé, c'est encore mieux.

Quelques petits trucs pour les amuser

Soyez avant tout ludiques et créatifs quand vous cuisinez avec eux... ou pour eux.
Il existe des petits trucs et astuces à votre disposition :

- les emporte-pièce pour donner des formes rigolotes et originales à vos plats : cœur, nounours, sapin, lapin, étoile, etc.

- des bonbons pour décorer les gâteaux, à préparer en brochettes, pour accommoder des coupes glacées ;

- des colorants alimentaires pour transformer une crème à la vanille en dessert de sorcière ou de princesse !

- des vermicelles, petites boules en tout genre, sucres colorés... pour rendre amusant un yaourt nature ou un bol de fromage blanc ;

- les décors de table à bricoler avec eux.

Réaliser un croque-madame en cœur

1 Toastez 4 tranches de pain de mie. Tartinez chacune d'elles avec un peu de beurre puis recouvrez d'1 tranche d'emmental et d'½ tranche de jambon blanc.

2 Placez l'emporte-pièce en forme de cœur au centre des 4 tranches de pain de mie restant et évidez-les pour obtenir une découpe en forme de cœur.

3 Mettez du beurre dans une grande poêle et déposez-y les tranches de pain évidées au centre. Quand la face du dessous est légèrement dorée, retournez-les et cassez 1 œuf au centre de chaque tartine.

4 Quand le blanc est coagulé, retirez délicatement de la poêle les tartines garnies de l'œuf au plat à l'aide d'une spatule et déposez-les sur les bases déjà préparées.

Comment faire des allumettes au fromage ?

1 Préchauffez le four à 200 °C (th. 6-7). Préparez la plaque de votre four en la recouvrant de papier sulfurisé. Dans un bol, battez l'œuf avec le lait et un peu de poivre. Déroulez les pâtes feuilletées et badigeonnez-les au pinceau avec ce mélange.

2 Saupoudrez la première pâte de gruyère râpé puis recouvrez avec la deuxième pâte, face badigeonnée vers le bas.

3 Appuyez légèrement sur toute la surface de la pâte pour qu'elles collent entre elles. Taillez des bandes de 1 cm de large avec la pointe d'un couteau tranchant.

4 Prélevez chaque bande et déposez-la sur la plaque du four en prenant soin de la tordre légèrement sur elle-même. Coupez les plus longues en deux. Enfournez pour 10 à 12 min de cuisson.

Comment faire des escargots au chocolat ?

1 Préchauffez le four à 180 °C (th. 6). Mettez à fondre votre chocolat coupé en morceaux à feu très doux. Coupez votre rouleau de pâte feuilletée en deux bien au milieu. Tartinez les 2 moitiés de pâte de chocolat en laissant une bande de 3 cm propre le long du bord droit découpé.

2 Roulez la pâte en partant du côté arrondi vers le bord droit en vous arrêtant de rouler en arrivant sur la partie sans chocolat. Placez les 2 moitiés de pâte préparées au réfrigérateur pendant environ 30 min pour que la pâte et le chocolat durcissent.

3 Sortez les 2 rouleaux de pâte du réfrigérateur et éliminez les 4 extrémités. Coupez en tranches de 1 cm comme un saucisson.

4 Couchez vos escargots sur une plaque de four recouverte de papier sulfurisé. Enfournez pour 15 min de cuisson. Laissez refroidir avant de vous régaler.

À garder sous le coude

s'en sortir sans balance

→ Ce tableau vous donne les principales équivalences poids et volumes pour les ingrédients les plus courants.

Ingrédients	1 cuil. à café	1 cuil. à soupe	1 verre à moutarde
Beurre	7 g	20 g	–
Cacao en poudre	5 g	10 g	90 g
Crème épaisse	1,5 cl	4 cl	20 cl
Crème liquide	0,7 cl	2 cl	20 cl
Farine	3 g	10 g	100 g
Gruyère râpé	4 g	12 g	65 g
Liquides divers (eau, huile, vinaigre, alcools)	0,7 cl	2 cl	20 cl
Maïzena	3 g	10 g	100 g
Poudre d'amandes	6 g	15 g	75 g
Raisins secs	8 g	30 g	110 g
Riz	7 g	20 g	150 g
Sel	5 g	15 g	–
Semoule, couscous	5 g	15 g	150 g
Sucre en poudre	5 g	15 g	150 g
Sucre glace	3 g	10 g	110 g

Mesurer vos liquides

1 verre à liqueur = 3 cl

1 tasse à café = 8 à 10 cl

1 verre à moutarde = 20 cl

1 bol = 35 cl

Pour info

1 œuf = 50 g

1 noisette de beurre = 5 g

1 noix de beurre = 15 à 20 g

bien régler son four

→ Pas facile de connaître la température dans un four ! Voici une table très simple à utiliser et valable pour la plupart des appareils vendus dans le commerce.

Température (°C)	30	60	90	120	150	180	210	240	270
Thermostat	1	2	3	4	5	6	7	8	9

→ Les temps de cuisson donnés dans les recettes peuvent varier légèrement selon les types d'appareils. En effet, dans un four à chaleur tournante, les plats cuisent de manière plus homogène et plus vite que dans les fours qui chauffent à partir d'une source (four à gaz, four électrique).

Rappelez-vous aussi que pour réaliser une bonne cuisson, un préchauffage est toujours nécessaire.

les indispensables en cuisine

→ Pour cuisiner entre potes ou pour des potes sans souci, il faut avoir sous la main quelques produits tout simples, faciles à trouver.
Voici une petite liste de « basiques », grâce auxquels vous pourrez faire la grande majorité des recettes de cette collection.

Dans le placard

Épices

- Cannelle
- Coriandre
- Cumin
- Curry
- Gingembre
- Herbes de Provence
- Mélange quatre-épices
- Noix de muscade
- Paprika
- Poivre du moulin et concassé
- Thym
- Vanille en gousse

Liquides

- Huiles de tournesol, d'olive, de sésame et de noix
- Rhum (pour la pâtisserie)
- Vinaigres de vin, blanc, balsamique et de xérès
- Vin rouge et blanc sec

Condiments

- Moutarde forte et à l'ancienne
- Moutardes parfumées (à l'estragon, au poivre vert)
- Sauce *pesto*
- Sauce soja
- Sel fin et gros sel
- Tabasco
- Tapenade d'olives noires

Et aussi

- Amandes effilées
- Anchois, thon et sardines à l'huile d'olive
- Bouillon cube
- Câpres
- Chocolat à cuire et chocolat en poudre
- Cornichons
- Farine
- Fruits secs (amandes, raisins, pignons, noisettes, abricots, figues)
- Lait de coco
- Levure chimique
- Maïzena
- Miel
- Olives en boîte
- Pâtes de toutes formes
- Poudre de noisettes et poudre d'amandes
- Riz rond et riz parfumé
- Semoule
- Sucre en poudre, sucre glace et sucre vanillé
- Tomates en boîte, concentrées et séchées en bocal

Dans le réfrigérateur

Légumes

- Ail
- Carottes
- Citrons
- Échalotes
- Oignons
- Pommes de terre
- Tomates

Laitages et œufs

- Beurre
- Crème liquide
- Fromage frais
- Lait
- Œufs
- Parmesan

Et aussi

- Feuilles de brick
- Pâtes à tarte (brisée, sablée, feuilletée)

Dans le congélateur

Herbes et épices hachées

- Aneth
- Basilic
- Ciboulette
- Coriandre
- Gingembre haché
- Persil

Légumes

- Champignons de Paris
- Épinards
- Petits pois
- Tiges de citronnelle

Et aussi

- Pâtes à tarte (brisée, sablée, feuilletée)

avoir le bon matériel

→ Pas besoin de grand-chose pour faire de grandes recettes !
Voici une petite liste d'ustensiles à avoir dans la cuisine.

Cuire

- Casseroles (une grande et une petite)
- Moules à tarte et à pâtisserie
- Marmite en fonte
- Plaque à rôtir
- Poêles à fond antiadhésif (une grande et une petite)
- Wok (éventuellement)

Couper

- Aiguiseur à couteaux
- Couteau économe
- Gros couteau dit « éminceur »
- Petit couteau
- Petite planche à découper en plastique

Mélanger

- Saladiers
- Cuillères en bois
- Fouet
- Spatules

Divers

- Batteur électrique
- Essoreuse à salade
- Ficelle de cuisine
- Mixeur
- Passoires (une fine, une plus grosse), ou chinois
- Rouleau à pâtisserie
- Verre-doseur

Table des recettes

Retrouvez en couleur les « recettes pour épater ».

Table des matières

Ma recette qui dépote...

PUBLI-COMMUNIQUÉ

> Les ingrédients du confort DolceVita

- **Des innovations au quotidien**
- **Des services pour encore plus de tranquillité**
- **Des conseillers toujours disponibles**

DolceVita, le confort en toute sérénité

Cuisiner avec facilité et en toute sécurité, profiter d'une douce atmosphère, bénéficier de technologies innovantes et sûres... Avec DolceVita de Gaz de France, conjuguez confort, plaisir et sérénité au quotidien : l'esprit libre pour partager des moments privilégiés avec ceux que vous aimez.

> Le conseil de DolceVita

Entretenez les brûleurs de votre cuisinière

Pour profiter pleinement des performances du gaz naturel et de votre table de cuisson, nettoyez régulièrement les brûleurs. Certains signes vous indiquent le bon moment : la flamme n'est plus bleue mais jaune et devient irrégulière en noircissant le fond des casseroles. Un petit tour au lave-vaisselle et c'est reparti !

L'énergie est notre avenir, économisons-la !

Cuisson : les innovations en plus

• Souple et modulable, la flamme vous obéit instantanément pour saisir, mijoter, griller ou rôtir, et les dernières **innovations technologiques**, (nouveaux brûleurs, minuteurs, etc.) vous simplifient la vie au quotidien.

• Les + sérénité :

- Pour ses performances et la sécurité optimale qu'il procure, Gaz de France recommande **le système Vissogaz** pour le **raccordement de vos appareils de cuisson**. Parfaitement étanche, ce système ne peut ni s'arracher ni se déboîter.

- Autre innovation : un **thermocouple** coupe automatiquement l'arrivée de gaz si la flamme s'éteint accidentellement (courant d'air ou casserole qui déborde).

Chauffage et eau chaude : confort et services sur mesure

• Des bilans à domicile comme le **Diagnostic Qualité Gaz de France**, pour vérifier la qualité de votre installation (sécurité et performances) et corriger les éventuelles anomalies.

• Des **offres de financement** très compétitives pour améliorer ou rénover votre installation.

• L'esprit toujours tranquille avec des **services de maintenance** personnalisés, pour un confort quotidien... sans y penser !

• **Le + sérénité** : au moindre dysfonctionnement, les **chaudières dernière génération s'interrompent, en coupant d'elles-mêmes l'arrivée de gaz naturel**.

Installation et suivi : des Conseillers toujours disponibles

• Quel que soit votre projet, vous pouvez compter sur l'écoute et la disponibilité de votre **Conseiller Gaz de France.** Vos questions trouveront une réponse personnalisée et vous serez accompagné dans votre projet, étape par étape.

POUR EN SAVOIR PLUS SUR DOLCEVITA DE GAZ DE FRANCE
Appelez votre Conseiller Gaz de France au :
0 810 800 801 *(prix d'un appel local depuis un poste fixe)*
ou connectez-vous sur le site : **www.dolcevita.gazdefrance.fr**

Gaz de France
DolceVita

Remerciements

Quelle joie d'écrire ce titre ! Tout particulièrement pour mes petits potes à moi : Julie, Valentin et Thomas à qui j'ai transmis le virus. Surtout aussi à mes 4 petites filleules adorées qui sont elles aussi tombées petites dans la casserole : Émilie, Joséphine, Diane et Pauline. Et à tous les autres petits potes qui m'entourent.

Laurence du Tilly

Pour ce titre spécial, je souhaite remercier tout particulièrement les enfants qui ont participé à ce livre, Maya, qui a négocié sa participation et qui, je l'espère, ne sera pas trop déçue de ne pas apparaître en dragon vert dans le livre, la douce et sage Eliette qui a donné une présence aux images, Ange, sérieux, patient, mais assurément gourmand, Luca toujours espiègle, et qui serait bien venu tous les jours au studio. Tous ces petits potes d'un jour ou de toujours ont été formidables. Et bien sûr un grand merci aux mamans tout aussi formidables, Ana, Véronique pour leur disponibilité, leur aide et leur amitié. Un très grand merci à Delphine, coéquipière de choc, pour sa triple casquette, son sens de l'organisation et sa créativité. Merci aux papas. Merci à Paloma. Merci à Kikoh, assistant improvisé, venu spécialement du Japon. Merci aussi à Anouk, notre baby-sitter préférée.

Rina Nurra

Delphine Brunet remercie Dominique Paillard Rampal pour ses céramiques aux motifs enfantins : tarentedo@yahoo.fr

L'éditeur remercie Thomas, Stéphan et Lilou pour leur présence joyeuse lors du reportage.

Toutes les photos de reportage ont été réalisées par Philippe Vaurès-Santamaria.

Direction, Jean-François Moruzzi et Pierre-Jean Furet
Responsable éditoriale, Brigitte Éveno
Conception graphique, Dune Lunel
Réalisation, Les PAOistes
Préparation de copie et corrections, Delphine Pont et Anne Vallet
Fabrication, Stéphane Mouren
Partenariats, Sophie Augereau (01 43 92 36 82)

L'éditeur remercie Julie Dupré pour son aide précieuse et ses relectures attentives.

Imprimé en Espagne par Graficas Estella - dépôt légal : septembre 2007
23.01.7322.01.3 • 978-2-0123-7322-8

2 ESO

Geografia i Història

J. Cortada, E. Ferreres,
J. Llorens, M. Pantaleón,
A. Alcoberro, J. Castillo, D. Martín

TEIDE

Aquesta obra ha estat impresa en paper ecològic i totalment reciclable.

Advertiment
D'acord amb la llei, aquest llibre no és un material fungible. Per tant, els exercicis que s'hi proposen no s'han de resoldre in situ, sinó al quadern de l'alumnat. Si al llibre hi ha espais en blanc, requadres buits o línies de punts, és simplement perquè l'alumnat tingui un model o una pauta de resolució.

Coberta
La Page

Disseny de maqueta
Naono SL

Maquetació
Admagraf

Il·lustracions
José María Casanovas, Eduard Vioque

Fotografies
AGE Fotostock, Album, Arxiu Teide, Corbis, Getty Images, Shutterstock, Wikimedia Commons

Cartografia
Gradualmap, Andreu Grau

Primera edició, 2020

info@editorialteide.com
www.editorialteide.com

ISBN: 978-84-307-7009-0
Dipòsit legal: B 2595-2020
Imprès a Índice SL - C/D, 36 (Sector C, Zona Franca) - 08040 Barcelona

2 ESO

Geografia i Història

J. Cortada, E. Ferreres,
J. Llorens, M. Pantaleón,
A. Alcoberro, J. Castillo, D. Martín

TEIDE

Índex

PLANETA TERRA

SOCIETATS HISTÒRIQUES

Coneix el teu llibre

L'avaluació en competències: el repte

El projecte «**A prop**» d'Editorial Teide respon a les necessitats i expectatives que té avui la comunitat educativa. Els nous manuals plantegen un seguit de **reptes**, que propicien un treball tant individual com en grup a l'aula i que s'avaluen **competencialment**. Els materials no sols inclouen els **continguts clau** de cada matèria relacionats amb el repte, sinó que posen a l'abast noves informacions de consulta i d'estudi i activitats eficaces que posen a prova els aprenents. Cada repte, a més, inclou una proposta d'**autoavaluació** i de **coavaluació**, tal com dicta la normativa del Departament d'Ensenyament, per tal de fer conscients els alumnes del seu **aprenentatge**. L'alumnat també disposa d'una **plataforma digital**, amb recursos i activitats TIC, que representa una ajuda complementària per a la superació de cada un dels reptes.

▶ Cada unitat s'inicia amb una doble pàgina introductòria del repte. A través d'aquest repte es vehicularà l'assoliment i l'avaluació de les competències de l'àmbit social i les de caire transversal.

text introductori del repte

enumeració de les tasques del repte

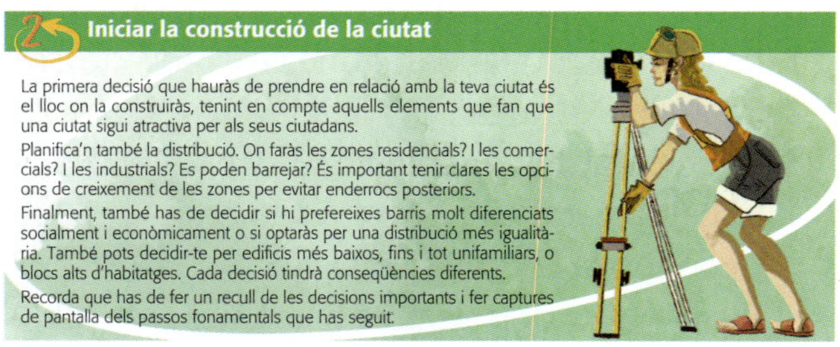

◀ Al llarg de la unitat trobarem les tasques que ens permetran assolir el repte. Aquestes tasques atorguen el protagonisme de l'aprenentatge a l'alumnat, tot potenciant la presa de decisions i el treball col·laboratiu.

eines d'autoavaluació i coavaluació

▶ Al final de la unitat, una doble pàgina ens servirà per cloure el repte i perquè l'alumnat dugui a terme tasques d'autoavaluació i coavaluació. Es pretén, a més, la consecució d'aprenentatges significatius que tinguin un impacte positiu i durador en la formació de l'alumnat.

tasques de tancament del repte

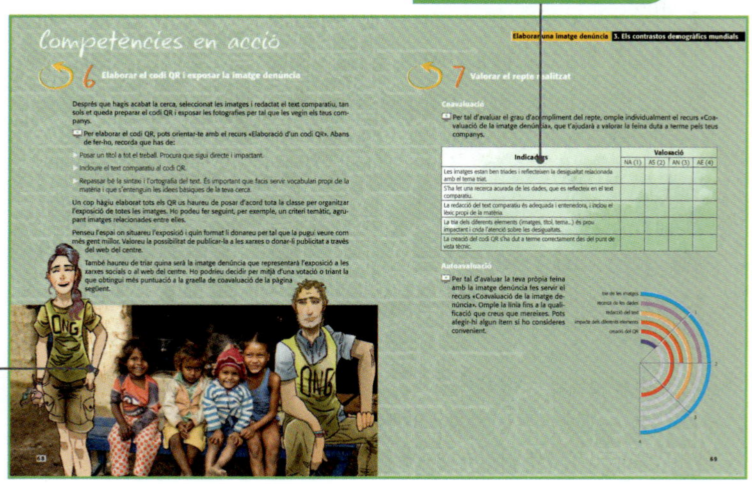

Continguts clau

El mètode contempla l'assoliment dels continguts clau que marquen els currículums del Departament d'Ensenyament. Aquests continguts es distribueixen en dos blocs:

- **Planeta Terra:** la geografia humana té per objecte l'estudi de les societats humanes, la seva cultura i tradicions i la manera com es reparteixen i es desplacen en el territori. Així doncs, els continguts clau d'aquest bloc es corresponen essencialment a les **dimensions geogràfica i ciutadana**.
- **Societats històriques:** saber com vivien les persones en un altre temps, com era la seva societat, el seu art i la seva cultura són els objectius principals de la història. En aquest bloc proposem un recorregut pels diferents aspectes de la societat de l'edat mitjana. Així, els continguts d'aquest bloc es corresponen bàsicament a les dimensions històrica, artística, cultural i ciutadana.

Cada unitat compta amb una sèrie d'elements que contribueixen a l'**assoliment dels continguts clau i de les competències**:

- **Recursos digitals** identificables a través d'una crida, disponibles en una **plataforma digital** i accessibles a través del codi i l'adreça que apareixen a la part interior de la coberta. Aquests continguts presenten tipologies molt diverses:
  - Elements visuals, animacions i contingut interactiu.
  - Textos d'ampliació.
  - Activitats d'ampliació de contingut.
  - Testos d'autoavaluació de continguts.
  - Elements per a l'assoliment del repte.
  - Fitxes i recursos destinats a la coavaluació i l'autoavaluació del repte.

Informació: «Les ciutats catalanes al segle IX».

- **Pastilles d'informació** que aprofundeixen algun dels continguts.

El compromís de Casp

Després de la mort de Martí l'Humà, els candidats al tron de la corona d'Aragó eren dos: el castellà Ferran d'Antequera, nebot de Martí l'Humà, i el comte Jaume d'Urgell, besnet per línia masculina del rei Alfons el Benigne. Després de moltes discussions, la comissió va arribar a un acord (compromís de Casp, 1412): Ferran obtingué sis vots (tres d'aragonesos, dos de valencians i un de català) i Jaume, només tres.

- **Glossari** que explica els termes i els conceptes més complicats.

argamassa: massa que s'obté barrejant sorra, calç i aigua.

planta central: tipus de planta de forma circular o octogonal.

- **Activitats de comprensió i síntesi** destinades a comprovar l'assoliment dels continguts amb un treball de tipus competencial.

CS

1. Enumera els territoris conquerits per Justinià i digues quins països es troben en aquests territoris actualment.

- **Activitats finals** enfocades a l'assoliment de les competències bàsiques.

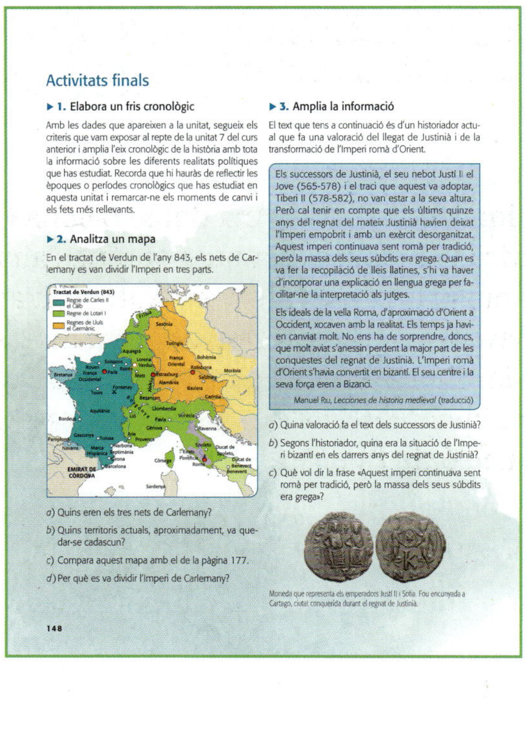

Activitats finals

▸ 1. Elabora un fris cronològic

Amb les dades que apareixen a la unitat, segueix els criteris que vam exposar al repte de la unitat 7 del curs anterior i amplia l'eix cronològic de la història amb tota la informació sobre les diferents realitats polítiques que has estudiat. Recorda que hi hauràs de reflectir les èpoques o períodes cronològics que has estudiat en aquesta unitat i remarcar-ne els moments de canvi i els fets més rellevants.

▸ 2. Analitza un mapa

En el tractat de Verdun de l'any 843, els nets de Carlemany es van dividir l'Imperi en tres parts.

a) Quins eren els tres nets de Carlemany?

b) Quins territoris actuals, aproximadament, va quedar-se cadascun?

c) Compara aquest mapa amb el de la pàgina 177.

d) Per què es va dividir l'Imperi de Carlemany?

▸ 3. Amplia la informació

El text que tens a continuació és d'un historiador actual que fa una valoració del llegat de Justinià i de la transformació de l'Imperi romà d'Orient.

Els successors de Justinià, el seu nebot Justí II el Jove (565-578) i el traci que aquest va adoptar, Tiberi II (578-582), no van estar a la seva altura. Però cal tenir en compte que els últims quinze anys del regnat del mateix Justinià havien deixat l'Imperi empobrit i amb un exèrcit desorganitzat. Aquest imperi continuava sent romà per tradició, però la massa dels seus súbdits era grega. Quan es va fer la recopilació de lleis llatines, s'hi va haver d'incorporar una explicació en llengua grega per facilitar-ne la interpretació als jutges.

Els ideals de la vella Roma, d'aproximació d'Orient a Occident, xocaven amb la realitat. Els temps ja havien canviat molt. No ens ha de sorprendre, doncs, que molt aviat s'anessin perdent la major part de les conquestes del regnat de Justinià. L'Imperi romà d'Orient s'havia convertit en bizantí. El seu centre i la seva força eren a Bizanci.

Manuel Riu, *Lecciones de historia medieval* (traducció)

a) Quina valoració fa el text dels successors de Justinià?

b) Segons l'historiador, quina era la situació de l'Imperi bizantí en els darrers anys del regnat de Justinià?

c) Què vol dir la frase «Aquest imperi continuava sent romà per tradició, però la massa dels seus súbdits era grega»?

Moneda que representa els emperadors Justí II i Sofia. Fou encunyada a Cartago, ciutat conquerida durant el regnat de Justinià.

148

1. Evolució i distribució de la població

En aquesta unitat estudiarem els conceptes bàsics de la demografia i analitzarem quines són les fonts més importants per a l'estudi de la població. També veurem com ha evolucionat la població al llarg del temps i com es distribueix arreu del planeta. Per acabar, ens centrarem en espais geogràfics més propers, com el català o l'espanyol, perquè en puguis conèixer la situació demogràfica actual.

El repte

Fer un estudi demogràfic

És època d'eleccions i a tot el territori s'han constituït nous governs. Aquests us han encarregat l'**elaboració d'un estudi demogràfic** i cinc propostes de futur que permetin millorar els serveis públics en funció de les dades actuals així com de les previsions de futur.

És important que domineu bé els conceptes demogràfics i que pugueu analitzar de manera crítica les dades. Seria necessària una nova escola al municipi? Cal un centre per a la gent gran? Calen polítiques actives a Catalunya i a Espanya per augmentar la taxa de fecunditat? Com es poden atendre les demandes d'una gran ciutat? I les d'una zona de muntanya?

Per superar el repte, us haureu d'organitzar en petit grup. El primer que haureu de fer és explicar als polítics els conceptes bàsics de demografia. Després, haureu d'analitzar les dades del vostre municipi, de Catalunya i d'Espanya. Finalment, a partir d'aquesta anàlisi, cada grup haurà de fer les propostes de govern a les diferents administracions.

3 **Esbrinar la densitat i la distribució de la població**

2 **Analitzar les característiques del territori**

1 **Cercar les dades**

4

Definir l'estructura de la població

5

Presentar l'informe i les propostes

6

Valorar el repte realitzat

Termes clau

- cens
- padró
- registre civil
- densitat de població
- taxa de fecunditat
- taxa de natalitat
- taxa de mortalitat
- creixement natural
- transició demogràfica

Les paraules clau en imatges.

1. L'estudi de la població

Les fonts demogràfiques històriques més importants

Recomptes de cases o **fogatges**. Són l'antecedent dels censos actuals, però en aquest cas es tractava de llistes de «focs», és a dir, de llars. Per saber quina és la població total, cal multiplicar els focs per una xifra que sol oscil·lar entre 3 i 5. Són uns recomptes molt inexactes i només permeten obtenir dades aproximades.

Registres parroquials. Es tracta de llibres que ofereixen dades sobre els batejos, matrimonis i enterraments que han tingut lloc en una parròquia. Van començar a ser obligatoris a partir del segle XVI a l'Europa catòlica, però les dades que proporcionen són generalment incompletes.

La **demografia** és la ciència que estudia la **població**. Ens permet conèixer com evoluciona, les seves característiques en un moment determinat i la relació que estableix amb el medi que habita.

1.1. Les fonts per a l'estudi de la població

L'estudi de la població es basa en **fonts** o **documents** diversos. Es poden agrupar en **històriques** (vegeu requadre d'informació), que ens permeten estudiar la població en el passat (fins als segles XVIII o XIX), i **actuals**, més completes i fiables, que ens permeten conèixer la població d'avui. Destaquem les següents:

- **Cens.** Recull dades demogràfiques, econòmiques, culturals i socials dels habitants d'un país en una data concreta, generalment cada deu anys. Els primers censos daten del segle XVIII i es van generalitzar a Europa durant el segle XIX i a la resta del món, al llarg del segle XX. A Espanya, el primer cens modern és del 1857.
- **Padró municipal.** Es tracta d'un registre dels veïns d'un municipi i constitueix una prova de la seva residència. Hi figuren tota una sèrie de dades que, a diferència de les del cens, poden ser modificades cada cop que hi hagi canvis.
- **Registre civil.** És l'entitat pública on s'inscriuen els naixements, les defuncions i els matrimonis.

Hem de tenir en compte que la fiabilitat d'aquestes fonts no és la mateixa a tot el món. En alguns països poc desenvolupats la informació estadística és incompleta i les dades poden presentar un marge d'error molt alt.

L'accés a les dades demogràfiques ha millorat molt en els darrers decennis gràcies als mitjans informàtics. Les oficines estadístiques dels estats faciliten l'accés a aquestes dades a través de webs especialitzats que tothom pot consultar.

Un funcionari públic elabora un cens en un parc de caravanes a Holanda, l'any 1925.

Gent jove passejant per un *hutong* (barri tradicional) a Pequín. La societat xinesa és una de les que presenten un major creixement vegetatiu del món.

1.2. Les definicions bàsiques

En l'estudi de com evoluciona la població, hi intervenen una sèrie de factors demogràfics fonamentals, que es calculen per mitjà de taxes:

- La **taxa de fecunditat** fa referència al nombre mitjà de fills per dona. Una taxa superior a 2 garanteix la renovació natural de les diferents generacions d'un país.
- La **taxa de natalitat** ens permet conèixer el nombre de persones nascudes en un territori per cada 1 000 habitants en un any concret. L'obtenim multiplicant per mil el nombre de naixements i dividint el resultat per la població total. El resultat s'expressa en ‰.
- La **taxa de mortalitat** ens permet conèixer el nombre de persones mortes en un territori per cada 1 000 habitants en un any concret. L'obtenim multiplicant per mil el nombre de defuncions i dividint el resultat per la població total. El resultat s'expressa en ‰.
- El **creixement natural** o **vegetatiu** d'una població és aquell que resulta de restar el nombre de defuncions al nombre de naixements. És positiu si la natalitat supera la mortalitat. Si volem conèixer la **taxa de creixement vegetatiu** d'una població, tan sols caldrà restar la taxa de mortalitat a la taxa de natalitat. Així tenim que:
  - Creixement vegetatiu = naixements – defuncions (xifres absolutes)
  - Taxa de creixement vegetatiu = taxa de natalitat – taxa de mortalitat (tant per mil, ‰)

Quan parlem de creixement de la població, ens referim a una evolució positiva del nombre de persones. Si és un creixement molt gran i ràpid, en diem **creixement accelerat**.

CS

1. A partir d'aquestes dades, esbrina el creixement vegetatiu, la taxa de natalitat i la taxa de mortalitat de Catalunya i d'Espanya en els anys 2013 i 2018.

	Catalunya		Espanya	
	2013	**2018**	**2013**	**2018**
Població total	7 547 000	7 600 267	47 060 000	46 733 038
Naixements	71 591	66 803	425 715	369 302
Defuncions	60 639	66 165	367 910	426 053

2. Joc de matemàtiques. Calculem la mitjana i obtenim la taxa de fecunditat: entre les 10 dones que apareixen a la llista de sota, algunes tenen fills i d'altres no. Calcula la seva taxa de fecunditat, és a dir, quants fills tenen de mitjana.

   Montse: 1 fill; Sara: 2 fills; Júlia: 3 fills; Maria: 2 fills; Anna: no té fills; Dolors: 2 fills; Laura: no té fills; Cristina: 4 fills; Pilar: 1 fill; Marta: 3 fills.

Cercar les dades

Amb l'ajuda del professor o professora, ajunteu-vos en petit grup. El més important, abans de respondre a la demanda que us han fet les administracions, és disposar d'informació vàlida i contrastada. Aquesta consideració és útil per a qualsevol proposta de qualsevol tema.

La lectura d'aquest apartat us informarà de quines són les dades més bàsiques que necessiteu per començar a treballar. Més endavant haurem d'aprofundir en la cerca, però de moment cal començar per les dades més bàsiques:

- població total
- taxa de fecunditat
- taxa de natalitat
- taxa de mortalitat
- creixement natural

Esbrineu les dades més recents de cadascuna de les tres realitats territorials des de les quals us han demanat l'estudi: el vostre municipi, Catalunya i Espanya. Afegiu-hi també el saldo migratori de totes tres, tot i que l'estudiarem més endavant.

Per obtenir tota aquesta informació, consulteu el recurs «Fonts d'estadística i demografia».

2. L'evolució de la població mundial

Nens i dones del barri de l'East End de Londres, el 1880. Aquest era aleshores un barri obrer, amb una forta presència d'immigrants irlandesos i de les regions rurals del Regne Unit.

Imatge actual de Brick Lane, un carrer de l'East End caracteritzat per l'abundant presència de restaurants bengalís. Amb el tombant del nou mil·lenni, el barri va rebre una forta immigració procedent de les antigues colònies britàniques.

2.1. El creixement de la població

En l'evolució demogràfica del món hi ha hagut etapes de fort creixement, però també èpoques de retrocés i períodes d'una gran irregularitat. En general, **la població mundial va augmentar molt lentament fins al 1750**.

A mitjan segle XVIII el món no superava els 700 milions d'habitants. Les famílies tenien força fills, però la taxa de mortalitat, especialment la infantil, era molt elevada: fams, epidèmies i guerres frenaven el creixement de la població.

L'inici de la **Revolució Industrial** a Europa, acompanyada de progressos en la higiene, la medicina i l'agricultura (alimentació), va propiciar una forta disminució de la mortalitat i un gran augment de població.

Al segle XX s'inicià un **creixement accelerat** a escala mundial, especialment des del 1950. Entre aquest any i el 2018 el nombre d'habitants del planeta s'ha triplicat, malgrat la reducció de la natalitat en alguns països. Segons les previsions de l'ONU, **els 7 631 milions d'habitants del planeta de l'any 2018** es poden convertir en més de 9 500 milions el 2050.

2.2. Les grans fases del creixement demogràfic

La **transició demogràfica** és una teoria que ens ajuda a entendre dos fenòmens: el creixement accelerat de la població mundial en els darrers segles i les transformacions demogràfiques que es produeixen en el pas d'una societat preindustrial a una de plenament industrialitzada. Aquesta teoria, que permet entendre els canvis demogràfics que s'han produït a Europa des del 1750, estableix una sèrie de fases:

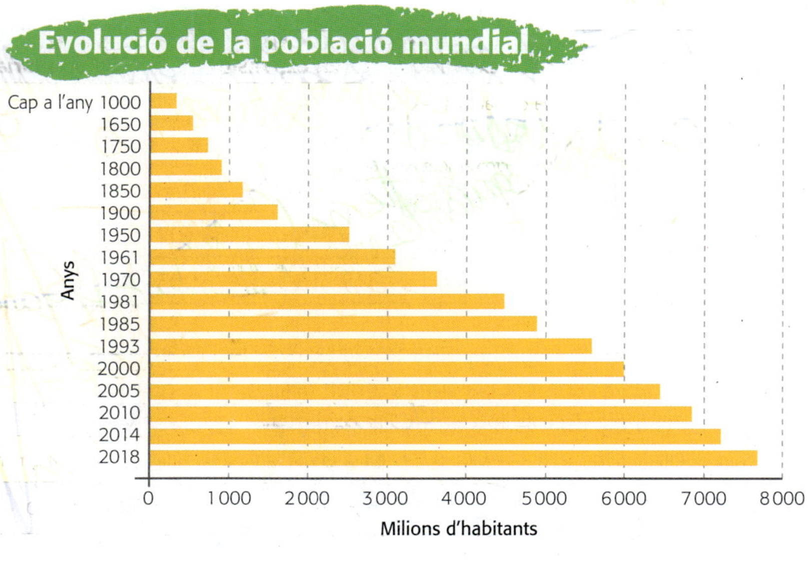

- **Fase I (règim demogràfic antic).** Les taxes de natalitat i de mortalitat eren molt altes, per la qual cosa la població creixia molt lentament.
- **Fase II (transició demogràfica).** El pas del règim demogràfic antic al règim demogràfic modern rep el nom de **transició demogràfica**. En un primer moment es produeix un descens de la mortalitat, a causa de les millores en la salut i l'alimentació, mentre que la natalitat es manté elevada, amb la qual cosa la població creix a un ritme accelerat.
- **Fase III (transició demogràfica).** En un segon moment de la transició baixa la natalitat, al mateix temps que la mortalitat continua minvant. Es manté, doncs, un creixement significatiu però no tan accentuat com en la fase II.
- **Fase IV (règim demogràfic modern).** Està caracteritzada per unes taxes de natalitat i de mortalitat molt baixes. La població creix molt lentament.
- **Fase V (règim demogràfic modern).** En època més recent s'ha afegit al model original una nova fase en la qual la natalitat disminueix encara més, mentre que la mortalitat es manté molt baixa, fins i tot pot augmentar lleugerament a causa de l'envelliment de la població. El creixement natural, doncs, pot arribar a ser negatiu, com ha passat en alguns països de l'est d'Europa.

Aquest **model demogràfic**, aplicable a Europa, també és extensiu a altres zones desenvolupades, com ara l'Amèrica del Nord, el Japó i Austràlia. En canvi, alguns països en desenvolupament es troben encara en plena transició demogràfica (fases II i III del model), i és força difícil predir com evolucionarà la seva població en els propers anys.

CS

1. Observa el gràfic de l'evolució de la població mundial de la pàgina anterior. Quina evolució segueix la població total mundial? Quins són els dos moments històrics que han suposat un fort creixement de la població mundial? Situa'ls i assenyala'n el fet històric. Amb quin fet penses que té relació l'augment de població en cadascun dels dos casos? Si cal, pregunta-ho al professor o professora, o cerca'n informació a Internet.
2. Als països en què la mortalitat és baixa es produeix un descens de la natalitat. Per què penses que passa això? Cerca informació al respecte i fes-ne una hipòtesi.
3. Segons el gràfic sobre la transició demogràfica, en quina fase es troben Espanya i Catalunya? Comprova-ho a partir de les dades de població a Espanya i Catalunya entre el 2013 i el 2017-2018 que tens a l'activitat 2 de l'apartat anterior.

La transició demogràfica

Etapa	I Estacionària	II En clara expansió	III En expansió	IV Estacionària	V En disminució?

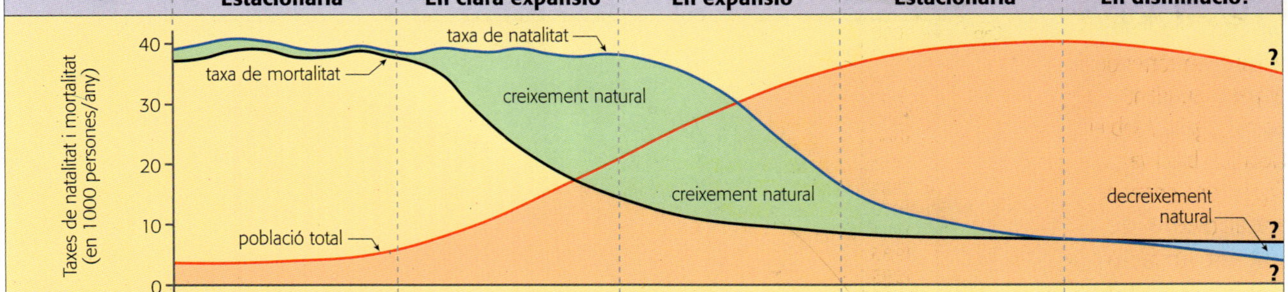

Taxa de natalitat	Alta.	Alta.	En descens.	Baixa.	Baixa.
Taxa de mortalitat	Alta.	En descens ràpid.	En descens lent.	Baixa.	Molt baixa.
Creixement natural	Estable o en augment lent.	En augment ràpid.	En augment lent.	Estable o en augment lent.	En decreixement lent.
Cronologia (Regne Unit)	Fins al 1760	1760-1870	1870-1950	Posterior al 1950	Futur proper?

3. La distribució de la població al món

Densitat de població i ecumene

La **densitat de població** d'un territori s'obté dividint la població total entre la superfície (en quilòmetres quadrats). La xifra resultant s'expressa en habitants per quilòmetre quadrat (hab./km²). La paraula **ecumene** fa referència al conjunt de les terres del planeta habitades de manera permanent i que concentren la major part de la població mundial. El terme contrari és l'**anecumene**, que fa referència a les zones menys poblades (o despoblades).

CS

1. Esbrina a Internet què és un mapa anamòrfic i defineix aquest concepte amb les teves paraules. Amb aquesta informació, descriu el mapa de la pàgina següent.
2. Busca a Internet una ètnia o poble que hagi estat expulsat d'un territori per causes polítiques. Resumeix les raons de la seva expulsió i quina és la seva situació actual.
3. Quin dels països de la llista de la pàgina següent és el més densament poblat? I el que menys? Quina dada t'ha fet falta per esbrinar-ho?
4. Elabora un esquema de claus amb la informació que proporciona l'apartat sobre els factors que expliquen les desigualtats en la distribució de la població mundial.

La població es reparteix de manera molt desigual sobre la Terra. Només una part de la Terra és habitada de manera permanent. **El 70% de la població mundial es concentra sobre el 10% de les terres emergides**, és a dir, sobre el 3% de la superfície del globus. Les terres habitades es troben separades per àrees despoblades, generalment medis naturals hostils per a la vida humana com deserts, selves, regions polars, etc. Es produeix, doncs, un contrast demogràfic entre zones superpoblades i zones despoblades.

3.1. Factors que expliquen les desigualtats

▶ **Factors físics:**

- **Relleu.** La població es concentra majoritàriament a les zones planes, al litoral i a les grans valls.
- **Clima.** Les regions amb temperatures extremes, tant pel que fa al fred com a la calor, estan despoblades. Els climes temperats, amb temperatures suaus i pluges regulars, són els més aptes per a la vida humana.
- **Latitud.** En relació amb el factor anterior, les latituds mitjanes (fins a 65°) apleguen la major part de la població.
- **Fertilitat dels sòls.** L'abundor de terres fèrtils afavoreix el poblament i l'establiment de comunitats humanes.
- **Abundància d'aigua.** Les valls fluvials, les ribes dels grans llacs i les zones litorals presenten una densitat de població més alta que els deserts o les regions afectades per sequeres constants.

▶ **Factors econòmics:**

- **Recursos.** La disponibilitat de recursos i de matèries primeres ha determinat la presència de comunitats humanes amb l'afany d'explotar-les.

Evolució de la densitat de població al món

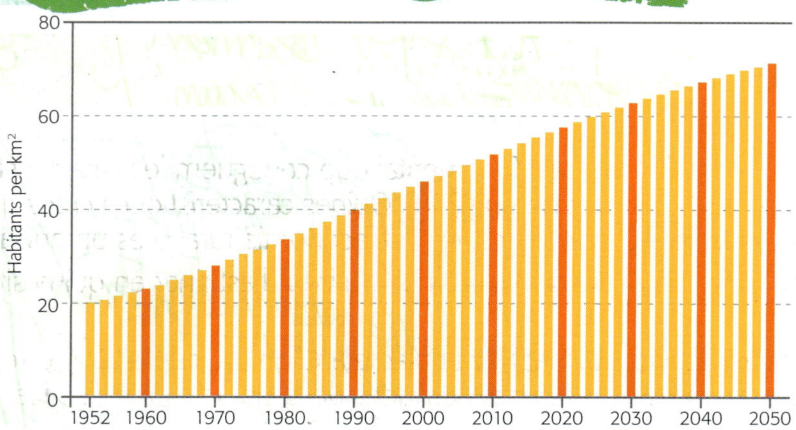

Font: Oficina del Cens dels EUA, INE, Banc Mundial i Google Public Data Explorer.

- **Desenvolupament.** Els països més desenvolupats, amb possibilitats de feina i millors condicions de vida, han atret importants contingents de població.

▶ **Factors històrics:** l'antiguitat dels assentaments humans pot explicar el poblament de certs territoris. Així, una zona densament poblada tendeix a continuar sent-ho.

▶ **Factors polítics:** en alguns casos, han estat decisions polítiques orientades a dominar o repoblar nous territoris les que han fet moure grans masses de població. També s'han produït expulsions i desplaçaments forçosos motivats per guerres i canvis fronterers.

Els països amb més població

País	2018 (milions)
Xina	1 427
Índia	1 353
Estats Units	327
Indonèsia	267
Pakistan	212
Brasil	209
Nigèria	196
Bangla Desh	161
Rússia	145
Japó	127

El món segons el nombre d'habitants de cada país

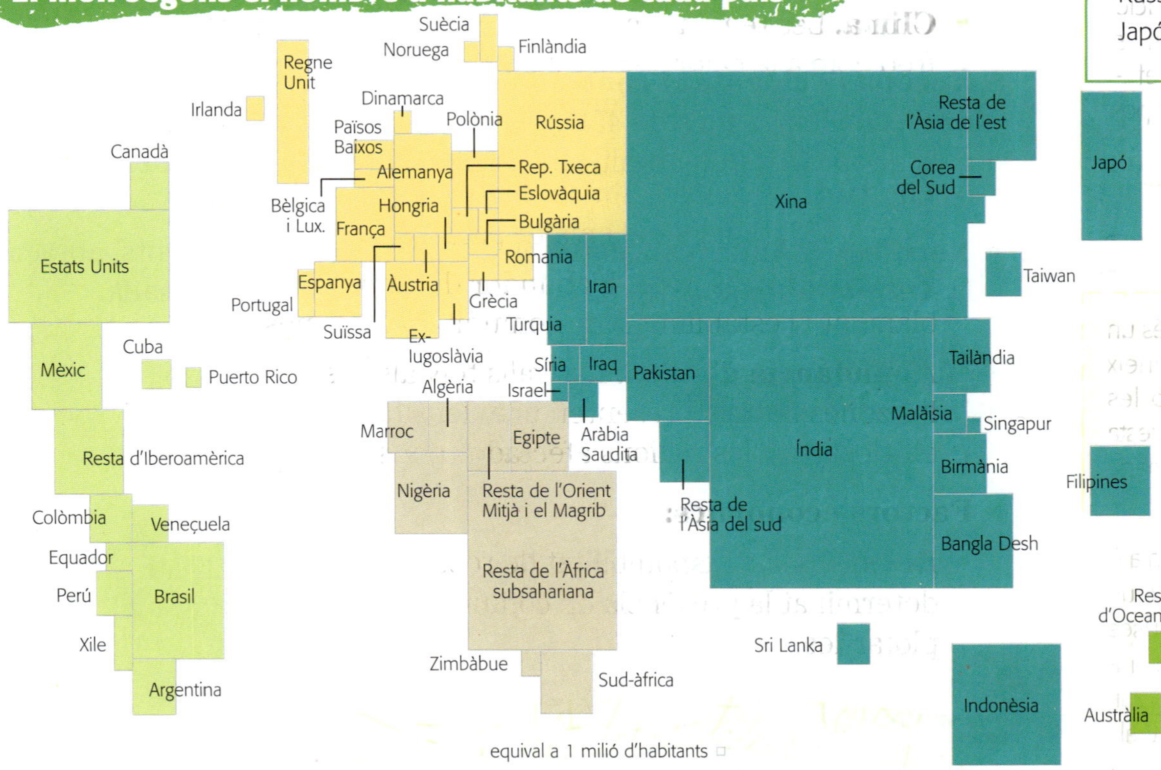

2 Analitzar les característiques del territori

Per poder dur a terme l'informe és fonamental que coneguem les característiques del territori estudiat que poden condicionar-ne els aspectes demogràfics. Quines característiques creus que en poden condicionar la demografia? És a prop d'un riu? Té indústries, és una economia rural o és un enclavament turístic? Com és el clima?

En relació als factors que apareixen al punt 3.1, mireu d'esbrinar en quina situació es troba el municipi que estudieu.

Tota aquesta informació us permetrà anar plantejant ja algunes de les vostres propostes per millorar els serveis i donar solucions a les problemàtiques derivades de la situació demogràfica. Anoteu tot el que se us acudeixi al respecte.

4. El mapa mundial de la població

Ja hem vist que els 7 631 milions de persones que habiten la Terra es reparteixen de manera desigual sobre el territori. **El 90 % de la població mundial viu a l'hemisferi nord**, i un sol continent, l'Àsia, concentra, amb 4 560 milions d'habitants, més del 60 % de la humanitat.

4.1. Les àrees amb una concentració més gran de població

- **Àsia oriental.** Les dues Corees, el Japó, la zona litoral de la Xina i estats com Taiwan conformen la regió més poblada del planeta, amb més de 1 600 milions d'habitants. Les densitats superen els 500 hab./km^2, fins i tot a les àrees rurals.
- **Àsia meridional.** Comprèn bàsicament el **subcontinent** indi, amb estats com l'Índia, el Pakistan i Bangla Desh. Regió d'un creixement demogràfic molt accelerat, aplega més de 1 800 milions de persones.
- **Europa occidental i central.** A molta distància de les zones anteriors, concentra més de 450 milions d'habitants. Les àrees urbanes dels països més industrialitzats assoleixen densitats de població elevades.
- **Nord-est d'Amèrica.** Amb més de 100 milions d'habitants, abraça la part nord-oriental dels Estats Units i el sud-est del Canadà.

subcontinent: part d'un continent que, per les seves particularitats geogràfiques, és considerada com una unitat geogràfica diferenciada dels territoris que l'envolten.

Densitat i distribució de la població al món

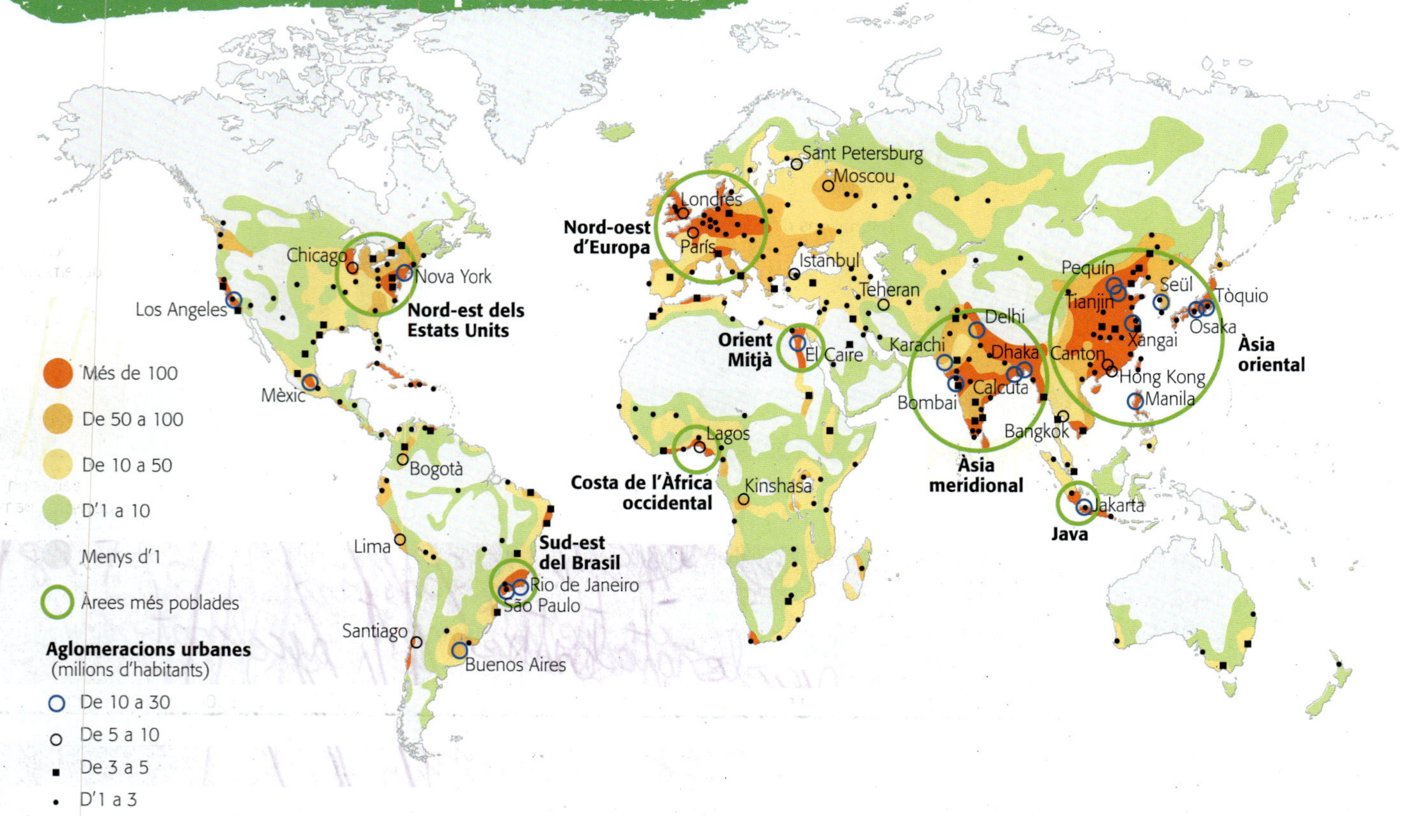

- **Altres zones de població importants.** Són focus més aïllats, com ara la regió central de Mèxic, el sud-est del Brasil i la zona del golf de Guinea (Àfrica).

4.2. Les àrees menys poblades de la Terra

- **Grans buits demogràfics.** Regions on les condicions de vida són especialment difícils, amb unes densitats de població molt baixes o nul·les, com ara l'Antàrtida, l'Àrtida, els grans deserts i les selves equatorials i tropicals.
- **Zones amb una baixa densitat de població.** En tots els continents hi trobem àrees poc poblades: els països del nord d'Europa, el centre d'Austràlia, una gran part d'Àfrica (al sud del Sàhara) i el nord del Canadà en són exemples clars.

1. Analitza el mapa de la pàgina anterior seguint el guió següent:

Fitxa d'anàlisi d'un mapa geogràfic
1. Fase de descripció En primer lloc, cal descriure la informació que planteja el mapa: ▶ El tema tractat (normalment especificat al títol). ▶ La datació de les dades (normalment especificada al títol o al peu). ▶ L'espai geogràfic delimitat. ▶ Els elements geogràfics representats. ▶ Els signes convencionals que hi apareixen. ▶ La informació que proporciona la llegenda.
2. Fase d'anàlisi En aquest moment, s'ha d'analitzar la informació obtinguda en la fase anterior: ▶ Com es reflecteix el tema al mapa. ▶ Quina significació tenen els elements geogràfics al mapa. ▶ Quines regions o països apareixen delimitades al mapa i per què. ▶ Què signifiquen els signes convencionals. ▶ Què volen dir els colors de la llegenda.
3. Fase d'interpretació Finalment, s'ha de relacionar el mapa amb allò que ja sapiguem del tema per tal de completar-ne l'anàlisi i veure quina informació addicional ens aporta. En acabat, redactarem les conclusions de la nostra anàlisi.

2. Observa i comenta el gràfic de població d'aquesta pàgina. Relaciona aquest comentari amb el que has llegit al text de la unitat.

La població al món per continents (2018)

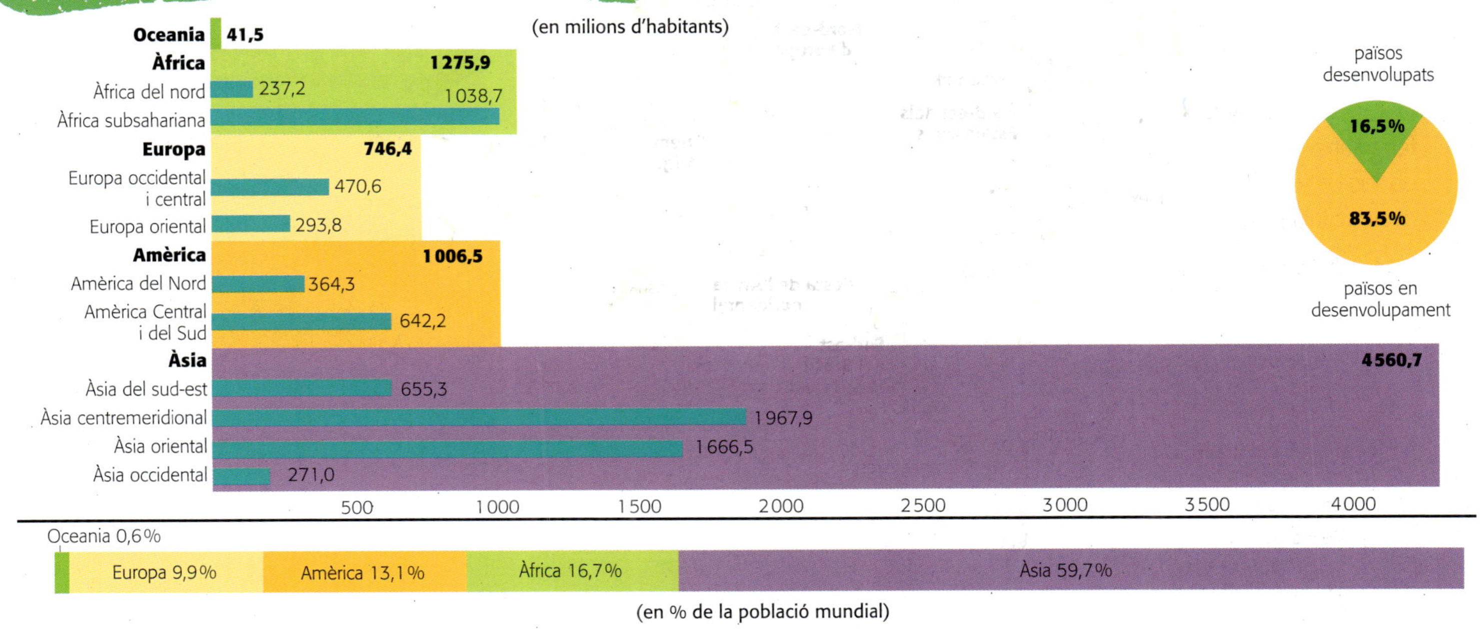

5. La població a Espanya

Vista nocturna de Benidorm (País Valencià). Les províncies de costa, especialment les del litoral mediterrani, són les àrees més poblades de l'Estat.

5.1. L'evolució del nombre d'habitants

Fins al segle XVIII la població espanyola **creixia molt lentament** a causa de l'alta mortalitat. A partir d'aleshores va iniciar un important procés de creixement, que es va accelerar en arribar al segle XX.

Durant el segle XX i principis del XXI es va produir **l'augment de població més important** de tota la història d'Espanya: entre els anys 1900 i 2018 es va passar de 18 milions i mig d'habitants a més de 46 milions i mig. Els avenços mèdics i sanitaris i la millora de les condicions de vida van fer baixar les taxes de mortalitat i, malgrat la disminució de la natalitat, el nombre d'habitants va créixer significativament.

A partir del 1975 es va produir una caiguda de la natalitat, la qual cosa va portar el país a tenir una de les taxes de natalitat més baixes de tot Europa (tan sols el 0,12 ‰ l'any 1998). La situació va canviar a principis del segle XXI amb l'arribada d'immigrants i l'increment del nombre de naixements, que es van mantenir fins a l'esclat de la crisi econòmica del 2008. Espanya va perdre població entre el 2012 i el 2016 i darrerament ha començat una lenta recuperació.

5.2. La distribució de la població espanyola

Espanya té una densitat de població de 93 hab./km^2 (2018). Aquesta població **es troba repartida d'una manera força irregular sobre el territori**. En general, les províncies de la costa estan més poblades que les de l'interior:

CS

1. Compara el gràfic de l'evolució de la població espanyola amb el de la població mundial de l'apartat 2. Anota les semblances i les diferències que hi trobis.
2. Recupera l'esquema que vas fer a l'apartat 3 per entendre els factors que expliquen les desigualtats de la distribució de població al món i fes-ne un de semblant sobre la població espanyola. No oblidis exposar les raons d'aquesta distribució.
3. Recupera la informació que vas llegir a l'apartat 2 i explica a quin règim demogràfic pertany Espanya. Argumenta la resposta.

Evolució de la població espanyola

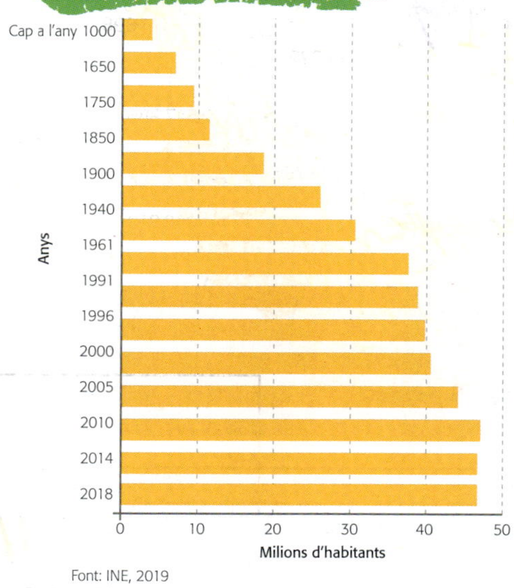

Font: INE, 2019

Projecció de la població resident a Espanya

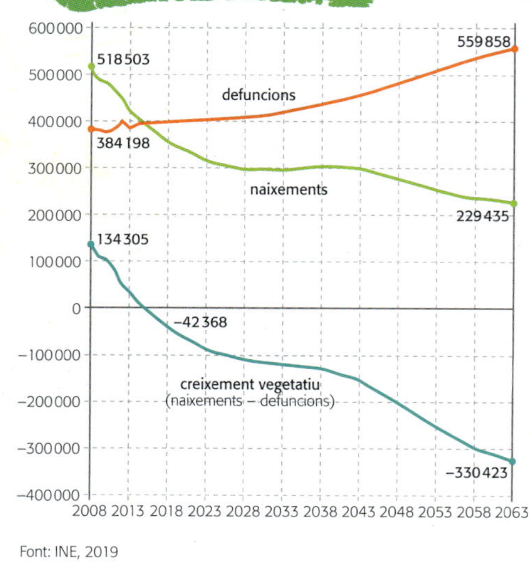

Font: INE, 2019

- **Les zones costaneres i les illes**, que ocupen només un terç de la superfície de l'Estat espanyol, concentren prop del 60 % de la població. Els principals focus de població se situen a Barcelona i el seu cinturó industrial, al País Basc, en zones turístiques com ara la Costa del Sol, i en nuclis concrets de Galícia, Astúries i el País Valencià.
- **Les zones de l'interior**, amb excepcions com Madrid, estan menys poblades i presenten les densitats de població més baixes. Els principals nuclis de població es localitzen a ciutats com ara Madrid, Sevilla i Saragossa, així com a les valls de l'Ebre i el Guadalquivir.

La distribució desigual de la població és fruit, bàsicament, dels **moviments migratoris** que es van produir a partir de la segona meitat del segle XX. L'èxode rural i els desplaçaments de l'interior a la perifèria van beneficiar les àrees més urbanes i industrials, i van suposar una reducció important de la població a les regions més agrícoles.

3 Esbrinar la densitat i la distribució de la població

En aquesta tasca haureu de treballar la densitat de població als diferents territoris de l'informe: Espanya, Catalunya i el propi municipi.

En el cas del municipi, si és prou gran, podeu mirar de trobar la informació per barris. En qualsevol cas, sempre es poden fer comparacions de la densitat de població del municipi amb la de la resta de territoris.

Quan hagueu recollit les dades, compareu-les i analitzeu quins desequilibris presenten. En el cas d'Espanya i Catalunya, trobareu les raons dels desequilibris explicades al text en aquest apartat i el següent. Comenceu a pensar com es podrien compensar o pal·liar certes situacions. Pel que fa al municipi, si és possible, analitzeu si hi ha raons que facin que hi hagi una distribució desigual de la població per barris, per exemple, per manca de transport públic, de serveis i equipaments (metges, escoles...) o de comerç (mercats, supermercats...).

Població espanyola per províncies

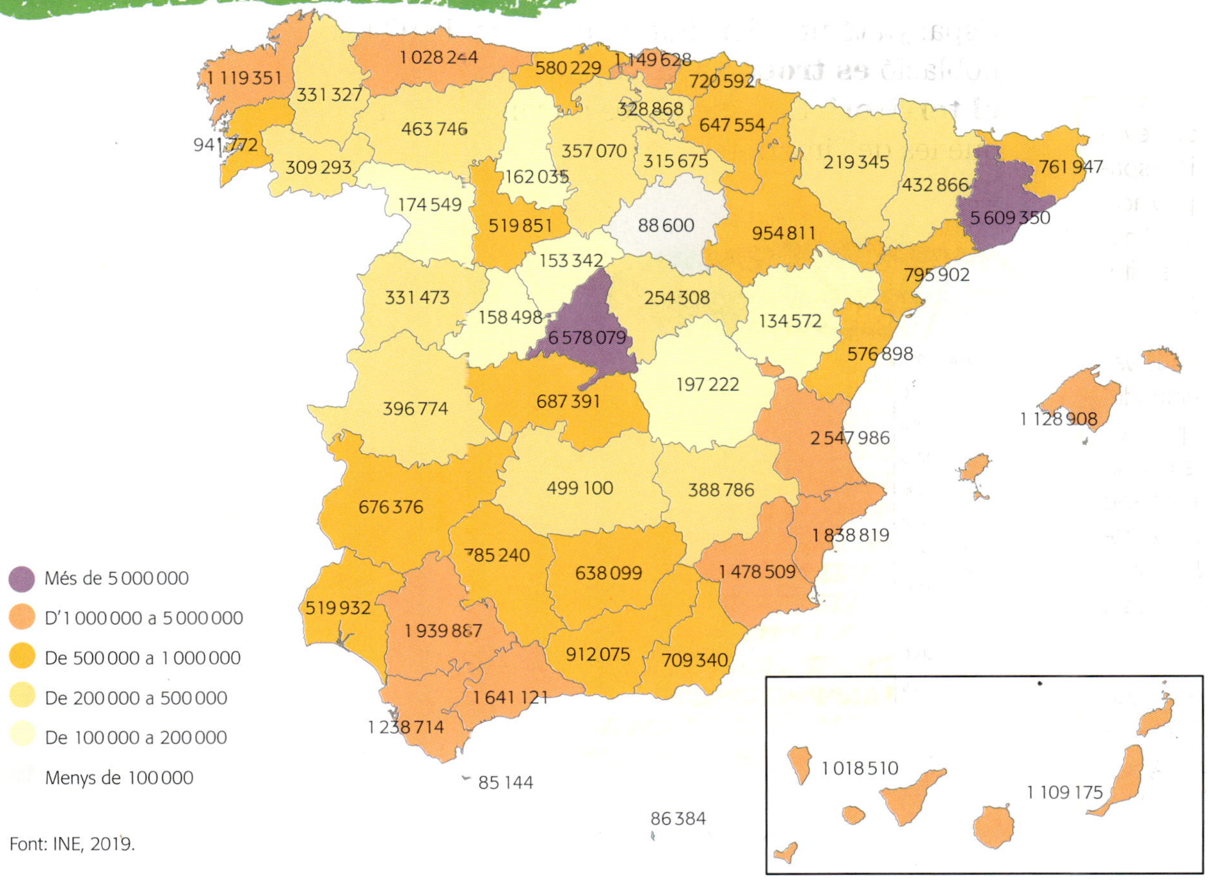

Font: INE, 2019.

6. La població a Catalunya

Projecció de població a Catalunya, any 2050

- Escenari baix 7 257 136
- Escenari mitjà 8 639 077
- Escenari alt 9 865 363

Font: Idescat, 2019

El Barcelonès és la comarca més poblada de Catalunya. A la imatge, litoral de Badalona.

6.1. L'evolució del nombre d'habitants

Fins a les últimes dècades del segle XIX, la població catalana va créixer a un ritme lent. En canvi, el segle XX i la primera dècada del XXI s'han caracteritzat per un augment molt important del nombre d'habitants. Entre el 1900 i el 2019, la població catalana pràcticament s'ha quadruplicat gràcies al creixement natural i al saldo migratori positiu. Només durant el període 1940-1970, la població catalana va créixer en més de 2 200 000 persones, dues terceres parts de les quals formaven part de la immigració.

El ritme d'aquest augment de població varia segons el període històric. La Guerra Civil o les etapes de crisi econòmica han estat moments d'estancament demogràfic, mentre que les èpoques de bonança econòmica s'han caracteritzat per un augment accelerat de la població. A finals del segle XX, l'impuls econòmic va generar l'arribada d'un important flux migratori, fet que va donar una nova empenta al creixement demogràfic català. Aquest creixement, però, es va frenar amb l'esclat de la crisi del 2008. A partir d'aquesta data es produeix una caiguda de la immigració i de la taxa de natalitat.

CS

1. Compara el que es diu al text sobre l'evolució del nombre d'habitants a Catalunya amb allò que vas aprendre sobre les grans fases del creixement demogràfic a l'apartat 2. En quina fase se situaria Catalunya?
2. Comenta i compara la informació que et proporcionen els gràfics. Quina raó explica la caiguda del creixement natural?
3. Justifica amb dades la frase «la població catalana es troba repartida de manera desigual sobre el territori».

Evolució de la població catalana

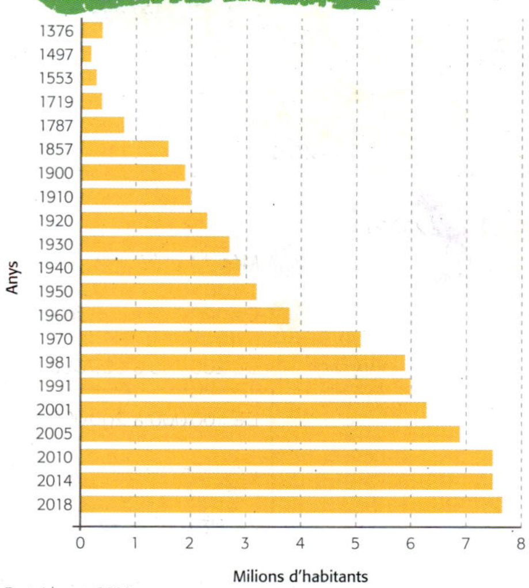

Font: Idescat, 2019

Moviment natural de la població catalana

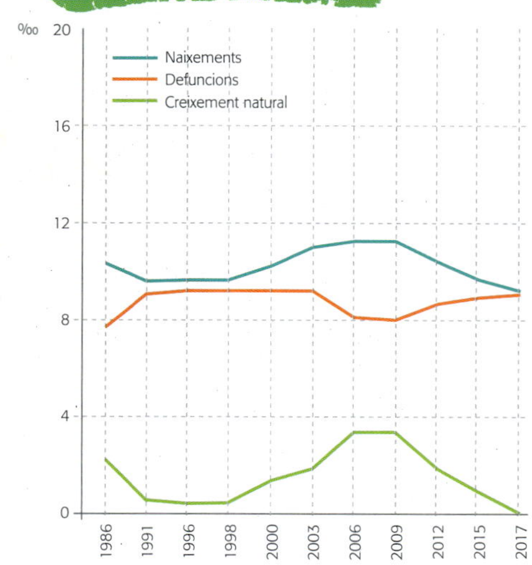

Font: Idescat, 2019

6.2. La distribució de la població catalana

Catalunya té una densitat de població de 236,7 hab./km^2 (2019). Cal tenir present, però, que es tracta d'una **població repartida d'una manera desigual** sobre el territori. Aquestes diferències es produeixen d'acord amb dos factors:

- **Econòmics.** En general, les **comarques més industrialitzades i terciaritzades**, com el Barcelonès i la seva rodalia, són les que van rebre un nombre més gran d'immigrants i van créixer més durant el segle XX i la primera dècada del XXI. La comarca més poblada, el Barcelonès, té una densitat superior a 15 469 hab./km^2. Les comarques que formen l'àmbit metropolità de Barcelona, amb cinc milions d'habitants, concentren dues terceres parts de tota la població de Catalunya.
- **Geogràfics.** El **litoral** està també més poblat que les terres de l'interior, on trobem les comarques amb les densitats més baixes de Catalunya. Algunes comarques, com el Pallars Sobirà, tot just sobrepassen els 5 hab./km^2. Tanmateix, hi ha excepcions com ara el Segrià i algunes comarques de muntanya, que creixen gràcies a l'impuls econòmic derivat de les activitats turístiques d'hivern.

Població catalana per comarques

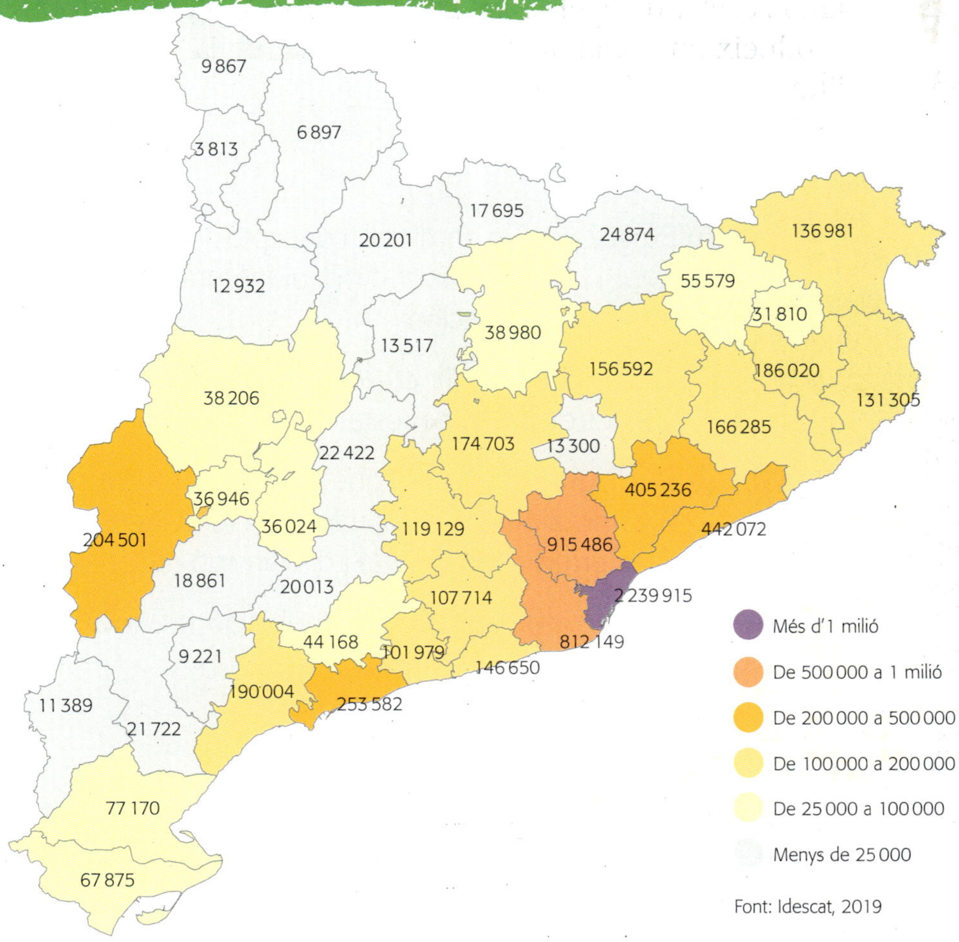

Font: Idescat, 2019

4 Definir l'estructura de la població

En aquesta tasca haureu de treballar l'estructura de la població: quina és l'edat mitjana dels habitants, la seva esperança de vida i també el nombre de població immigrant.

Aquestes dades us permetran dur a terme una reflexió sobre les necessitats i els reptes que poden tenir les diferents administracions. Podeu buscar tota la informació necessària a Internet, però també us podeu avançar al temari i buscar l'explicació d'aquests conceptes a la unitat 2, especialment a l'apartat 4.

Activitats finals

▶ 1. Observa el passat per entendre el present

En aquest text, un historiador actual explica per què els canvis produïts amb la Revolució Industrial van fer disminuir la mortalitat:

> La Revolució Industrial va canviar dràsticament el panorama demogràfic. La mortalitat catastròfica[1] va experimentar una desaparició gairebé total. Les raons són múltiples. Els nous coneixements científics sobre les plantes i la ramaderia, l'extraordinària millora dels transports, els progressos de la medicina i la sanitat, etc. Tot això va fer possible que les persones poguessin afrontar les plagues de fam i les malalties epidèmiques. De les tres causes principals de mortalitat catastròfica, dues han estat controlades, si més no, de moment. Per desgràcia, no podem dir el mateix de la tercera: les guerres. [...]
>
> La Revolució Industrial també va permetre que es fessin progressos en la reducció de la mortalitat en temps normals. Els avenços mèdics i sanitaris, la millora de la nutrició i l'increment dels nivells de vida van eliminar pràcticament moltes malalties, a la vegada que feien minvar la incidència de moltes altres. [...] Un dels factors que va influir més en la caiguda de la mortalitat «normal» fou la reducció dràstica de la mortalitat infantil i adolescent, fet que ha contribuït a augmentar notablement la durada mitjana de la vida.
>
> C. M. CIPOLLA, *Historia económica de la población mundial* (adaptació)
>
> 1. Mortalitat catastròfica: mortaldat elevada provocada per falta d'aliments (fam), guerres i epidèmies.

a) Resumeix cada paràgraf amb una frase.

b) Per què es va reduir la mortalitat catastròfica?

c) I la mortalitat que en el text s'anomena «normal»?

d) Recordes de cursos anteriors a quin tipus de font correspon aquest text?

e) Investiga a Internet o a la bibliotecaen què va consistir la Revolució Industrial i fes-ne un breu resum.

▶ 2. Comenta un gràfic

El gràfic descriu els increments de la població mundial per decennis. Aquests increments són presentats en mitjanes anuals. Així, per exemple, entre el 1900 i el 1910 la població mundial va créixer a un ritme anual d'aproximadament 10 milions d'habitants.

Creixement absolut i relatiu de la població mundial

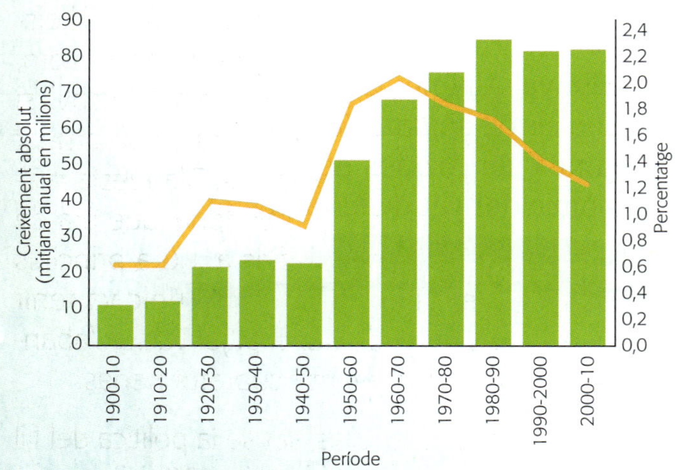

a) Explica què volen dir els conceptes *creixement absolut* i *mitjana anual*. Amb quina unitat s'expressa aquesta informació?

b) Explica què vol dir *creixement relatiu*. Amb quina unitat s'expressa aquesta informació?

c) Descriu la informació que et proporciona el gràfic. Pots dividir-lo en tres períodes: creixement moderat, creixement accelerat i disminució moderada.

d) A quin ritme va créixer la població mundial en el període 2000-2010?

3. Estudia una mesura política demogràfica

La política del fill únic

Entre 1949 i mitjan anys setanta, la Xina va duplicar la seva població. El 1979, el govern xinès va optar per una política de contenció de la natalitat per frenar el risc de superpoblació: «aconsellava» que les parelles tinguessin un únic fill. Només es permetia un segon fill en determinades condicions: a les zones rurals, si el primer nadó era una nena; en zones poc poblades i de muntanya, o bé si el primer fill tenia alguna discapacitat.

A les ciutats, les parelles que tenien un únic fill disposaven d'alguns avantatges aprovats pel govern, com ara salaris lleugerament superiors. En canvi, si la parella tenia un segon fill, perdia automàticament aquests avantatges i rebia sancions. D'aquesta manera, el nombre mitjà de fills per dona, que era de 5,5 l'any 1970, va disminuir fins a 1,6 a principis del segle XXI. Però la política del fill únic va tenir efectes negatius; sens dubte, el pitjor va ser l'abandonament o la mort d'infants, sobretot nenes.

Segons xifres oficials xineses, sense la política del fill únic, es calcula que avui hi hauria 400 milions de xinesos més al planeta. Tanmateix, la Xina començà a patir un envelliment seriós de la població, la qual cosa va obligar a reconsiderar aquesta mesura augmentant el nombre d'excepcions el 2013. Finalment, el 29 d'octubre de 2015, el Partit Comunista de la Xina va posar fi a la política del fill únic i va anunciar que totes les parelles podrien tenir dos fills.

(elaboració pròpia)

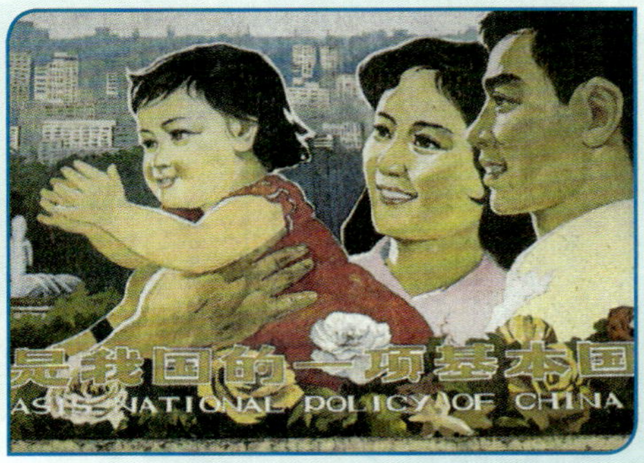

Cartell de propaganda del govern xinès, dins la campanya «Una parella, un sol fill».

Dades bàsiques (2017)

Població: 1 395 380 000

Taxa de creixement demogràfic: 0,52 ‰

Esperança de vida: 78 dones, 75 homes

Taxa de natalitat: 10,94 ‰

Taxa de fecunditat (2017): 1,6 ‰

Taxa de mortalitat: 7 ‰

Percentatge de població de menys de 15 anys: 17,3 %

Percentatge de població de més de 65 anys: 11,5 %

Població urbana: 58 %

La Xina posa fi a 30 anys de política de fill únic i permet dos fills per parella

El Partit Comunista de la Xina ha tancat aquest dijous el congrés anual amb l'anunci de la fi de la política de fill únic, que els últims 30 anys s'imposava com a mesura de control de la natalitat. Amb la reforma, anunciada el mateix dia que s'aprova el XIII pla quinquennal, les parelles xineses podran tenir dos fills.

L'anunci suposa un pas més en la relaxació de les estrictes polítiques demogràfiques que va començar el 2013, quan es van ampliar les excepcions que permetien a determinats matrimonis tenir un segon fill

Ara (29 octubre 2015)

Llegeix els articles i respon les preguntes següents:

a) Per què el govern xinès va optar per la política de fill únic?

b) Explica en què consisteix aquesta política i quines conseqüències ha tingut.

c) Expressa la teva opinió sobre la política demogràfica del govern xinès. Argumenta la resposta valorant el que indica la notícia del diari.

d) Analitza les dades de població que presenta el text. Descriu a grans trets com podrien ser aquestes dades si la taxa de fecunditat s'hagués mantingut en el 5,5 anterior a la política del fill únic.

▶ 4. Analitza un estudi demogràfic

Llegeix detingudament el text i respon les qüestions que es plantegen.

La població mundial deixarà de créixer el 2050

Segons unes investigacions de la Universitat Autònoma de Madrid, la població del planeta s'estabilitzarà a mitjan segle, cap al 2050.

A l'hora de fer prediccions sobre l'evolució de la població mundial en el futur, s'han de tenir en compte tant les taxes de natalitat com les de mortalitat. Com que en els últims anys els avenços mèdics i l'augment de l'esperança de vida han fet minvar la mortalitat, semblava que el món avançava cap a la superpoblació. No obstant això, el cert és que el nombre de naixements també ha minvat, i es preveu que ho continuï fent en el futur. Segons les estimacions de l'Organització Nacional de les Nacions Unides (ONU), el 2100 la població mundial es mourà entre 15 800 milions de persones segons les estimacions més altes i 6 200 milions segons les més baixes, una xifra que queda per sota dels 7 000 milions actuals.

El treball de la UAM confirma l'estimació més baixa i, segons els resultats, prediu que a partir del 2050 la població de la Terra s'estancarà i fins i tot descendirà. Per arribar a aquestes conclusions, els investigadors han fet servir les dades de sèries de població que ofereix l'ONU i han aplicat equacions matemàtiques que es fan servir en altres àmbits de la ciència.

Muy Interesante (juliol 2015)

a) Segons l'ONU, entre quines dues xifres se situarà la població del planeta l'any 2100?

b) La investigació de la Universitat Autònoma de Madrid, per quina de les dues xifres es decanta? Quin mètode han fet servir per als seus càlculs?

c) Segons el text, què passarà amb la taxa de natalitat al llarg del segle XXI? A què creus que és degut aquest descens?

d) Hi ha alguna possibilitat de modificar les tendències demogràfiques d'un territori? Com?

▶ 5. Explora una cronologia

1842	Anestèsia mitjançant èter	Long
1848	Operació de l'apèndix	Haucock
1861	Tractament preventiu de la febre posterior al part	Semmelweis
1867	Tractament contra les infeccions de les ferides (antisèptic)	Lister
1873	Investigacions sobre la ràbia	Pasteur
1881-1885	Èxits en la vacunació contra malalties infeccioses	Pasteur
1882	Descobriment del bacil de la tuberculosi	Koch
1884	Descobriment del bacil de la diftèria	Klebs-Löffler
1885	Mètode preventiu de les infeccions en els centres mèdics (asèpsia)	Mergmann
1890	Obtenció de la tuberculina (permet diagnosticar la tuberculosi)	Koch
1891	Sèrum contra la diftèria	Behring
1894	Descobriment del bacil de la pesta	Yersin-Kitasato
1895	Rajos X	Röntgen

a) Busca el significat de les paraules següents: *bacil*, *tuberculosi*, *diftèria*, *pesta*, *rajos X*, *sèrum*, *ràbia*.

b) T'han vacunat mai contra alguna de les malalties esmentades (pots comprovar-ho en el teu carnet de vacunació)? I contra d'altres? Esbrina quina és la finalitat de les vacunes.

c) Busca informació sobre qui va ser Pasteur i redacta una composició breu.

d) Explica, també, què vol dir que un producte alimentari (per exemple, la llet) ha estat pasteuritzat.

Activitats d'ampliació de contingut.

El que cal recordar

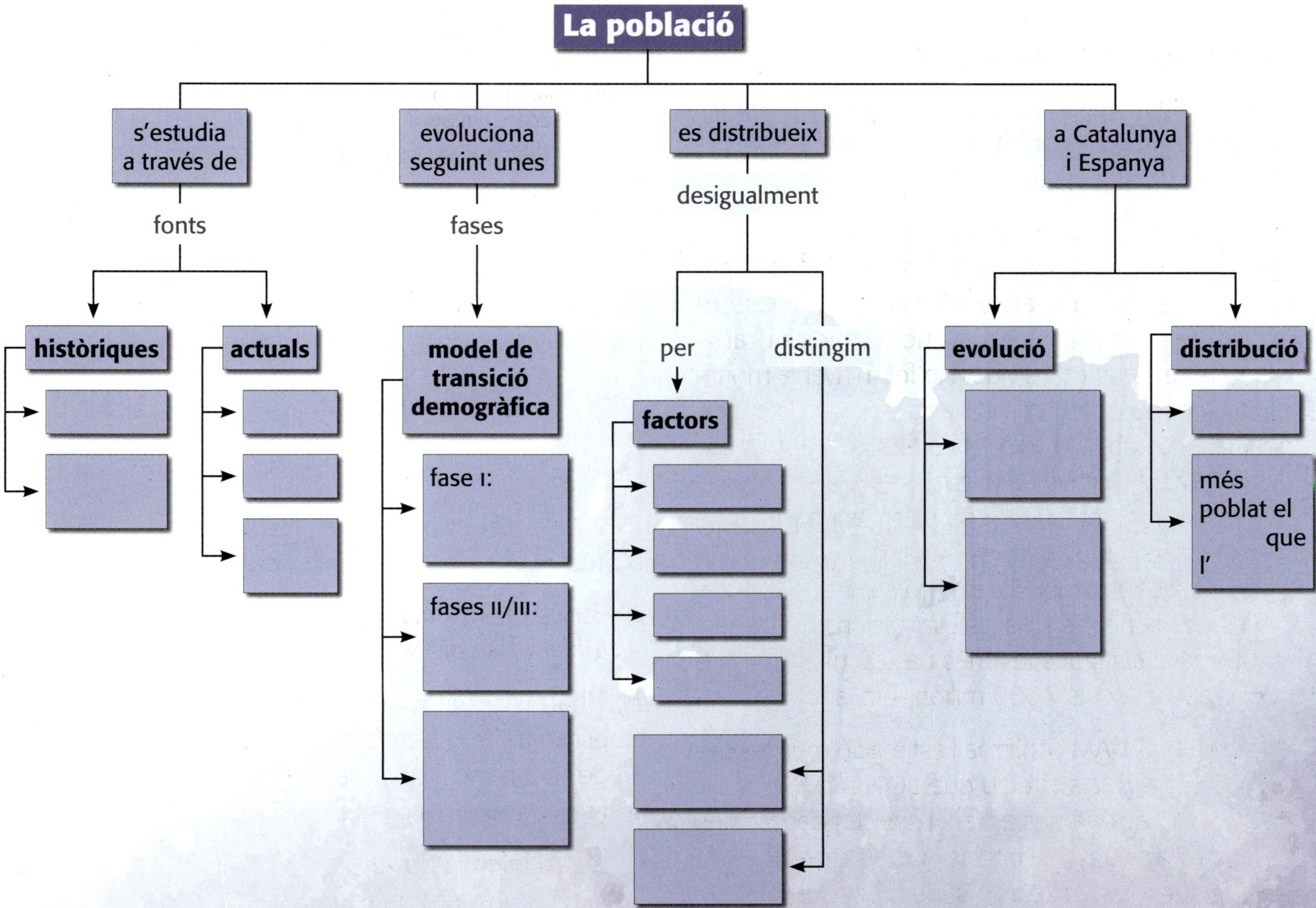

▶ Copia el mapa conceptual en un full a part i completa'l amb els conceptes que hi falten. En acabat, el pots fer servir per estudiar.

Autoavalua els teus coneixements de la unitat.

Competències en acció

5 Presentar l'informe i les propostes

Un cop hagueu recopilat i analitzat les dades, ha arribat el moment d'elaborar i presentar l'informe. Cada grup presentarà el seu informe als companys de classe, que haurà d'incloure les dades recopilades i la seva anàlisi i el conjunt de quinze propostes (cinc per a cada una de les administracions sorgides de les eleccions). Abans de redactar l'informe i les propostes, assegureu-vos que:

- heu fet servir totes les dades recollides al llarg de les diferents tasques del repte,
- heu analitzat aquestes dades i n'heu extret conclusions pràctiques,
- heu relacionat les dades de la població (estructura, distribució, densitat...) amb aspectes com els serveis disponibles (centres d'atenció primària, escoles, parcs) o les oportunitats per treballar,
- heu fet propostes realistes tenint en compte que els pressupostos no són il·limitats i que per augmentar la despesa en algunes partides s'ha de retallar en d'altres o bé apujar els impostos.

Una vegada hàgiu redactat l'informe, haureu de presentar les vostres conclusions sobre la situació demogràfica i les propostes en una breu exposició als vostres companys de classe i al professor o professora.

6 Valorar el repte realitzat

Autoavaluació

Per tal d'avaluar el grau d'acompliment del repte, ompliu individualment el recurs «Autoavaluació de l'estudi», que us ajudarà a valorar la vostra feina com a grup en el desenvolupament de les tasques.

Indicadors	Valoració			
	NA (1)	AS (2)	AN (3)	AE (4)
Hem recopilat totes les dades que es demanaven a les diferents tasques.				
Hem analitzat les característiques demogràfiques dels territoris.				
Hem estudiat l'estructura i la distribució de la població d'Espanya, Catalunya i el nostre municipi.				
Hem valorat les possibles causes de la situació demogràfica d'Espanya, Catalunya i el nostre municipi.				
N'hem extret conclusions i plantejat diferents problemes demogràfics.				
Hem fet propostes raonades que responen als problemes detectats anteriorment.				
Hem tingut en compte les despeses i altres condicionants a l'hora de fer les propostes.				
Hem redactat l'informe i les propostes de forma coherent i entenedora, amb un vocabulari i una ortografia correctes.				

Coavaluació

Per tal d'avaluar la feina dels altres grups, ompliu el recurs «Coavaluació de l'estudi». Feu servir una línia per grup i puntueu de l'1 al 4 cada aspecte de l'estudi, tal com es veu a l'exemple.

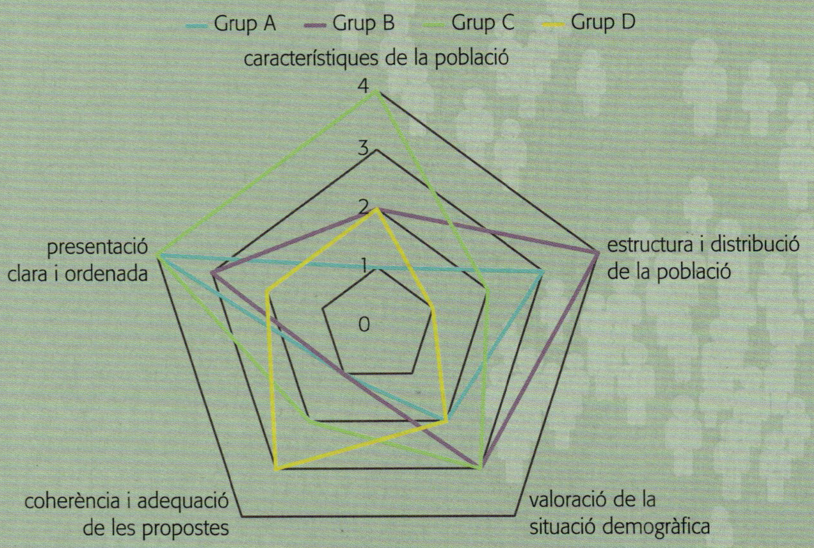

2. Moviments naturals i migratoris

En aquesta unitat estudiarem amb més detall els factors demogràfics: natalitat, mortalitat i migracions. Aquests factors condicionen l'estructura de la població, és a dir, la composició d'una societat per edat i sexe. També coneixerem per què es produeixen els moviments migratoris i com incideixen en l'evolució de la població d'un país. Finalment, concretarem els temes tractats en espais geogràfics més propers, com són Catalunya i Espanya, perquè en puguis analitzar la situació actual.

El repte

Crear una ONG

En aquest repte us proposem que analitzeu situacions i problemàtiques diverses al voltant dels moviments naturals i migratoris de població. Aquesta anàlisi us conduirà a la detecció de diferents necessitats que no estiguin ateses, o que ho estiguin de manera insuficient per l'administració i que vosaltres, com a ciutadans, penseu que podeu contribuir a resoldre a partir de la **creació d'una ONG**. Aquesta organització comptarà amb un ideari i uns objectius concrets, sempre relacionats amb els problemes actuals i potencials que s'analitzaran al llarg del tema.

Per dur a terme el repte de forma satisfactòria, haureu, doncs, d'entendre com és i com funciona una ONG, quines dificultats comporta la seva creació, quines hi ha en l'actualitat i a quins problemes s'enfronten.

3 **Elaborar propostes en relació als moviments naturals**

2 **Analitzar les ONG**

1 **Esbrinar què és i com es funda una ONG**

4

Elaborar propostes en relació als moviments locals de població

5

Elaborar propostes d'actuació relacionades amb els fluxos migratoris

6

Definir l'àmbit d'actuació i els objectius de l'ONG

7

Crear l'ONG i presentar-la

8

Valorar el repte realitzat

Termes clau

- natalitat
- fecunditat
- mortalitat
- mortalitat infantil
- esperança de vida
- piràmide d'edats
- emigració/emigrant
- immigració/immigrant
- saldo migratori
- creixement real
- persona refugiada

Les paraules clau en imatges.

1. El moviment natural de la població: la natalitat

Una mare xinesa espera el seu segon fill. La Xina va relaxar la seva política antinatalista el 2013 i va suprimir la política del fill únic l'octubre del 2015.

Les variacions en el nombre d'habitants d'un país s'expliquen tant pels **moviments naturals** (natalitat i mortalitat) com pels **moviments migratoris**.

La **taxa de natalitat** (unitat 1) és un indicador important, ja que ens permet conèixer com evoluciona demogràficament un país i quines són les previsions de creixement de cara al futur, però no és l'únic. També es fan servir altres indicadors relacionats amb els naixements. El més important és la **taxa global de fecunditat**, o simplement *taxa de fecunditat*, que ens mostra el nombre mitjà de fills que té una dona al llarg de la seva vida.

1.1. La mesura de la natalitat

El creixement demogràfic dels diferents països és actualment força desigual. Un dels factors que han contribuït a aquesta situació és la **natalitat**, molt baixa en els països desenvolupats i força alta en part dels països en desenvolupament. Aquesta situació deriva del procés d'industrialització engegat al segle XIX (unitat 1), que va fer que el comportament demogràfic dels països industrialitzats es diferenciés cada cop més del dels altres. Actualment, classifiquem els països en tres grans grups segons la seva taxa de natalitat:

- alta: el 30‰ o més;
- mitjana: entre el 20 i el 30‰;
- baixa: menys del 20‰.

Taxa de natalitat (en ‰)

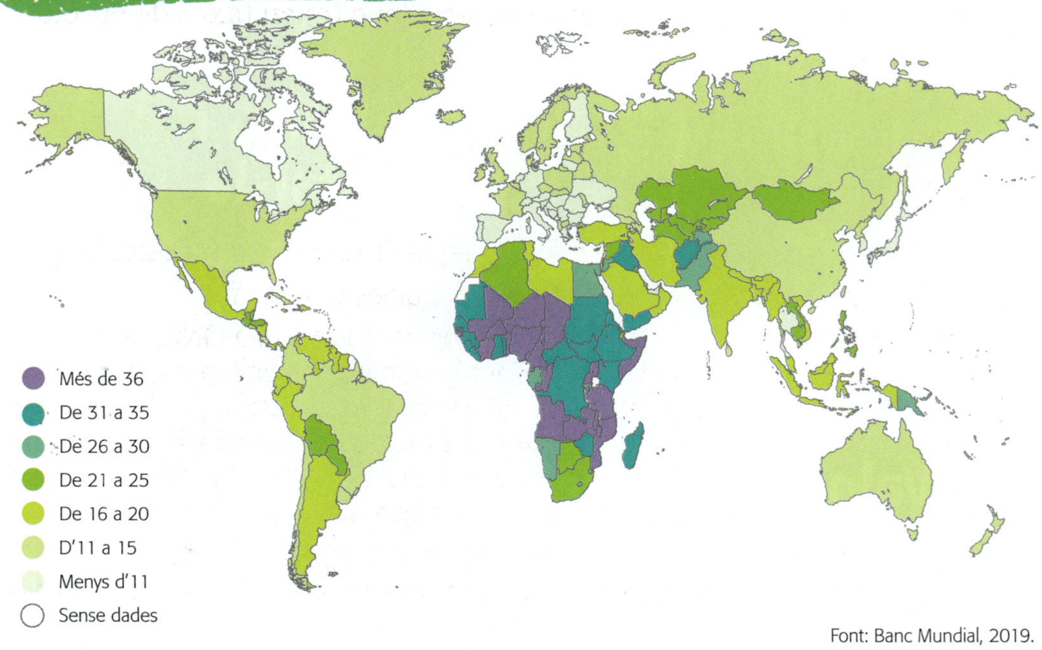

Font: Banc Mundial, 2019.

CS

1. Enumera i defineix amb les teves paraules els factors que condicionen la natalitat. Quina és la diferència entre una política natalista i una d'antinatalista? Busca un país per posar com a exemple de cadascuna de les dues polítiques.
2. Analitza el mapa seguint el guió que vas veure a la unitat anterior (pàgina 17). Fes servir la informació del punt 1.2. per completar la teva anàlisi.
3. Observa la taula estadística. Quines són les diferències més importants entre les dades de 1970 i les de 2018? Hi ha un aspecte constant, de canvi, a tots els països. Quin és? En quins dels països el canvi ha estat més important? A què penses que es deu aquest canvi més profund?

1.2. Les variacions mundials de la natalitat i la fecunditat

Ja hem vist que hi ha comportaments molt definits pel que fa a la natalitat. Les taxes dels **països més desenvolupats** oscil·len al voltant de l'11 ‰, si bé en alguns estats no arriben al 10 ‰. Per contra, els **països menys desenvolupats** del planeta tenen taxes superiors al 30 ‰.

La **fecunditat** també reflecteix grans disparitats a escala mundial: mentre a l'Àfrica central el nombre mitjà de fills per dona és superior a 5, a l'Europa meridional tot just arriba a 1,4. Actualment es considera una taxa de fecunditat baixa la que està per sota de 2, mitjana la que està entre 2,1 i 3,5 i alta la superior a 3,5. Una taxa de 2,1 es considera la mínima per assegurar la renovació d'una població.

1.3. Factors que condicionen la natalitat

Podem assenyalar un seguit d'elements que influeixen en la natalitat:

- **Econòmics:** nivell de desenvolupament, grau d'incorporació de la dona al món laboral, cost del manteniment dels fills.
- **Polítics:** els estats elaboren lleis per fomentar la natalitat o per restringir-la. Així, parlem de **polítiques natalistes**, pròpies dels països desenvolupats que pateixen un envelliment progressiu de la població i volen afavorir la natalitat, i de **polítiques antinatalistes**, aplicades en països on es veu la necessitat de frenar el creixement demogràfic.
- **Religiosos:** la majoria de religions s'oposen a les mesures de control de la natalitat.
- **Culturals:** tradicions, nivell educatiu, valors familiars i socials, etc.
- **Biològics:** els països amb una població jove tenen taxes de creixement més altes.

Taxa de fecunditat

	1970	2018
Món	4,7	2,4
països desenvolupats	2,3	1,6
països en desenvolupament	5,7	2,6
Àfrica subsahariana	6,7	5,9
Àfrica septentrional	6,5	3,3
Àfrica del sud	5,7	2,5
Amèrica del Nord	2,3	1,7
Amèrica Llatina i Carib	5,3	2,1
Àsia oriental	4,9	1,7
Sud-est asiàtic	5,7	2,3
Àsia del sud	5,8	2,4
Europa occidental	2,2	1,7
Europa oriental	2,1	1,5
Europa del sud	2,6	1,4
Oceania	3,4	2,3

Font: Population Reference Bureau i *ONU: World Population Prospects*, 2018.

Esbrinar què és i com es funda una ONG

El primer que us demanarem en aquest repte és que us feu aquestes preguntes:

- Què és realment una ONG?
- Quines tasques fa?
- Qui en forma part?

Per tal d'esbrinar quines són les condicions per fundar una ONG, quins elements són necessaris i com aconsegueixen diners per als seus objectius teniu nombrosos enllaços a la xarxa. Nosaltres us en proporcionem un de l'ACNUR. En aquest vincle trobareu tot allò que es necessita per fer una ONG. A més, a l'espai dels comentaris veureu persones que volen crear ONG de molts tipus en relació amb les seves capacitats i amb les necessitats que han percebut en el seu entorn: des d'una ONG de salut bucal fins a una de dedicada a prestar ajut jurídic a refugiats a Espanya, passant per una altra que ajuda gent gran sense recursos a El Salvador.

Llegiu individualment aquests enllaços al recurs «Creació d'una ONG» i d'altres que hagueu pogut trobar en la vostra cerca i feu una llista breu amb tot allò que necessitareu per tal de definir la vostra ONG.

2. El moviment natural de la població: la mortalitat

Esperança de vida (anys)

	1970	2018
Món	58	72
països desenvolupats	71	78
països en desenvolupament	55	71
Àfrica	45	63
Amèrica del Nord	71	79
Amèrica Llatina	60	75
Àsia	57	73
Europa	70	77
Oceania	66	78

Font: Population Reference Bureau i *ONU: World Population Prospects*, 2019.

CS

1. Observa la taula de l'esperança de vida. En quin continent l'esperança de vida era més baixa l'any 1970? I el 2018? En quin s'ha produït la millora més important?
2. Fes un esquema senzill o un mapa conceptual sobre les causes que incideixen en la mortalitat.
3. Analitza i compara els mapes d'aquest apartat. Les dades que proporcionen són semblants? Hi ha alguna diferència notable? Quines regions presenten unes taxes de mortalitat més elevades? I més baixes?
4. Hi ha, estadísticament, alguna relació entre l'augment de l'esperança de vida i el descens de la taxa de mortalitat infantil? Explica-ho amb les teves pròpies paraules.

2.1. Mortalitat i mortalitat infantil

El segon factor determinant del creixement natural d'una població és la **mortalitat** (unitat 1), però també n'hi ha d'altres de fonamentals, com la **taxa de mortalitat infantil**, que s'obté aplicant la fórmula següent:

$$\textbf{TMI} = \frac{\textbf{defuncions de més petits d'un any}}{\textbf{nombre de nascuts vius}} \times 1\,000$$

Podem classificar els països segons la taxa de mortalitat i la taxa de mortalitat infantil de la manera següent:

	Taxa de mortalitat	**Taxa de mortalitat infantil**
Alta	superior al 15 ‰	superior al 50 ‰
Mitjana	entre el 10 i el 15 ‰	entre el 25 i el 50 ‰
Baixa	inferior al 10 ‰	inferior al 25 ‰

2.2. Les variacions mundials de la mortalitat

La **taxa de mortalitat** no presenta variacions a escala mundial tan pronunciades com la taxa de natalitat. L'Àfrica central, amb una xifra del 15 ‰, representa un extrem. L'altre se situa a l'Àsia occidental, amb un 5 ‰. Només hi ha una mortalitat alta en alguns països africans. En canvi, trobem xifres de mortalitat mitjana i baixa en països desenvolupats i en països pobres que han aconseguit avenços importants en el camp de la sanitat.

Taxa de mortalitat (en ‰)

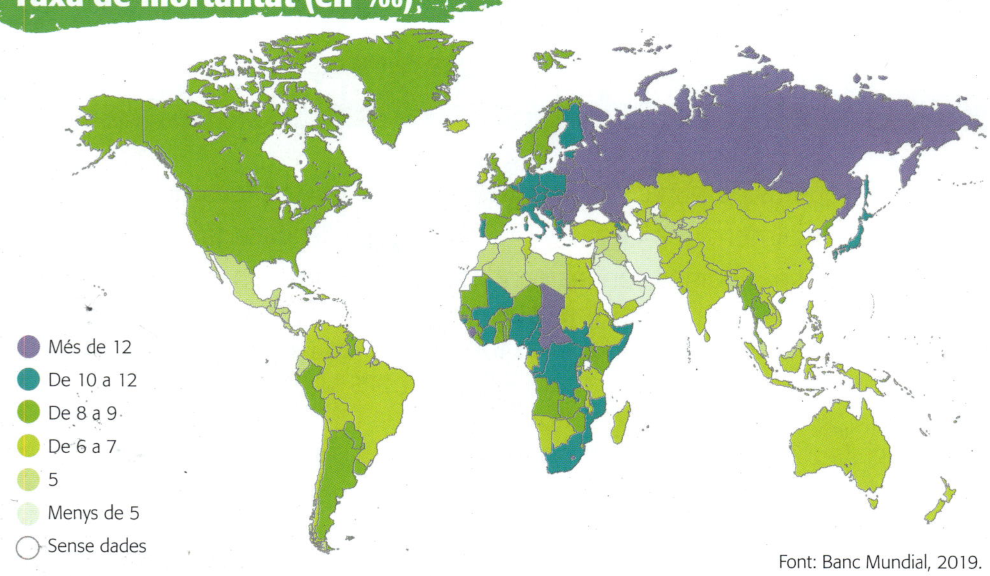

Font: Banc Mundial, 2019.

Quant a la **taxa de mortalitat infantil**, els territoris desenvolupats presenten xifres baixes i bastant homogènies, a l'entorn del 5‰. Als països en desenvolupament, les xifres són força més altes, però amb grans diferències entre ells; per exemple: República Centreafricana, 86‰, i Filipines, 21‰.

2.3. Causes que incideixen en la mortalitat

Cal diferenciar dos grans grups de factors que poden condicionar la mortalitat:

- **Naturals.** Es tracta d'elements lligats a les condicions del medi: clima, salubritat, absència de desastres naturals i d'epidèmies... I altres de pròpiament **biològics**, com el sexe i l'edat.
- **Socials.** L'alimentació, les condicions econòmiques de les famílies, les possibilitats d'assistència mèdica, l'educació sanitària i higiènica, i el grau de risc de l'activitat laboral que es duu a terme.

2.4. L'esperança de vida

Un dels indicadors relacionats amb la mortalitat és l'**esperança de vida**, que fa referència al nombre mitjà d'anys que una persona pot esperar viure en el moment de néixer. L'esperança de vida ha augmentat considerablement des del segle XVIII, en què difícilment superava els 35 anys. Actualment, la mitjana mundial és de 72 anys (74 anys les dones / 70 anys els homes), tot i que les diferències entre països són encara molt significatives.

Taxa de mortalitat infantil (en ‰)

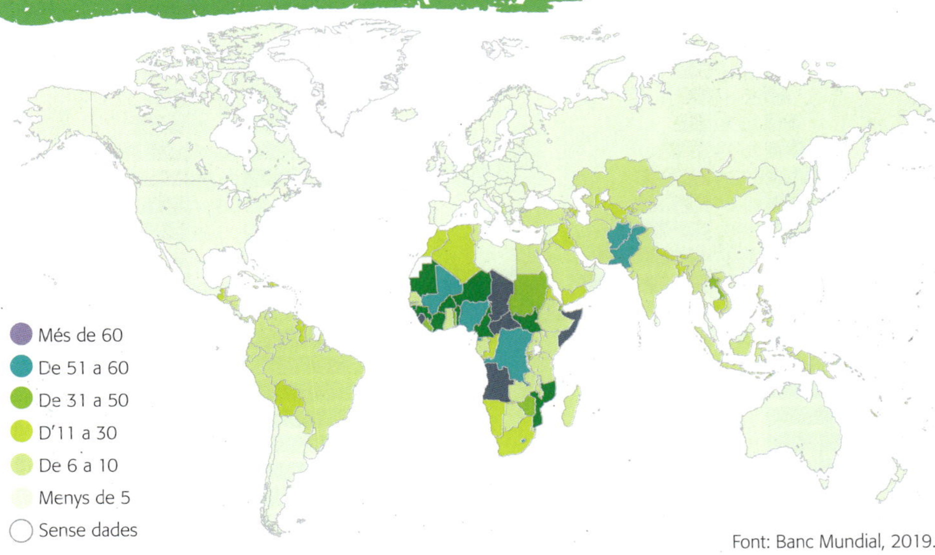

Font: Banc Mundial, 2019.

Un grup de jubilats visiten un temple a Tsumago, una petita localitat entre Kyoto i Edo. El Japó és el país del món amb l'esperança de vida més alta.

2 Analitzar les ONG

Lafede.cat és la coordinadora de les ONG a Catalunya. Entreu al seu web i mireu quines organitzacions en formen part.

En trobareu de molt grans, com Metges Sense Fronteres, però també de petites i amb objectius limitats, però no per això menys importants. De fet, la vostra ONG s'assemblarà més a aquestes darreres.

Trieu tres organitzacions que formin part de Lafede.cat i analitzeu-ne els aspectes següents:

- Quan es van fundar.
- En quins països intervenen.
- Quins són els seus objectius.
- Com es financen.
- Com aconsegueixen voluntaris.
- Quins projectes han dut a terme amb èxit.

Amb aquesta informació i les dades recollides elaboreu individualment un text expositiu que reculli la informació principal de les ONG.

3. L'estructura de la població mundial

1. Relaciona cada descripció amb el model de piràmide corresponent:
   - Alt percentatge de població jove o base àmplia. Típica de països en desenvolupament amb esperança de vida baixa i natalitat alta. Població jove en creixement.
   - Més gran a la part mitjana de la piràmide que a la base. Alta esperança de vida, baixa natalitat i població en retrocés. Pròpia de països desenvolupats amb la població envellida.
   - Població semblant entre adults i base de la piràmide. Països en desenvolupament, amb cert control de natalitat i descens de mortalitat. Intermèdia entre la piràmide envellida i la jove.
2. Comenta la piràmide del món a partir del guió que et proposem al recurs «Comentari d'una piràmide de població».

3.1. La composició per sexe

Malgrat que les diferències entre els països pel que fa a la *sex ratio* (nombre d'homes per cada 100 dones) són força importants, actualment al món **hi ha en conjunt més homes que dones**. Estadísticament **neixen més nens que nenes**, en una proporció de 105-106 a 100. Tanmateix, aquesta diferència s'equilibra amb una major mortalitat masculina deguda a factors com el tabac o les malalties del cor.

3.2. La composició per edats

En demografia es distingeixen tres grans **grups d'edat**:

- Població jove: entre 0 i 14 anys.
- Població adulta: entre 15 i 64 anys.
- Població vella: 65 anys i més.

Aquesta classificació ens permet comparar poblacions amb estructures demogràfiques diverses. Així, en funció de la importància de cada grup d'edat, podem parlar de:

- **Països joves.** Presenten percentatges de població jove elevats. Solen ser països pobres, que es caracteritzen per una natalitat alta i una esperança de vida baixa.
- **Països vells.** Acostumen a presentar percentatges de població jove inferiors al 20 % i de població vella superiors al 15 %. Solen ser països desenvolupats, amb una natalitat baixa i una esperança de vida alta.
- **Països adults.** Solen ser països en vies de desenvolupament que presenten una situació a mig camí entre els altres dos models.

Models de piràmides d'edats

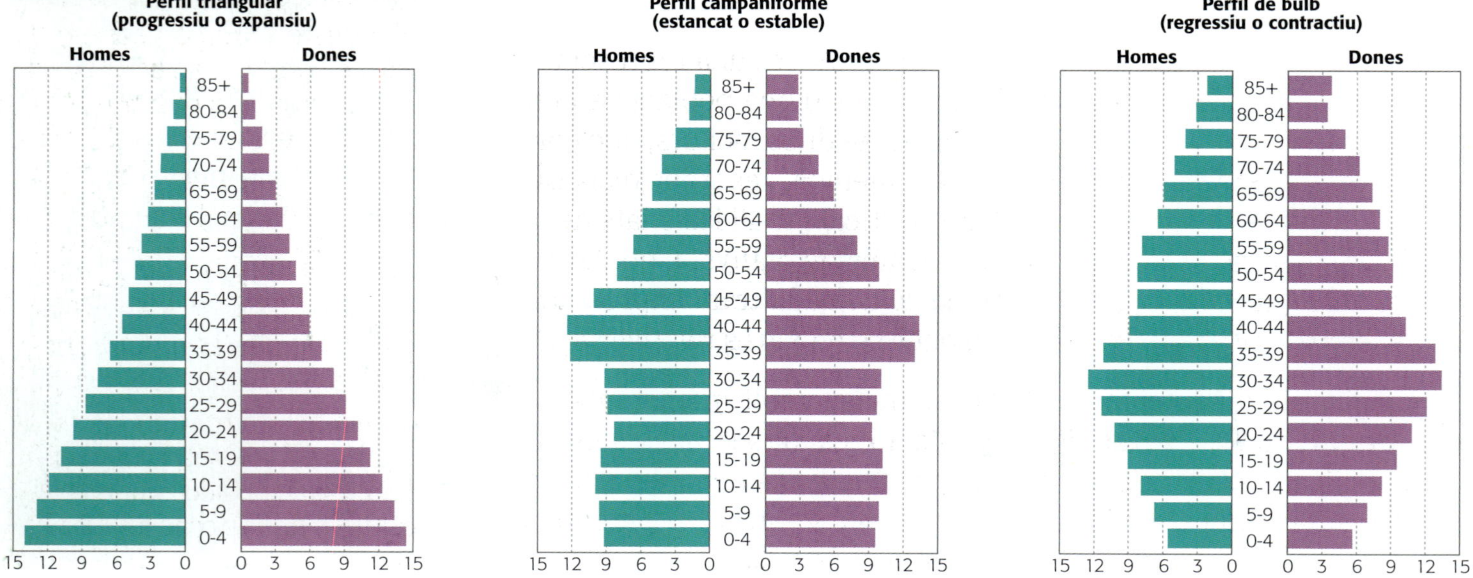

Piràmides de població al món (1970-2018)

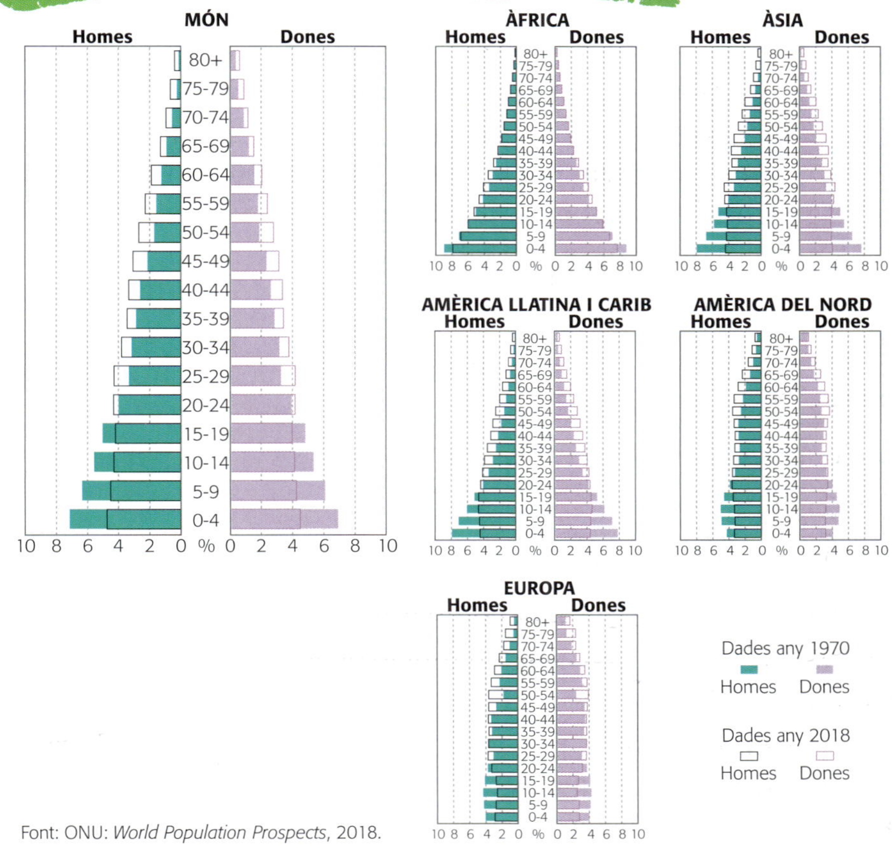

Font: ONU: *World Population Prospects*, 2018.

L'estructura d'una població pot experimentar canvis com a conseqüència dels **moviments migratoris**. Els països amb una forta emigració envelleixen perquè pateixen una reducció del grup de **població jove**, que és la que acostuma a desplaçar-se. I al contrari, els països amb immigració rejoveneixen perquè es beneficien d'un augment d'aquest grup de població.

3.3. Les piràmides de població

La **piràmide d'edats**, o *piràmide de població*, és una representació gràfica de la distribució per edats i sexes d'una població en un any concret. Una piràmide d'edats consta de dues meitats, que corresponen a la població masculina i a la femenina, i es troba disposada al voltant de dos grans eixos. L'eix vertical recull les edats de la població, generalment agrupades en trams de 5 anys. L'eix horitzontal assenyala la quantitat de població de cada tram expressada en xifres absolutes (nombre de persones) o en xifres relatives (%).

Una piràmide d'edats pot reflectir elements molt importants de l'**evolució demogràfica** d'una població: els desequilibris entre homes i dones, la distribució per grups d'edat, les perspectives de futur d'aquesta població, els efectes de les guerres o epidèmies sobre un territori, l'evolució de l'esperança de vida, etc.

CS

3. Amb la informació que tens sobre els models de piràmides i el que coneixes de la població dels diferents continents, esmenta les semblances i les diferències entre les piràmides dels diferents continents.
4. Els moviments migratoris afecten l'estructura de la població. De quina forma? Pots consultar l'edat mitjana i la distribució per sexes dels immigrants tant a l'INE com a l'Idescat.

Elaborar propostes en relació als moviments naturals

Aquest apartat i l'anterior presenten diverses situacions relacionades amb la demografia que podrien constituir un objectiu per a una ONG (per exemple, la reducció de les taxes de mortalitat infantil als països en desenvolupament).

Exposeu individualment alguna d'aquestes problemàtiques i com es podria tractar per part d'una ONG. Recordeu que al final del repte haureu de triar quins són els objectius de la vostra ONG. L'educació sexual per a adolescents, la planificació familiar, la millora de les condicions sanitàries en països en desenvolupament o l'atenció a la gent gran en són alguns exemples.

Tingueu present que les ONG poden tenir objectius d'actuació directa o de conscienciació.

4. L'estructura de població de Catalunya i Espanya

Estructura de la població catalana i espanyola per sexes (2018)

	Catalunya	Espanya
Homes	3 639 091 (49 %)	22 820 775 (49,1 %)
Dones	3 779 455 (51 %)	23 619 089 (50,9 %)
Total	7 543 825	46 658 447

La piràmide de població a Catalunya

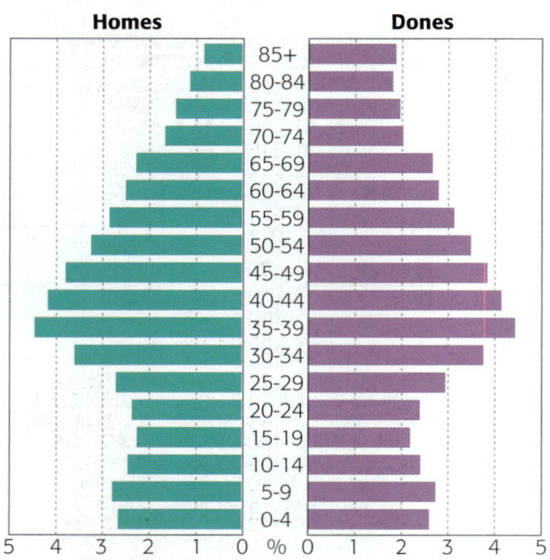

La piràmide d'edats corresponent a la població actual de Catalunya ens mostra el perfil d'una **població amb forta tendència a l'envelliment**, pròpia de països econòmicament desenvolupats. Es caracteritza per una baixa natalitat i una elevada esperança de vida (83,6 anys).

4.1. La població catalana avui

Les millores sanitàries i l'augment del nivell de vida han provocat en els últims anys un increment en l'esperança de vida, que actualment és de 80,8 anys per als homes i de 86,3 anys per a les dones. Per aquest motiu, el percentatge de **població vella**, que l'any 1991 se situava en el 14,4 %, és a dia d'avui del 18 %. D'altra banda, la proporció de **població adulta** mostra una disminució en els darrers anys. Aquest descens coincideix amb el canvi de tendència migratòria: s'ha passat de l'arribada d'importants contingents d'immigrants estrangers a l'emigració provocada per la crisi econòmica iniciada el 2008.

Finalment, el percentatge de **població jove**, que havia baixat de manera significativa en l'última dècada del segle XX, ha remuntat lleugerament fins a situar-se en el 15 %. De totes maneres, la crisi també està tenint un impacte negatiu en la base de la piràmide: des del 2008 ha caigut la taxa de natalitat, que ha passat del 12,10 ‰ el 2008 al 8,9 ‰ el 2017.

Evolució dels grups d'edat a Catalunya i Espanya (%)

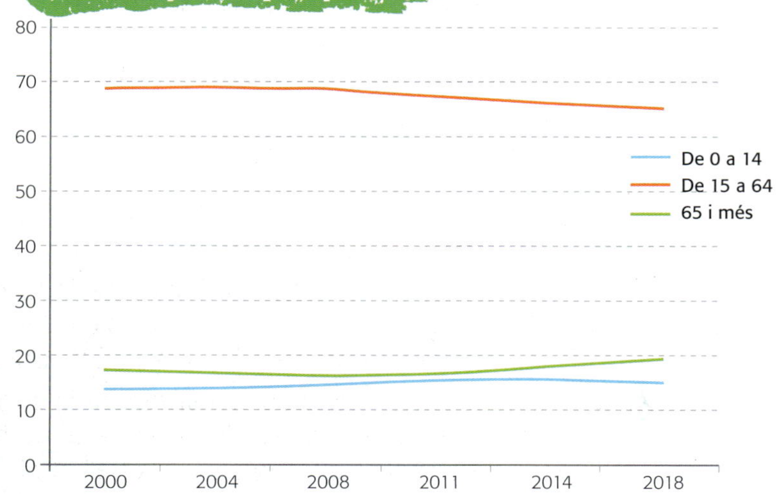

Font: Idescat, 2019.

Treballadors provinents d'Itàlia, Espanya, el Marroc i Algèria recullen raïm a la regió francesa de Tautavel. La crisi econòmica ha frenat en sec l'arribada d'immigrants a Espanya i Catalunya, i ha provocat una nova emigració de la població espanyola i catalana en cerca de feina.

4.2. La població espanyola avui

En els darrers anys, l'**esperança de vida** no ha parat de créixer, i ara se situa en 80,2 anys per als homes i 85,7 anys per a les dones. Aquest fet ha anat acompanyat d'una **caiguda de la taxa de natalitat** des de l'inici de la crisi econòmica del 2008. Segons les projeccions de població, si es mantinguessin les tendències demogràfiques actuals, Espanya perdria un milió d'habitants en els propers quinze anys.

D'altra banda, des de la crisi del 2008 s'ha reduït el **saldo migratori** fins a esdevenir negatiu. La immigració havia estat el component fonamental del creixement demogràfic espanyol a l'inici del segle XXI i havia contribuït a rejovenir la població.

La piràmide de població a Espanya

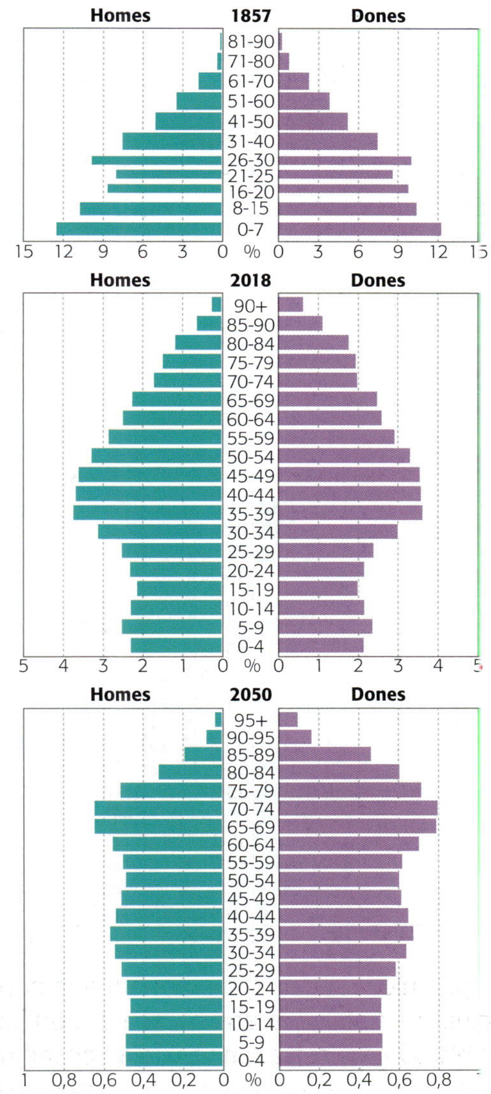

Font: Idescat, 2019.

La piràmide de població de 2018 reflecteix la **tendència a l'envelliment de la població**. Es tracta d'una piràmide de base estreta per una disminució de la població jove, i el tronc i el cim s'eixamplen pel fet que la població adulta i vella és nombrosa. Si es compara la distribució per edats de la població espanyola actual amb la de fa un segle, és molt evident la reducció de la franja d'edat jove i el creixement de les edats superiors. Es tracta d'una inversió clara de la corba demogràfica.

CS

1. Analitza la piràmide de població de Catalunya a partir del guió que et proposem al recurs «Comentari d'una piràmide de població». Fixa't en els grups d'edat, les diferències entre homes i dones i la presència d'irregularitats (entrants o sortints).
2. Cerca quatre titulars a la premsa recent que facin referència a Espanya o Catalunya en què apareguin els conceptes següents, o idees semblants: *esperança de vida*, *natalitat* i *saldo migratori*.
3. Segons les projeccions de població, què passarà al país si es mantenen les tendències demogràfiques? Per quines raons?

4 Elaborar propostes en relació als moviments locals de població

En aquesta tasca haureu de repetir la dinàmica de la tasca anterior. Aquest cop, es tracta d'elaborar tres propostes d'actuació que una ONG podria dur a terme a Espanya i Catalunya.

Per cercar àmbits d'actuació podeu consultar també la informació de la unitat 1 o la feina que vau dur a terme al repte. Algunes propostes d'exemple: una ONG que treballi amb la gent gran a l'entorn rural i al mateix temps en faciliti la repoblació. O una que ajudi persones sense sostre a tenir una feina, o una que estigui relacionada amb la igualtat de gènere.

Altres propostes podrien tenir un caire sensibilitzador, com dur a terme una exposició o una obra de teatre com ara *Homeless*, de la qual pots informar-te al recurs «*Homeless*, el musical social».

5. Els fluxos migratoris

Taxa de migració neta per cada 1 000 habitants

	2017
Luxemburg	16
Qatar	15
Illes Caiman	14
Singapur	13
Bahrain	12
Emirats Àrabs	11
Espanya	8
...	
Moldàvia	–9
Nauru	–13
Eritrea	–14
Puerto Rico	–17
Tonga	–18
Líban	–20

*Aquest indicador es refereix a la diferència entre el nombre de persones que entren en un país durant l'any per cada 1 000 habitants i el nombre de persones que en surten.

Font: *The World Factbook*, 2019.

La població d'un indret pot variar no tan sols com a resultat del seu creixement natural, sinó també per l'efecte dels moviments migratoris. Els moviments migratoris es concreten en dos fenòmens clarament interrelacionats:

- **L'emigració:** es dona quan una persona es trasllada i canvia la seva residència habitual del seu lloc d'origen a un lloc de destinació.
- **La immigració:** fa referència a les persones que s'estableixen de manera permanent en un indret procedents d'un altre lloc.

Així, l'emigrant d'un territori (del qual se'n va) es converteix a la vegada en immigrant d'un altre (al qual arriba).

5.1. Saldo migratori i creixement real

El **saldo migratori** resulta de restar els emigrants dels immigrants. Així, serà positiu si el nombre d'immigrants que ha rebut un lloc és superior al nombre d'emigrants que n'han marxat, i negatiu si la xifra d'emigrants és superior a la d'immigrants.

saldo migratori = immigrants – emigrants

El **creixement real** de la població és el que té en compte el **creixement natural** (naixements – defuncions) i el **saldo migratori**. Així:

creixement real = creixement natural +/– saldo migratori

persona refugiada: segons l'ACNUR (Alt Comissariat de les Nacions Unides per als Refugiats), és tota persona que ha fugit del seu país o bé que no hi pot tornar a causa d'una por ben fonamentada de persecució per raó de la seva raça, religió o nacionalitat, o pel fet de pertànyer a un cert grup social o mantenir una opinió política determinada.

Elaborar propostes d'actuació relacionades amb els fluxos migratoris

En aquesta tasca haureu d'analitzar diferents situacions relacionades amb les migracions que poden ser objecte de l'actuació d'una ONG.

Hi ha moltíssims aspectes a treballar, tant als països emissors com als receptors, i problemàtiques molt candents, com les dificultats que les diferents ONG estan trobant per desenvolupar les seves activitats i salvar vides en indrets com el mar Mediterrani.

L'educació, l'accés a l'habitatge o la integració sociocultural poden ser àmbits d'actuació en els països receptors.

Un exemple d'ONG que actua al país d'origen seria Nasco, fundada per Ousman Umar al seu país. Un altre exemple, de molta actualitat, és Open Arms, relacionada amb el rescat de persones al Mediterrani. En trobareu les adreces als recursos digitals.

Com als altres apartats, redacteu de forma individual tres problemàtiques i tres possibles actuacions.

5.2. Per què es produeixen les migracions?

Les causes que expliquen els moviments migratoris són molt diverses:

- **Econòmiques.** Estan relacionades amb la situació econòmica de la població i el desig de millorar les condicions de vida i fugir de la pobresa i l'atur.
- **Polítiques i militars.** Afecten els qui s'han vist obligats a marxar del seu país per defensar una determinada opció política, les **persones refugiades** com a conseqüència de les guerres, els desplaçats per les modificacions de fronteres...
- **Religioses.** Fan referència a les persones perseguides pel fet de tenir una determinada creença religiosa.
- **Altres.** Les provocades per catàstrofes naturals, qüestions d'estudis, problemes de salut, raons socials o culturals, o pel desig personal de conèixer llocs nous.

Tipus de migracions

- **Tipus de migracions**
  - segons la durada
    - temporals (temps limitat)
    - permanents (temps indefinit)
  - segons la destinació
    - internes (mateix país)
    - externes (entre països)
  - segons el caràcter
    - voluntàries (voluntat pròpia)
    - forçades (situació obligada)

Sirians a la frontera entre Grècia i Macedònia. L'empitjorament de la guerra civil a Síria i l'aparició d'Estat Islàmic va provocar l'arribada de centenars de milers de persones refugiades a les fronteres de la Unió Europea.

Desplaçaments provocats pel clima

Els desastres provocats pel clima han constituït la principal causa de desplaçament intern al llarg de la darrera dècada. S'estima que cada any uns 20 milions de persones es veuen obligades a abandonar les seves llars per aquesta causa. Avui és tres cops més probable que ens veiem obligats a desplaçar-nos a causa de ciclons o inundacions que a causa de conflictes bèl·lics. Tot i que ningú és immune a aquests desastre, els països pobres són els que es troben en major risc. Set de cada deu països en aquesta situació són petits estats insulars en desenvolupament com Cuba o Tuvalu. Així, és 150 cops més probable que les seves poblacions es vegin desplaçades per aquesta causa en comparació a les comunitats europees.

Font: OXFAM, desembre de 2019 (reelaboració).

5.3. Les migracions actuals

Els moviments migratoris al segle XXI són molt intensos. La globalització de l'economia ha creat nous lligams entre els països emissors i els receptors, la qual cosa ha fet **créixer els corrents migratoris mundials**. Els organismes internacionals assenyalen que més de 250 milions de persones viuen fora del seu país d'origen, una quantitat que augmenta any rere any.

A diferència d'altres èpoques, avui la part més important de la immigració prové dels països del Sud, sobretot de l'Àsia meridional, l'Àfrica i l'Amèrica Llatina. Busquen principalment trobar una vida millor. La **destinació principal són els països desenvolupats** d'Europa, Amèrica del Nord i Àsia (Singapur, Malàisia, països del golf Pèrsic). Molts d'aquests països intenten controlar l'entrada d'immigrants amb mesures diverses, que van des de l'aplicació de lleis restrictives fins a l'establiment de quotes.

CS

1. Defineix amb les teves pròpies paraules *emigració*, *immigració*, *saldo migratori* i *creixement real*.
2. Enumera les diferents causes que provoquen les migracions. Cerca un país des d'on arribin persones a Europa per les causes que has enumerat. Si a més trobes un cas real personal d'aquesta migració, millor.
3. Busca informació sobre Ousman Umar i les dificultats que va tenir per arribar a Catalunya. Redacta un escrit breu, d'entre vuit i deu línies, sobre la seva experiència.
4. Comenta el mapa. No oblidis indicar-hi els elements següents:
   - principals zones emissores
   - principals zones receptores
   - direcció dels principals fluxos migratoris
5. El 19 d'abril del 2015 gairebé 1 000 persones van morir a la Mediterrània, ofegades dins d'un pesquer que va naufragar. Va ser la catàstrofe més gran d'aquest tipus des de la Segona Guerra Mundial. No ha estat l'única vegada que hi ha hagut víctimes en aigües tan properes al nostre país. Busca alguna notícia recent sobre els fluxos migratoris a la Mediterrània. Es tracta d'una notícia positiva o negativa? Fes-ne un resum breu i una valoració personal.

Fluxos migratoris internacionals

Europa occidental
Europa central i oriental
Àsia central
Turquia
Magrib
Líbia
Egipte
Estats del Golf
Subcontinent indi
Corea del Sud
Xina
Japó
Estats Units
Àsia del sud-est
Singapur
Àfrica Occidental
Costa d'Ivori
Ghana
Gabon
Banya d'Àfrica
Àfrica central i austral
Sud-àfrica
Austràlia
Nova Zelanda
raguai
Territoris receptors d'immigrants
Territoris generadors d'emigrants
Principals fluxos migratoris

6. Els moviments migratoris a Catalunya i Espanya

Definir l'àmbit d'actuació i els objectius de l'ONG

En aquesta tasca, i després d'haver analitzat diferents situacions i problemàtiques, haureu de definir els objectius i l'àrea d'actuació de la vostra ONG. Primer de tot, us organitzareu en grups de 3 a 5 persones. Penseu que la junta directiva de qualsevol ONG ha d'estar formada per un mínim de 3 persones.

Recopileu totes les problemàtiques que heu detectat i les actuacions proposades, i decidiu quina us sembla més interessant per dur-la a terme.

El document de l'ONU sobre els objectius de desenvolupament sostenible us pot orientar per trobar algun tema relacionat amb la demografia en què podríeu incidir a través de la vostra ONG. El trobareu al recurs «Objectius de desenvolupament sostenible».

Percentatge de població estrangera

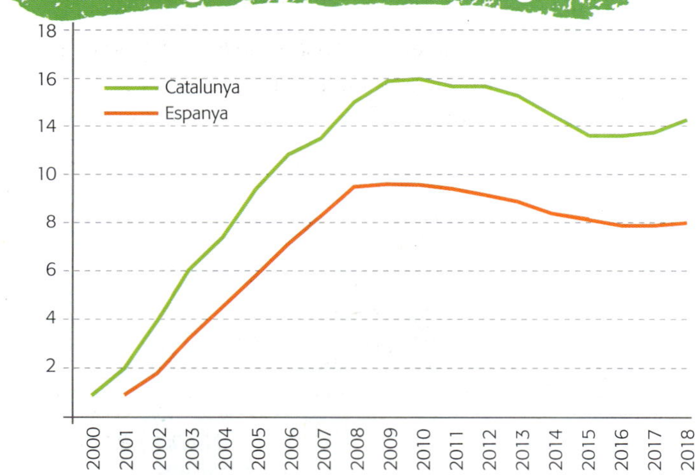

Font: Idescat, INE, 2019

6.1. Emigració i migracions interiors

Des de les últimes dècades del segle XIX, l'Estat espanyol va viure un **important corrent migratori cap a l'exterior**, particularment intens a Galícia, les Canàries i l'extrem sud-est de la Península (Almeria, Múrcia i Alacant). Les destinacions més habituals dels emigrants eren l'Amèrica Llatina i el Magrib (Algèria i Marroc).

Al llarg del segle XX, es van produir importants **migracions interiors** principalment des de zones rurals cap a les zones urbanes més desenvolupades, com Madrid, el País Basc i Catalunya. A partir de la dècada del 1950, tant l'emigració com les migracions interiors van experimentar un gran creixement. Els migrants provinents de regions com Andalusia, Castella - la Manxa i Extremadura es van desplaçar aleshores als **països més desenvolupats d'Europa**, com Alemanya, França i Suïssa.

Un exemple: durant la **dècada del 1960**, Catalunya va rebre 1 280 000 immigrants. La majoria provenien d'Andalusia i es van concentrar a l'àrea de Barcelona, atrets pels llocs de treball que generava la indústria. Això va comportar canvis importants en la distribució de la població, ja que va contribuir a accentuar els desequilibris territorials.

Evolució del saldo migratori a Espanya i Catalunya

	2005	2008	2010	2012	2013	2014	2015	2016	2017
Catalunya	136 306	95 287	10 753	−6 151	−20 749	−8 952	20 996	45 233	57 296
Espanya	651 273	459 549	90 489	−6 534	−111 159	−45 620	40 775	114 674	171 917

Font: Idescat i INE, 2019.

6.2. La immigració recent

Espanya va **deixar de ser un país d'emigració** cap a la meitat de la dècada del 1970, a causa de la crisi econòmica mundial de 1973, que va fer disminuir la demanda de mà d'obra als estats més industrialitzats, i de la millora del nivell de vida a Espanya i la reducció de les desigualtats entre els seus territoris.

Durant els **primers anys del segle XXI**, va augmentar de manera molt important la població estrangera tant a Catalunya com en el conjunt d'Espanya. La major part dels immigrants es desplaçaven per motius econòmics i procedien del Magrib, l'Amèrica Llatina i els països de l'est d'Europa. En general, van ocupar llocs de treball poc qualificats en la construcció, els serveis, l'agricultura i la indústria. Aquesta immigració es va frenar temporalment arran de la **crisi econòmica del 2008**, que també va provocar un augment de l'emigració de ciutadans espanyols a l'estranger.

Es calcula que més d'una cinquena part dels immigrants arribats a Espanya des del 2000 s'han instal·lat a Catalunya. Això situa la població estrangera actual en un 15 % de la població catalana. Aquesta tendència migratòria es va alentir arran de la crisi de 2008 amb saldos negatius entre els anys 2012 i 2014. Avui, la tendència torna a ser a l'alça.

Immigrants subsaharians recollits per la guàrdia costanera a Tarifa l'agost del 2014.

CS

1. Descriu el sentit dels moviments migratoris a Espanya fins l'any 1970. Què va passar a partir del 1970? I a partir del 2008? Amb les dades que has recollit, reflexiona sobre aquesta qüestió: creus que el nostre passat com a emigrants hauria de condicionar la nostra posició actual vers els immigrants? De quina manera? Raona la resposta.
2. Descriu els dos mapes seguint el guió que vam proposar a la unitat 1. Quin és el patró en comú? Per què creus que és així?

Emigració i immigració (1960-1970)

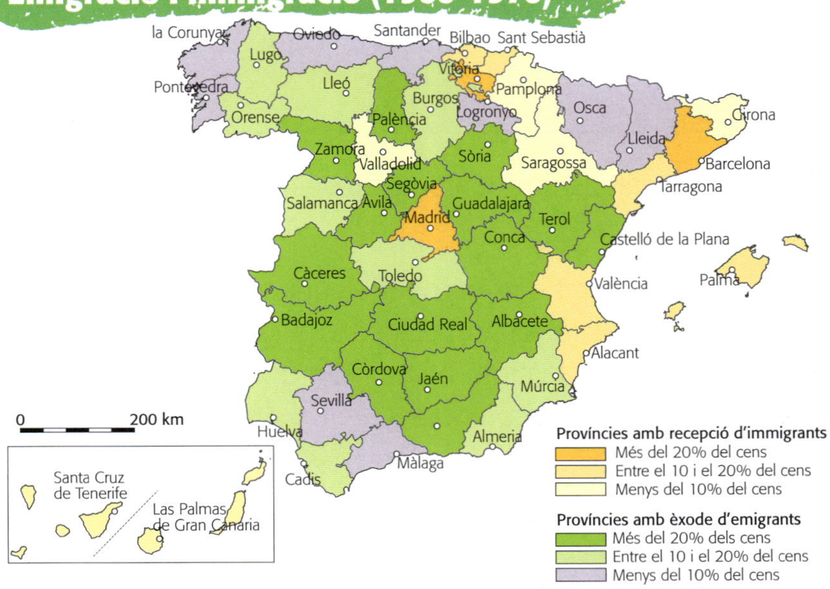

Immigració recent

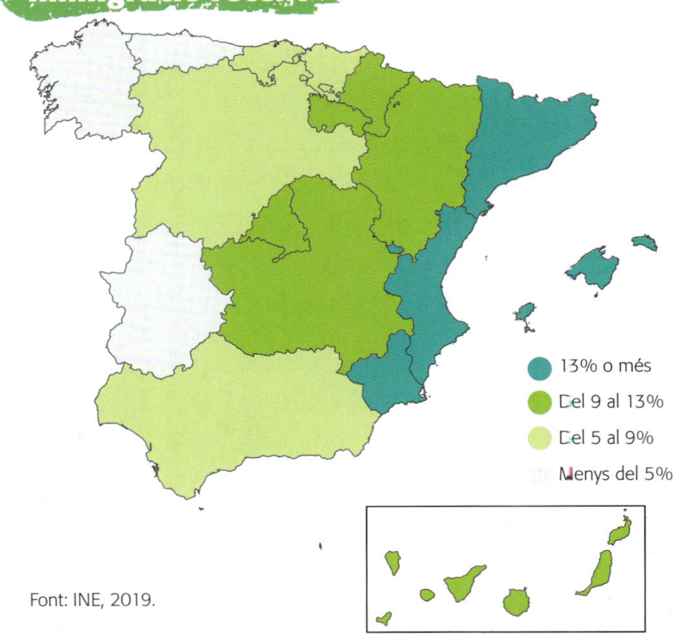

Font: INE, 2019.

Activitats finals

▶ 1. Explora una problemàtica actual

Al món hi ha milions de persones desplaçades forçosament a conseqüència de la persecució, els conflictes, la violència generalitzada o les violacions dels drets humans. Es tracta de persones refugiades, desplaçades internes i sol·licitants d'asil. Observa el mapa, llegeix el text i respon les preguntes que et proposem.

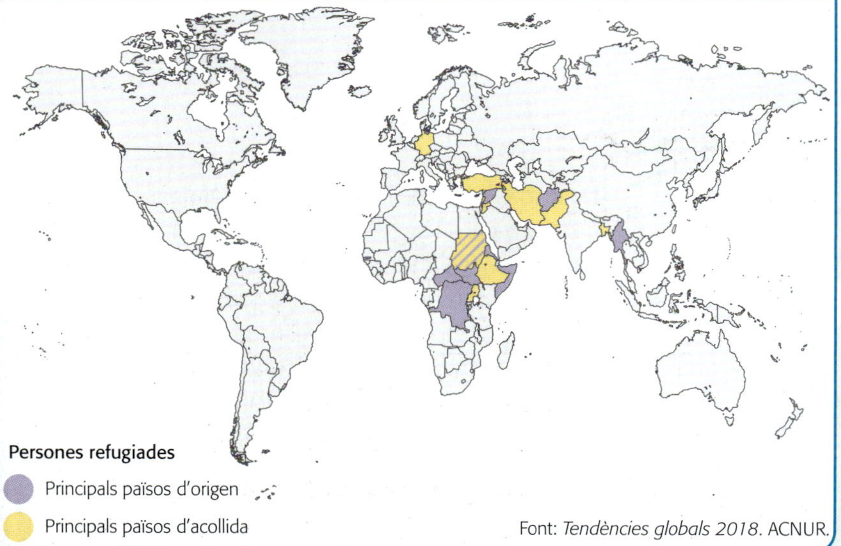

Font: *Tendències globals 2018*. ACNUR.

Gairebé 60 milions de persones són forçades a deixar casa seva, la seva quotidianitat i de vegades la família, a causa de guerres, sequeres o fam. El món és incapaç de posar fi al degoteig constant de refugiats: cada dia n'hi ha 42 500 més; 1 770 persones cada hora. Les xifres són un toc d'atenció, un SOS de l'ACNUR, l'agència per als refugiats de l'ONU. Lluny d'estabilitzar-se o de solucionar-se, la situació s'agreuja. La meitat dels desplaçats són infants, alguns dels quals només tenen records de l'èxode i de viure en la provisionalitat.

Fa una dècada es calculava que hi havia 37,5 milions de desplaçats. Entre el 2013 i finals del 2014 s'ha produït l'augment més gran de refugiats i desplaçats, que ha passat de 51,2 milions a 59,5 milions, és a dir, ha augmentat 8,3 milions. Els desplaçats ho han perdut gairebé tot i es veuen obligats a marxar amb molt poc, només amb el que són capaços de carregar. Si tots els refugiats visquessin en un mateix país, ocuparia el lloc 24 per volum de població, més que Espanya i amb la mateixa població que Itàlia.

L'informe de l'ACNUR indica que l'augment s'ha produït a totes les regions, però que la guerra de Síria ha provocat des de fa quatre anys la crisi humanitària més important i el replantejament de les polítiques migratòries de la Unió Europea.

En els últims cinc anys, han esclatat o s'han reactivat almenys quinze conflictes: a l'Àfrica (la Costa d'Ivori, la República Centreafricana, Líbia, Mali, el nord-est de Nigèria, el Sudan del Sud i, aquest any, Burundi); tres al Pròxim Orient (Síria, l'Iraq i el Iemen); un a Europa (Ucraïna) i tres a l'Àsia (el Kirguizistan, així com diverses regions de Birmània i el Pakistan). Poques d'aquestes crisis s'han resolt i la majoria continuen produint nous desplaçaments.

La inestabilitat creixent no només provoca la sortida constant de població civil, sinó que impossibilita que els que ja són refugiats tinguin possibilitats reals de tornar als seus països d'origen, amb totes les garanties de seguretat. Les xifres ho diuen tot: el 2014, només 126 800 refugiats van poder fer el viatge de tornada, la xifra més baixa registrada en els últims trenta-un anys, segons l'ACNUR.

Ara (20 juny 2015)

a) Defineix amb paraules teves què és una persona refugiada.

b) Has llegit darrerament alguna notícia que parli de les persones desplaçades arran d'un conflicte o d'una catàstrofe natural? En quin o quins llocs del planeta s'ha produït?

c) Segons el text, quina evolució ha tingut el nombre de persones refugiades al planeta?

d) Segons el mapa, quins són els punts crítics del planeta pel que fa a les persones refugiades?

e) Quin continent pateix aquesta situació d'una manera més accentuada? Quines possibilitats reals tenen les persones desplaçades de tornar als seus països d'origen?

f) Una de les causes del desplaçament forçós de persones és la violació dels drets humans. Quins drets humans creus que són els més fonamentals? Argumenta la teva resposta.

▶ 2. Treballa amb dades de fonts diverses

Els desplaçaments de la població són tan antics com la història mateixa de l'ésser humà. Hui en dia, els desplaçaments de la població en un món globalitzat s'han vist afavorits i han esdevingut un dels fenòmens més importants en les societats actuals. La immigració presenta aspectes positius i negatius. Quant als positius, ateses les característiques de les societats dels països desenvolupats hui en dia, hem de reconèixer la seua contribució a l'augment de la taxa de natalitat i del sistema de seguretat social, que ha fet possible una cosa que percebem tan bàsica com el sistema de pensions. A més, després d'un llarg procés d'integració de la diversitat la cultura del país receptor tendeix a enriquir-se.

Font: *Eldiario.es*

a) Quins són els països dels quals procedeixen més immigrants? Classifica aquests països en dos grups: els que són membres de la Unió Europea i els que no ho són.

b) En quines nacionalitats s'ha produït un descens més accentuat entre el 2017 i el 2018 (variació interanual)? Quin creus que ha estat el factor fonamental d'aquest descens?

c) La persona immigrant topa sovint amb actituds de rebuig en els països receptors. A partir del que has pogut llegir al text, què respondries a una persona que es manifesta contrària a la immigració?

d) Elabora un gràfic de sectors amb les dades del total d'estrangers del 2018. Per evitar la dispersió de dades, pots agrupar les nacionalitats per continents. Comenta breument el resultat.

Nombre d'estrangers i país de procedència (2018)

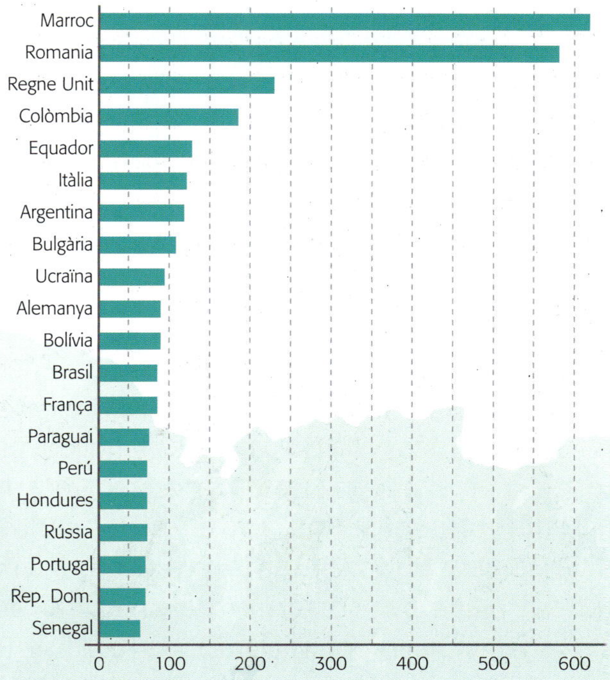

Font: INE, 2019

Variació interanual en % del nombre d'estrangers (2017-2018)

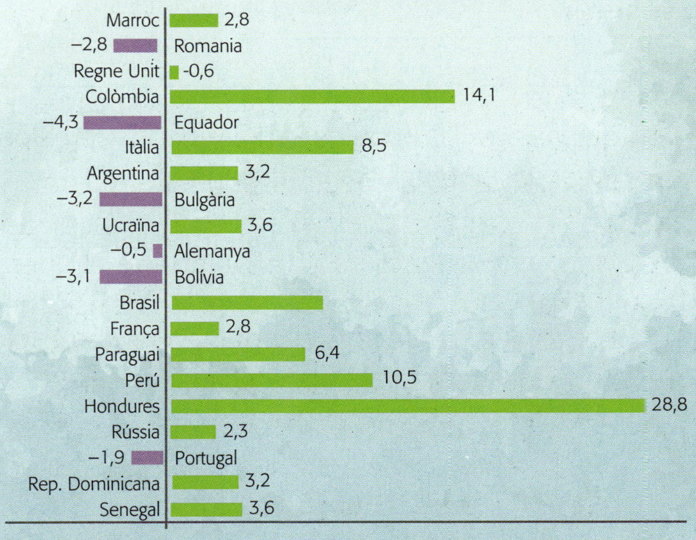

Font: INE, 2019

▶ 3. Analitza un tema polèmic

L'exemple que vol donar la Unió Europea a la resta del món com a projecte d'integració desapareix entre altres motius quan s'observen les muralles que s'han alçat per barrar el pas als refugiats i a immigrants que fugen de la pobresa i de la guerra. La crisi econòmica i l'auge dels partits xenòfobs i populistes ha accentuat una mesura iniciada per Espanya el 1996 a la frontera amb el Marroc. La Comissió Europea no té poders per impedir aquesta política. Com qualsevol país al món, els Vint-i-vuit són reticents a perdre una de les competències més preuades com és la del control sobre les seves fronteres. Més enllà de paraules grandiloqüents que recorden el que va suposar la caiguda del mur de Berlín, Brussel·les no pot fer-hi res. Aquest 2015, Hongria, Bulgària, França i el Regne Unit han anunciat plans per construir o allargar barreres instal·lades prèviament, malgrat que l'experiència mostra que es tracta d'un pedaç temporal i poc efectiu. La desesperació per fugir de la guerra, la gana i les estratègies de les màfies per continuar lucrant-se ensenyen a esquivar les tanques.

La Vanguardia (23 agost 2015)

a) En quins llocs d'Europa es van aixecar barreres per frenar el pas a refugiats i immigrants?

b) Quines eren les causes que van impulsar aquesta mesura?

c) L'autor de l'article deixava clar que aquesta mesura era un pedaç temporal i poc efectiu. Per què?

Activitats d'ampliació de contingut.

▶ 4. Aprofundeix en un problema social

A quina edat tenen el primer fill les dones als països europeus?

Les dones espanyoles són les úniques de la Unió Europea, juntament amb les italianes i les suïsses, que tenen, de mitjana, el primer fill amb més de 30 anys. Les mares primerenques de més edat són les d'Itàlia (30,6 anys de mitjana), seguides de les d'Espanya (30,4 anys) i Suïssa (30,4 anys), segons les dades de l'agència europea d'estadística Eurostat.

Les europees tenen de mitjana el primer fill als 28,7 anys. Després de les italianes, les espanyoles i les suïsses, les dones que s'esperen més a tenir el primer fill són les de Luxemburg (30) i Grècia (29,9), mentre que les més joves són les romaneses (25,8) i les búlgares (25,7).

La Vanguardia (13 maig 2015)

a) Per què creus que s'ha produït aquest endarreriment en l'edat de tenir el primer fill? Com incideix aquest fet en la taxa de natalitat d'un país?

b) Recordes la diferència entre una política natalista i una política antinatalista? Busca informació i posa exemples d'algunes mesures que s'hagin posat en pràctica a Europa per fomentar la natalitat.

▶ 5. Explora un nou tipus de gràfic

Peoplemov.in és un lloc web que reflecteix els fluxos migratoris des de i cap als diferents països del món. El més destacat d'aquesta eina és que combina la informació estadística sobre moviments migratoris amb un disseny gràfic que en facilita la lectura. Quan fas clic sobre un país, pots veure quantes persones emigren i quines són les destinacions escollides, i al mateix temps quants immigrants hi han arribat i quina és la seva procedència.

Et proposem que consultis els moviments migratoris que han afectat Espanya.

El que cal recordar

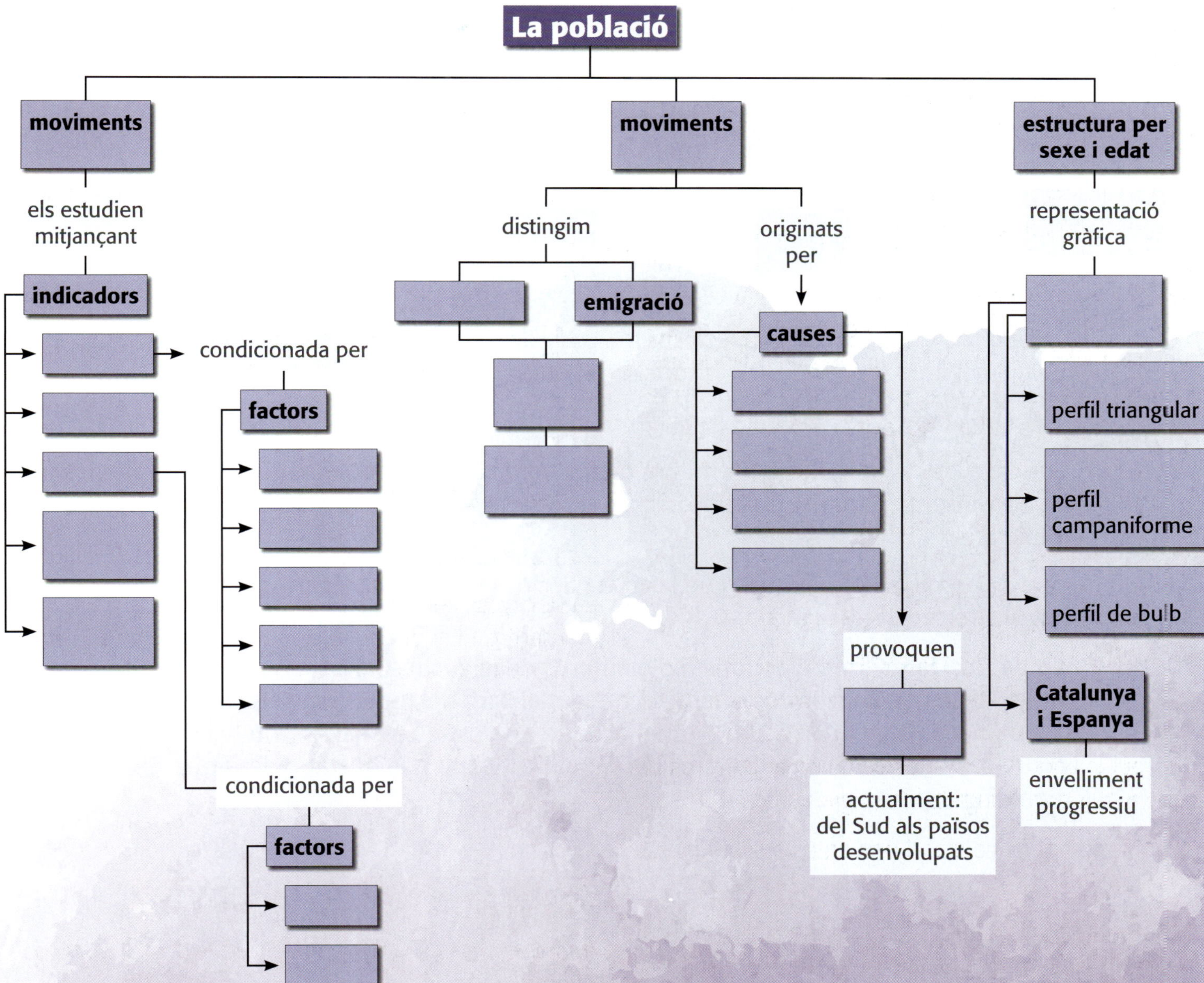

▶ Copia el mapa conceptual en un full a part i completa'l amb els conceptes que hi falten. En acabat, el pots fer servir per estudiar.

Autoavalua els teus coneixements de la unitat.

Competències en acció

7 Crear l'ONG i presentar-la

Un cop ja heu decidit en quines problemàtiques se centrarà l'eix d'actuació de la vostra ONG, per finalitzar-ne la creació tan sols cal decidir-ne els aspectes formals relatius a la imatge, presentació i difusió. Així, en aquesta darrera tasca haureu de prendre decisions al voltant de diferents qüestions, com ara:

- Quin serà el nom de la vostra ONG?
- Com ha de ser el seu logotip?
- Quines actuacions us distingiran d'altres ONG?
- De quina manera obtindreu recursos materials o humans? Publicitat, actuacions artístiques, esdeveniments socials, ús de xarxes socials, elaboració d'un web, etc.
- Per on començareu la vostra feina de voluntariat?

Com ja s'ha dit, la vostra ONG mirarà de resoldre i pal·liar problemàtiques relacionades amb els moviments naturals i migratoris, sigui per mitjà de l'acció o de la conscienciació, o de totes dues.

Heu de procurar ser realistes, que la vostra acció sigui limitada i, com a mínim al principi, que dugui a terme accions factibles.

No patiu si la majoria d'accions o d'elements de la vostra ONG s'assemblen molt a les d'algunes de les organitzacions que heu conegut al llarg del repte. Tan sols cal que trobeu algun tret particular que la distingeixi i que faci que els vostres associats potencials s'adonin de la vostra importància i capacitat d'incidir en un problema poc tractat o de fer-ho des d'una mirada diferent a les existents.

8 Valorar el repte realitzat

Autoavaluació

Per tal d'avaluar el grau d'acompliment del repte, ompliu individualment el recurs «Autoavaluació de l'ONG», que us ajudarà a valorar la vostra feina com a grup en el desenvolupament de les tasques.

Indicadors	Valoració			
	NA (1)	AS (2)	AN (3)	AE (4)
Hem analitzat un problema demogràfic en profunditat.				
Hem determinat un objectiu clar per a l'ONG.				
Hem proposat una àrea geogràfica i un àmbit d'actuació concrets.				
Hem proposat un projecte d'actuació concret.				
Hem plantejat amb quins sectors públics o privats es col·labora.				
Hem argumentat quin és l'origen i la destinació dels diners.				
Hem fet una proposta per captar voluntaris i associats i n'hem decidit el perfil.				

Coavaluació

Per tal d'avaluar la feina dels altres grups, mentre fan la presentació de la seva ONG ompliu el recurs «Coavaluació de l'ONG» puntuant cada indicador de l'1 al 4.

Presentació de l'ONG (logotip, imatge, eslògan)

Jo	1	2	3	4
Grup	1	2	3	4

Detecció i explicació del problema demogràfic

Jo	1	2	3	4
Grup	1	2	3	4

Definició de l'àrea geogràfica i de l'àmbit d'actuació

Jo	1	2	3	4
Grup	1	2	3	4

Proposta concreta d'actuació sobre el problema

Jo	1	2	3	4
Grup	1	2	3	4

Definició dels aspectes tècnics (finançament, voluntaris...)

Jo	1	2	3	4
Grup	1	2	3	4

3. Els contrastos demogràfics mundials

En aquesta unitat analitzarem els trets demogràfics comuns dels països desenvolupats, així com la diversitat de situacions demogràfiques que podem trobar en els països en desenvolupament. En aquest sentit, estudiarem exemples de països concrets que ens demostren que vivim en un món demogràficament divers. Per acabar, ens endinsarem en un tema polèmic, que té relació amb el dilema població-recursos: ¿el nostre planeta pot alimentar una població tan nombrosa com l'actual?

El repte

Elaborar una imatge denúncia

El món actual presenta enormes desigualtats que es poden difondre i denunciar des de tota mena de plataformes, escrites i audiovisuals.

En aquest repte et demanarem que elaboris una **imatge denúncia** d'una desigualtat relacionada amb la població i les diferents maneres de viure al món.

La manera de fer-ho serà contraposant dues fotografies que evidenciïn aquesta desigualtat, acompanyades d'un text que expliqui la denúncia, les seves circumstàncies i la informació que s'ha fet servir per elaborar-les. Aquest text hauria de ser accessible a través d'un codi QR per tal que tothom pugui veure la imatge fàcilment a través del telèfon mòbil.

Pots fer-te a la idea del que et demanem revisant les propostes que apareixen al recurs «Denúncies en imatges».

3 **Investigar el concepte II**

2 **Investigar el concepte I**

1 **Triar un concepte vinculat a l'estudi de la població**

4
Comparar situacions demogràfiques

5
Cercar les imatges

6
Elaborar el codi QR i exposar la imatge denúncia

7
Valorar el repte realitzat

Termes clau

- creixement natural
- creixement real
- saldo migratori
- fecunditat
- esperança de vida
- natalitat
- mortalitat
- *baby boom*
- ètnia
- casta

Les paraules clau en imatges.

1. La població dels països desenvolupats

A Europa predomina la família nuclear tradicional amb un o dos fills. No obstant això, ens els darrers anys els models familiars estan canviant, i ens trobem molts casos de famílies monoparentals (un sol progenitor), famílies homoparentals (tots dos progenitors són del mateix sexe), famílies sense fills per elecció, etc.

Els països desenvolupats representen tan sols el 17% de la població mundial. La població d'aquests països es troba generalment en un procés d'**estancament demogràfic**, és a dir, tenen una natalitat, una mortalitat i un creixement natural baixos –i en alguns casos, negatiu–. L'ONU calcula que el nombre d'habitants dels països desenvolupats es mantindrà estable fins al 2050.

1.1. L'estructura de la població

La **piràmide de població** d'un país desenvolupat presenta una base estreta, ja que té un percentatge reduït de població jove, mentre que els grups d'edat adulta i vella adquireixen un paper cada cop més important.

En una gran part dels països desenvolupats, no s'arriba a una **fecunditat** de 2,1 fills per dona, xifra que garantiria la renovació de les generacions. Les famílies tenen menys fills i, cada vegada, a una edat més tardana. Alguns dels **motius** que expliquen aquest fet són la inseguretat econòmica i laboral i la manca d'ajuts públics per a les parelles amb fills.

1.2. L'envelliment progressiu de la població

La població dels països desenvolupats gaudeix d'una **alta esperança de vida**, especialment pel que fa a les dones. Per exemple, Europa i l'Amèrica del Nord tenen una esperança de vida de 78-79 anys. Aquest fet s'explica pels avenços en el camp de la medicina i la sanitat, i la contínua millora en l'alimentació.

Persones entre 10 i 24 anys (2018)

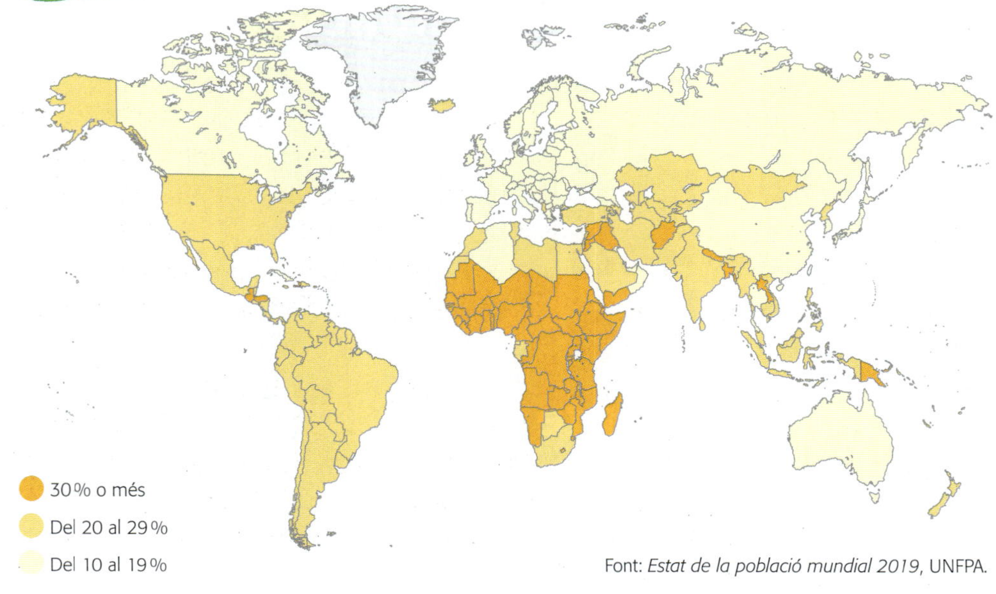

Font: *Estat de la població mundial 2019*, UNFPA.

Seguretat Social: sistema creat per l'Estat que, en compensació d'unes cotitzacions pagades al llarg de la vida laboral d'un treballador, ofereix cobertura mèdica i el pagament de prestacions per invalidesa, jubilació, atur, etc. També duu a terme una tasca d'assistència pública en casos de necessitat.

El fet que hi hagi una alta esperança de vida, sumat a la baixa natalitat, ha donat lloc a un **envelliment progressiu de la població**. Al Japó, per exemple, els més petits de 15 anys representen el 12,9 % de la població, i els més grans de 65 anys, el 27,5 %. Aquesta tendència continuarà en els propers anys, però en alguns països s'ha aconseguit rejovenir la població gràcies a un **saldo migratori** positiu.

L'envelliment té **conseqüències** importants per exemple en el sistema de pensions, ja que el nombre de persones en edat de treballar disminueix i, per tant, hi ha menys gent cotitzant a la **Seguretat Social**, i, en canvi, el nombre de pensionistes és més alt. A més, cada vegada s'han de destinar més recursos a la construcció de residències i a la formació de professionals per atendre-les. Tot plegat pot comportar una revisió important de les polítiques d'atenció social, i més en èpoques de crisi econòmica.

1.3. Les polítiques de foment de la natalitat

Per evitar l'envelliment accelerat de la població, els governs d'alguns estats desenvolupats han adoptat el que es coneix com a **política natalista**. Es tracta d'un conjunt de mesures encaminades a promoure la natalitat: oferta d'ajuts econòmics, deduccions sobre els impostos, facilitat d'accés dels més petits a l'educació preescolar i extensió del període de baixa maternal.

Piràmide dels països desenvolupats

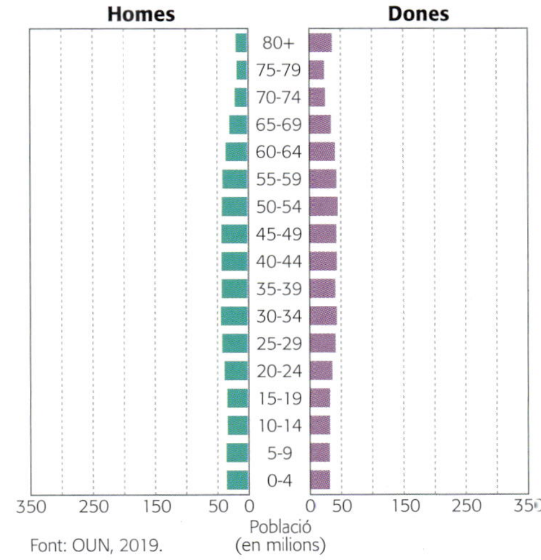

Font: OUN, 2019.

CS

1. Descriu i comenta la piràmide de població dels països desenvolupats per mitjà del guió que et proposem al recurs «Comentari d'una piràmide de població».
2. Explica les conseqüències socials que pot tenir l'envelliment de la població en els països desenvolupats.
3. Enumera i explica amb les teves paraules què són polítiques de foment de la natalitat. Busca el titular d'una notícia que expliqui alguna mesura que fomenti la natalitat.

Triar un concepte vinculat a l'estudi de la població

Aquesta és la tercera unitat en què es treballen conceptes demogràfics, de manera que ja et pots fer una idea de quins són els més importants i de com aquests conceptes varien en funció dels països o dins d'un mateix país.

En aquesta tasca hauràs de triar un d'aquests conceptes en previsió de fer-lo servir per a la teva imatge denúncia. En trobaràs alguns als termes clau que hi ha al principi de cada unitat, però n'hi ha molts més.

També pots optar per termes que no estan relacionats directament amb la demografia, però que, com has vist, afecten la distribució de la població: clima, accés a l'aigua, ensenyament, alimentació, treball, habitatge, conflictes, problemes mediambientals, tipus d'economia, etc.

Si tot això no és suficient, l'ONU disposa d'un apartat de notícies dedicat a la desigualtat, que s'actualitza contínuament. Pots consultar-lo i veure quins temes hi surten al recurs «Notícies ONU».

Quan hagis triat el concepte, defineix-lo amb les teves paraules i argumenta'n la tria. En acabat, ves a parlar amb el professor o professora per tal que t'indiqui si es tracta d'un concepte adequat per desenvolupar el repte i et doni idees per treballar les desigualtats al món.

2. Estudi demogràfic dels Estats Units

Indicadors demogràfics dels EUA, 2018

- Població: 329,3 milions
- Densitat de població: 33,4 hab./km^2
- Esperança de vida: 80,1 anys (77,8 homes / 82,3 dones)
- Taxa de natalitat: 12,4 ‰
- Taxa de mortalitat: 8,2 ‰
- Taxa de creixement natural o vegetatiu: 4,2 ‰
- Taxa de mortalitat infantil: 5,7 ‰
- Taxa de fecunditat: 1,87 ‰
- Població 0-14 anys: 18,62 %
- Població 15-64 anys: 65,35 %
- Població 65 anys i més: 16,03 %
- Població activa: 162 milions
- Distribució per sectors de la població activa: primari 1,42 %; secundari 19,44 %; terciari 79,14 %
- Població sota el llindar de la pobresa: 12,3 %
- Percentatge de població urbana: 82,3 %
- Principals àrees urbanes: Nova York - Newark, Los Angeles - Long Beach - Santa Ana, Dallas - Fort Worth, Chicago, Miami

Font: Bureau of Labor Statistics; *The World Factbook* (2019).

Els Estats Units és el tercer país del món pel que fa a nombre d'habitants. La població americana actual té l'origen en la continuada immigració europea iniciada al segle XVI i que va tenir un punt culminant a la segona meitat del XIX.

2.1. La població nord-americana

L'arribada de població europea va suposar la pràctica substitució de la **població indígena** pels nous pobladors. Els descendents dels antics nadius americans són avui un grup molt reduït de poblacó que viu en **reserves**. La població afroamericana, descendent d'antics esclaus, se situa prop del 13 %.

A causa, sobretot, de la disminució de la natalitat, el país té una **taxa de creixement natural baixa** (4 ‰ anual). A partir del 1965 es va acabar el ***baby boom***, provocat per l'etapa de prosperitat econòmica posterior a la Segona Guerra Mundial. El nombre mitjà de fills per dona va començar a decréixer, de manera que al 2018 se situava al voltant d'1,8, xifra inferior a la necessària per reemplaçar les generacions. Els motius són els canvis en els valors familiars, la incorporació de la dona al mercat de treball i la reducció del nombre de matrimonis.

La disminució de la natalitat ha anat acompanyada d'una caiguda de la mortalitat, que es troba actualment en el 8 ‰, i d'un **augment de l'esperança de vida**.

Percentatge de població negra i hispana als EUA

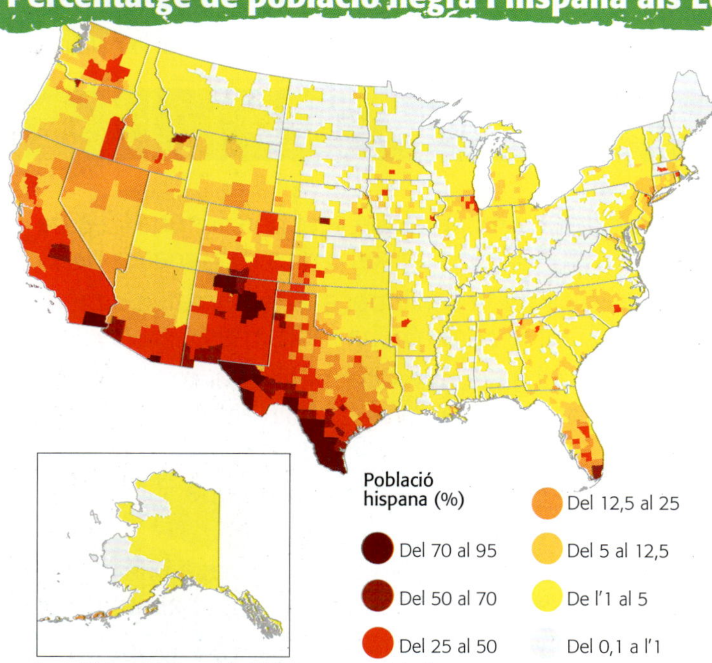

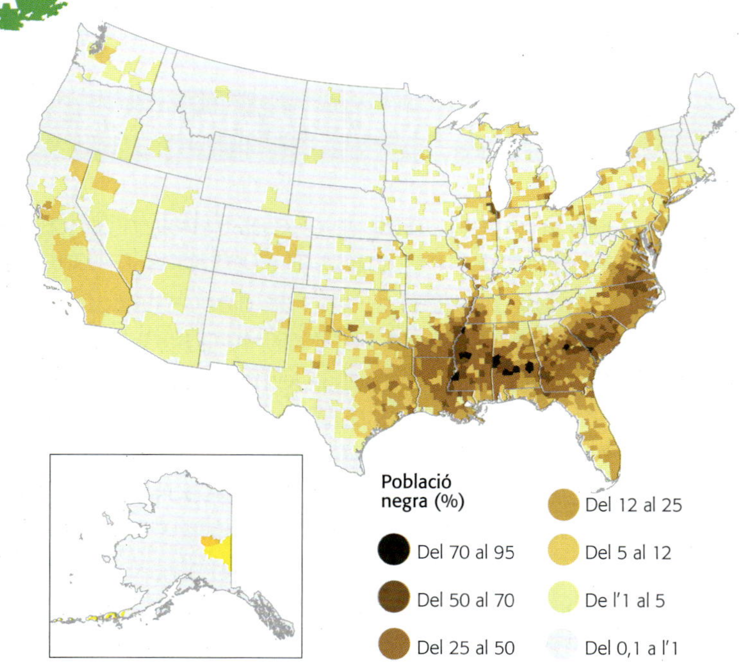

Font: Oficina del Cens dels EUA, Departament de Comerç.

Com a conseqüència els Estats Units tenen una **població adulta** i **amb una lleugera tendència a l'envelliment**.

2.2. Els moviments migratoris

A partir de la segona meitat del segle XX, la immigració d'origen asiàtic i llatinoamericà, especialment la mexicana, va substituir l'europea. Arran de la crisi econòmica iniciada el 1973, els EUA **van endurir les lleis d'immigració**, un enduriment que s'ha incrementat darrerament sota l'administració del president Trump. Actualment existeix un complicat sistema de quotes que fixa unes prioritats a l'hora d'entrar al país, i que afavoreix l'entrada als parents de ciutadans nord-americans i de professionals qualificats com ara científics, metges i professors.

Els EUA també es caracteritzen pels importants **moviments migratoris interns**, en especial del camp a la ciutat, cosa que ha fet que els Estats Units sigui un país amb més del 80 % de la població urbana.

Piràmide dels EUA (2018)

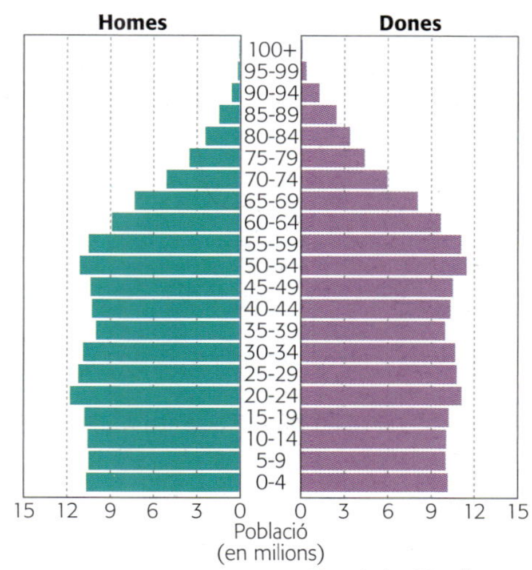

Font: Index Mundi, 2019.

reserva: cadascun dels territoris destinats a la població indígena nord-americana des de la fi del segle XIX. Hi ha reserves, principalment, a Montana, Dakota del Sud i Arizona, en àrees amb possibilitats econòmiques molt escasses.

***baby boom*:** expressió utilitzada per fer referència al fort increment de la natalitat que va tenir lloc als Estats Units després de la Segona Guerra Mundial i fins als anys seixanta.

CS

1. Elabora un fris cronològic amb les diferents etapes i les dates clau en l'evolució de la població dels EUA que es recullen en aquest apartat.
2. Quan es va iniciar el corrent migratori cap als Estats Units? Quan assolí el seu punt culminant? Busca informació sobre quins eren els principals països de procedència dels emigrants abans del segle XX.
3. Segons els mapes de la pàgina anterior, en quines regions es concentra la població d'origen hispà? I l'afroamericana?

2 Investigar el concepte I

En aquesta tasca hauràs d'investigar quina és la situació del concepte que has triat en el context d'un país desenvolupat, els Estats Units.

Hauràs de tenir present, però, que el teu concepte pot presentar diferències importants dins d'un mateix país i això s'haurà de reflectir al teu treball. Per exemple, no és igual la densitat de població a Arizona que a Nova York.

Recopila totes les dades que puguis trobar i anota-les per incloure-les més endavant a l'escrit que acompanyi la imatge denúncia.

Com sempre que facis qualsevol recerca, recorda que has de ser curós amb les fonts d'informació que facis servir. Al recurs «Fonts d'informació demogràfica» trobaràs alguns webs que et podran ser útils.

3. Europa, una població en retrocés?

Indicadors demogràfics de la UE, 2018

- Població: 517,1 milions
- Densitat de població: 115,5 hab./km^2
- Esperança de vida: 80,7 anys (77,9 homes / 83,6 dones)
- Taxa de natalitat: 9,9 ‰
- Taxa de mortalitat: 10,4 ‰
- Taxa de creixement natural o vegetatiu: –0,5 ‰
- Taxa de mortalitat infantil: 3,9 ‰
- Taxa de fecunditat: 1,62 ‰
- Població 0-14 anys: 15,43 %
- Població 15-64 anys: 64,93 %
- Població 65 anys i més: 19,64 %
- Població activa: 240 milions
- Distribució per sectors de la població activa: primari 3,7 %; secundari 24,2 %; terciari 72,1 %
- Població sota el llindar de la pobresa: 22,4 %
- Percentatge de població urbana: 76 %
- Principals àrees urbanes: Londres, Berlín, Madrid, Roma, Bucarest i París

Font: Eurostat; Idescat; *The World Factbook* (2019)

CS

1. Resumeix en un text breu –màxim cinc línies– les característiques de la població europea actual.
2. Quines conseqüències pot comportar a curt termini l'envelliment de la població europea? Quines mesures creus que podrien adoptar els governs europeus per frenar aquest envelliment?
3. En els darrers anys hi ha hagut canvis en els fluxos migratoris. Quins creus que són els principals atractius d'Europa per als immigrants? Són els mateixos per als moviments migratoris interns que per als externs?

Amb 740 milions d'habitants (2018), Europa és la **primera potència demogràfica del món desenvolupat**. Tanmateix, la seva participació en el conjunt de la població mundial és cada vegada menys important. El 1950 la població europea suposava un 21 % de la humanitat, actualment només suposa un 10 % i es calcula que cap al 2050 baixarà a 700 milions i representarà tan sols un 7 % de la població mundial.

3.1. L'envelliment de la població europea

Per primer cop a la història, a mitjan segle XXI les persones d'edat avançada superaran els joves al món. Actualment el 17 % de la població europea té més de 65 anys, i es calcula que al 2040 aquest percentatge superarà el 25 %. Paral·lelament, el nombre de persones menors de 15 anys continuarà baixant. Les **causes d'aquest envelliment** són diverses, però podem destacar-ne les següents:

Densitat de població a la UE.

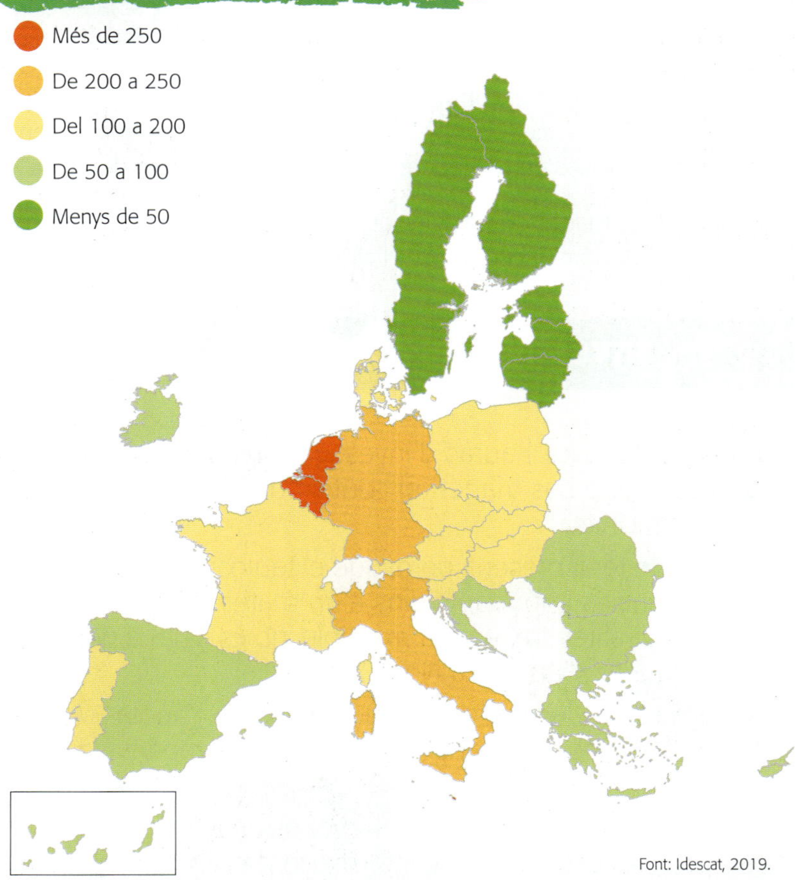

Font: Idescat, 2019.

- La reducció de la fecunditat (nombre mitjà de fills per dona).
- La disminució de les taxes de mortalitat.
- L'augment de l'esperança de vida.

L'envelliment de la població és un dels fenòmens socials més importants als quals haurà de fer front el continent europeu: més despesa sanitària, finançament de les pensions, modificacions del mercat de treball, aparició de noves demandes socials, etc.

3.2. L'estructura per edat i sexe

El perfil de la piràmide de població europea, especialment de la dels països del sud, posa de manifest aquest procés d'envelliment. Els trets comuns de la piràmide dels països europeus són la **reducció de la base** i l'**eixamplament del cim**.

Pel que fa al **sexe**, el 51,7 % de la població europea són dones i el 48,3 %, homes. A causa de les diferències en l'esperança de vida entre els dos sexes, la desigualtat és especialment significativa en el grup de població vella.

3.3. Els moviments migratoris recents

Des de mitjan segle XX Europa s'ha convertit progressivament en un **continent d'immigració**. Però les situacions migratòries entre els països europeus són diverses: hi trobem grans països receptors de població, com Alemanya i el Regne Unit, i països emissors, com alguns de l'Europa de l'Est. A més, els períodes de crisi, com l'iniciat el 2008, provoquen **canvis en els moviments migratoris**. N'és un clar exemple Espanya, que l'any 2011 va presentar per primera vegada en molts anys un saldo migratori negatiu. En aquest sentit, les previsions de futur de la població europea varien molt en funció de com evolucionin els fluxos migratoris.

Evolució de l'estructura de població per edat i sexe

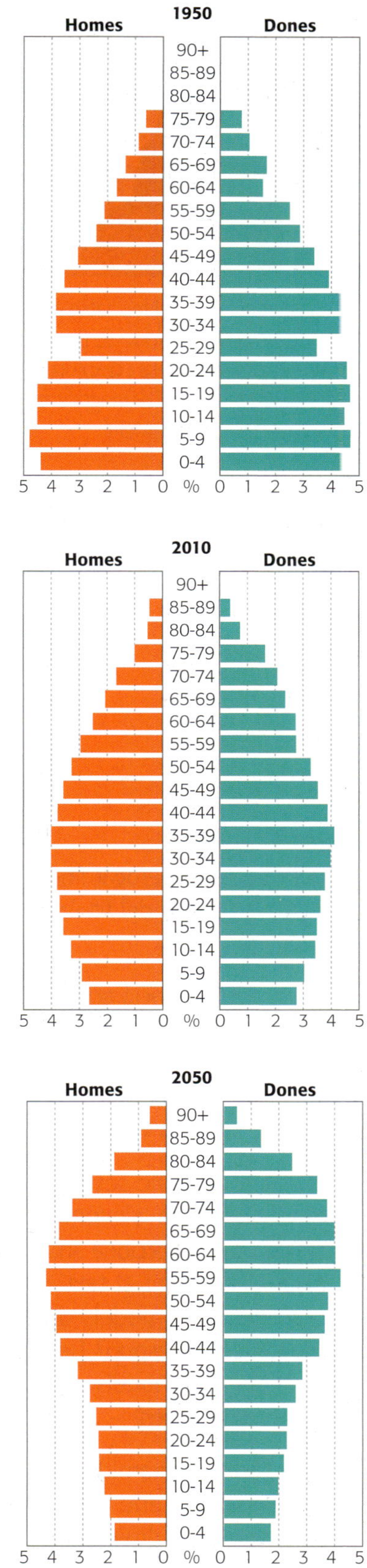

La immigració, fenomen necessari per a les societats occidentals perquè permet frenar l'envelliment de la població, ha canviat la fesomia de les aules europees amb alumnes de procedències molt diverses.

4. La població dels països en desenvolupament

Nens transportant material reciclable en un suburbi de Nova Delhi. L'Índia és un clar exemple de com la pobresa i l'explotació van lligades al creixement demogràfic en els països en desenvolupament.

4.1. El creixement demogràfic es desaccelera

La taxa de creixement demogràfic mundial, que va arribar a un màxim de més del 2 % anual fa uns cinquanta anys, se situa avui en un 1,2 %. Aquesta disminució del ritme de creixement afecta els països desenvolupats i alguns **països en desenvolupament**, com ara diversos estats de l'Amèrica Llatina, països que, tot i no estar plenament desenvolupats, han moderat el seu creixement demogràfic.

Ara bé, alguns dels països més pobres del planeta continuen presentant **taxes de creixement altes**, especialment a regions com ara l'Àfrica subsahariana, alguns països de la península Aràbiga i la zona que va des de l'Afganistan fins al nord de l'Índia, passant pel Pakistan.

4.2. Diversitat de situacions demogràfiques

Els països en desenvolupament, doncs, s'identifiquen amb dos models demogràfics:

- **Poblacions estables.** Corresponen a països que han millorat la seva situació econòmica, sanitària i educativa, i que han aconseguit disminuir les taxes de mortalitat i natalitat. N'és un exemple el Brasil, on la reducció de la natalitat i la fecunditat ha estat darrerament molt accentuada. Aquests països tenen una taxa de creixement natural que normalment no supera l'1 % anual.
- **Poblacions en creixement.** Han reduït les taxes de mortalitat, però continuen tenint una fecunditat alta. La població, doncs, creix a un ritme més ràpid, superior al 2,5 % anual. Es tracta de països amb una estructura d'edats amb predomini de població jove. Pobresa i creixement demogràfic van molt lligats, de manera que el fort creixement de la població dificulta el progrés econòmic.

Taxa de natalitat i fecunditat al Brasil (2000-2018)

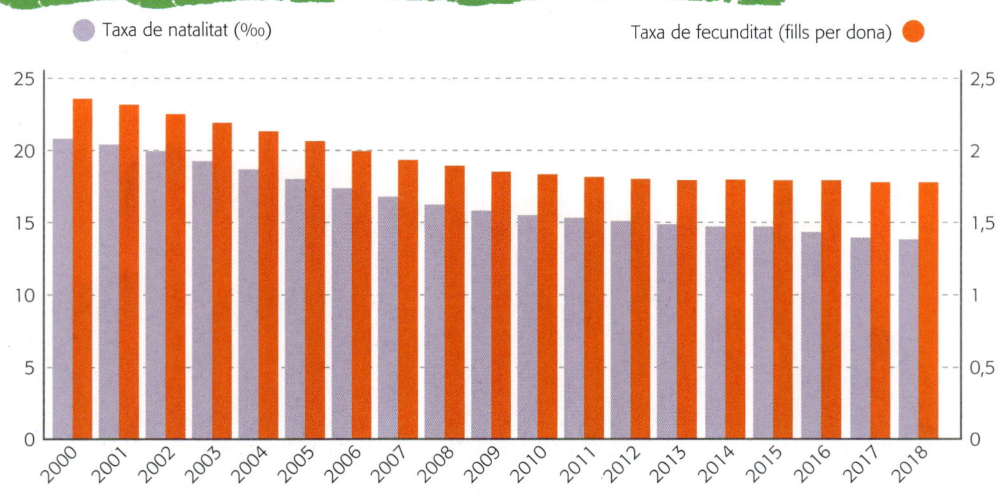

Font: IBGE, 2019.

CS

1. Per què es va derogar finalment la política del fill únic a la Xina?
2. Hi ha alguna relació entre la caiguda de la natalitat i la millora en les condicions de vida i de treball de les dones? Argumenta la resposta.
3. Analitza el gràfic sobre el Brasil i relaciona la informació que et proporciona amb el que has llegit al text. A quin dels dos models demogràfics correspon? Descriu tots dos models amb les teves paraules.
4. Compara les piràmides de la pàgina següent: quines semblances i diferències presenten?

4.3. Les polítiques de control dels naixements

Alguns països han impulsat polítiques de control dels naixements, amb resultats molt desiguals. Recordem que a la Xina les campanyes per intentar frenar el nombre de naixements es van iniciar el 1962. A partir del 1979, les autoritats van autoritzar les famílies a tenir només un fill per família (**política del fill únic**), una mesura sense la qual es calcula que la Xina tindria a dia d'avui 1 700 milions d'habitants, en lloc dels 1 360 milions actuals. La tendència a l'envelliment de la població va fer que el 2013 el govern xinès relaxés la seva política antinatalista i que, finalment, l'octubre del 2015 revoqués la mesura definitivament i autoritzés totes les parelles a tenir un segon fill.

Avui dia assistim a una **caiguda de la natalitat i del nombre mitjà de fills per dona** en molts països en desenvolupament, especialment en els països on s'ha produït una millora en la formació i les condicions de vida i de treball de les dones. En tot cas, la caiguda de la natalitat és encara molt desigual, i el potencial de creixement de la població dels països en desenvolupament continua sent important.

Països en desenvolupament

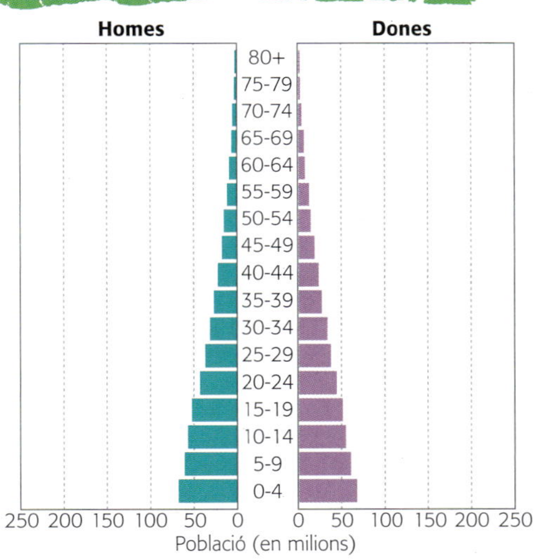

Països menys desenvolupats

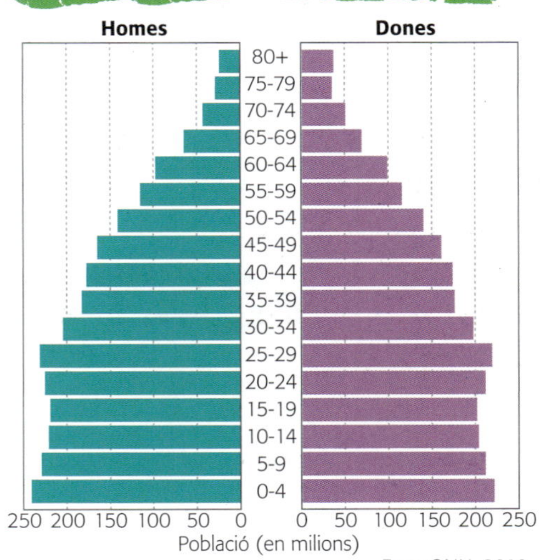

Font: ONU, 2019.

Les previsions de l'ONU

Malgrat que el creixement de la població mundial ha disminuït en el seu conjunt, alguns països en desenvolupament encara creixen amb rapidesa. Segons l'ONU, durant les properes dècades el creixement de la població mundial es concentrarà principalment en nou països, majoritàriament africans i asiàtics: Índia, Nigèria, Pakistan, Rep. Dem. del Congo, Etiòpia, Tanzània, Estats Units, Indonèsia i Uganda. Amb la taxa més alta de creixement demogràfic, Àfrica aportarà més de la meitat de l'augment de la població mundial entre el 2018 i el 2050.

Una dona banya els seus fills als afores de Valparaíso. El Brasil és avui dia una economia emergent que conserva encara uns índexs de pobresa molt elevats.

Investigar el concepte II

En aquesta part del repte hauràs de reproduir la recerca que vas dur a terme a la tasca 2. En aquest cas, hauràs de cercar el concepte que has triat en el context dels països en desenvolupament i anotar les mateixes dades que vas recopilar llavors. És important que tinguis en compte això perquè més endavant hauràs de comparar totes aquestes dades.

Pots triar qualsevol país, però potser et serà més senzill que facis la teva cerca sobre l'Índia, país del qual trobaràs informació a l'apartat següent.

5. Estudi demogràfic de l'Índia

Indicadors demogràfics, 2018

- Població: 1 353 milions
- Densitat de població: 411 hab./km^2
- Esperança de vida: 69,1 anys (67,8 homes / 70,5 dones)
- Taxa de natalitat: 18,7 ‰
- Taxa de mortalitat: 7,3 ‰
- Taxa de creixement natural o vegetatiu: 11,4 ‰
- Taxa de mortalitat infantil: 37,8 ‰
- Taxa de fecunditat: 2,4 ‰
- Població 0-14 anys: 29,98 %
- Població 15-64 anys: 63,63 %
- Població 65 anys i més: 6,39 %
- Població activa: 509 milions
- Distribució per sectors de la població activa: primari 43,86 %; secundari 24,69 %; terciari 31,45 %
- Població sota el llindar de la pobresa: 37,2 %
- Percentatge de població urbana: 34 %
- Principals àrees urbanes: Nova Delhi, Bombai, Calcuta, Bangalore, Hyderābād

Font: National Institution for Transforming India; Banc Mundial; *The World Factbook* (2019).

L'Índia tenia, al començament del segle XX, poc més de 230 milions d'habitants. Actualment és el segon país més poblat del món, amb més de 1 300 milions d'habitants. Aquest creixement no s'ha començat a frenar fins a les últimes dècades, gràcies a una disminució molt important de la fecunditat: s'ha passat de 5,5 fills per dona l'any 1970 als 2,3 actuals. D'altra banda, **ha augmentat l'esperança de vida**, que ha passat de 49 anys el 1970 a superar avui els 68.

Malgrat que la majoria de la població continua sent rural (67 %), **les ciutats han crescut** molt darrerament i àrees urbanes com les de Nova Delhi i Bombai sobrepassen els 20 milions d'habitants. A més, la població es reparteix de manera desigual sobre el territori: les zones més poblades són la vall del riu Ganges i les planes litorals, que apleguen gairebé el 75 % de la població.

5.1. Una gran diversitat

L'Índia té una enorme **diversitat d'ètnies, idiomes i religions**. Hi ha disset idiomes nacionals i cinquanta idiomes regionals, a banda de les llengües parlades per petites minories tribals. La religió majoritària és la hindú, seguida per la musulmana, fet que ha provocat freqüents tensions al llarg de la història. Un dels elements característics de la societat índia són les

Piràmide de població de l'Índia (2018)

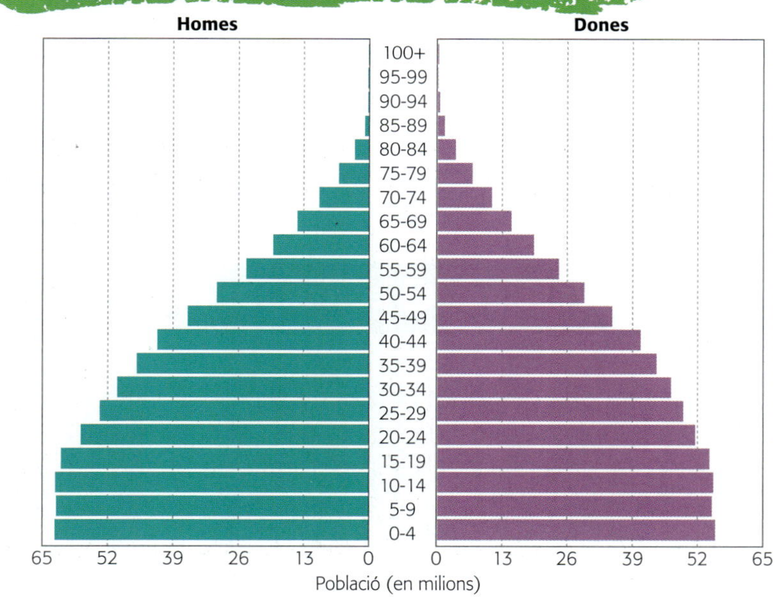

Font: Index Mundi, 2019.

ètnia: grup humà que presenta uns caràcters distintius, tant en l'àmbit físic com en els de llengua, cultura i civilització. El grup ètnic no exclou un marge més o menys ampli de mestissatge, sempre que les característiques culturals del grup es mantinguin.

castes, que determinen la posició social i la professió de les persones, i a les quals es pertany de manera hereditària.

5.2. Els problemes demogràfics i socials

Entre les més importants, cal destacar les següents:

- L'**atenció sanitària primària** pateix encara importants mancances, especialment pel que fa a l'àmbit rural.
- Continua havent-hi un alta taxa de **mortalitat infantil**. Un 30 % de la població viu encara sota el llindar de la pobresa.
- La **malnutrició** afecta una part important de la població: 8 milions d'infants més petits de 5 anys pateixen desnutrició aguda.
- La **difícil situació de les nenes i les dones**. Les profundes desigualtats entre homes i dones provoquen una mortalitat femenina més alta. Moltes nenes estan més mal alimentades, reben menys atencions sanitàries i, en algunes zones, són rebutjades per les seves pròpies famílies. Això fa que actualment a l'Índia hi hagi 108 homes per cada 100 dones.
- Les fortes **diferències regionals**. En funció del desenvolupament econòmic, les regions índies presenten forts contrastos pel que fa a l'esperança de vida i la mortalitat infantil.

4 Comparar situacions demogràfiques

Un cop recopilades les dades sobre el concepte que has escollit en dos contextos socioeconòmics molt diferents, en aquesta tasca hauràs de redactar un text comparatiu entre les dues situacions que haurà de:

- ser breu,
- explicar el concepte de forma planera,
- proporcionar les dades que expliquin les desigualtats entre totes dues situacions,
- aportar exemples concrets de situacions de desigualtat,
- incloure les teves pròpies conclusions sobre la comparació.

Aquest text acompanyarà la imatge denúncia que exposaràs al final del repte.

Les castes

Les castes superiors més importants són quatre: els bramans (sacerdots i mestres), els kshatriya (nobles i guerrers), els vaishya (mercaders i negociants) i els shudra (camperols, obrers i artesans).

Entre les castes més baixes hi ha els anomenats *intocables*, o dalits, individus completament marginats pel caràcter «impur» de l'ofici que fan (assaonadors, sabaters, escorxadors, etc.).

Malgrat l'abolició oficial de les castes el 1950, els dalits segueixen vivint en una situació de marginació i explotació econòmica.

Dues dones de la casta dels dalits cerquen productes reciclables en un abocador de Calcuta. A l'Índia, la difícil situació de la dona, pròpia dels països en desenvolupament, se suma a la marginació a la qual és sotmesa part de la població a causa del sistema de castes.

CS

1. Un dels problemes de l'Índia és el de les mancances de l'atenció sanitària primària. Busca informació i explica en què consisteix aquest concepte.
2. Descriu la situació de les nenes i de les dones a l'Índia.
3. Cerca a Internet una notícia relacionada amb un dels temes tractats a les activitats anteriors i elabora'n un breu resum.
4. Compara la piràmide de l'Índia amb la dels Estats Units.
5. Defineix el concepte de casta amb les teves paraules i explica com s'organitzen.

6. El dilema població-recursos

Una quarta part del menjar que es desaprofita posaria fi a la fam al món

Reduir en un 25 % el menjar que perdem o desaprofitem salvaria les vides dels 795 milions de persones que corren perill de mort per desnutrició, i fins i tot bastaria per cobrir les necessitats dels més de 870 milions que pateixen fam, segons un informe de la FAO.

El malbaratament de menjar no només és un dels principals factors d'inseguretat alimentària; també genera efectes greus contra el canvi climàtic, i és conseqüència i símbol de la ineficàcia dels sistemes de distribució i consum en el món.

Els Estats Units, el Canadà, Austràlia i Nova Zelanda són els països més negligents a l'hora de malbaratar menjar. Entre tots quatre llencen el 39 % del menjar que compren, seguits d'Europa, que aboca a les escombraries el 31 % dels aliments adquirits.

La Vanguardia (16 agost 2015)

La subalimentació al món

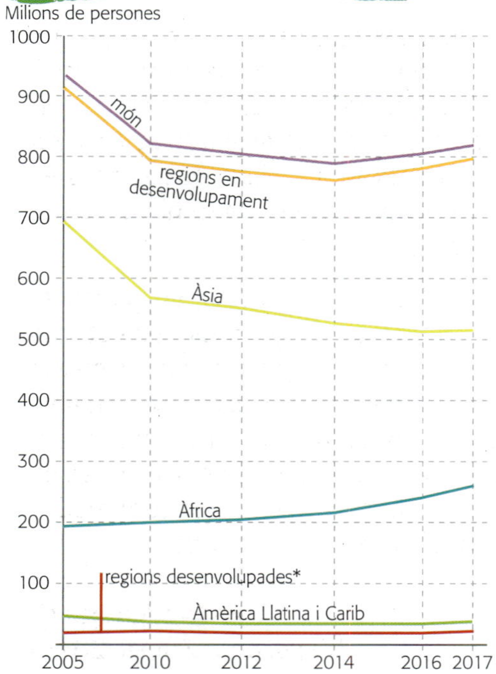

*Europa, Amèrica septentrional i Oceania Font: FAO, 2019.

El gran creixement de la població mundial ha plantejat la qüestió de si hi ha recursos suficients al planeta per alimentar tothom. Els demògrafs **optimistes** creuen que els progressos de la ciència i de la tecnologia permetran alimentar la població malgrat el ritme de creixement. Els **pessimistes** no confien en aquests avenços i afirmen que s'han d'introduir mesures per controlar la natalitat.

6.1. Hi ha massa habitants al planeta?

Actualment uns 800 milions de persones pateixen fam, principalment a Àfrica i Àsia, continents on trobem els països amb un ritme de creixement demogràfic més alt. Alguns experts creuen que la solució d'aquest problema es troba en l'aplicació de polítiques antinatalistes. D'altres, però, pensen que el problema és la manera desigual en què es distribueixen els recursos arreu del planeta.

Ja al segle XVIII, **Thomas Malthus** alertava dels **problemes derivats del creixement demogràfic** i de la incapacitat de la Terra per generar prou aliments. Actualment, la necessitat d'aigua, aliments i energia és immensa, i segons la FAO pot créixer un 70 % d'aquí al 2050.

Cal tenir present que **no tothom té la mateixa capacitat d'accés als recursos disponibles**. Alguns països produeixen o compren per sobre de les seves necessitats i malbaraten grans quantitats d'aliments. D'altres, tot i disposar d'importants recursos naturals, no poden alimentar la seva població a causa de les guerres, l'endarreriment tècnic i l'ús ineficaç dels recursos.

Prevalència de malnutrició* (2016-2018)

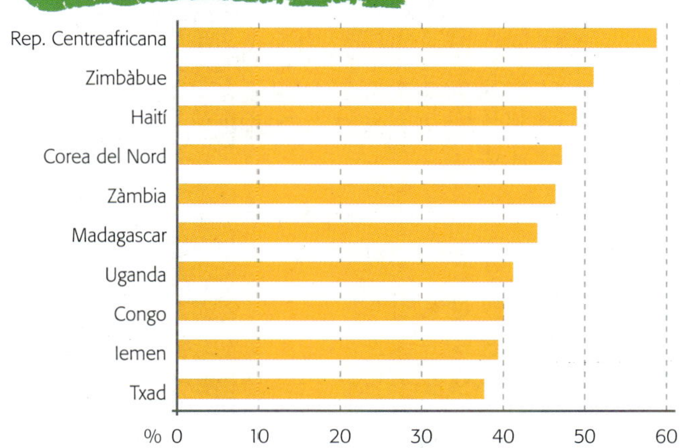

Font: FAO, 2019

* Prevalència de malnutrició: percentatge de la població per sota del nivell mínim de consum d'energia alimentària.

Davant la difícil situació en què es troba el Planeta, cal adoptar un **desenvolupament econòmic sostenible** que permeti donar resposta a les necessitats de tota la població sense esgotar els recursos existents ni destruir l'entorn.

6.2. Perspectives de futur

Malgrat que l'ONU preveu uns 11 000 milions d'habitants per a l'any 2100, més enllà dels pròxims cinquanta anys **el futur és ple d'interrogants**. Una de les grans incerteses afecta la fecunditat. Si es manté en una mitjana inferior a dos fills per dona, la població mundial s'acabarà estabilitzant. Per contra, el creixement de la població que suposarien taxes de fecunditat superiors al 2,1 mundial posa en dubte la capacitat de la Terra de subministrar prou recursos per a tothom.

Les grans ciutats consumeixen enormes quantitats de recursos energètics. La petjada ecològica és un indicador de l'impacte de l'ésser humà sobre el medi ambient en relació amb els recursos disponibles. Segons el Fons Mundial per a la Vida Salvatge (WWF), l'agost del 2015 vam consumir tots els recursos que el planeta és capaç de generar en tot un any.

CS

1. En què es diferencien els demògrafs optimistes dels pessimistes? Argumenta la teva opinió sobre aquesta polèmica.
2. Defineix amb les teves paraules el concepte *desenvolupament econòmic sostenible*.
3. Llegeix el text de G. Pison d'aquesta pàgina i elabora tres propostes que afectin la forma de viure als països desenvolupats i permetin avançar cap a un desenvolupament sostenible. Poden viure més de 10 000 milions de persones com ho fem als països desenvolupats?
4. Assenyala en un mapamundi els països amb més persones subalimentades.

La manera de viure, més important que el nombre d'habitants

La humanitat ha de pensar com es pot millorar la situació del planeta a llarg termini, però la urgència és el curt termini. La inèrcia demogràfica portarà el planeta a créixer entre mil i tres mil milions de persones en les properes dècades. I això ningú no pot impedir-ho.

És possible, en canvi, actuar en la manera de viure perquè sigui més respectuosa amb el medi ambient i es produeixi menys malbaratament de recursos. La veritable pregunta, aquella de la qual depèn la supervivència de l'espècie humana, no és, en definitiva, quants serem, sinó com modificarem el nostre mode de vida.

G. Pison (demògraf).
Libération (13 març 2013)

5 Cercar les imatges

Un cop has redactat el text comparatiu, tan sols et queda cercar i triar les dues imatges de la teva denúncia.

Probablement, ja n'hauràs trobat mentre feies la teva recerca. Tria'n dues que siguin representatives i que puguin cridar l'atenció.

Consulta el recurs «World Press Photo» per trobar diversos projectes artístics, alguns dels quals molt icònics i coneguts. Tal com van fer els participants del concurs, caldrà que referenciïs correctament cada imatge amb les dades següents:

- Autor.
- Lloc on es va fer la fotografia.
- Mitjà que la va publicar.

Activitats finals

▶ 1. Repassa els indicadors demogràfics

Et presentem una taula de dades actual amb els indicadors demogràfics més rellevants. En aquesta taula, a més de mostrar-se la mitjana mundial, es divideixen els països del món en tres grups segons el nivell de desenvolupament: desenvolupats, en desenvolupament i menys desenvolupats –els més pobres del planeta–. Podràs comprovar que els indicadors mostren força desigualtats.

	Món	**Països desenvolupats**	**Països en desenvolupament**	**Països menys desenvolupats**
Taxa de natalitat (‰)	20	11	22	33
Taxa de mortalitat (‰)	8	10	7	9
Taxa de creixement natural (‰)	12	1	15	24
Taxa de migració neta (‰)	–	2	0	–1
Taxa de mortalitat infantil (‰)	38	5	42	64
Taxa de fecunditat	2,5	1,6	2,6	4,3
Percentatge de població <15 anys	26	16	29	40
Percentatge de població > 65 anys	8	17	6	4
Esperança de vida (anys)	71	79	69	61
Percentatge de població urbana	53	77	48	28
Densitat de població	53	23	72	44

Font: Population Reference Bureau.

a) Quins són els indicadors que presenten diferències més significatives?

b) Compara les taxes de mortalitat infantil tenint en compte el grau de desenvolupament dels països. Explica les causes d'aquestes diferències.

c) Descriu i comenta les dades de fecunditat. Quines conseqüències té per als països menys desenvolupats una taxa de fecunditat de 4,3 fills per dona?

d) Quins països es poden considerar els més joves del planeta? I els més vells? Justifica-ho amb les dades de la taula.

e) Fes una valoració final del conjunt de dades. Redacta un text d'una extensió no superior a les 200 paraules en què donis la teva «visió demogràfica» del món: aspectes positius, aspectes negatius, reptes que cal afrontar... No t'oblidis d'utilitzar les dades per donar validesa als teus arguments.

▶ 2. Aprofundeix en una temàtica actual

Llegeix la notícia següent sobre el canvi climàtic i respon les qüestions:

«El canvi climàtic tindrà conseqüències devastadores per a les persones en situació de pobresa. Fins i tot, en el millor dels casos, centenars de milions s'enfrontaran a la inseguretat alimentària, la migració forçada, les malalties i la mort. El canvi climàtic amenaça el futur dels drets humans i corre el risc de desfer els últims cinquanta anys de progrés en matèria de desenvolupament, salut mundial i reducció de la pobresa.»

Amb aquestes paraules comença el seu informe sobre canvi climàtic i pobresa el relator especial de l'ONU sobre la pobresa extrema, publicat aquest dimarts.

Per Philip Alston, el canvi climàtic no només tindrà el major impacte sobre els que viuen en la pobresa, sinó que també amenaça la mateixa democràcia i els drets humans.

«Un augment de només 1,5 °C en lloc de 2 °C podria significar reduir fins a 457 milions el nombre de persones vulnerables als riscos relacionats amb el clima; rebaixar en 10 milions les persones exposades al risc d'augment del nivell del mar; frenar l'exposició a inundacions, sequeres i incendis forestals; limitar el dany als ecosistemes i reduccions en aliments i bestiar; reduir a la meitat el nombre de persones exposades a l'escassetat d'aigua, i impedir fins a 190 milions menys de morts prematures al llarg del segle.»

Font: <https://news.un.org>, 2019 (traducció).

a) Quina part del món té més responsabilitat sobre el canvi climàtic? Quina en rebrà les pitjors conseqüències?

b) Quines d'aquestes conseqüències tenen a veure amb els conceptes demogràfics que has estudiat? Esmenta el concepte i la conseqüència.

▶ 3. Analitza un gràfic

Et presentem un gràfic sobre la previsió d'evolució de la població de 0-4 anys i de més de 60 anys en els països desenvolupats i en els països en desenvolupament. Observa'l atentament i respon les preguntes.

a) Quina evolució seguirà la població de més de 60 anys en els països desenvolupats en el futur? I en els països en desenvolupament?

b) Quina evolució seguirà la població de 0-4 anys en els països desenvolupats en el futur? I en els països en desenvolupament?

c) Els dos grups de població segueixen una tendència similar independentment del nivell de desenvolupament dels països? Quina és la diferència principal?

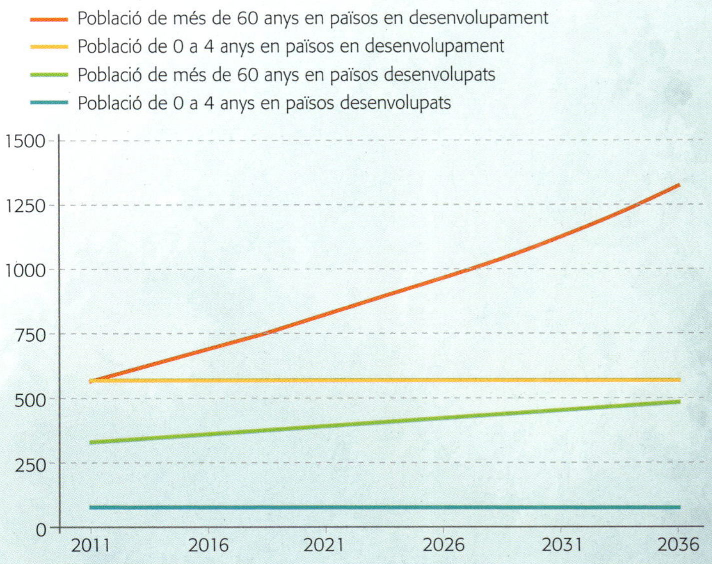

Font: Divisió de la Població de l'ONU, 2011.

El camp de refugiats ruandesos de Shabunda, al Congo. En molts llocs del món, la lluita per l'aigua i els aliments ocupa una bona part de la vida quotidiana.

▶ 4. Expressa la teva opinió de manera crítica

Llegeix el text i respon les qüestions.

La idea d'una població que podria superar els 9 700 milions de persones el 2050 planteja reptes en àmbits tan fonamentals com la producció agrària o l'abastiment energètic.

Pensem, per exemple, en l'alimentació. Tot i que en aquest moment el nombre de persones que passen gana és de 800 milions, els experts coincideixen a dir que el planeta encara produeix prou aliments per abastir tota la població mundial. El futur, no obstant això, suggereix un panorama més fosc. D'acord amb les dades de la FAO, les necessitats alimentàries de la població el 2050 podrien augmentar un 70 % respecte a les actuals, cosa que suposa un veritable repte per a un sistema productiu que ha començat a temptejar els seus límits. L'extensió de terra disponible per a la producció agrària va tocar sostre a principis de la dècada anterior, mentre que el creixement del rendiment mitjà dels cultius ha caigut a la meitat des de 1969 com a conseqüència de l'esgotament dels recursos i els efectes de l'escalfament global. En altres paraules, en el futur estarem obligats a produir més amb menys, cosa que ja ha convertit moltes regions en l'escenari d'una competició internacional pel control de recursos estratègics com la terra o l'aigua.

La pregunta clau és: podem limitar el creixement de la població o estem condemnats a gestionar un planeta amb més habitants? No hi ha remeis màgics. Els experts suggereixen que la resposta a la superpoblació és el camí llarg del desenvolupament i les solucions cooperatives. D'una banda, només així podem garantir la sostenibilitat social i ecològica del planeta; de l'altra, la prosperitat econòmica i l'accés a oportunitats com l'educació han demostrat que són la manera més eficaç de reduir les taxes de fecunditat.

G. FANJUL. «Especial 7 000 millones». *El País* (traducció)

a) Quines són les idees principals del text?

b) Segons la FAO (Organització de les Nacions Unides per a l'Agricultura i l'Alimentació), què passarà amb les necessitats alimentàries de la població el 2050? Per què, segons el text, això és un repte per a la nostra economia?

c) Segons els experts, quina és la resposta a la superpoblació del planeta?

d) Podries respondre la pregunta clau que planteja l'autor del text? Argumenta-ho.

▶ 5. Esbrina la teva posició al món

Hi ha una demanda creixent de dades demogràfiques, que s'utilitzen per tractar molts problemes potencials o reals: seguretat alimentària, abastiment d'aigua potable, creixement urbanístic, impacte ambiental...

En relació amb aquesta gran demanda s'ha desenvolupat una nova eina interactiva anomenada *Population.io*. Elaborada per un laboratori de dades, amb suport del grup de dades del Banc Mundial i col·laboradors de tot el planeta, aquesta eina permet, per exemple, determinar quina és la posició d'una persona en relació amb la resta de la població mundial, una estimació de quants anys pot viure, i altres aspectes interessants sobre com seria la seva vida si hagués nascut en un lloc diferent al seu país d'origen.

Consulta l'eina al recurs «Population.io».

▶ 6. Treballa l'organització de la informació

Hi ha moltes maneres d'organitzar i sintetitzar la informació que ens proporciona el llibre de text. En aquesta activitat fareu servir un gràfic que anomenem Constel·lació d'idees d'acord amb el seu nivell jeràrquic.

Per completar l'activitat, us proposem que resumiu la informació de l'apartat 3 d'aquesta unitat fent servir el recurs «Constel·lació d'idees».

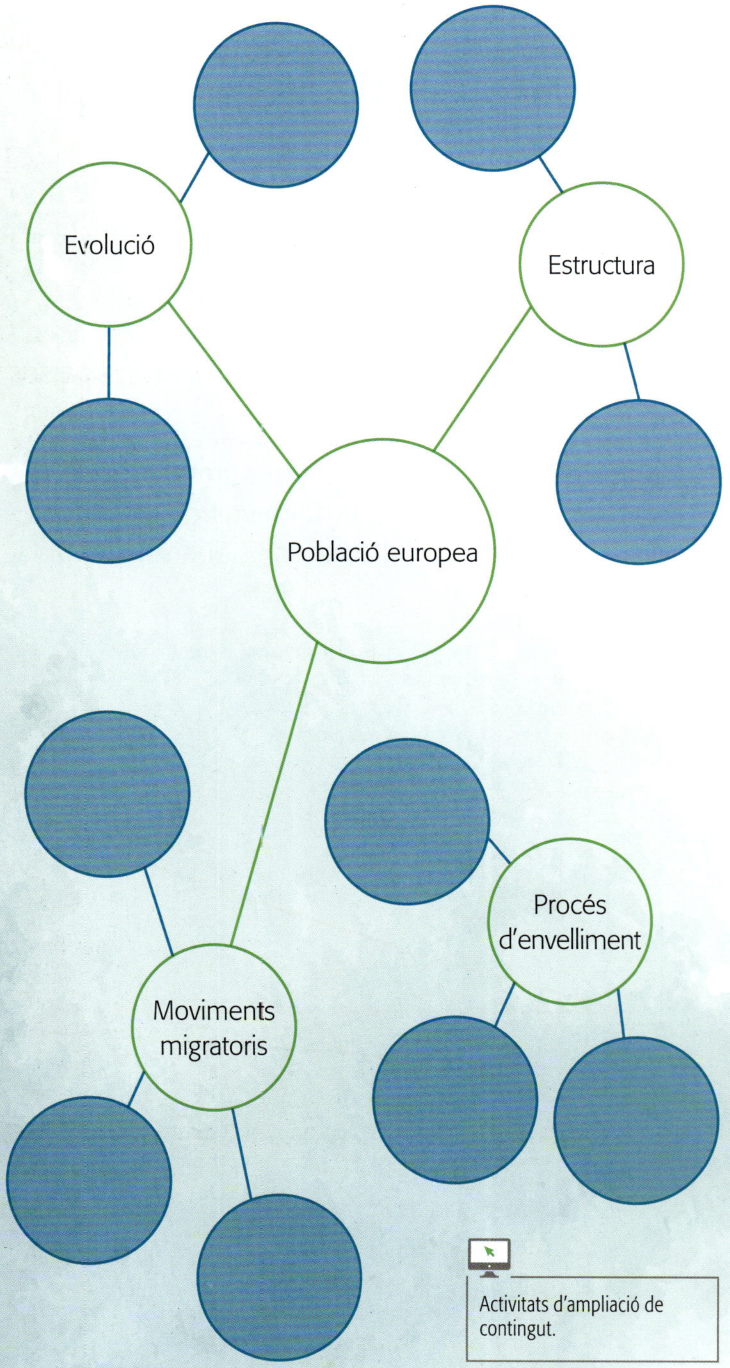

Activitats d'ampliació de contingut.

El que cal recordar

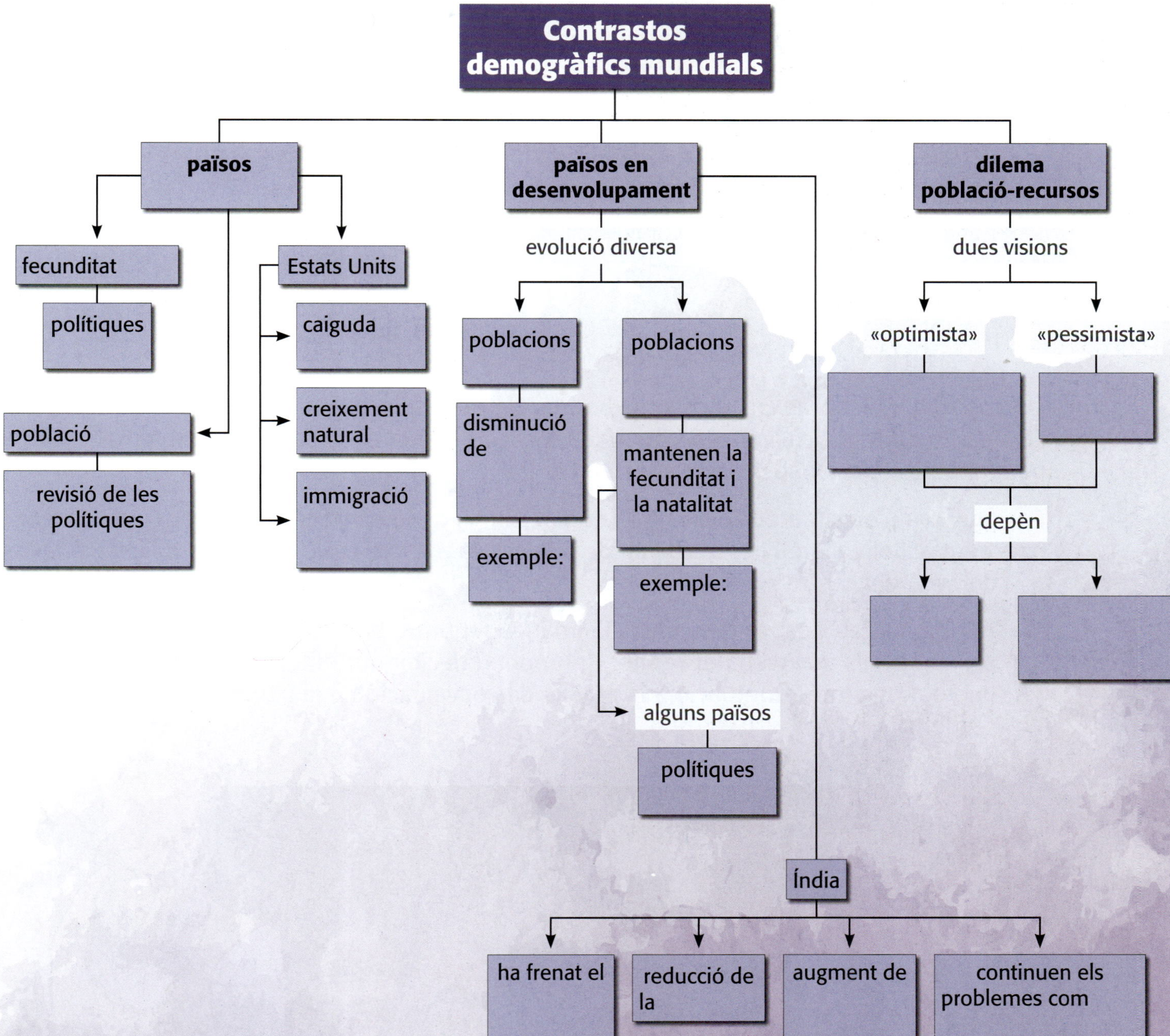

▶ Copia el mapa conceptual en un full a part i completa'l amb els conceptes que hi falten. En acabat, el pots fer servir per estudiar.

Autoavalua els teus coneixements de la unitat.

Competències en acció

6 Elaborar el codi QR i exposar la imatge denúncia

Després que hagis acabat la cerca, seleccionat les imatges i redactat el text comparatiu, tan sols et queda preparar el codi QR i exposar les fotografies per tal que les vegin els teus companys.

Per elaborar el codi QR, pots orientar-te amb el recurs «Elaboració d'un codi QR». Abans de fer-ho, recorda que has de:

- Posar un títol a tot el treball. Procura que sigui directe i impactant.
- Incloure el text comparatiu al codi QR.
- Repassar bé la sintaxi i l'ortografia del text. És important que facis servir vocabulari propi de la matèria i que s'entenguin les idees bàsiques de la teva cerca.

Un cop hàgiu elaborat tots els QR us haureu de posar d'acord tota la classe per organitzar l'exposició de totes les imatges. Ho podeu fer seguint, per exemple, un criteri temàtic, agrupant imatges relacionades entre elles.

Penseu l'espai on situareu l'exposició i quin format li donareu per tal que la pugui veure com més gent millor. Valoreu la possibilitat de publicar-la a les xarxes o donar-li publicitat a través del web del centre.

També haureu de triar quina serà la imatge denúncia que representarà l'exposició a les xarxes socials o al web del centre. Ho podríeu decidir per mitjà d'una votació o triant la que obtingui més puntuació a la graella de coavaluació de la pàgina següent.

7 Valorar el repte realitzat

Coavaluació

Per tal d'avaluar el grau d'acompliment del repte, omple individualment el recurs «Coavaluació de la imatge denúncia», que t'ajudarà a valorar la feina duta a terme pels teus companys.

Indicadors	Valoració			
	NA (1)	AS (2)	AN (3)	AE (4)
Les imatges estan ben triades i reflecteixen la desigualtat relacionada amb el tema triat.				
S'ha fet una recerca acurada de les dades, que es reflecteix en el text comparatiu.				
La redacció del text comparatiu és adequada i entenedora, i inclou el lèxic propi de la matèria.				
La tria dels diferents elements (imatges, títol, tema...) és prou impactant i crida l'atenció sobre les desigualtats.				
La creació del codi QR s'ha dut a terme correctament des del punt de vista tècnic.				

Autoavaluació

Per tal d'avaluar la teva pròpia feina amb la imatge denúncia fes servir el recurs «Autoavaluació de la imatge denúncia». Omple la línia fins a la qualificació que creus que mereixes. Pots afegir-hi algun ítem si ho consideres convenient.

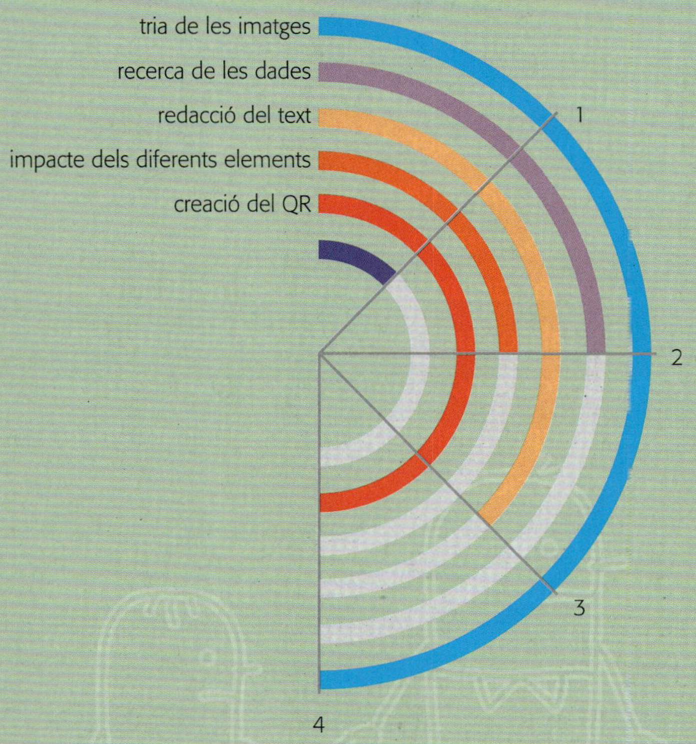

4. Un món de ciutats

En aquesta unitat estudiarem el naixement del fenomen urbà i el procés de creixement de les ciutats des de principis del segle xx, i descobrirem que l'expansió d'aquest model no s'ha produït de la mateixa manera a les diferents parts del planeta. També veurem com s'organitza l'espai urbà i les funcions que duen a terme les ciutats. D'altra banda, estudiarem les diferències que hi ha entre les ciutats dels països desenvolupats –especialment a Espanya i Catalunya– i les ciutats dels països en vies de desenvolupament. Finalment, analitzarem quins són els problemes més greus que afecten els grans nuclis urbans.

El repte

Dirigir una ciutat virtual

Tots som molt capaços de criticar com fan la feina els nostres polítics, però i si l'haguéssim de fer nosaltres? Quines serien les nostres respostes davant dels problemes d'una ciutat?

En aquest repte proposem que us **convertiu en l'alcalde d'una ciutat virtual**, que haureu de gestionar per poder donar resposta a les seves necessitats: pagament d'impostos, organització dels serveis, creació de llocs de feina, gestió de la seguretat ciutadana, vetlla pel medi ambient, etc. Per tal de dur a terme aquest objectiu, fareu servir aplicacions gratuïtes (jocs) que permeten desenvolupar moltes de les possibilitats del govern d'una ciutat.

Al llarg de la vostra tasca de govern, haureu de deixar constància de les accions més importants per mitjà d'un diari i de captures de pantalla del progrés de la ciutat. No es tracta de tenir la millor ciutat, sinó d'entendre bé les accions que permeten la bona gestió d'una ciutat.

3 **Desenvolupar sistemes energètics i transports**

2 **Iniciar la construcció de la ciutat**

1 **Triar i descarregar l'aplicació**

4 **Tenir cura dels impostos i els serveis. Junta d'alcaldes**

5 **Respondre les demandes dels ciutadans**

6 **Proposar solucions i canvis: contaminació, atur, descontentament...**

7 **Presentar la nostra ciutat. Elaboració del registre i el resum**

8 **Valorar el repte realitzat**

Termes clau

- espai urbà
- planificació urbanística
- megalòpoli
- conurbació
- xarxa urbana
- arxipèlag megapolità
- plànol
- centre urbà
- suburbis
- gueto
- arc mediterrani

Les paraules clau en imatges.

1. El poblament urbà. Les grans ciutats

El poblament rural

Quan parlem de *poblament rural*, fem referència a aquella forma de poblament vinculada a la vida al camp i a les activitats derivades de la seva explotació. L'hàbitat rural es caracteritza per una baixa densitat de població i un predomini del paisatge agrari. Les activitats econòmiques principals tenen relació amb l'agricultura, l'explotació forestal i la ramaderia.

Les ciutats a la història

Les primeres ciutats van sorgir entre els anys 3500 i 3000 aC a les ribes dels rius del Pròxim Orient, per causes de necessitat col·lectiva com l'aprofitament de l'aigua.

L'antiguitat i la baixa edat mitjana l'edat mitjana van ser uns períodes de gran desenvolupament de les ciutats. Tanmateix, no va ser fins a la Revolució Industrial que les ciutats van començar a absorbir grans masses de població que deixaven el camp per cercar feina en els sectors industrials. Avui dia, i des de principis del segle xx, assistim a un creixement urbà constant, fins al punt que més de la meitat de la població mundial ja viu a les ciutats.

1.1. Què és una ciutat?

Es pot definir la ciutat com un lloc que té una alta densitat de població, la qual es dedica a activitats no agrícoles. Aquesta definició general s'ha d'acompanyar d'uns criteris que permetin diferenciar més clarament l'hàbitat urbà de l'hàbitat rural.

- **Morfologia concreta:** un aspecte extern molt definit, l'espai urbà, que engloba aspectes com avingudes per facilitar el trànsit, edificis d'oficines i habitatges, espais d'oci...
- **Capacitat d'innovació tècnica, econòmica i cultural:** proporcionada per les facilitats de formació i els seus equipaments (universitats, museus, teatres, etc.).
- **Capacitat de producció i d'intercanvi de mercaderies:** s'hi desenvolupen aquelles activitats econòmiques que no tenen cap relació directa amb l'explotació de la terra: indústria i sobretot serveis.
- **Influència sobre el territori proper:** exercida en tots els àmbits: polític, econòmic i cultural.

1.2. Funcions de la ciutat

Les funcions d'una ciutat són les activitats que duen a terme els seus habitants. Les principals són:

- **Econòmica.** La ciutat aplega les activitats industrials i comercials més importants. Són grans mercats on arriben productes de zones molt diverses i des d'on es distribueixen mercaderies. Les indústries se situen en polígons industrials ubicats a la perifèria.
- **Política.** Les ciutats que acullen les principals institucions polítiques són importants centres de poder. Acostumen a ser les capitals dels estats, així que també solen tenir funcions financeres i culturals.
- **Residencial.** Funció que fa necessària l'organització dels serveis i dels espais que ofereix una ciutat.
- **Turística i cultural.** Algunes ciutats han esdevingut centres d'atracció turística i cultural, i en alguns casos s'han especialitzat en aquesta funció.

En general, totes les ciutats compleixen diverses funcions, però algunes s'han especialitzat en un tipus de funció concreta: per exemple, les ciutats universitàries (Oxford, Bolonya...), les ciutats turístiques (Florència, Venècia...) i les capitals polítiques (Brasília, Washington...).

La població urbana al món

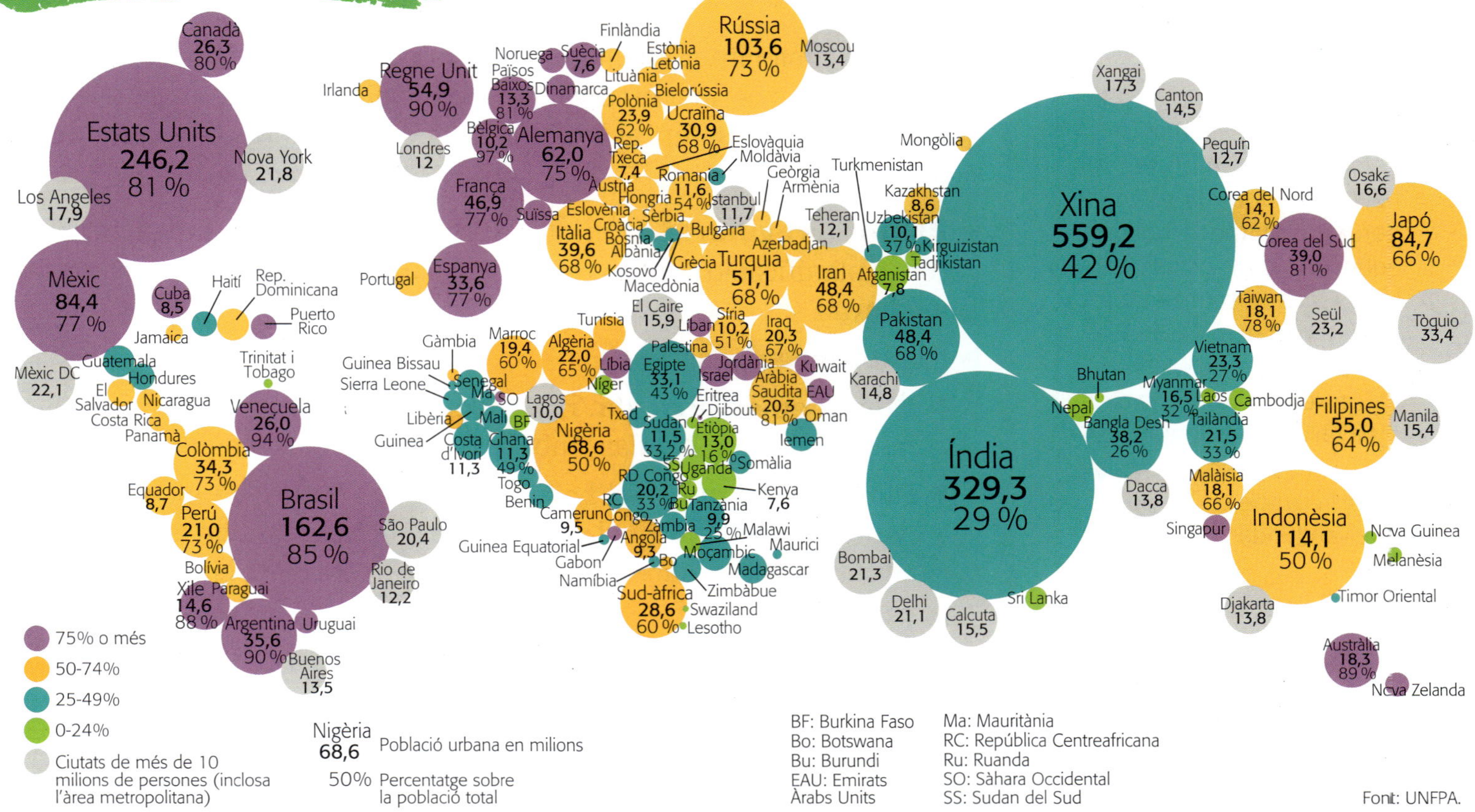

Triar i descarregar l'aplicació

Aquest repte es durà a terme individualment. Tanmateix, el primer que haureu de fer és triar quina aplicació fareu servir entre tota la classe amb l'ajuda del professor o professora. En trobareu alguns exemples al recurs «Aplicacions per gestionar una ciutat», però en podeu fer servir d'altres que conegueu.

Totes les propostes són gratuïtes i es poden fer servir amb el telèfon mòbil, la tauleta o l'ordinador. D'ara en endavant, hauràs de dedicar una estona cada dia al desenvolupament del repte, com si fessis altres deures de la matèria, però això no és excusa per estar molt temps davant de la pantalla.

CS

1. Compara les característiques del poblament rural amb les que defineixen una ciutat.
2. Posa un exemple de ciutat amb funció turística, una de funció industrial i una altra de funció política. Posa un exemple diferent de cadascuna.
3. Observa el mapa. Quins són els dos països amb major població urbana total? Sabries dir per què el cercle corresponent a Rússia és més petit que el dels Estats Units si el país és molt més gran?

2. L'organització de l'espai urbà

El plànol hipodàmic

El plànol ortogonal o en retícula utilitzat pels urbanistes del segle XIX també rep el nom de *plànol hipodàmic* perquè el primer d'utilitzar aquest tipus de planificació urbanística va ser l'arquitecte grec Hipòdam (498-408 aC) a la ciutat de Milet, on va néixer. El plànol va ser molt utilitzat pels romans en el disseny del seus campaments i també en les ciutats que van fundar.

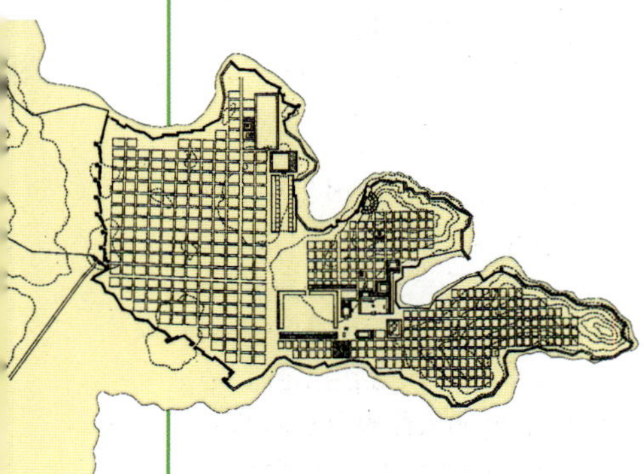

Planta de la ciutat grega de Milet al segle V aC.

Disposició dels carrers segons un model en quadrícula a la ciutat d'Estocolm (Suècia).

2.1. El plànol de la ciutat

El plànol d'una ciutat és una representació plana i a escala de l'espai que ocupa. Ens permet estudiar com s'organitza la ciutat i comprendre quina evolució ha sofert al llarg del temps. Els plànols més característics són:

- **Plànol irregular.** La ciutat ha crescut de manera incontrolada i sense planificació, amb carrers irregulars i estrets propis de la ciutat medieval.
- **Plànols regulars:**
  - **Plànol en quadrícula.** Els carrers, disposats en angle recte, formen una trama regular amb illes de cases quadrangulars.
  - **Plànol radiocèntric.** La ciutat creix a l'entorn d'un centre urbà definit, a partir del qual s'han construït grans vies circulars o semicirculars que enllacen els principals carrers de la ciutat.
  - **Plànol lineal.** Els carrers es disposen a partir d'un eix central, generalment una via de comunicació important.

Principals tipus de plànols urbans

Plànol lineal (la Garriga)

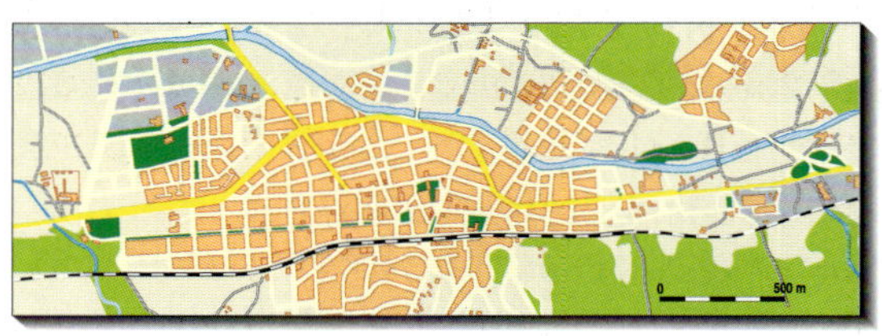

Plànol en quadrícula (Manhattan, Nova York)

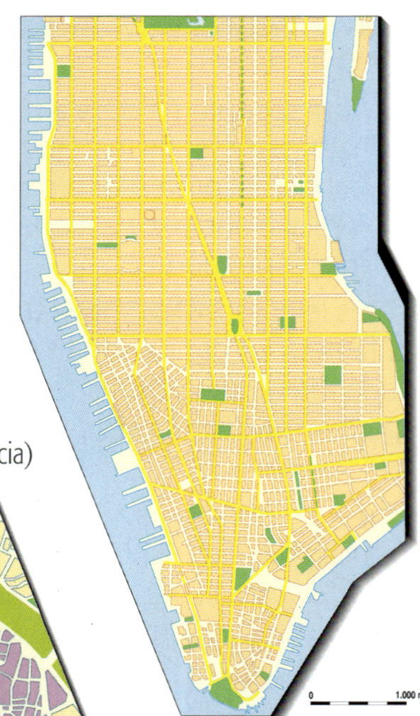

Plànol radiocèntric (Amsterdam)

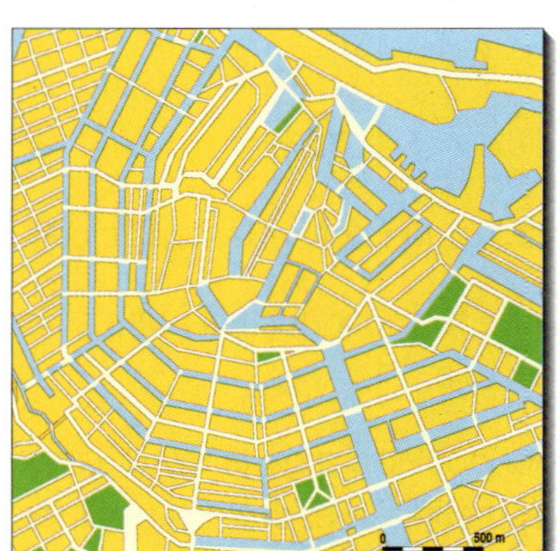

Plànol irregular (València)

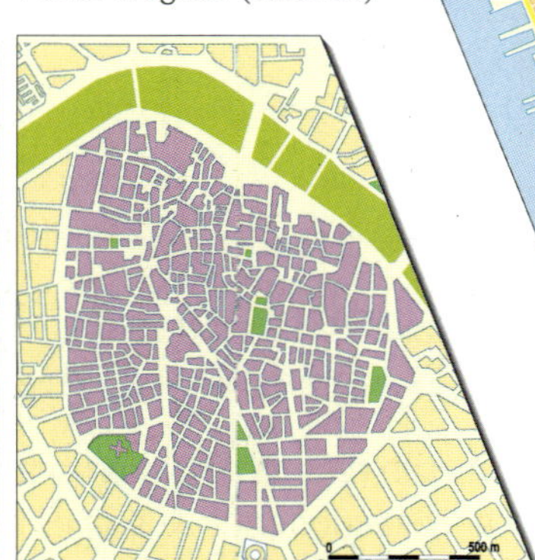

2.2. El centre urbà i la perifèria

En tota gran ciutat, hi podem distingir dos àmbits ben definits:

- **Centre urbà.** Integra els nuclis de decisió política i econòmica: edificis oficials, seus d'empreses, àrees comercials, institucions culturals... Sol incloure el nucli original de la vila i la zona històrica de la ciutat, que en alguns casos s'ha degradat en benefici d'altres barris, tot i que pot mantenir un interès turístic.
- **Perifèria.** Són els barris que envolten el centre. A les grans ciutats pot tenir unes grans dimensions. Acostuma a incloure la zona residencial, amb barris de classe alta, que gaudeixen d'àmplies zones verdes i bons equipaments, i barris obrers, alguns amb greus problemes de massificació i manca d'equipaments.

2.3. La planificació urbanística

Sovint les ciutats han crescut de manera desordenada i sense tenir en compte les necessitats reals del conjunt dels ciutadans. Per tal d'evitar això, actualment s'elaboren **plans urbanístics**, normes legals que afavoreixen el creixement racional de les ciutats i que han de ser prou flexibles per adaptar-se a les necessitats futures.

Aquests plans, preparats pels ajuntaments, delimiten els usos del sòl, ordenen els espais públics de la ciutat (parcs i jardins, xarxa viària, etc.) i marquen les normes que cal seguir pel que fa a qüestions com ara l'alçària dels edificis o els metres quadrats que es poden construir.

CS

1. Descriu dos dels plànols de la pàgina anterior seguint el guió que tens a la part final de la unitat. Mira el plànol de Milet i digues a quin dels plànols moderns s'assembla.
2. Agafa una plànol de la teva població. Marca-hi el centre urbà o el nucli històric original i la perifèria. Descriu el centre de la teva localitat i els edificis més representatius que en formen part. A quin barri de la teva localitat vius? És centre o perifèria? Justifica la resposta.
3. Assenyala al plànol anterior els principals equipaments de la teva localitat o del teu barri, si aquesta és molt gran. Quin equipament hi faries construir si fossis l'alcalde? Planteja tres canvis que permetrien millorar la població on vius.

Iniciar la construcció de la ciutat

La primera decisió que hauràs de prendre en relació amb la teva ciutat és el lloc on la construiràs, tenint en compte aquells elements que fan que una ciutat sigui atractiva per als seus ciutadans.

Planifica'n també la distribució. On faràs les zones residencials? I les comercials? I les industrials? Es poden barrejar? És important tenir clares les opcions de creixement de les zones per evitar enderrocs posteriors.

Finalment, també has de decidir si hi prefereixes barris molt diferenciats socialment i econòmicament o si optaràs per una distribució més igualitària. També pots decidir-te per edificis més baixos, fins i tot unifamiliars, o blocs alts d'habitatges. Cada decisió tindrà conseqüències diferents.

Recorda que has de fer un recull de les decisions importants i fer captures de pantalla dels passos fonamentals que has seguit.

3. Les grans aglomeracions urbanes

La ciutat difusa

La ciutat difusa, dispersa o de baixa densitat és un model d'ús i ocupació del territori que s'ha estès pel món desenvolupat durant els darrers anys. Aquest model es caracteritza per un creixement extensiu, dispers i de baixa densitat d'edificació, i per un elevat consum de territori. La ciutat de baixa densitat residencial està formada per habitatges unifamiliars amb jardí i s'oposa al model tradicional de ciutat compacta. Aquest tipus d'urbanització comporta una sèrie de problemes: més consum de sòl, d'energia i d'aigua; encariment dels serveis públics; segregació social i dificultats de transport.

3.1. Les metròpolis i les àrees metropolitanes

El mot *metròpoli* fa referència a una gran ciutat que és capaç d'exercir la seva influència sobre un extens territori. L'àrea metropolitana és el territori que envolta una gran metròpoli. La ciutat central és el nucli financer, administratiu i comercial més important de tota l'àrea.

3.2. Les conurbacions i les megalòpolis

- Entenem per **conurbació** el resultat del creixement simultani de dues o més ciutats veïnes fins al punt que gairebé s'uneixen i desapareix l'espai rural que abans les separava. En una gran aglomeració urbana, a diferència de l'àrea metropolitana, és gairebé impossible distingir els límits entre els diferents municipis.

  En una conurbació es pot produir el fet que ciutats grans absorbeixin nuclis petits, els quals perden la seva identitat i queden convertits en barris. Una de les conurbacions més importants és el Randstad (del neerlandès *rand* 'límit' i *stad* 'ciutat'), als Països Baixos.

- Les **megalòpolis** han aparegut també com a conseqüència del ràpid creixement de ciutats properes fins a formar una zona urbana única, molt ben comunicada i amb tot tipus d'infraestructures. Són extensions urbanes molt grans, més que les conurbacions, on es combinen sense interrupció barris residencials, zones industrials i centres urbans.

  Algunes de les més importants són: la costa est dels Estats Units, de Boston a Washington (800 km), que comprèn ciutats com Nova York i Filadèlfia, i el centre-sud del Japó, de Tòquio a Nagasaki (1 200 km), que inclou ciutats com Osaka, Nagoya i Kobe.

Les grans aglomeracions urbanes previstes per al 2050

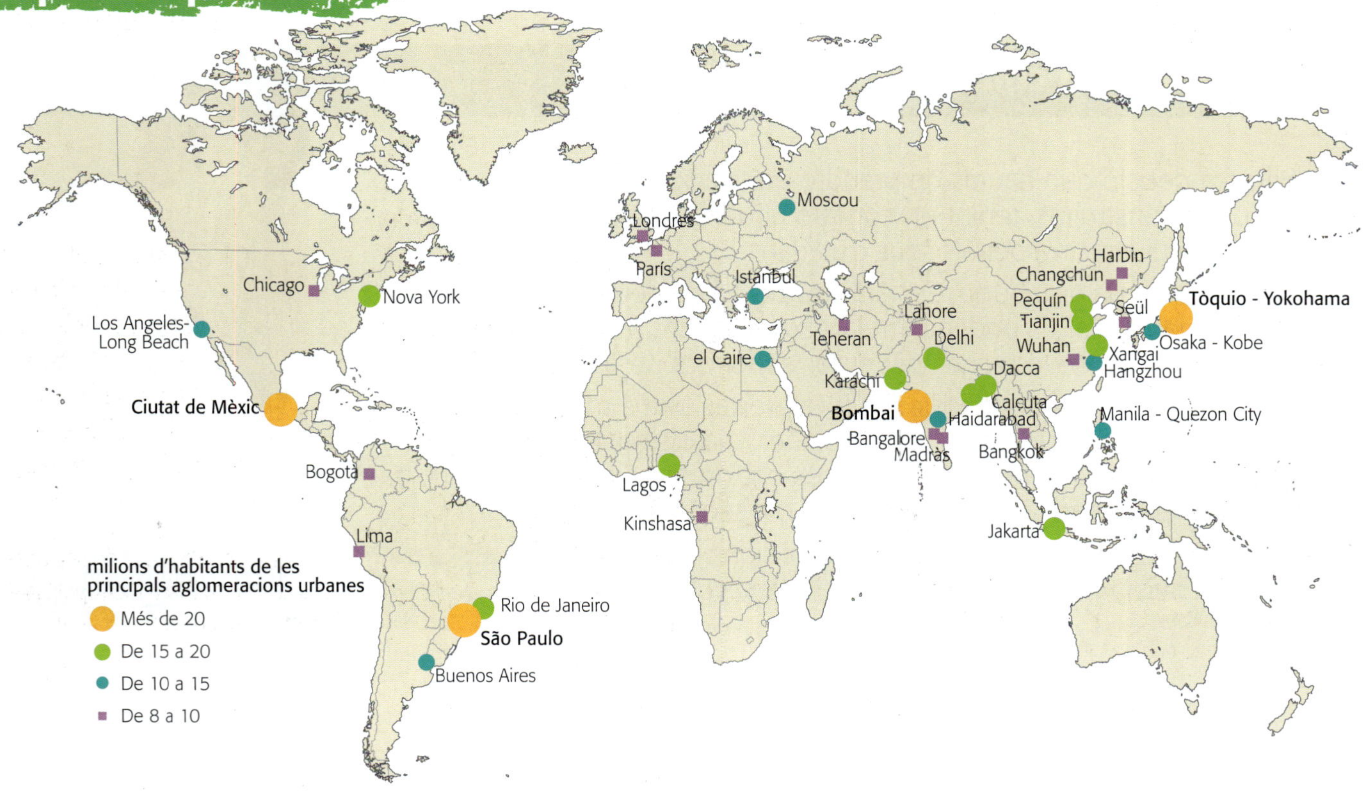

3.3. Les xarxes urbanes

Les ciutats del món estan connectades per les relacions d'intercanvis de béns i serveis, i per les xarxes de comunicació i informació. Així doncs, s'estableixen unes xarxes urbanes que poden tenir abast regional, nacional o mundial. Des de la segona meitat del segle XX, els geògrafs anomenen **arxipèlag megapolità mundial** (**AMM**) aquestes grans àrees urbanes, algunes de les quals exerceixen una gran influència econòmica i cultural d'abast internacional.

3 Desenvolupar sistemes energètics i transports

Com es fa arribar l'energia a la ciutat? Quins són els sistemes més eficients? I els menys contaminants? Són els mateixos? Podem fer anar una ciutat amb energies renovables? Quines són les més econòmiques? Quins sistemes de comunicació són necessaris? Les carreteres? El tren? I si volem saber si un aeroport pot ser rendible, com de gran ha de ser la ciutat?

A mesura que avancis hauràs de resoldre totes aquestes qüestions. En funció del teu plantejament hauràs de triar unes o altres formes d'energia, el transport o les infraestructures. Si has de demanar crèdits per pagar aquestes despeses veuràs com això també planteja una sèrie de conseqüències.

Recorda que has d'actualitzar el diari amb el registre d'informació i les pantalles explicatives.

La megalòpoli japonesa

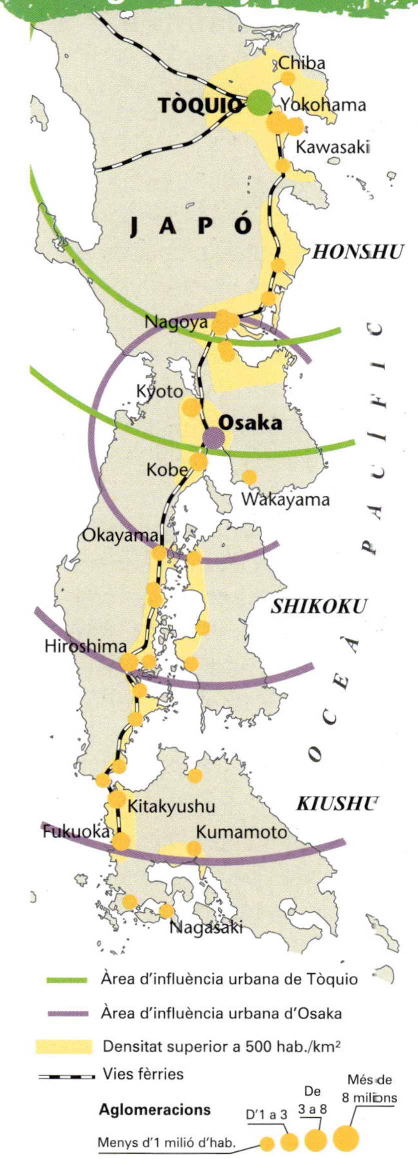

Amb més de 13 milions de persones (més de 35 si comptem l'àrea metropolitana), Tòquio és la metròpoli més gran del món.

CS

1. Elabora un text explicatiu en què es defineixin els termes *metròpolis*, *àrea metropolitana*, *conurbació* i *megalopolis*. Deixa ben clar quines són les diferències entre tots els conceptes.

4. Ciutats del Nord i ciutats del Sud

Les gran ciutats a Àsia i Àfrica

Des dels anys setanta, la major part de les persones viuen en ciutats de països en vies de desenvolupament. Per exemple, la població urbana d'Àfrica, que el 1950 era de 22 milions d'habitants, ha passat a ser d'uns 414 milions l'any 2011, hi ha 43 ciutats amb més d'un milió d'habitants i, per exemple, a l'Àfrica subsahariana les zones urbanes van créixer un 4,5 % el 2011. Això sí, el creixement no ha estat el mateix a totes les zones: Sud-àfrica tenia un 62 % de població urbana; Egipte, un 43 %; Mali, un 35 %, i Burundi, un 11 %. D'altra banda, moltes de les grans metròpolis es troben en països asiàtics en vies de desenvolupament, com ara Xangai a la Xina, Delhi a l'Índia i Manila a les Filipines.

gueto: és una àrea separada on viu una població d'un determinat origen ètnic, cultural o religiós, de manera voluntària o involuntària, fet que pot comportar un grau de reclusió important.

suburbi: barri d'una ciutat, generalment perifèric, on la qualitat de vida és inferior a la d'altres zones del nucli urbà. És un concepte que normalment s'aplica a les parts degradades de la ciutat o a zones amb mancances importants.

zona suburbana: zona en què es barregen les formes d'hàbitat rural i urbà com a conseqüència del procés d'expansió de la ciutat cap als territoris del seu voltant.

4.1. Les ciutats dels països rics

- Les **ciutats europees**:
  - Solen tenir un centre urbà amb un llarg passat històric i edificis d'un gran valor artístic, aspecte que dificulta les adaptacions que requereix una ciutat moderna.
  - La necessitat d'habitatge generada pel creixement ràpid ha provocat l'aparició de **zones suburbanes**, grans barris residencials perifèrics que poden presentar mancances d'equipaments.
  - Les persones amb un alt poder adquisitiu viuen en barris residencials i en els eixamples construïts a la segona meitat del segle XIX.
- Les **ciutats de l'Amèrica del Nord**:
  - Són ciutats de fundació més recent (menys de dos-cents anys), que no tenen un centre històric semblant al de les europees.
  - El centre de la ciutat està ocupat per oficines i serveis, i té una funció residencial escassa.
  - Les classes mitjanes i benestants viuen a la perifèria, en barris on ha prevalgut la casa individual per davant del bloc d'habitatges.
  - Les classes socials menys afavorides viuen en barris marginals segregats d'altres zones, que moltes vegades esdevenen **guetos**.
  - A la perifèria s'hi ubiquen grans zones industrials i comercials amb importants xarxes de comunicació.

4 Tenir cura dels impostos i els serveis. Junta d'alcaldes

En aquesta tasca hauràs de decidir quins impostos pagaran els teus ciutadans. Creus que estaran més satisfets els que menys paguen? O els que tenen millors serveis?

Si preguntem a algú si vol pagar molts impostos, és molt possible que la resposta sigui negativa. Però si li preguntem si vol una bona escola per als seus fills i un bon hospital, és molt possible que la resposta sigui afirmativa. Sabent això, has de resoldre la difícil equació. Més impostos amb bons serveis? Menys impostos i pitjors serveis o serveis privats? Hi ha alguna manera de pagar menys impostos i disposar de millors serveis?

Fa temps que tu i els teus companys de classe esteu desenvolupant la vostra ciutat. Segur que us heu trobat amb problemes semblants. Arribats a aquest punt, us proposem que feu una junta d'alcaldes per compartir els vostres problemes i esbrinar com els afronta cadascú. Potser us podeu ajudar per trobar solucions millors.

4.2. Les ciutats dels països pobres

El procés d'urbanització del Tercer Món va començar cap a la segona meitat del segle XX i no ha anat acompanyat d'un desenvolupament econòmic sostingut. Aquestes ciutats es caracteritzen per:

- Un **creixement ràpid** que ha provocat greus mancances en equipaments i infraestructures.
- **Profundes diferències socials reflectides en l'espai urbà.** Els barris residencials i els centres urbans comercials i turístics contrasten amb la misèria de la perifèria. Algunes ciutats de l'Amèrica Llatina tenen urbanitzacions exclusives dels grups socials amb més poder adquisitiu.
- L'amuntegament de milions de persones en **suburbis** de barraques caracteritzats per unes dures condicions de vida i formats per **habitatges d'autoconstrucció** fets amb materials de rebuig (bidons de llauna, plàstics, fustes...), que reben el nom de *favelas*, *villas miseria* o *bidonvilles*.
- L'existència de desigualtats en l'accés als serveis bàsics (sanitat i educació) i en els equipaments urbans: transport públic només per al centre de negocis o aigua potable tan sols en alguns barris. Un cas especialment greu és el de l'Àfrica negra, on la manca d'infraestructures converteix molts nuclis urbans en un caos.

A dalt, urbanització de luxe al districte de Polanco, a Ciutat de Mèxic. A baix, imatge de Ciudad Hualcóyotl, a l'oest de la capital.

CS

1. Descriu una ciutat que coneguis bé i que no sigui la teva. Detecta'n les mancances i desigualtats segons el que explica el text.
2. Cerca dues imatges d'una ciutat del Tercer Món: una del centre i una d'un suburbi amb habitatges d'autoconstrucció. Quin nom rep aquest barri en el país al qual pertany aquesta ciutat? Quines característiques té? Relaciona aquests barris amb un aspecte de la demografia que hagis estudiat en unitats anteriors.
3. La il·lustració mostra una ciutat del Tercer Món. Descriu-ne l'estructura bàsica.

Una ciutat del Tercer Món

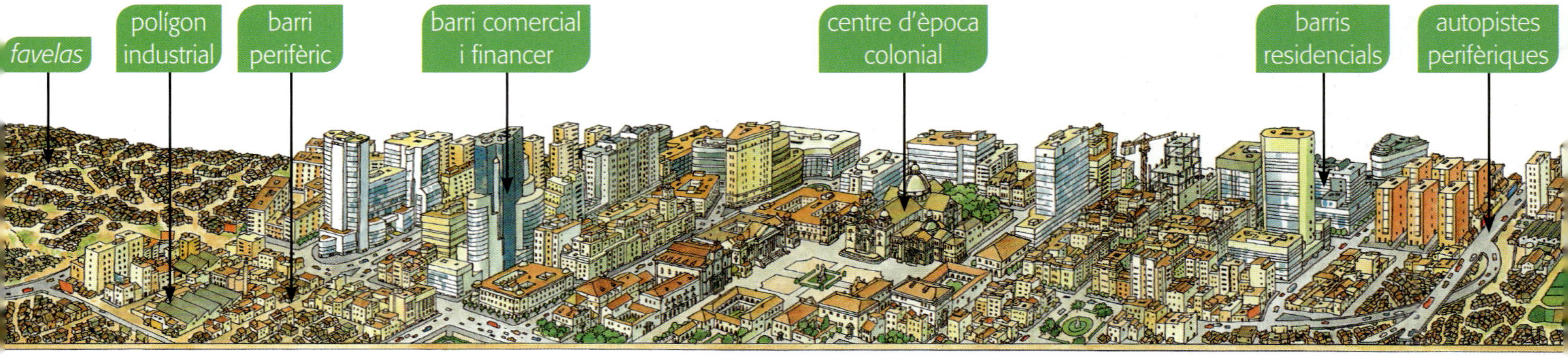

5. Les ciutats d'Espanya i Catalunya

Les àrees metropolitanes d'Espanya, 2019

Madrid	6 485 116
Barcelona	5 379 243
València	1 745 342
Sevilla	1 539 538
Màlaga	1 297 250
Bilbao	997 523
Astúries	807 802
Saragossa	742 363
Alacant-Elx	694 902
Múrcia	650 468

Font: Ministeri de Foment, 2019.

Respondre les demandes dels ciutadans

Un cop la ciutat estigui en marxa et trobaràs que els teus ciutadans et fan nombroses demandes. Hauràs de decidir a quines dones resposta i a quines no i de quina manera. Moltes requeriran augmentar el pressupost municipal: escoles, bombers, parcs, millores als carrers... És possible que hagis de retocar aspectes de la teva planificació inicial, com la situació de les fàbriques, o la construcció de nous habitatges.

Tal com passava amb els impostos, ara tampoc et resultarà fàcil decidir les prioritats de la teva acció de govern. Però això va amb el càrrec d'alcalde!

Enregistra les teves accions de govern i digues com afecten el pressupost municipal per tal de poder explicar-ho al final del repte.

Espanya va viure un creixement accelerat de les ciutats durant el segle XX, fruit, en gran part, de l'emigració rural, que va ocasionar una profunda transformació dels nuclis urbans.

5.1. Les ciutats a Espanya

Les ciutats espanyoles es troben repartides de manera molt desigual. Excepte casos puntuals com Madrid, els nuclis urbans més dinàmics estan situats a la perifèria, especialment en el denominat **arc mediterrani**, que comprèn des del País Valencià fins al nord d'Itàlia. Les ciutats d'Espanya es poden categoritzar segons la seva dimensió i importància:

- Dues ciutats que superen el milió i mig d'habitants: Madrid (amb més de 3 000 000), capital de l'Estat i gran centre polític i econòmic, amb influència sobre tota la Península; i Barcelona (amb més d'1 600 000), nucli d'una gran activitat industrial i centre de serveis, amb un gran influx sobre l'arc mediterrani i en una posició privilegiada en relació amb la resta d'Europa.
- El segon grup el formen ciutats que se situen entre els 800 000 i els 300 000 habitants, com ara València, Sevilla, Saragossa, Màlaga i Bilbao, i que disposen d'un radi d'influència important.

Estructura de la xarxa urbana espanyola

- En un tercer nivell, hi trobem la majoria de capitals de província i les ciutats amb una gran activitat econòmica, com ara Sabadell, Terrassa, Gijón, Vigo, Móstoles, Leganés, etc.
- Finalment, hi ha petites ciutats molt diverses d'àmbit comarcal, algunes amb força activitat i empenta, i altres d'estancades o amb un creixement molt lent.

5.2. Les ciutats de Catalunya

La xarxa urbana de Catalunya es troba molt condicionada pel pes de l'entorn metropolità de Barcelona. L'aglomeració urbana de la capital del Principat té al voltant de 4 800 000 habitants. Aquesta xarxa gira també sobre altres àrees de centralitat, com l'eix Reus-Tarragona, Lleida, Girona i Manresa.

Moltes capitals comarcals han generat una xarxa de relació estesa sobre el territori immediat. Així, un gran nombre de ciutats que tenen entre 30 000 i 80 000 habitants (Vilanova i la Geltrú, Granollers, Figueres, Vic, Vilafranca del Penedès o Tortosa) tenen una gran capacitat d'atracció sobre el seu entorn. El mateix s'esdevé en localitats més petites, en àmbits de muntanya o despoblats, com Puigcerdà, la Seu d'Urgell, Solsona o Gandesa.

CS

1. Descriu el mapa fent servir la informació del text.
2. Dibuixa el perfil del territori de Catalunya. Localitza-hi els vint municipis més poblats i fes una llegenda, semblant a la del mapa d'Espanya, però amb altres quantitats, i marca els municipis segons la llegenda que has dissenyat.

Imatge de Tarragona, després de Lleida, la ciutat catalana més poblada fora de la província de Barcelona.

Els vint municipis més poblats de Catalunya el 2018

Barcelona	1 620 343
L'Hospitalet de Llobregat	261 068
Terrassa	218 535
Badalona	217 741
Sabadell	211 734
Lleida	137 856
Tarragona	132 299
Mataró	126 988
Santa Coloma de Gramenet	118 821
Reus	103 477
Girona	100 266
Sant Cugat del Vallès	90 664
Cornellà de Llobregat	87 173
Sant Boi de Llobregat	82 904
Rubí	76 423
Manresa	76 250
Castelldefels	66 375
Vilanova i la Geltrú	66 274
Viladecans	66 168
El Prat de Llobregat	64 132

Font: Idescat, 2019.

La densitat de població urbana és molt irregular a Catalunya. Així, petits nuclis de població com ara Puigcerdà (Cerdanya) exerceixen una gran influència en entorns molt despoblats.

6. Els problemes de les grans ciutats

CS

1. Fes una proposta de millora per a cadascuna de les problemàtiques enunciades a l'apartat.
2. Cerca quines restriccions a l'automòbil han posat els últims temps alguna d'aquestes ciutats: Madrid, Barcelona, Londres, París, Roma.
3. Observa les escombraries que es generen cada dia a casa teva. Quines mesures podríeu prendre per mirar de reduir la quantitat de residus? Reutilitzeu algun residu? Quins recicleu?

6.1. El proveïment: l'aigua i els aliments

La demanda d'aigua i aliments és proporcional a la mida d'una ciutat. Consum personal, reg, fàbriques..., són fonts constants de demanda d'aigua. A més, **com més ric és un país, més gran és el consum d'aigua**. Mentre que un europeu gasta uns 75 000 litres d'aigua l'any, un sudanès no en consumeix ni una desena part. Aquesta demanda fa que les ciutats consumeixin aigua de fonts molt diverses com rius llunyans, vaixells cisterna o plantes dessalinitzadores.

Quant als aliments, a les ciutats hi ha societats de venda a l'engròs, com ara Mercabarna, que faciliten la distribució al comerç minorista (botigues i supermercats).

6.2. El trànsit i la contaminació

Per causa de la contaminació i de la congestió de l'espai urbà, **l'automòbil s'ha convertit en un problema per a les grans ciutats**. Així, algunes ciutats promouen l'ús del transport públic i de mitjans de transport nets com la bicicleta. Barcelona ha estat una ciutat pionera i compta actualment amb una xarxa de més de 230 km de carrils bici.

Tanmateix, el cotxe no és l'única font de contaminació: les calefaccions, les fàbriques, els creuers o els aeroports són elements altament contaminants.

6.3. Els residus

Les ciutats generen una enorme quantitat de residus. Es calcula que cada ciutadà espanyol genera un quilogram d'escombraries cada dia, és a dir que a tot l'Estat es generen un total de 13 milions de tones anuals

6 Proposar solucions i canvis: contaminació, atur, descontentament...

A la tasca anterior havies de donar solució a diversos problemes i demandes dels teus ciutadans. Les solucions i canvis que has previst han donat resposta a aquestes demandes? Has pogut solucionar problemes tan importants com la contaminació, l'atur o el descontentament?

- Com és la teva ciutat pel que fa a la contaminació? Quines decisions t'han portat a aquesta situació?
- I els llocs de treball? Quina és la incidència dels alcaldes en aquesta qüestió, més enllà dels treballadors públics?
- Quines altres raons de descontentament hi ha entre els ciutadans? Com hi has donat resposta?

Anota totes aquestes reflexions al teu informe i canvia-hi allò que creguis convenient. Encara hi ets a temps.

de residus urbans. L'impacte ecològic d'aquests residus és importantíssim i el seu tractament, enormement car.

Els ciutadans poden contribuir a reduir aquest impacte amb recollida selectiva i un consum més responsable respecte dels envasos o del menjar que es llença. Amb tot, calen polítiques generals més ambicioses per solucionar el problema.

6.4. Marginalitat i desigualtat

Les ciutats generen forts **desequilibris socials** que es tradueixen en marginació i bosses de pobresa, especialment en certs espais, com els suburbis. Aquestes zones concentren problemes com ara l'atur –en particular, juvenil–, o la manca de recursos i oportunitats. Ocasionalment, aquesta situació pot generar episodis de violència i delinqüència.

6.5. L'habitatge

L'accés a un habitatge en condicions acceptables s'ha convertit en un problema greu en algunes ciutats. Els lloguers desorbitats o els preus elevats de compra fan que, actualment, col·lectius com ara les persones en una situació socioeconòmica difícil o els joves que cerquen el seu primer habitatge tinguin **veritables dificultats per trobar un lloc per viure**.

Factors com la crisi econòmica de 2009 o el turisme han agreujat tant el problema a certes ciutats que han convertit l'habitatge en un bé inaccessible per als seus propis pobladors.

6.6. Els equipaments

Són els elements (hospitals, escoles, biblioteques...) necessaris perquè les ciutats compleixin les seves funcions. Tot sovint, la seva distribució presenta **forts desequilibris entre barris**, especialment a les ciutats dels països pobres, que tenen pocs equipaments distribuïts de manera poc equilibrada.

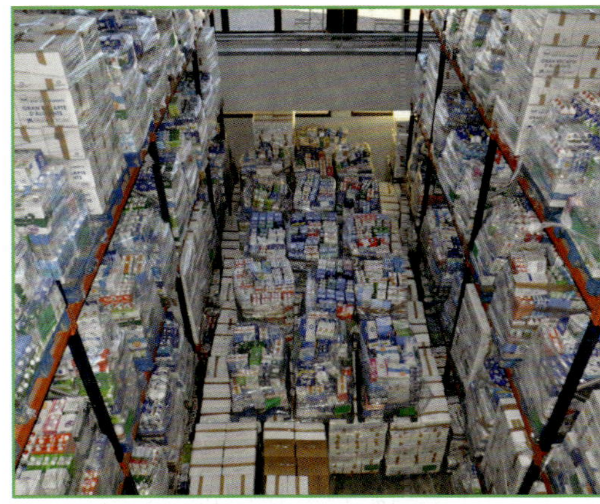

Iniciatives com El Gran Recapte, destinades a proveir d'aliments la gent necessitada, esdevenen cada cop més necessàries davant les desigualtats socials derivades de la crisi econòmica del 2008. A les imatges, magatzem de la fundació del Banc dels Aliments i donació de queviures en un mercat municipal.

La llei de les tres erres

La llei de les tres erres o 3R és una proposta sobre hàbits de consum que va popularitzar l'organització Greenpeace per fomentar la reducció de residus i el consum responsable. Molts països i organitzacions internacionals van fer seva aquesta doctrina davant el creixement imparable dels residus generats per les ciutats de tot el món. Es tracta d'una estratègia fonamentada en l'ordre de prioritats:

- Reduir la generació de residus, sempre que sigui possible.
- Reutilitzar un residu per tal de donar-li una segona vida útil.
- Reciclar, com a última opció, en cas que no es pugui reutilitzar.

Activitats finals

▶ 1. Treballa un concepte: la ciutat eficient

Llegeix el text i respon les qüestions següents:

La ciutat eficient

L'expressió *ciutat eficient* és una traducció del terme anglès *smart city*, que també es pot traduir com a 'ciutat intel·ligent'. El seu desenvolupament urbà es basa en la sostenibilitat i en l'aprofitament de les TIC, amb la finalitat de respondre millor a les necessitats de la ciutadania. En general, es pot definir una ciutat intel·ligent com aquella en què l'activitat urbana (capital social i humà, comunicacions, infraestructures, etc.) conviu amb un desenvolupament sostenible, fent un ús racional de les TIC. Això dona lloc a una major qualitat de vida, a una gestió prudent dels recursos naturals i a una major participació i compromís dels ciutadans.

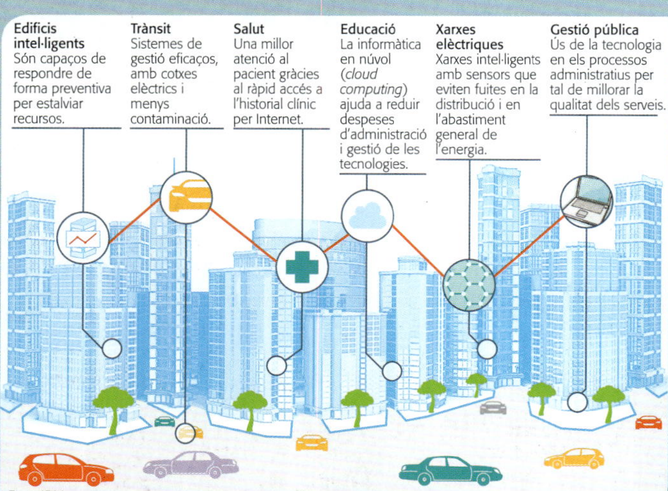

Font: IBM.

a) Defineix amb les teves paraules el concepte de ciutat eficient.

b) Com poden les TIC millorar la vida de les persones en una ciutat?

c) Cerca un exemple concret en què una aplicació mòbil, o qualsevol tipus d'ús de les tecnologies de la informació, faci més eficient i habitable una ciutat.

▶ 2. Compara diferents mitjans de transport

Observa el quadre i anota en quines categories és més eficient cadascun dels mitjans de transport. Intenta ampliar el quadre amb altres mitjans de transport urbans com ara la moto, la bicicleta o el patinet elèctric.

Quadre comparatiu entre el cotxe, el metro i l'autobús

Densitat de connexions	**alta** (molt alta si les línies es ramifiquen adequadament)	**mitjana** (pot ser bastant alta si la xarxa de línies és densa)	**molt alta** (amb la limitació de l'escassetat de places d'aparcament)
Velocitat mitjana	**mitjana o baixa** (els carrers acostumen a estar col·lapsats pels vehicles privats)	**alta** (disposa d'un carril subterrani que no comparteix amb ningú)	**molt baixa** (no més de 15 km/h a les grans ciutats)
Capacitat	**alta** (presenta problemes d'aglomeració a les hores punta)	**molt alta** (pot arribar a l'aglomeració a les hores punta)	**molt baixa** (1,3 passatgers per vehicle de mitjana)
Consum d'energia per passatger	**baixa** (possibilitat d'ús de combustibles de baixa emissió en la flota d'autobusos)	**baixa** (energia elèctrica, no contaminant en el punt de consum)	**molt alta** (alta emissió de contaminants en el cas de vehicles sense catalitzador)

▶ 3. Analitza fonts diverses

Àsia és el continent més poblat del món i el que concentra una densitat de població més gran, amb importants aglomeracions urbanes en ple creixement.

La globalització ha afectat amb més força el món en desenvolupament, i les grans ciutats del Sud són els espais que reflecteixen millor els efectes negatius d'aquest procés global. N'és un exemple clar el de Bombai, la ciutat més poblada de l'Índia, que aviat serà el país més poblat del món.

Amb una àrea metropolitana de més de 21 milions d'habitants, Bombai és una ciutat on la riquesa i la pobresa conviuen gairebé de manera natural. És un centre financer, tecnològic i econòmic que intenta fer-se un lloc als circuits mundials. De fet, els estudis apunten que actualment ja és una ciutat global, en la qual viuen algunes de les persones més riques d'Àsia, com Mukesh Ambani, amb una fortuna de 27 000 milions de dòlars, i en la qual, alhora, el 60 % dels ciutadans viuen en situació d'extrema pobresa, sense accés a aigua corrent, llum o gas. Aquestes persones, més que habitants, són supervivents. És habitual veure nens recollint escombraries dels abocadors que es formen dins dels barris més pobres. La gran majoria de la població viu en barriades informals, els anomenats *slums*, on no hi ha cap mena de servei públic. [...]

La zona sud de Bombai és on viuen les persones més riques i on hi ha les seus de les grans empreses. Allà, l'home més ric de l'Índia, Mukesh Ambani, accionista principal del grup Reliance Industries, s'ha gastat uns 1 000 milions de dòlars en la seva nova casa, la torre Antilia.

Per trobar algunes de les llars més empobrides del món no cal allunyar-se gaire d'aquesta torre. A pocs quilòmetres al nord de la residència del Sr. Ambani hi ha la barriada de Dharavi, l'*slum* més gran de l'Àsia.

Font: <http://www.elordenmundial.com> (2014).

a) Quines són les principals aglomeracions urbanes que figuren en el mapa? Quins estats concentren la major part d'aquestes aglomeracions?

b) Quines són les zones més densament poblades del continent?

c) Hi ha alguna correspondència entre zones més densament poblades i grans aglomeracions urbanes? Quina?

d) Enumera els problemes que, segons el text, afecten la ciutat de Bombai.

e) Explica la teva opinió sobre dos dels temes que esmenta el text, els suburbis de barraques i la contaminació atmosfèrica, i proposa mesures per tal de millorar la situació.

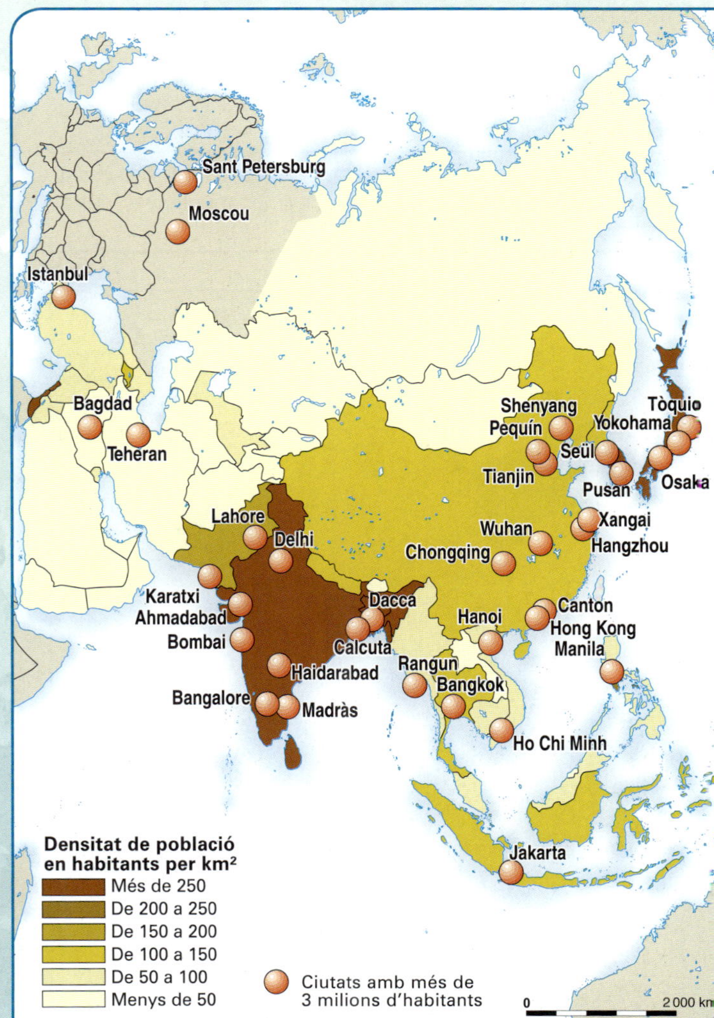

▶ 4. Comenta un plànol urbà

Comenta el plànol de Sabadell seguint el guió següent:

Comentari d'un plànol urbà
1. L'escala: cal tenir en compte les dimensions del plànol i el seu nivell de detall. Això s'aconsegueix amb l'escala. Recorda que a primer vas estudiar l'escala i que com més gran és més nivell de detall té un mapa. Per exemple, una escala 1:20 000 significa que 1 cm en el plànol representa 20 000 cm de la realitat. Generalment, els plànols representen una superfície més petita que els mapes i, per tant, la seva escala sol ser més gran.
2. La llegenda: cal examinar amb atenció els elements de la llegenda, ja que ens expliquen el significat dels símbols que apareixen al mapa.
3. El traçat de carrers i vies d'accés: la disposició et proporciona informació sobre el creixement de la ciutat. Els carrers es disposen en forma de quadrícula o en forma radial partint d'un centre? Hi ha algun nucli antic de traçat irregular? O alguna perifèria o eixample?
4. La diversitat d'espais: si el plànol ho permet, distingeix l'ús dels diferents espais: recreatius, zones verdes, esportius, zones comercials, industrials, universitaris. Quines són les vies de circulació? S'hi veuen diferents sistemes de transport? A un nivell més detallat, es pot comentar l'existència i la funció d'algun edifici singular o d'algun monument rellevant.
5. Els límits: finalment, si el plànol ho permet, descriu si la ciutat està limitada per algun accident geogràfic (mar, muntanyes, rius...) i si té possibilitats de creixement.

▶ 5. Sintetitza la informació

Copia a la llibreta un quadre com aquest i assenyala quines de les característiques de l'actual revolució urbana que hi figuren corresponen als països desenvolupats i quines als països en desenvolupament:

Característiques	**Països desenvolupats**	**Països en desenvolupament**
El fort creixement de les ciutats es produeix, en general, d'una manera desordenada.		
Conserven encara una població rural molt important.		
La taxa de creixement urbà disminueix respecte a èpoques anteriors.		
Apleguen el 35 % de la població urbana de tot el món.		
Es caracteritzen pel fet de patir una veritable «explosió urbana».		
El ràpid creixement de les ciutats ha anat acompanyat de fenòmens com els assentaments il·legals i el barraquisme.		

Aglomeracions en un carrer a la ciutat de Delhi, a l'Índia.

Activitats d'ampliació de contingut.

El que cal recordar

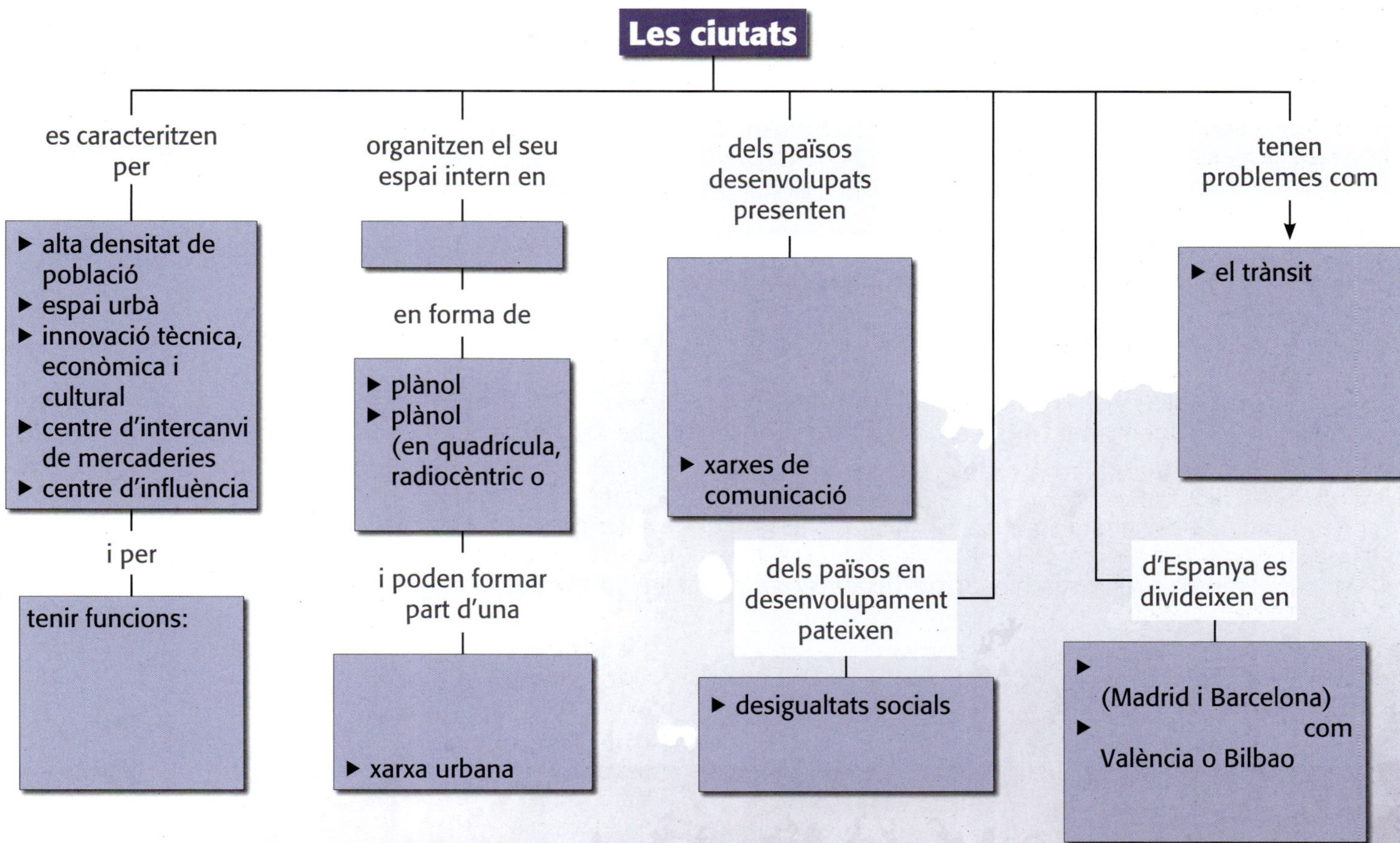

▶ Copia el mapa conceptual en un full a part i completa'l amb els conceptes que hi falten. En acabat, el pots fer servir per estudiar.

Autoavalua els teus coneixements de la unitat.

Competències en acció

7 Presentar la nostra ciutat. Elaboració del registre i el resum

Al llarg del repte has dut un registre de les diferents polítiques municipals per les quals has optat. Completa aquest registre amb la situació final de la teva ciutat: població total, situació laboral, serveis, càrrega fiscal, diferències entre barris, transports, etc.

Recull totes les dades i imatges que consideris oportunes i elabora una presentació. No oblidis incloure-hi:

- Com vas començar la planificació de la ciutat.
- Quins problemes han sorgit al llarg del seu creixement.
- Quins canvis i solucions t'has vist obligat a adoptar per solucionar aquests problemes: has hagut de demanar un crèdit en algun moment? Com ha afectat les finances de l'Ajuntament? I la vida dels ciutadans? Has optat per energies més netes? O més contaminants? Explica'n el perquè.
- Per acabar, si ara tornessis a jugar, què faries de diferent? I què faries de la mateixa manera?

Quan presentis l'informe final pensa que també el valoraran els teus companys en la coavaluació.

8 Valorar el repte realitzat

Autoavaluació

Per tal d'avaluar la teva pròpia feina en la creació de la ciutat, fes servir el recurs «Autoavaluació de la ciutat».

Indicadors	Valoració			
	NA (1)	AS (2)	AN (3)	AE (4)
He fet una bona planificació inicial i una distribució d'espais ordenada.				
He tingut en compte les fonts d'energia a utilitzar.				
He proporcionat serveis adequats als ciutadans.				
La càrrega fiscal ha estat equilibrada i proporcional als serveis subministrats.				
He dut a terme un recull de les dades i decisions més importants de manera continuada.				
He presentat de forma clara, completa i sintètica les dades de la ciutat.				

Coavaluació

Per tal d'avaluar el grau d'acompliment del repte, valoreu de l'1 al 4 el grau de satisfacció que tindríeu en cas que visquéssiu a les ciutats dissenyades pels vostres companys. 1 seria molt dolent i 4 molt bo. Feu-ho individualment a partir del recurs «Coavaluació de la ciutat».

Indicadors	Ciutat
Possibilitat de tenir feina.	
Accés a l'habitatge.	
Igualtat.	
Transport públic.	
Contaminació.	
Serveis bàsics (seguretat, escoles, hospitals...).	
Parcs i equipaments d'oci i lleure.	
Relació impostos-serveis.	

5. Un món divers i canviant

El nostre planeta es caracteritza per l'existència d'una gran diversitat humana. En aquesta unitat estudiarem la complexitat cultural i social del món d'avui, i coneixerem el concepte de cultura i les grans àrees culturals del planeta. També ens aproximarem a les diferents religions, veurem els grans canvis produïts en tots els camps de la ciència i de la tecnologia i, finalment, ens acostarem a algunes situacions problemàtiques que es viuen arreu del planeta i a diverses maneres de fer-hi front.

El repte

Entrevistar un polític

Quins són els grans reptes del segle XXI? Estem preparats per fer-hi front? I els nostres polítics, coneixen aquests reptes? Com pensen enfrontar-s'hi? Reflecteixen aquest tema els seus programes electorals o potser només envien missatges sense contingut?

En aquest repte proposem que **entrevisteu un polític** sobre els temes que ens han de preocupar de cara al futur. Per tal de fer-ho, haureu de triar un polític de qualsevol àmbit (municipal, nacional, internacional...) a qui adreçar les vostres qüestions. Per preparar l'entrevista, haureu d'estudiar en aquesta unitat quins són aquests reptes, així com aprofitar allò que heu après a les unitats anteriors.

3 **Triar el polític entrevistat**

2 **Esbrinar els reptes clau del segle XXI**

1 **Estudiar els nostres polítics**

4 Estudiar entrevistes

5 Redactar l'entrevista

6 Enviar l'entrevista

7 Valorar el repte realitzat

Termes clau

- diversitat cultural
- creences
- astrofísica
- informàtica
- biotecnologia
- drets humans
- àrees culturals
- religió
- astronàutica
- Internet
- ADN
- ONG
- nova revolució industrial
- robòtica
- deslocalització

Les paraules clau en imatges.

1. Cultura, llengua i religió

L'aculturació

Les cultures no estan aïllades, sinó que estan en contacte permanent. És per això que molts elements culturals passen d'una comunitat a una altra. La cultura d'una determinada col·lectivitat s'enriqueix cada dia amb noves aportacions d'altres cultures. Aquest fenomen de canvi produït pel contacte entre cultures es denomina *aculturació*.

Holi, la festa dels colors índia, a Barcelona l'abril del 2014. Les tradicions índies atreuen molta gent jove dels països occidentals.

1.1. La cultura i la diversitat cultural

La cultura és un tret característic dels éssers humans i consisteix en el conjunt de comportaments, coneixements, formes de vida, pensament i organització compartits per un grup d'individus. La cultura d'un poble es configura al llarg del temps i s'aprèn, és a dir, **es transmet per aprenentatge** de generació en generació. En definitiva, la cultura dona a una societat unes característiques que la identifiquen i la defineixen.

La **diversitat cultural** és un patrimoni de tota la humanitat. Cal respectar i tenir cura d'aquesta diversitat i no és legítim imposar una cultura sobre una altra de diferent.

1.2. Llengua i cultura

La llengua és un element fonamental de la cultura dels diversos pobles i es defineix com l'eina de comunicació entre individus que els permet desenvolupar aspectes culturals tan importants com l'expressió del pensament, la creació literària o la transmissió del coneixement.

Actualment, es parlen al món unes **set mil llengües diferents** i molts més dialectes. Tanmateix, un 95 % de la població parla alguna de les 260 llengües més utilitzades –el xinès mandarí, l'anglès, el castellà, el rus i l'hindi agrupen el 45 % de la població–, mentre que tan sols un 5 % parla en alguna de les 5 700 llengües restants.

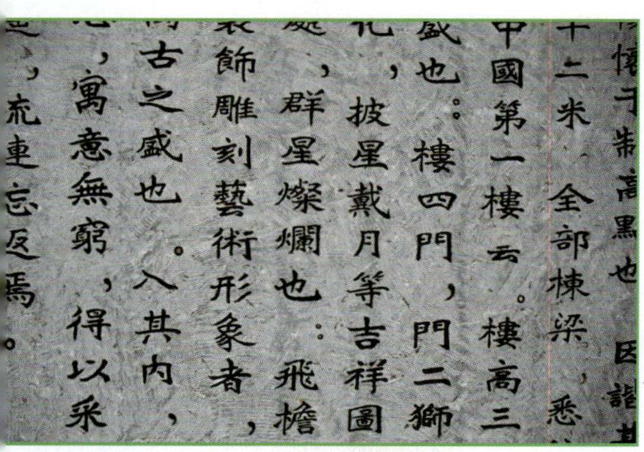

Les llengües són un tret definitori de les cultures. Amb la simple observació d'un alfabet podem deduir a quina cultura pertany.

Les principals llengües en nombre de parlants

	Parlants (milions)*	% de la població mundial	Països on es parla
xinès mandarí	1026	14,2	13
anglès	765	10,6	99
castellà	466	6,5	31
àrab	452	6,3	60
hindi	380	5,3	4
rus	272	3,8	16
bengalí	250	3,5	4
indonesi	250	3,5	3
portuguès	217	3,0	12
japonès	123	1,7	3
francès	118	1,6	51
alemany	111	1,5	18

*Nombre de parlants com a primera i segona llengua.

Aquesta diversitat en el nombre de parlants fa que moltes llengües estiguin en risc de desaparició. Actualment, es calcula que en desapareixeran entre el 50 % i el 90 % durant els pròxims cent anys a causa, sobretot, de la **substitució** per altres llengües majoritàries, sobretot l'anglès.

1.3. Les creences

Les creences constitueixen un altre tret cultural fonamental de les societats. Es defineixen com un conjunt d'idees, concepcions i pensaments sobre el món que s'accepten com a vertaderes en una determinada època o per un grup humà concret, al marge que aquesta veracitat pugui ser demostrada o no. Les religions són una part fonamental de les creences i es caracteritzen per tenir un dogma (allò que s'ha de creure), una moral (com s'han de comportar els creients) i una litúrgia (conjunt de rituals i pregàries).

En referència a les religions, les persones es poden agrupar en diversos grups:

- Teistes: creuen en l'existència d'un déu o ésser suprem (monoteistes) o de diversos (politeistes).
- Agnòstics: consideren que no es pot arribar a conèixer Déu mitjançant la raó i, per tant, no en neguen ni n'afirmen l'existència.
- Ateus: neguen l'existència de cap ésser superior.

Les religions

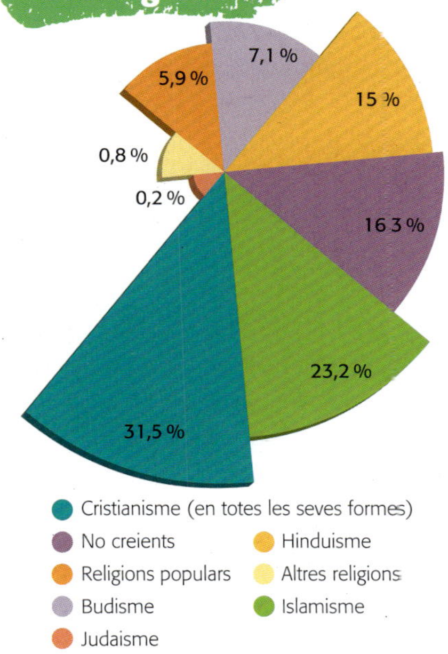

Font: PRC, 2015

Estudiar els nostres polítics

La política té molts àmbits d'actuació i hi ha polítics que treballen per a diferents administracions. N'hi ha que es dediquen a la política local (viles, ciutats...), altres ho fan en àmbits regionals (comarques, comunitats autònomes...) i n'hi ha que actuen en administracions estatals i internacionals.

Aquests àmbits d'actuació defineixen les responsabilitats i possibilitats d'actuació dels polítics i són diferents en cada cas. Per tal de triar el polític que hauràs d'entrevistar, primer hauràs de pensar en quines preguntes li voldràs fer, i aquestes s'hauran d'ajustar a la seva tasca i a les seves responsabilitats.

Agrupeu-vos en petit grup, feu una llista dels polítics que coneixeu i definiu en quin àmbit exerceixen les seves funcions. Podeu demanar ajuda a casa.

CS

1. Llegeix la definició de la paraula *aculturació* de la pàgina anterior i defineix-la amb les teves paraules. Busca algun exemple d'*aculturació* a la teva vida quotidiana.

2. Per què el castellà és idioma oficial a molts països d'Amèrica Llatina? I per què el francès, l'anglès i el portuguès ho són a altres països d'Amèrica, però també d'Àfrica?

3. Anota anònimament en un paper si creus en alguna religió o no. Introdueix el paper en una urna juntament amb el dels teus companys. En acabat, calculeu el percentatge de creients i no creients de la classe i compareu-lo amb el del llibre. Les dades s'assemblen? No? Per què penses que passa això? Comenteu els resultats.

2. Àrees culturals i societats del món

Cultura occidental
Substrat cultural: es tracta d'un àmbit tradicionalment judeocristià. Durant els últims temps la immigració ha fet augmentar la diversitat religiosa a Europa. Algunes regions del Pacífic o de Nord-amèrica conserven minories ètniques anteriors a la colonització europea.

Economia i política: es tracta fonamentalment d'economies desenvolupades amb un alt grau de protecció estatal (estat del benestar) a Europa i amb una economia més liberal i amb menys pressió fiscal a Amèrica del Nord. La majoria de països occidentals són democràcies amb diferent grau de consolidació.

Reptes: la integració dels immigrants, la discriminació de minories racials en indrets com els EUA o Austràlia, la gestió dels recursos i els residus, la dependència del petroli, l'envelliment de la població o els canvis en el món laboral.

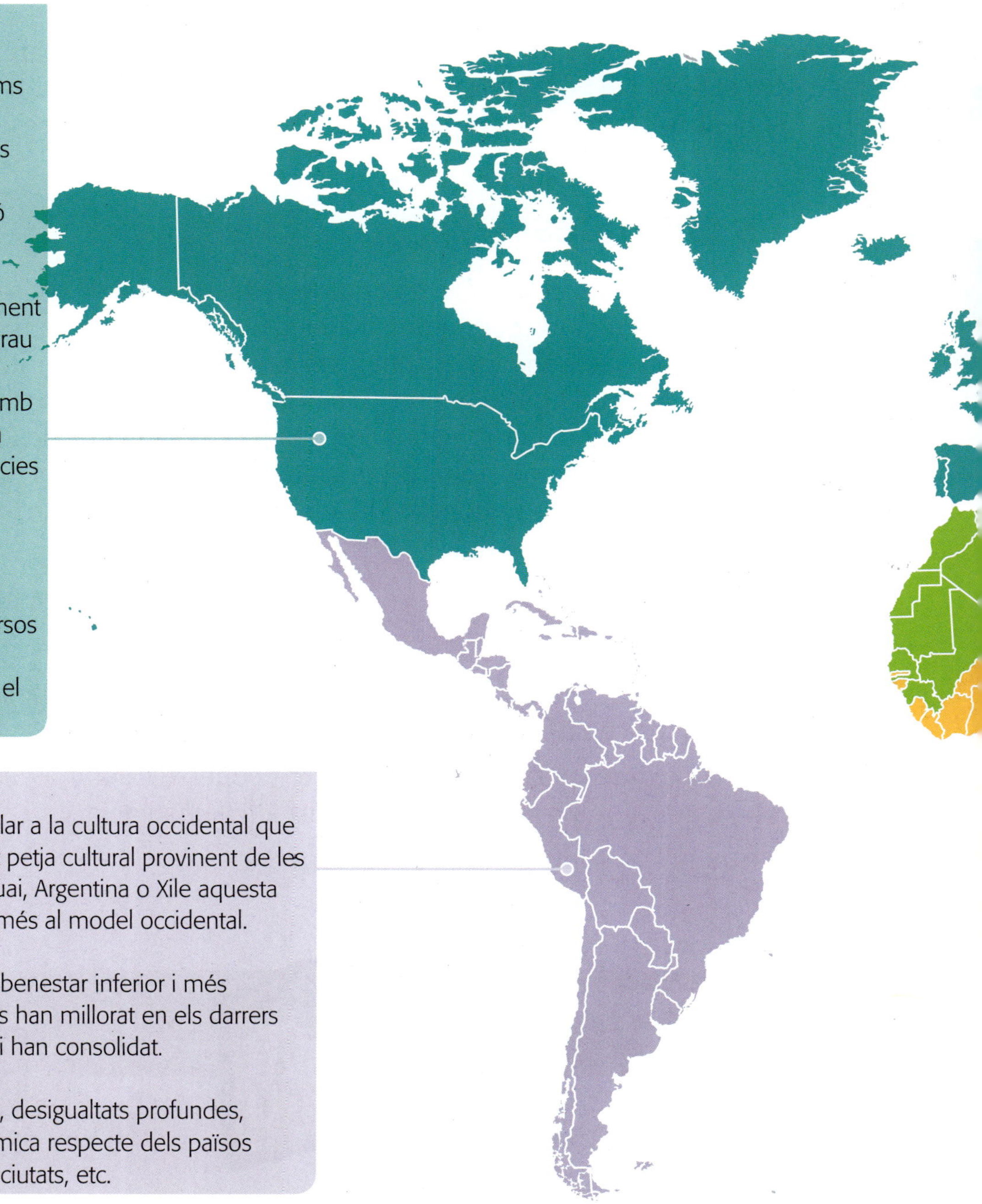

Amèrica Llatina
Substrat cultural: es tracta d'un àmbit similar a la cultura occidental que en algunes regions conserva una important petja cultural provinent de les comunitats indígenes. En països com Uruguai, Argentina o Xile aquesta petja és menor i les societats s'assemblen més al model occidental.

Economia i política: presenta un nivell de benestar inferior i més inestabilitat política, tot i que tots dos factors han millorat en els darrers decennis. Políticament, les democràcies s'hi han consolidat.

Reptes: comunitats indígenes maltractades, desigualtats profundes, violència i inseguretat, dependència econòmica respecte dels països occidentals, creixement poc ordenat de les ciutats, etc.

CS

1. Cerca una manifestació cultural de cadascuna de les àrees culturals del món i relaciona-la amb una imatge que trobis a la xarxa. Assenyala a quina característica d'aquella àrea es correspon.
2. Quins són els pilars bàsics de l'estat del benestar? Pregunta al teu entorn, entre persones més grans, com s'ha notat la crisi iniciada el 2008 en referència a l'estat del benestar. Anota'n dos exemples concrets.
3. Quines han estat les causes històriques del fort mestissatge que existeix al continent americà?
4. Cerca dues imatges que parlin dels contrastos a Àsia. Poden ser dintre d'un mateix país o entre països. Fes una breu explicació del que s'hi veu.
5. Quins són els reptes d'Àfrica? Quants tenen a veure amb accions que ara, o abans a la història, hi han dut a terme països europeus o desenvolupats?

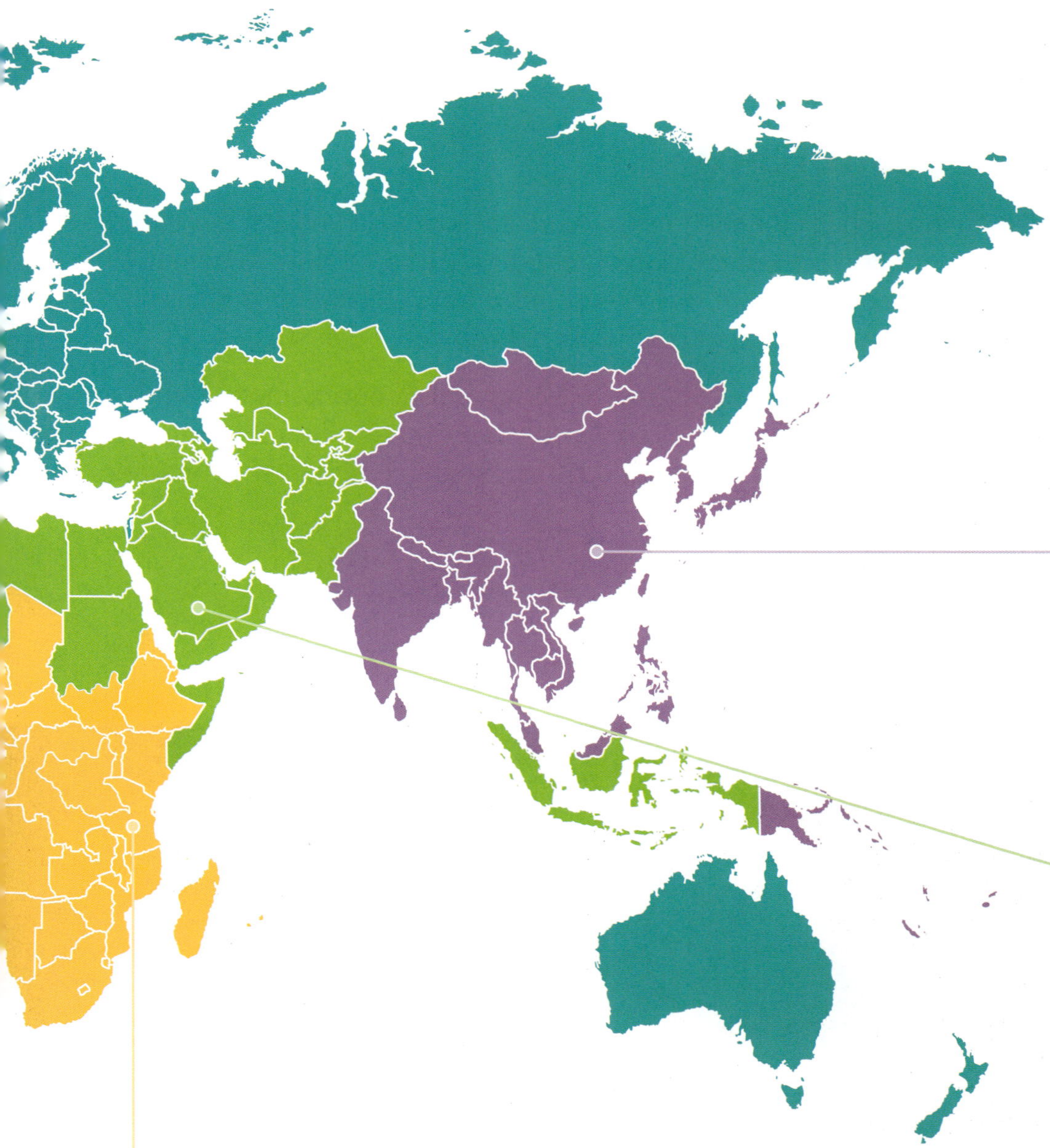

Àsia del sud i de l'est

Substrat cultural: conviuen i s'hi barregen diverses tradicions i religions de molts segles d'antiguitat com l'hinduisme o la cultura xinesa.

Economia i política: presenta situacions molt desiguals. Democràcies consolidades com el Japó conviuen amb règims autoritaris com la Xina o Corea del Nord. Països com la Xina, Corea del Sud o l'Índia presenten alts índexs d'industrialització i de creixement econòmic que conviuen amb enormes bosses de pobresa.

Reptes: desigualtat, inestabilitat política, explotació infantil, contaminació o creixement poc ordenat de les ciutats.

Cultura islàmica

Substrat cultural: es tracta de regions molt diverses amb substrats culturals molt diferents que comparteixen una mateixa religió, l'islam.

Economia i política: en general, es tracta de països en desenvolupament amb economies poc industrialitzades que depenen del turisme o l'agricultura. Hi abunden les democràcies poc consolidades i els règims autoritaris.

Reptes: desigualtat, respecte per les minories religioses, concentració de la població en zones com la costa africana i despoblament de la resta o desenvolupament econòmic.

Cultura africana

Substrat cultural: països i regions de tradició i religions de caire animista que conserven petites comunitats amb trets propis de les societats caçadores-recol·lectores.

Economia i política: la major part dels països es van independitzar de la colonització europea durant la segona part del segle xx, la qual cosa fa que encara hi perdurin situacions d'inestabilitat política o de violència ètnica, conseqüència directa dels antics règims colonials. Una excepció és Sud-àfrica, que va esdevenir una democràcia després de la caiguda del règim de l'apartheid.

Reptes: desigualtat, dependència econòmica respecte de les antigues metròpolis, migració de moltes persones valuoses als països desenvolupats, augment de la temperatura arran del canvi climàtic, manca d'accés als serveis bàsics o inestabilitat política.

3. Les noves fronteres

A la recerca de vida

Un dels darrers camps d'interès en l'exploració espacial és el de la recerca de vida fora de la Terra. Recentment s'han descobert nombrosos exoplanetes amb una composició atmosfèrica i una temperatura molt similars a les de la Terra, de manera que eventualment podrien allotjar vida. A més, alguns astres del sistema solar com els satèl·lits Europa, Tità o Encèlad contenen aigua líquida, un dels elements fonamentals per al desenvolupament de la vida.

La humanitat no ha deixat mai de plantejar-se nous reptes de coneixement. En el passat es van produir els grans descobriments geogràfics i avui les noves fronteres cal situar-les més enllà del nostre planeta i a les seves parts menys conegudes, com el fons marí.

3.1. L'astrofísica

S'anomena així la ciència que aplica els mètodes de la física per estudiar l'origen, la composició i l'evolució de l'Univers i dels astres que el formen. El coneixement que ens proporciona es basa, principalment, en l'anàlisi de les radiacions emeses pels objectes celestes.

L'astrofísica ha permès ampliar els límits del coneixement humà en aquest camp, com la formació del sistema solar, les classificacions d'estels i galàxies, l'estudi de cometes i asteroides o el desenvolupament d'objectes singulars.

L'exploració de l'espai

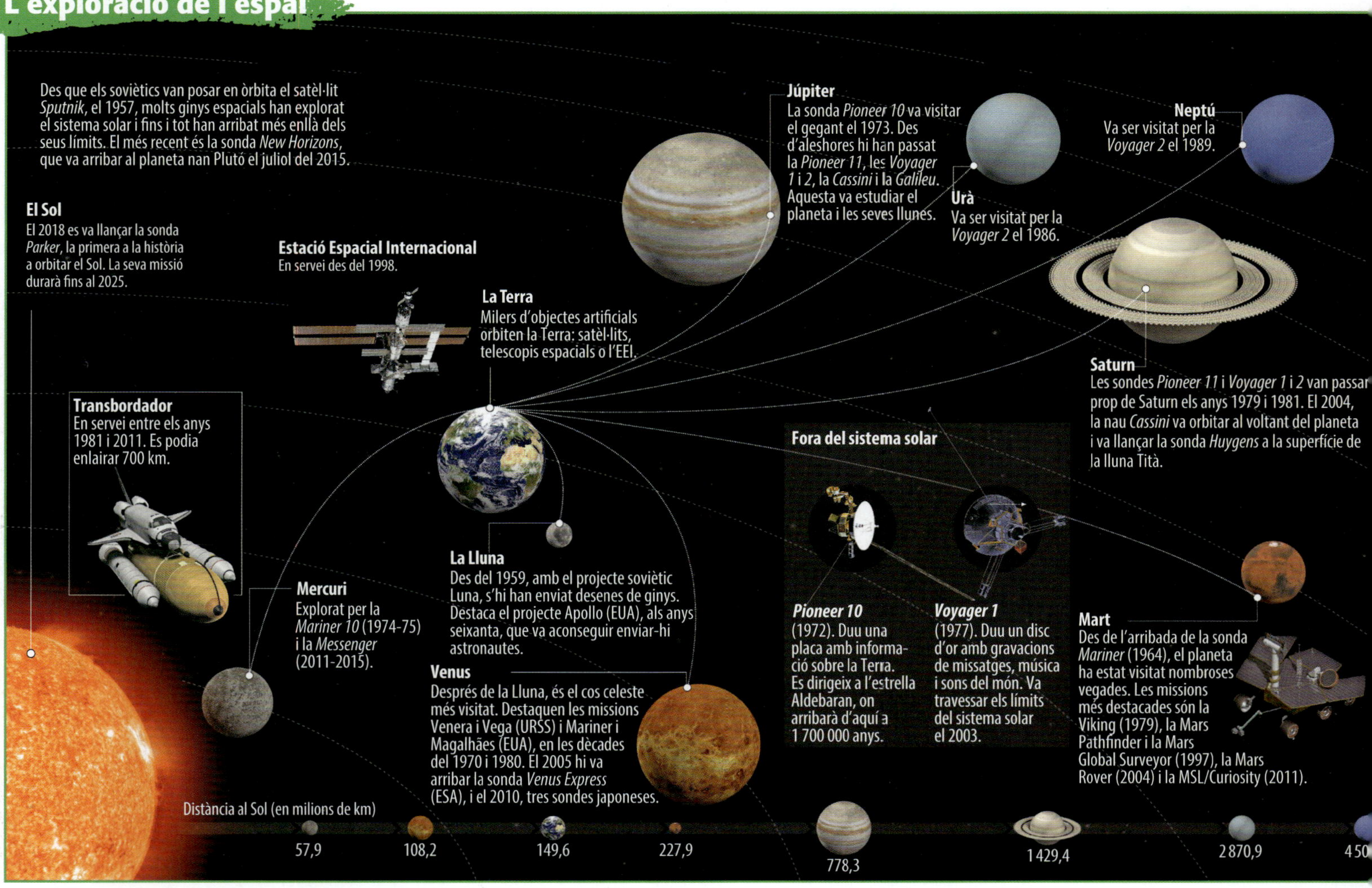

3.2. L'exploració de l'espai

El desenvolupament de l'astronàutica ha possibilitat l'exploració directa del sistema solar. Entre els instruments que ho han fet possible, cal destacar els següents:

- Els coets, que s'utilitzen per col·locar satèl·lits en òrbita. Podem destacar, per exemple els europeus *Ariane*.
- Els transbordadors espacials, ginys que, a diferència dels coets, eren reutilitzables. Van deixar de ser utilitzats el 2011.
- Els satèl·lits artificials. Els més coneguts són els de comunicacions, però també n'hi ha amb finalitats militars i científiques.
- Les sondes no tripulades, que han estudiat els astres del sistema solar com els planetes, satèl·lits i fins i tot cometes per recopilar dades sobre la seva composició, sismologia, meteorologia, gravitació, etc.
- Les estacions orbitals, com l'Estació Espacial Internacional (EEI), fruit d'una cooperació internacional que inclou els Estats Units, el Canadà, Rússia i Europa, que ha permès la presència humana permanent a l'espai.
- Els telescopis espacials que orbiten la Terra, com el *Hubble* o el *Kepler*, que ens han permès, entre altres coses, el descobriment de més de 4000 planetes fora del sistema solar.

CS

1. Esbrina una aplicació pràctica de l'astrofísica i explica en què consisteix.
2. Cerca un objecte de la teva vida quotidiana que s'hagi inventat gràcies a l'exploració espacial, ja sigui perquè s'utilitzi a l'espai o perquè s'hagi investigat a l'espai.
3. El text diu que amb la fosa del gel de l'Àrtic es poden millorar les comunicacions marítimes. Consulta un mapa de l'Àrtic i explica en què consistiria aquesta millora.

3.3. El fons marí

Els mars i els oceans són objecte d'una explotació creixent a causa de la gran quantitat de recursos que contenen. Aquesta explotació intensiva dels recursos marins pot comportar greus problemes mediambientals. A més, el canvi climàtic està provocant que el gel de l'oceà glacial es fongui, la qual cosa implica conseqüències de tota mena: des del fet d'escurçar les comunicacions marítimes fins a la crescuda del nivell del mar.

2 Esbrinar els reptes clau del segle XXI

Al llarg de la unitat i a les unitats anteriors disposes d'informació sobre els grans reptes i problemes del present i del futur.

Quines són les grans preguntes i reptes del segle XXI? Les claus demogràfiques –segons el país o la regió–, la integració de població immigrant, el clima, la desigualtat, la globalització, l'accés a la informació, l'educació, les relacions internacionals...

Reuneix-te amb el grup i feu una llista amb els temes que penseu que poden ser clau per al vostre futur i per al futur de la humanitat en general.

4. Ciència i tècnica

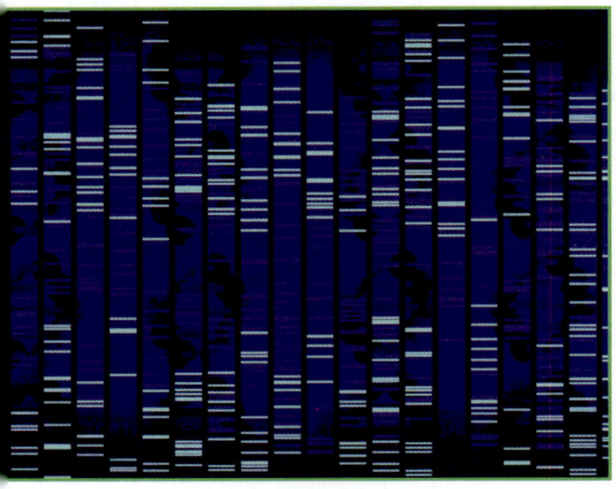

Representació d'una seqüència d'ADN.

Els dilemes ètics dels avenços científics

Els avenços en medicina i biotecnologia plantegen nous reptes ètics i jurídics. Els gens humans poden ser alterats amb la finalitat de guarir malalties hereditàries, però la combinació de manipulacions genètiques i **fecundació in vitro** també pot crear éssers humans amb unes característiques determinades. Tota aquesta nova problemàtica ha donat lloc a la bioètica, que tracta de l'estudi dels problemes creats pel progrés mèdic i biològic.

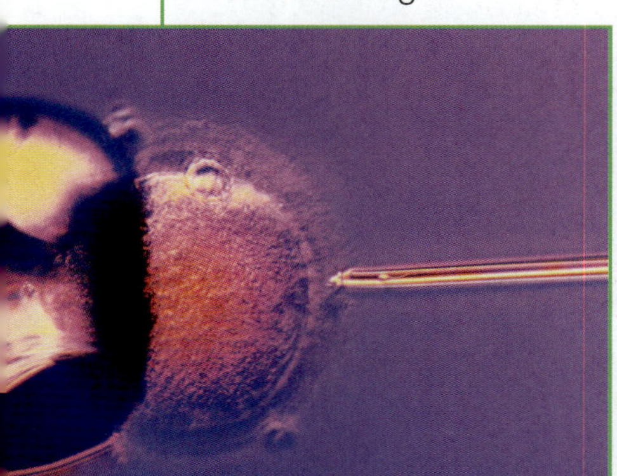

Injecció d'esperma en un òvul en un procés de fecundació in vitro.

4.1. La recerca científica

La recerca científica, que sempre és un **treball en equip**, exigeix una gran inversió de diners, tant en la formació dels científics com en l'equipament dels laboratoris. Amb l'actual crisi econòmica, molts governs han disminuït molt l'aportació econòmica a la recerca. És el cas d'Espanya, que ha vist com els seus científics han hagut de marxar a universitats estrangeres per desenvolupar les seves investigacions.

4.2. Els progressos en la física i la química

La **fissió nuclear** permet obtenir energia o desenvolupar tècniques de diagnòstic mèdic, com la ressonància magnètica nuclear (RMN). Des de fa anys, s'investiga la **fusió nuclear** amb la finalitat d'aconseguir una energia inexhaurible i que no generi residus radioactius.

Pel que fa a la química, destaca l'obtenció de nous materials sintètics, com ara plàstics i ceràmiques, que tenen aplicacions diverses com les pròtesis mèdiques o el revestiment dels transbordadors espacials.

S'han obtingut nous metalls més lleugers i de més plasticitat, i materials superconductors, que no ofereixen resistència al pas de l'electricitat i que es poden aplicar en la fabricació de circuits electrònics.

4.3. Les ciències de la vida

La **biotecnologia** ha obtingut èxits importants com la seqüenciació de l'**ADN** humà, la **clonació** d'éssers vius, el desenvolupament d'hormones i proteïnes que s'utilitzen per fer medicaments o l'obtenció de plantes **transgèniques**.

En el camp de la medicina, la utilització de nous fàrmacs i tècniques, i l'obtenció de substàncies sintètiques com la insulina ha permès allargar la vida humana i millorar la qualitat de vida de les persones. Un dels avenços més destacats ha estat el trasplantament d'òrgans. L'estudi del cervell és

El grafè és un material sintètic cent vegades més resistent que l'acer i molt més lleuger i flexible. Les seves possibilitats d'aplicació en camps com la medicina o l'electrònica són enormes.

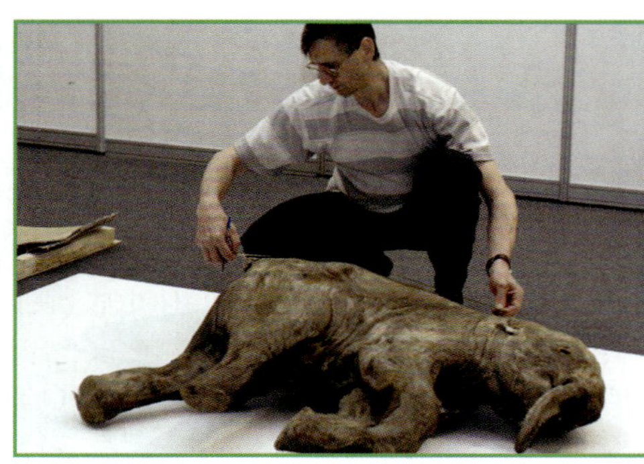

L'any 2012 es va engegar un projecte per clonar el mamut a partir de l'ADN de Liuba, un cadell trobat congelat a Sibèria en molt bon estat de conservació.

un dels reptes de la ciència per als pròxims anys, atès l'impacte de les malalties degeneratives en una població que cada vegada viu més anys.

4.4. La revolució de la informàtica

La **informàtica**, branca de la ciència i la tècnica que tracta de la concepció i de la utilització del processament automàtic de la informació, i la **telemàtica**, o transmissió d'informació computeritzada a llarga distància, i les seves nombroses aplicacions, ha estat una veritable revolució que ha transformat completament la vida quotidiana de les persones. La implantació d'Internet i la ràpida difusió de dispositius com els *smartphones* (telèfons intel·ligents), les tauletes o la televisió per cable i satèl·lit han revolucionat la forma com rebem la informació.

4.5. La robòtica

En els últims anys s'han vist avenços molt importants en la fabricació de robots. Actualment, aquests poden fer moltes de les funcions dels éssers humans en condicions de més eficàcia i seguretat. Per molts estudiosos aquesta és la nova revolució industrial, que suposarà un autèntic repte de futur pel que fa a la regulació laboral i a l'estructuració del treball i del temps d'oci.

CS

1. La disminució dels recursos destinats a la recerca té com a conseqüència la pèrdua de llocs de treball destinats als investigadors. Atès que la formació d'un científic suposa una important despesa per a un país, reflexiona i opina sobre aquest fet. Si un investigador no pot investigar al seu país d'origen, on ho farà? Què suposa això per al seu país?
2. Considerant els progressos que s'estan fent en camps com la biomedicina o la robòtica, la societat no es planteja avui si una cosa es podrà fer, sinó si és convenient fer-la atesos els problemes ètics i socials que es poden generar. És a dir, l'establiment de límits. Informa't sobre el tema i expressa la teva opinió raonada.

3 Triar el polític entrevistat

A partir dels reptes i les qüestions que el vostre grup ha plantejat a la tasca anterior, esbrineu quins dels polítics que vau triar a la primera tasca s'han interessat per aquests temes, com ho han fet i en quin sentit. Pot ser a través d'una intervenció en els mitjans, del programa del seu partit polític, de declaracions que hagin fet... Podeu investigar a les xarxes socials, a la premsa o a la televisió.

En funció del que trobeu, trieu el polític que cregueu que respon millor a aquestes qüestions.

ADN: sigla d'*àcid desoxiribonucleic*. Molècula portadora de la informació genètica dels éssers vius.

clonació: procediment que consisteix a reproduir individus d'una espècie a partir d'una sola cèl·lula d'un altre individu de la mateixa espècie. Els nous éssers són genèticament idèntics al primer.

fecundació in vitro: tècnica que permet fecundar un òvul al laboratori i que ha permès resoldre els problemes d'esterilitat de moltes parelles.

fissió nuclear: divisió del nucli d'un àtom en dues parts, durant la qual s'allibera una gran quantitat d'energia.

fusió nuclear: unió de dos nuclis atòmics, que transforma una part de la seva matèria en grans quantitats de calor.

transgènic: organisme modificat genèticament mitjançant la introducció d'un gen d'una altra espècie per dotar-lo de noves propietats.

i Els primers ordinadors

La informàtica va néixer en els anys de la Segona Guerra Mundial. El matemàtic britànic Alan M. Turing va crear el primer ordinador digital totalment electrònic, que va ser utilitzat amb gran èxit per descodificar els missatges xifrats dels alemanys. Els primers ordinadors eren de grans dimensions i tenien un ús molt restringit, en el camp militar i en les grans empreses. No va ser fins als anys setanta que van aparèixer els primers ordinadors personals.

5. Reptes i sensibilitats actuals

CS

1. Quins són els efectes del canvi climàtic que anuncien els científics? Quines conseqüències de la contaminació coneixes? Esmenta mesures per disminuir la contaminació a escala municipal, a escala estatal i a escala internacional.
2. Posa un exemple d'una situació discriminatòria en el teu entorn i proposa una mesura per solucionar-la. Fes el mateix amb un país en desenvolupament.
3. Quan es va legalitzar el matrimoni entre persones del mateix sexe a Espanya? Quina va ser la primera comunitat autònoma que va legislar unions de parelles de fet del mateix sexe? A quin any? Esbrina en quins anys es van legalitzar aquests matrimonis a la resta d'Europa. Busca també diversos països del món on sigui un delicte ser homosexual i quines penes pot comportar.

En el món actual, les diferents societats han desenvolupat sensibilitats molt diverses entre els ciutadans que les formen. Els drets humans –que veurem a l'apartat següent–, la igualtat de la dona, el medi ambient, la pobresa i la desigualtat, la situació dels refugiats i migrants, la protecció dels animals, l'eutanàsia, els drets de la comunitat LGTBI, el desencant amb les institucions i la política en són exemples.

5.1. Medi ambient i canvi climàtic

Des de fa temps, la comunitat científica adverteix que l'acció humana provoca efectes negatius al planeta a un ritme accelerat. Malgrat els intents de regulació com els protocols de Kyoto, el canvi climàtic és un repte al qual la nostra societat no ha sabut donar resposta. Els països desenvolupats, principals consumidors de recursos i generadors de residus, han estat incapaços de comprometre's a disminuir l'emissió de gasos contaminants, que són un dels principals problemes de salut a les grans ciutats.

Malgrat tot, el missatge dels científics i de les organitzacions ecologistes ha arribat al gruix de la societat, que cada cop està més conscienciada sobre aspectes com el reciclatge, la disminució del consum de carn, la reducció dels plàstics d'un sol ús o la contaminació.

5.2. Les ONG

La resposta a les noves problemàtiques s'ha canalitzat tot sovint a través d'ONG (organitzacions no governamentals), entitats sense ànim de lucre que no depenen de cap govern i es financen a partir de les aportacions dels socis.

En el camp de l'ecologisme podem destacar organitzacions com **Greenpeace** o **WWF**. D'altra banda, la protecció dels drets de les persones centra l'activitat d'ONG com **Creu Roja**, que ofereix assistència als més vulnerables; **Intermón Oxfam** o **Mans Unides**, que treballen per al desenvolupament dels països pobres; **Metges Sense Fronteres**, que ofereix atenció mèdica als països desafavorits; **Amnistia Internacional**, que vetlla per la defensa dels drets humans; **Càritas**, que protegeix els més desafavorits a les societats desenvolupades; **SOS Racisme**, que denuncia les actuacions racistes, o **Open Arms** i **Stop Mare Mortum**, que centren l'activitat en el rescat i protecció dels migrants.

Un voluntari de la Creu Roja ajuda un grup d'immigrants arribats al port de Santa Cruz de Tenerife.

5.3. La lluita per la igualtat

Els països desenvolupats han fet importants progressos per la **igualtat de la dona**, com l'accés als estudis superiors i al mercat de treball, de manera que avui dia les dones tenen una posició fonamental en camps tan importants com ara la sanitat, l'ensenyament i la judicatura. Tanmateix, les dones encara pateixen greus problemes com la bretxa salarial, la limitació d'accés a càrrecs de responsabilitat a les empreses o a la universitat i la xacra de la violència masclista. Aquests problemes s'agreugen a les regions en desenvolupament, on, malgrat els progressos que es donen a molts països, la dona encara resta discriminada en tots els àmbits de la vida.

Una situació similar podem descriure respecte dels **drets i llibertats del col·lectiu LGTBI**, que progressivament es veuen reconeguts en la legislació i les polítiques dels països desenvolupats gràcies a la lluita d'entitats i ONG, però que encara són objecte de discriminació i d'una forta repressió a la majoria de regions en desenvolupament.

Manifestació a favor dels drets dels immigrants organitzada per SOS Racisme.

Entre el 1996 i el 2001, el règim dels talibans va obligar les dones a dur el burka i a abandonar qualsevol activitat laboral o de formació. Aquestes mesures es mantenen avui a gran part del país.

Concentració del Dia Internacional de la Dona a Barcelona. Tot sovint, els moviments feministes estan vinculats a organitzacions, partits i sindicats d'esquerres. En aquest cas, el lema feminista es mescla amb l'anticapitalisme.

4 Estudiar entrevistes

Ara que ja sabeu quin polític entrevistareu, és el moment que comenceu a preparar les preguntes de l'entrevista. Abans de fer-ho, us haureu de familiaritzar amb aquest gènere periodístic. La millor manera de fer-ho és que busqueu entrevistes i vegeu com ho fan els professionals. Podeu triar diverses opcions entre la ràdio, la televisió o la premsa.

Llegiu-ne o mireu-ne algunes, preneu nota i observeu com els periodistes s'han preparat abans les preguntes. El mateix haureu de fer vosaltres tenint present els temes i les problemàtiques que vau recopilar a la tasca 2.

6. Els drets humans

La pena de mort continua enquistada al món

Determinar el nombre i els països que han aplicat la pena de mort no és tasca fàcil. No tots els països ofereixen aquestes dades, i en molts indrets es donen execucions extrajudicials que no apareixen a les xifres oficials. Segons el darrer informe anual d'Amnistia Internacional, l'any 2017 es van practicar a tot el món 993 execucions a 23 països. Aquesta xifra no inclou les execucions practicades a la Xina (que podrien superar el miler), ja que el país manté aquestes dades com un secret d'estat. L'Iran, amb 507 execucions, l'Aràbia Saudí, amb 146 i l'Iraq, amb 125 són els països que encapçalen la llista, després de la Xina.

A l'apartat anterior vam enumerar tot un seguit de canvis en la sensibilitat de la societat cap a temes diversos. Un d'aquests canvis ha estat el de l'adopció dels drets humans en la legislació de gran part dels països del món. Els drets humans són aquells drets naturals que l'ésser humà posseeix pel simple fet de ser-ho i que ningú no hauria de vulnerar. Tanmateix, aquesta adopció és un fet recent i no exempt de dificultats i excepcions.

6.1. Un reconeixement tardà

El reconeixement legal de l'existència dels drets humans és relativament recent. No va ser fins a finals del segle XVII que el Parlament anglès aprovà la Declaració de Drets (*Bill of Rights*), que posteriorment el filòsof anglès John Locke va teoritzar per escrit en el seu assaig *Tractat sobre el govern civil* (1690).

La primera veritable declaració de drets que es va aprovar va ser la de Virgínia (1776), en la qual, per primera vegada, es deia que tots els homes eren per naturalesa lliures i independents, i que gaudien d'uns drets inherents a la seva condició humana que ningú no els podia arrabassar.

Poc després, el 26 d'agost de 1789, en plena Revolució Francesa, l'Assemblea Nacional francesa va aprovar la Declaració dels Drets de l'Home i del Ciutadà.

Cal dir, però, que aquestes declaracions eren molt incompletes i no parlaven en absolut dels drets de les dones, ni dels esclaus, ni reconeixien drets tan bàsics i fonamentals com el dret a la sanitat i a l'ensenyament.

6.2. La Declaració Universal dels Drets Humans

La Segona Guerra Mundial va significar la mort de desenes de milions de persones com a conseqüència dels fets d'armes, la fam, la misèria i la persecució política i racial. És per això que, en constituir-se l'**Organització de les Nacions Unides** (1945), un dels seus primers objectius va ser elaborar una declaració de drets vàlida per a tot el món.

Es va crear una comissió i, finalment, la Declaració Universal dels Drets Humans va ser aprovada per l'Assemblea General de l'ONU, reunida a París el 10 de desembre de 1948. Cal dir, però, que no va ser aprovada per unanimitat: 48 estats van votar-hi a favor, cap en contra, i hi hagué 8 abstencions.

La Declaració consta d'un preàmbul i de 30 articles que enuncien els drets; uns quants fan referència als drets individuals, altres als drets de consciència i de religió, i, finalment, un tercer grup es refereix als drets econòmics, socials i culturals de les persones.

Acte d'Amnistia Internacional a Londres per exigir el tancament de la base nord-americana de Guantánamo (Cuba). ONG com Amnistia o Human Rights Watch desenvolupen una intensa tasca en favor dels drets humans arreu del món.

La Declaració es complementa amb diversos tractats internacionals que els països membres de l'ONU han de complir obligatòriament.

6.3. El Consell de Drets Humans

Això no obstant, els drets humans són violats reiteradament a molts llocs del món. És per això que l'any 2006 l'ONU va aprovar la constitució d'un Consell de Drets Humans de les Nacions Unides, encarregat de vetllar perquè el respecte dels drets humans sigui realitat. El Consell està format per 47 membres elegits per l'Assemblea General de les Nacions Unides. Els representants es distribueixen d'acord amb un criteri regional: 13 corresponen a l'Àfrica, 13 a l'Àsia-Pacífic, 8 a l'Amèrica Llatina i el Carib, 7 a l'Europa Occidental i altres grups i 6 a l'Europa Oriental.

De tota manera, el grau de politització del Consell fa que la seva efectivitat sigui molt reduïda.

CS

1. Busca en quins països es va aplicar la pena de mort l'any passat.
2. Elabora un fris cronològic amb les dates fonamentals de l'adopció dels drets humans.
3. Llegeix els articles de la Declaració Universal dels Drets Humans que trobaràs al recurs «Declaració dels Drets Humans». Repartiu-vos els 30 articles entre tota la classe i reescriviu-los amb les vostres paraules de manera que la redacció us sigui clara i entenedora. En acabat, busqueu una notícia que expliqui una vulneració del dret que us ha tocat. Amb tot plegat, elaboreu un mural i exposeu-lo a l'aula o en algun lloc públic del centre.

La pena de mort al món

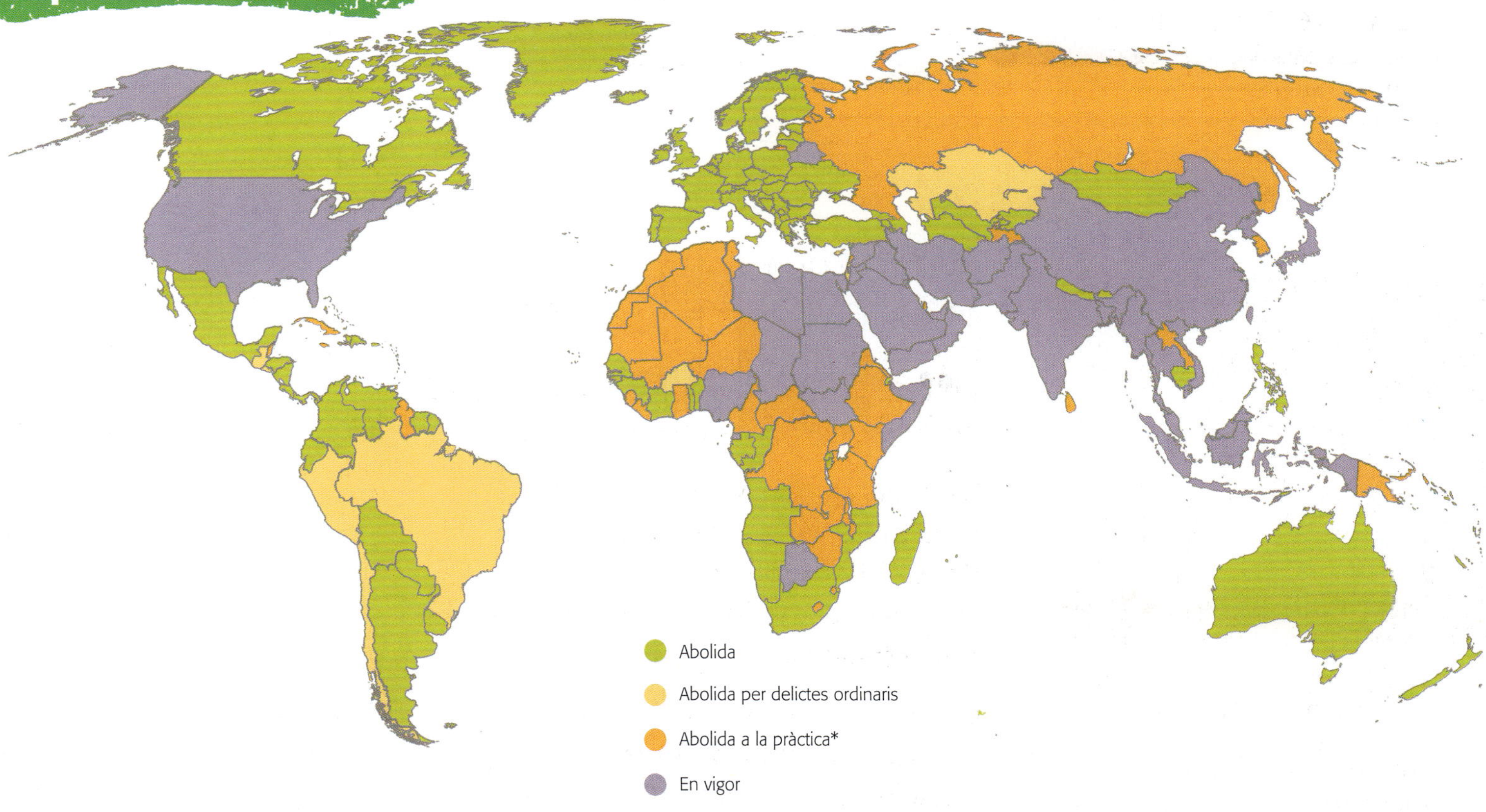

Font: Amnistia Internacional, 2018

*No s'ha executat ningú a la darrera dècada

Activitats finals

▶ 1. Explora les diferents religions

Com hem vist a la unitat, les religions són una de les creences més importants. Existeixen un gran nombre de religions. N'hi ha algunes, però, que apleguen centenars de milions de creients a tot el món. Llegeix els textos i respon les qüestions.

El judaisme

En aquesta religió, Déu (Jahvè) és definit com l'ésser transcendent i sobirà, creador a partir del no-res, sant, just, omniscient i totpoderós. Jahvè i Israel haurien establert un pacte pel qual Déu protegia el poble escollit a canvi d'imposar-li un senyal (circumcisió) i de sotmetre'l a una llei.

El dia setmanal de festa per als jueus és el sàbat, 'dissabte'. El tret més característic d'aquesta festa i d'altres festivitats jueves és la prohibició absoluta de treballar.

Fidels hebraics davant el Mur de les Lamentacions, a Jerusalem.

L'islam
Els pilars de l'islam

1. La professió de fe musulmana (*shahada*): «Només hi ha un déu, Al·là, i Mahoma és el seu profeta».
2. Cal pregar cinc cops al dia en direcció a la Meca (*salat*).
3. L'almoina (*zaka*).
4. El dejuni durant el mes del ramadà (*sawm*).
5. Fer una peregrinació a la Meca, si es pot, un cop a la vida (*hayi*).

La gran mesquita de la Meca és el centre del pelegrinatge islàmic.

El budisme
Les quatre veritats

Aquests principis sagrats apareixen en el Dhammapada, un llibre sagrat budista:

1. Duhkha — Viure és sofriment.
2. Samudaya — El desig provoca sofriment.
3. Nirodha — L'alliberament del desig condueix a la fi del sofriment.
4. Mãrga — L'alliberament es pot obtenir seguint els vuit bons camins del budisme.

Monjos budistes en un temple del Nepal.

El confucianisme

És una religió monoteista en què Shangdi és el Gran Senyor o Déu del Cel, però sobretot és una doctrina filosòfica. Així, no té una dimensió transcendent i els premis i els càstigs pel comportament de les persones es reben en aquesta vida; fins i tot fa dependre la sort dels morts de la conducta dels seus descendents.

El confucianisme exalta la figura de l'emperador fent-lo primer sacerdot, fill i espòs del Cel (yang, o principi actiu de l'Univers), encarregat del culte diví i obligat a donar exemple de virtut i bondat.

Sacerdots confucians en un temple de Corea del Sud.

L'hinduisme
Déus principals

Brahman	realitat absoluta i divina
Vixnu	déu que dona la vida
Xiva	déu del bé i del mal
Sarasvati	deessa de la veritat
Indra	déu de la guerra
Laksmi	deessa de la bellesa
Kali	deessa de la mort
Krishna	heroi i amant

Pelegrins hindús al peu de l'estàtua de Gomateshwara.

El cristianisme

És una religió monoteista fundada per Jesús de Natzaret, que fou crucificat a Jerusalem per les autoritats romanes. El seu llibre sagrat és la Bíblia, formada per l'Antic Testament i el Nou Testament. Els cristians estan dividits en diverses esglésies, entre les quals cal destacar la catòlica, que té com a cap el Papa, o bisbe de Roma; l'ortodoxa, al capdavant de la qual hi ha quinze patriarques; les protestants o evangèliques i l'anglicana, semblant a la catòlica, però que té com a cap la reina d'Anglaterra.

El papa Francesc saluda els fidels a la plaça de Sant Pere del Vaticà.

Principals religions del món

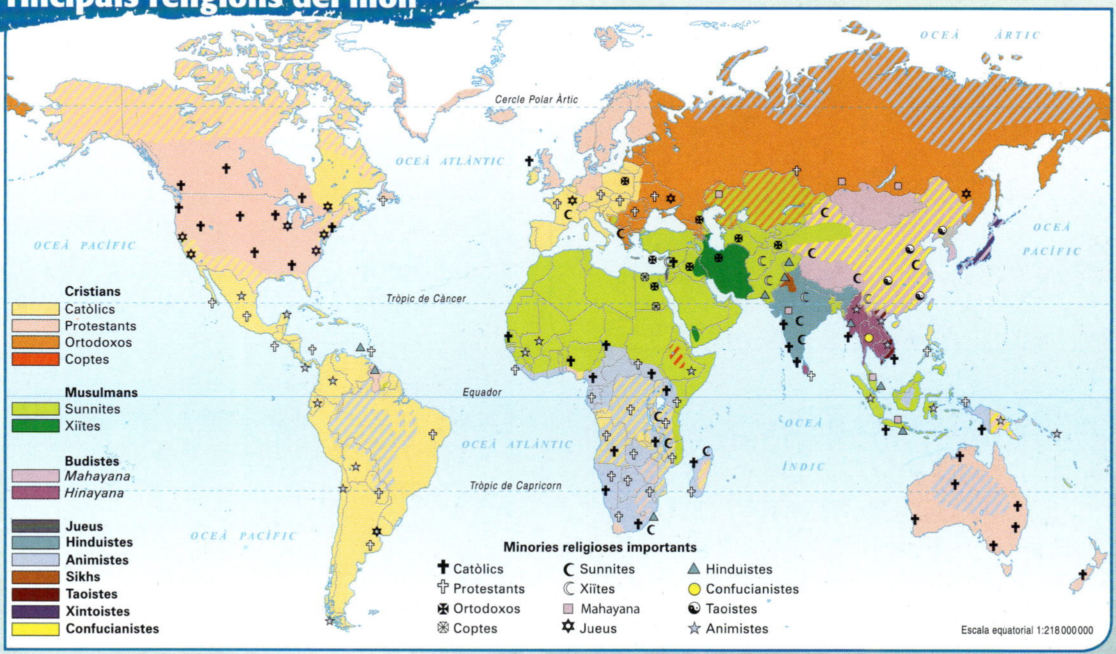

a) De les religions que coneixes, quines són politeistes i quines, monoteistes?

b) Què tenen en comú totes les religions?

c) Quins trets defineixen el judaisme?

d) Quins són els preceptes bàsics de l'islam?

e) Compara les creences i els preceptes del judaisme i de l'islam amb els del cristianisme. Quines semblances i diferències hi trobes?

f) Quines són les quatre veritats del budisme?

g) Explica els trets principals del confucianisme.

▶ 2. Investiga una realitat diferent

Busca informació a Internet sobre el Magrib i respon les qüestions següents:

a) Què és el Magrib? Ordena els estats que en formen part segons la seva extensió territorial i segons la població.

b) Per què la població d'aquests estats es concentra a les regions del nord?

c) Analitza'n els indicadors demogràfics i elabora una composició amb les teves conclusions.

d) Les dues llengües principals que es parlen al Magrib són l'àrab i l'amazic. Quina és la situació legal de cadascuna?

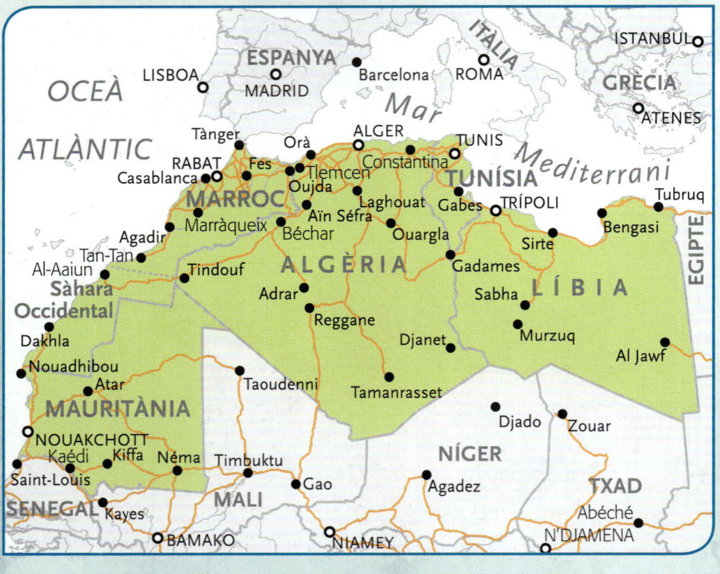

▶ 3. Analitza el text i aprofundeix en la qüestió

Llegeix el text que tens a continuació i respon les preguntes.

Comptar el nombre de desplaçats i de refugiats és una ciència incerta. Segons com es faci el càlcul, la xifra varia de deu a dos-cents milions! Tenint en compte la multiplicació de les causes de desplaçament, les Nacions Unides han de replantejar totalment l'enfocament per redefinir el mandat que li permetria protegir aquesta població sense domicili fix.

L'escenari no canvia. Tant a Ruanda, el juliol de 1973, com a Sri Lanka, el gener de 2009, quan van arribar els grups armats la població va haver de triar entre quedar-se i arriscar la vida o marxar i perdre-ho tot. Durant aquests desplaçaments humans, que requereixen una ajuda urgent en les primeres hores, els civils es troben en un gran perill.

L'Alt Comissionat de les Nacions Unides per als Refugiats (ACNUR), organisme de les Nacions Unides (ONU) encarregat de donar resposta davant les crisis humanitàries, té els mitjans per socórrer 500 000 persones en menys de quaranta-vuit hores: trescents experts en logística i personal sanitari als cinc continents; centenars de milers de cobertes de plàstic, tendes de campanya, flassades, però també camions, naus prefabricades i generadors a punt de ser embarcats en una esquadra de grans transports. L'ACNUR també té el suport del Programa Mundial d'Aliments per a enviaments massius de menjar, i, sobre el terreny, rep l'ajuda de nombroses organitzacions no governamentals (ONG). L'acció humanitària comença amb una carrera contra el rellotge: salvar, curar, alimentar i donar refugi.

Coneixem millor la situació dels refugiats que la dels desplaçats. Obligats a abandonar les seves llars, els segons comparteixen la mateixa destinació que els primers, però sense poder exigir un estatut: són «exiliats en el seu propi país». Els estats es revolten contra la ingerència en els seus assumptes i bloquegen l'accés a aquesta població vulnerable.

Les xifres de desplaçats només recullen els desplaçaments de poblacions vinculades a conflictes, violències o violacions dels drets humans, i ignoren altres causes: grans projectes (preses, centres industrials, plantacions), problemes mediambientals, conseqüències de la liberalització dels intercanvis comercials i de la competència salvatge (camperols arruïnats...).

«Refugiados, desplazados y forzados al exilio» A: *El atlas geopolítico 2010* (reelaboració) *a*) Amb quins mitjans compta l'ACNUR per respondre a les crisis humanitàries?

b) En què es diferencien els refugiats dels desplaçats? Quines causes poden provocar els desplaçaments?

c) Cerca informació a Internet, elabora un mapamundi al teu quadern i senyala-hi les zones del món on hi ha campaments de refugiats.

d) Cerca des de quin any existeixen camps de refugiats al Sàhara Occidental, a Jordània i al Líban.

e) A banda de l'ACNUR cerca almenys dues ONG que intentin millorar la situació de refugiats, desplaçats o migrants.

▶ 4. Reflexiona sobre una realitat propera

A molts països del món les dones no tenen reconeguts els drets humans més elementals. Una de les formes més habituals de menysteniment de la dona a moltes parts del món són els matrimonis forçats.

Els Mossos d'Esquadra han intervingut en quatre casos de matrimonis forçats a les comarques gironines aquest 2012. Un d'aquests casos és el d'una nena de 13 anys, el pare de la qual gestionava l'enllaç. La nena va alertar els serveis socials i la policia va poder actuar i protegir-la.

La menor vivia a les comarques gironines, va patir una desgràcia familiar i aleshores el seu pare, originari del nord d'Àfrica, se la va emportar a França, des d'on estava preparant l'enllaç.

«La nena, a més, patia una situació de violència, i ella mateixa va ser capaç d'alertar els serveis socials d'aquí per demanar ajuda», explica Rosa Negre, cap de la Unitat d'Atenció al Ciutadà dels Mossos d'Esquadra. «El que és important és que la mateixa menor va saber veure que la volien casar i que, com que tenia clar que no havia de viure aquesta situació, va ser capaç de demanar ajuda», relata.

En un altre cas que s'ha pogut destapar, el matrimoni ja s'havia consumat. Mossos i agents socials centren els esforços a fer aflorar aquesta lacra. Desgraciadament el Codi Penal no castiga explícitament aquesta pràctica, i a l'hora d'atacar-la s'ha d'anar per altres vies penals, com les denúncies per amenaces, coaccions i fins i tot agressió sexual.

LaVanguardia.com (8 agost 2012)

a) Resumeix el contingut de la informació periodística.

b) Creus que els matrimonis forçats haurien de ser un delicte? Raona la resposta.

▶ 5. Aprofundeix en un tema

Al llarg de la unitat has pogut llegir que un dels darrers avenços en l'àrea de l'exploració espacial és el descobriment d'exoplanetes. Llegeix la notícia que trobaràs al recurs «Premi Nobel de Física 2019» i respon les qüestions:

a) Resumeix cada paràgraf de la notícia en una sola frase.

b) Quins són els dos avenços científics premiats?

c) Quan es va descobrir el primer planeta extrasolar? Quants se n'han descobert fins a dia d'avui?

d) Reflexiona sobre el fet que molts avenços científics que en el seu moment van ser notícia passen a formar part del nostre pensament quotidià i de l'imaginari col·lectiu de la gent. Escriu les teves conclusions en un breu escrit.

Recreació artística de l'estrella Kepler 42 i tres dels cinc planetes coneguts que l'orbiten.

▶ 6. Desenvolupa el pensament crític

«Què pensa de les màquines que pensen?» Aquesta és la pregunta que la revista digital *Edge* ha plantejat, com fa cada any en aquestes dates, a algunes de les ments més brillants del planeta. No fa gaire Stephen Hawking va alertar de les conseqüències potencialment apocalíptiques de la intel·ligència artificial, que en la seva opinió podria arribar a provocar «la fi de l'espècie humana». Però, realment hem de témer el perill d'un futur exèrcit d'humanoides fora de control? O més aviat hauríem de celebrar les extraordinàries oportunitats que ens podria brindar el desenvolupament de màquines pensants i fins i tot amb sentiments? [...]

Nick Bostrom, director de l'Institut per al Futur de les Humanitats d'Oxford: «La meva opinió és que, ara mateix, les màquines no tenen gaire facilitat per pensar (excepte en unes poques i limitades àrees). No obstant això, algun dia probablement ho faran millor que nosaltres (de la mateixa manera que les màquines ja són molt més fortes i ràpides que qualsevol criatura biològica). Però en aquest moment hi ha poca informació per saber quant temps tardarà a sorgir aquesta superintel·ligència artificial. El millor que podem fer ara mateix, en la meva opinió, és impulsar i finançar el petit però puixant camp d'investigació que es dedica a analitzar el problema de controlar els futurs riscos de la superintel·ligència [...]».

Daniel C. Dennett, filòsof al Centre d'Estudis Cognitius de la Universitat de Tufts: «El temut moment en què la intel·ligència artificial sobrepassa la intel·ligència dels seus creadors té totes les característiques clàssiques d'una llegenda urbana. Jo crec que el veritable problema és que després d'aconseguir, per primera vegada a la història, controlar molts aspectes del nostre destí, estem a punt d'abdicar d'aquest control i deixar-lo en mans d'éssers artificials que no poden pensar. Internet no és un ésser intel·ligent, però ens hem tornat tan dependents de la xarxa que si en algun moment es col·lapsés, es desencadenaria el pànic. [...] El perill real és que cedim la nostra autoritat a màquines estúpides i els atorguem una responsabilitat que sobrepassa la seva competència».

Stephen Pinker, catedràtic de psicologia a la Universitat de Harvard: «La meva opinió és que la por d'avui dia a la tirania dels ordinadors descontrolats és infundada. Per començar, continuen faltant entre 15 i 25 anys perquè la intel·ligència artificial assoleixi el nivell del cervell humà. D'altra banda, em semblaria molt estrany pensar que els desenvolupadors de robots no incorporen mesures de seguretat per controlar possibles riscos. La realitat és que el progrés en el camp de la intel·ligència artificial és molt més lent del que ens fan creure els alarmistes. [...] Quan deixem a un costat les fantasies de la ciència-ficció, els avantatges d'una intel·ligència artificial avançada són veritablement emocionants, tant pels beneficis pràctics com per les possibilitats filosòfiques i científiques».

El Mundo (18 gener 2015)

a) Segons la teva opinió, quins són els possibles problemes del desenvolupament de la intel·ligència artificial?

b) Segons els autors que cita el text, s'ha de tenir por de la intel·ligència artificial? Per què?

c) En cas que s'hagi de posar límits al desenvolupament de la intel·ligència artificial, qui ho hauria de fer? Creus que ho haurien de fer els desenvolupadors mateixos? Per què?

d) Cerca algun aspecte del desenvolupament de la intel·ligència artificial en què creguis que caldria introduir mecanismes de control.

Activitats d'ampliació de contingut.

El que cal recordar

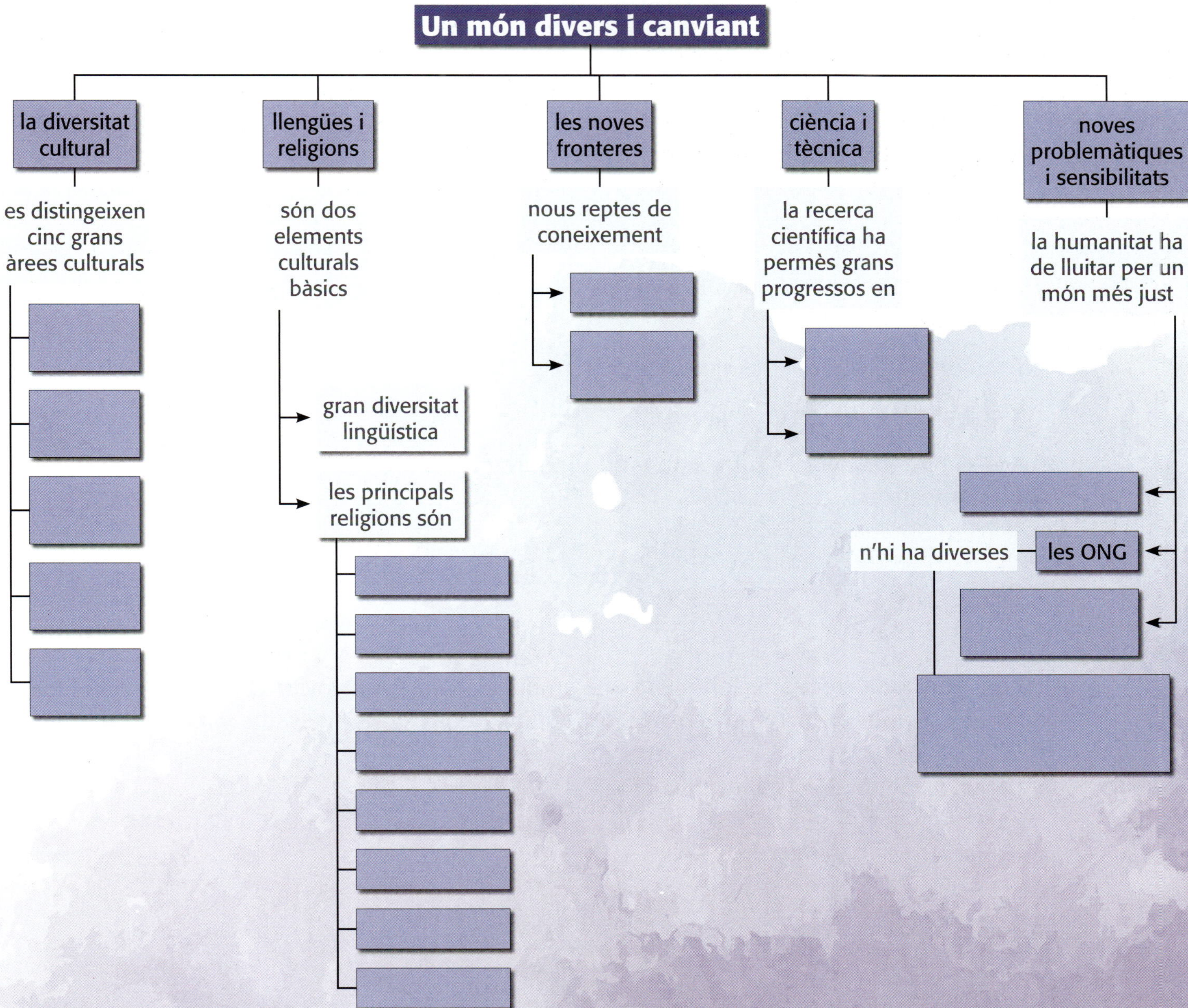

▶ Copia el mapa conceptual en un full a part i completa'l amb els conceptes que hi falten. En acabat, el pots fer servir per estudiar.

Autoavalua els teus coneixements de la unitat.

Competències en acció

5 Redactar l'entrevista

Un cop hagis estudiat amb el teu grup diversos formats d'entrevista i tingueu clares quines preguntes voleu formular al polític que hagueu triat, ha arribat el moment de redactar l'entrevista. Recordeu aquesta sèrie de punts clau abans de donar-la per finalitzada:

- Per elaborar l'entrevista s'han tingut en compte els reptes de futur que s'han treballat al llarg de la unitat.
- L'entrevista inclou una o dues preguntes rellevants relatives als reptes seleccionats.
- Les preguntes tenen en compte l'activitat del polític i la seva capacitat d'actuació en relació amb els termes plantejats.
- El llenguatge utilitzat per redactar les preguntes és formal i inclou vocabulari específic.
- L'ortografia i la gramàtica són correctes.

En acabat, intercanvieu l'entrevista amb un altre grup. Reviseu-la i detecteu-hi possibles errors o mancances.

6 Enviar l'entrevista

Un cop redactada i revisada l'entrevista, ha arribat el moment d'enviar-la. El primer que haureu de fer és esbrinar el correu electrònic del polític i redactar un missatge. Haureu de redactar

el missatge amb un estil formal i haurà d'incloure una presentació de vosaltres, així com les raons que motiven l'entrevista. Penseu que els polítics reben moltes comunicacions i la millor manera que et responguin és amb una presentació adequada que capti el seu interès. Així doncs, expliqueu molt bé quin és l'objecte d'estudi del repte i els objectius de l'entrevista.

És possible que rebeu resposta, però també pot ser que no. En cas positiu, haureu de compartir les respostes del polític en una jornada de reflexió que organitzarà el professor o professora en què analitzareu les diferents respostes rebudes i els perfils dels polítics que han respost.

7 Valorar el repte realitzat

Autoavaluació

Per tal d'avaluar la vostra pròpia feina en l'elaboració de l'entrevista fes servir el recurs «Autoavaluació de l'entrevista».

Indicadors	Valoració			
	NA (1)	AS (2)	AN (3)	AE (4)
Hem treballat els reptes de futur per trobar els temes clau i reflectir-los a l'entrevista.				
Hem cercat prou informació sobre el polític per poder formular-li preguntes concretes.				
Hem investigat les grans línies del programa electoral del partit al qual pertany el polític al respecte dels temes clau que he decidit.				
Hem valorat quin és l'àmbit o capacitat d'actuació del polític a l'hora de plantejar-li les preguntes.				
Hem fet servir un llenguatge formal i vocabulari específic per redactar les preguntes.				
Hem revisat la correcció de l'ortografia i la gramàtica.				

Coavaluació

El dia de la jornada de reflexió, us proposem una coavaluació general de les entrevistes i el repte. Per tal d'avaluar la superació del repte, valoreu de l'1 al 4 el grau de satisfacció amb els resultats. Feu-ho individualment amb el recurs «Coavaluació de l'entrevista». Podeu afegir-hi algun altre ítem de valoració que considereu interessant.

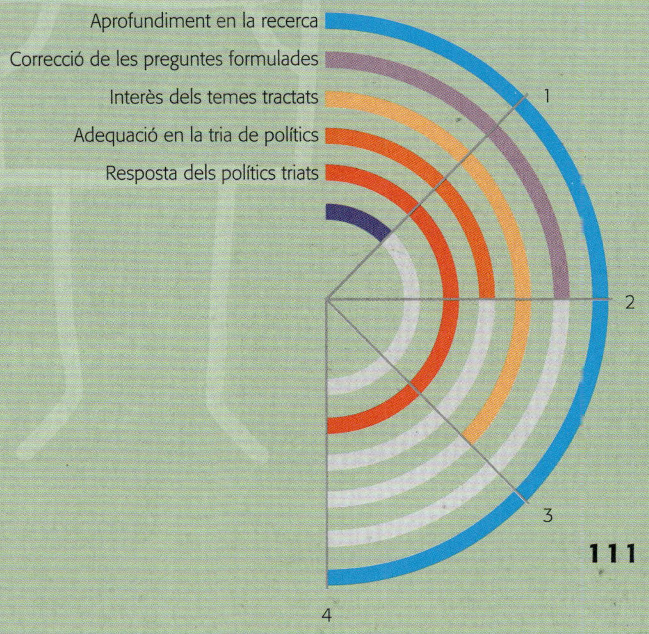

6. L'Islam. Al-Àndalus

En aquesta unitat aprendrem quin és l'origen i les característiques de l'islamisme, una de les religions més importants del món actual. També coneixerem la gran expansió que va assolir la civilització musulmana durant l'edat mitjana, i les seves característiques socials i econòmiques, especialment pel que fa a la península Ibèrica i Catalunya. Per acabar, estudiarem les grans aportacions culturals de l'islam a la civilització occidental.

El repte

Organitzar una exposició sobre l'al-Àndalus

L'institut vol **organitzar una exposició sobre l'al-Àndalus** i la presència musulmana a la península Ibèrica, i us ha encarregat a vosaltres que la dueu a terme.

En aquest repte us dividireu en petits grups i organitzareu aquesta mostra, que comptarà amb diversos espais temàtics que resumeixin diferents aspectes referents a la política, la cultura, la societat o l'economia. Entre tots recopilareu la informació necessària i, en acabat, us repartireu la feina per desenvolupar els espais.

3 **Preparar la tercera sala: la societat de l'al-Àndalus**

2 **Preparar la segona sala: l'expansió de l'Islam**

1 **Preparar la primera sala: context social i polític**

4
Preparar la quarta sala: la vida a ciutat

5
Preparar la cinquena sala: l'art i les ciències

6
Enllestir l'exposició i organitzar una visita

7
Valorar el repte realitzat

Termes clau

- Mahoma
- hègira
- Alcorà
- califat
- taifa
- muladí
- mossàrab
- medina
- mesquita
- numeració aràbiga

Les paraules clau en imatges.

1. La religió islàmica

Mesquita de Quba, la més antiga del món. Segons la tradició, el mateix Mahoma va posar les primeres pedres després d'arribar a Medina fugint de la Meca. Tanmateix, l'edifici que es veu actualment data del segle XX.

Gran Mesquita de la Meca. Una multitud de pelegrins deambulen circularment al voltant de la Kaaba, el petit edifici de forma cúbica que es recobreix amb un gran tapís negre.

CS

1. Dibuixa un mapa de l'est de la Mediterrània i el nord d'Àfrica que inclogui la península Aràbiga. Senyala-hi quines eren les potències que dominaven aquella zona al segle VI. Senyala-hi també quins països actuals ocupen aquesta península.

1.1. L'Aràbia preislàmica

La **península d'Aràbia**, situada al sud-oest d'Àsia i separada d'Àfrica pel mar Roig, és un ampli desert envoltat de muntanyes. Al **començament del segle VII**, la plana central era ocupada per **beduïns**, nòmades ramaders, que vivien agrupats en tribus. Només a la zona litoral del sud-oest (Iemen) era possible l'agricultura.

La Meca i **Yatrib (Medina)** eren les ciutats més importants, centres de la ruta comercial que enllaçava la Mediterrània oriental (Síria) amb l'Extrem Orient a través de l'oceà Índic. Aquest comerç travessava el desert d'Aràbia amb caravanes de camells.

Abans de l'arribada de l'islam, la **religió** d'aquestes tribus es basava en l'adoració d'ídols i de les forces de la natura. A la Meca hi havia la **Kaaba**, el santuari més important d'Aràbia, que contenia una gran pedra negra de basalt. Encara avui els musulmans li reten culte.

1.2. La prèdica de Mahoma

Mahoma va néixer a la Meca cap al 570. El seu ofici de mercader li va permetre establir contacte amb les religions judaica i cristiana. El 610 se sentí cridat per Déu i va considerar que **Al·là** ('déu', en àrab) l'havia escollit com a **profeta** i **missatger**. Així començà a predicar una nova religió, l'**islamisme**.

Això el va enemistar amb els altres mercaders de la Meca i l'any 622 va haver de fugir amb els seus seguidors a Medina ('Ciutat del Profeta'); aquesta emigració (**hègira**) marca l'inici del calendari musulmà o islàmic.

1.3. Característiques de l'islam

La religió islàmica conté lligams amb el cristianisme i el judaisme i es basa en la doctrina transmesa per Mahoma i recollida en l'**Alcorà**. Aquest llibre estableix diversos preceptes bàsics, com la creença en un sol déu (Al·là), la pregària, el dejuni, l'almoina als pobres o la peregrinació a la Meca. A diferència del cristianisme, l'islam no té clergues i són els més savis de la comunitat els que interpreten l'Alcorà.

A més d'aquests preceptes religiosos, l'islam estableix una sèrie de preceptes de tipus social que condicionaran la societat i la cultura islàmiques, com l'acceptació de la poligàmia i el divorci, o la prohibició del consum d'alcohol i porc, la usura o el culte als ídols (paganisme).

CS

2. Encara avui els musulmans estan obligats a peregrinar a la Meca. Cerca alguna notícia relacionada amb aquest fet i l'impacte social i econòmic que això suposa. Al text s'esmenta l'apropiació de l'islam del culte anterior a la Kaaba. Esbrina si existeix algun fenomen similar amb el cristianisme i les celebracions religioses anteriors.
3. Al text s'ha parlat del precepte del dejuni. Esbrina si tens algun company o companya que sigui musulmà i respecti el ramadà i demana-li que t'expliqui en què consisteix i quines dificultats comporta. Si tu mateix el segueixes, explica-ho als teus companys de classe.
4. Creus que la prohibició de consumir alcohol i carn de porc pot tenir algun origen de tipus pràctic? Considera l'economia de la península Aràbiga en temps de Mahoma i justifica la resposta.

Preparar la primera sala: context social i polític

Segur que quan heu visitat un museu us heu fixat en la part inicial de qualsevol exposició, que posa en context allò que s'exposa. Es tracta d'un espai de contextualització imprescindible que vosaltres haureu de reproduir en la vostra exposició.

Per tal de fer-ho, ajunteu-vos en petit grup i anoteu tota la informació que pugueu recollir sobre els següents aspectes de la cultura islàmica:

- La figura de Mahoma.
- Costums i preceptes de la religió islàmica.
- Expansió de l'Islam fins a l'al-Àndalus.
- Organització política de l'Imperi islàmic i de l'al-Àndalus.

Teniu la informació necessària als tres primers apartats de la unitat, però la podeu ampliar a Internet. És important que recopileu també elements gràfics, com mapes, fotografies o fins i tot audiovisuals, que facin la visita més amena.

L'Alcorà i la sunna

L'Alcorà és el llibre sagrat dels musulmans que recull els ensenyaments del profeta Mahoma i conté totes les creences i deures dels musulmans. No el va escriure el mateix profeta, sinó que fou transcrit en els temps del tercer califa electe (Otman).

La **sunna** és el segon llibre canònic de l'islam, que recull tota una sèrie de dites i fets basats en la vida del profeta que pretenien aclarir o completar aspectes poc clars de l'Alcorà.

beduïns: poble àrab nòmada que viu al desert.

Xiisme i sunnisme

Després de la mort de Mahoma l'any 632, la successió havia de recaure en la figura del seu gendre Alí, que va ser assassinat el 661. Els xiïtes consideren Alí l'únic hereu de Mahoma i neguen la legitimitat dels califes que el van succeir. Doctrinalment, el xiisme nega la validesa de la sunna i es regeix exclusivament per l'Alcorà.

Aquesta divisió afecta el món musulmà encara avui. Així, el corrent majoritari dins de l'islam s'anomena *sunnisme*. Tanmateix, malgrat ser minoritaris, els xiïtes són majoria a països com l'Iran.

2. L'expansió de l'islam

califat: forma de govern de l'imperi islàmic en què el califa, considerat successor del profeta, era la màxima autoritat política, militar i religiosa.

CS

1. Dibuixa el mapa de l'expansió de l'Islam. Situa-hi les ciutats més importants de l'imperi en temps dels omeies i el nom del país actual al qual pertanyen. Situa-hi també el nom dels països actuals que feien frontera amb l'Islam.

2.1. La formació de l'imperi islàmic

Des de Medina, Mahoma va posar en pràctica una de les obligacions dels musulmans: fer la **guerra santa** contra els infidels per estendre l'islam. Entre els anys 622 i 630 es van produir una sèrie d'enfrontaments militars que culminaren amb la conquesta de la Meca. Poc després, la majoria de les tribus d'Aràbia acceptaren la seva autoritat.

Després de la **mort de Mahoma** (632), els seus successors (els califes electes) van completar la unificació d'Aràbia i conqueriren Síria, Palestina i Egipte, territoris que pertanyien a l'Imperi bizantí, i també Mesopotàmia, Pèrsia, Líbia i Armènia (al Caucas).

2.2. Evolució política

L'any 661 es va fundar el **califat** dirigit per la família **Omeia**, centrat a Síria i amb capital a Damasc. Es reprengué l'expansió pel nord d'Àfrica i per l'Orient fins al riu Indus i les fronteres de la Xina. El 711 penetraren a la península Ibèrica, on van consolidar el seu poder després de ser aturats pels francs més enllà dels Pirineus (batalla de Poitiers, 732). Hi ha diverses **causes** que poden explicar aquesta ràpida expansió:

L'expansió de l'islam i el comerç internacional (segles VII-VIII)

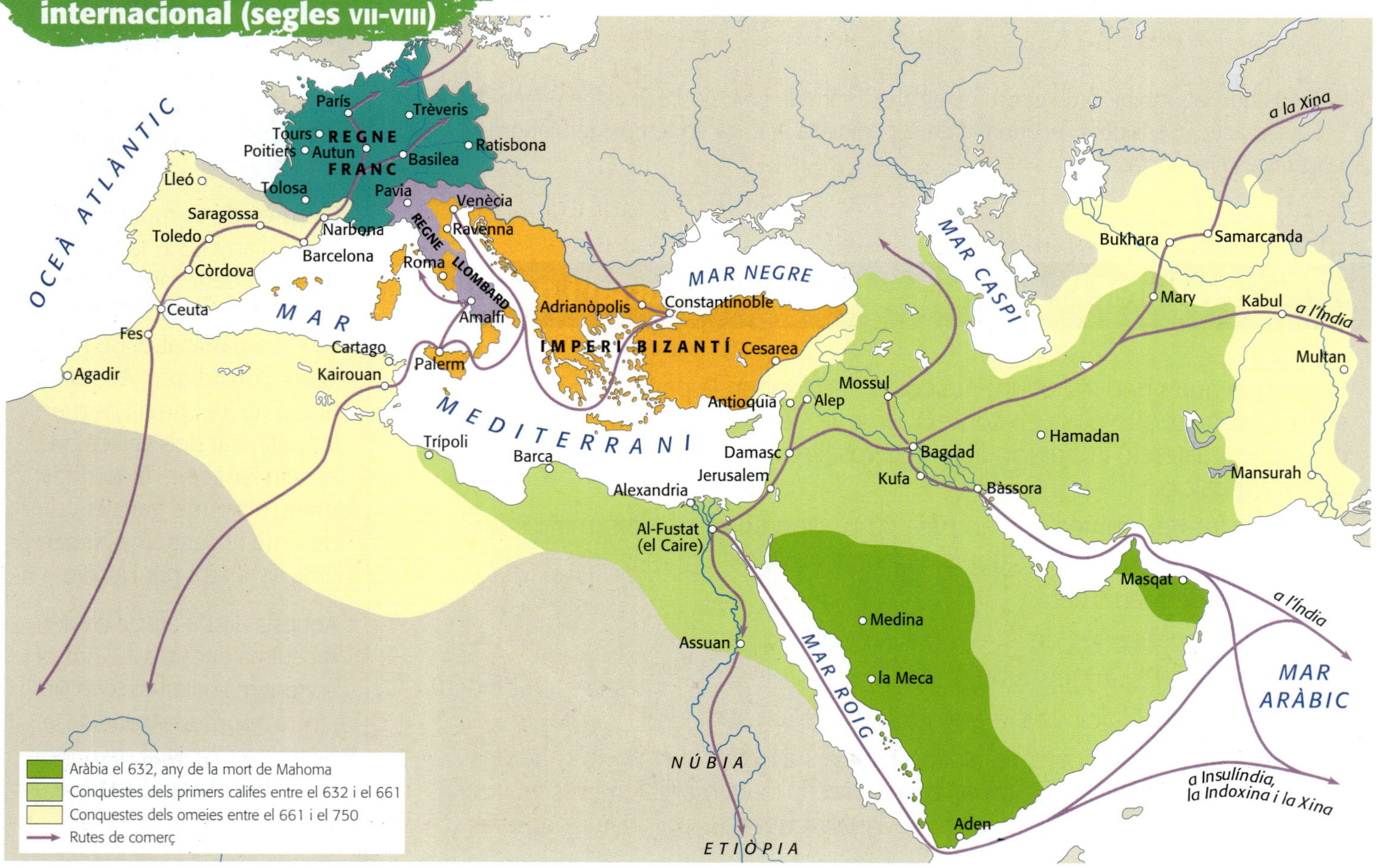

- La debilitat dels bizantins i els perses.
- L'èxit de la nova religió i el precepte de la guerra santa.
- La tolerància envers els costums dels pobles dominats.
- El fet que els musulmans pagaven menys impostos, cosa que va afavorir les conversions a les regions conquerides. Tanmateix, els qui no abraçaven la doctrina islàmica podien practicar lliurement la seva religió.

Les divisions internes van afavorir la instauració d'una nova dinastia califal, la dels **abbàssides**, que, des de Bagdad (Iraq), regiren la major part del món islàmic a partir del 750. A més, el poder del califa va augmentar, ja que es convertí en cap espiritual dels musulmans.

A mitjan segle IX es va iniciar la **fragmentació de l'imperi abbàssida**: la península Ibèrica, el Marroc, Egipte i Tunísia se'n van independitzar. Posteriorment, els turcs islamitzats van ocupar Bagdad (1055).

Dignatari musulmà rebent en audiència un emissari cristià. *Cantigas de Santa Maria*, d'Alfons X el Savi, segle XIII.

2.3. La civilització islàmica

- **Comerç.** Les **ciutats** eren el centre de la vida islàmica. Les principals ciutats (Còrdova, Kairouan, Alexandria, Damasc, Bagdad i Bàssora) constituïen el centre d'un important **comerç internacional** entre Orient i Occident. Es comerciava amb mercaderies luxoses (teixits, pedres i metalls preciosos, orfebreria, perfums, espècies...).
- **Agricultura.** Es va mantenir un equilibri amb el món rural. Els musulmans van difondre per Occident el regadiu i el conreu de fruites, arròs, cotó, canya de sucre, papir i morera.
- **Cultura.** L'islam va exercir una doble funció de creador de cultura i d'**intermediari cultural** entre les diverses civilitzacions amb què limitava (l'Orient, els estats de l'Àfrica negra o sudànica i l'Europa cristiana), va exercir un paper clau en la formació i l'extensió del saber i assolí una síntesi d'elements orientals i bizantins, sobretot en camps com ara la ciència i la filosofia.

CS

2. Fixa't en les quatre causes que justifiquen la ràpida expansió de l'Islam i escriu un text breu que descrigui quina podria haver estat la negociació entre un cabdill militar islàmic i una ciutat en procés de ser conquerida. Què els oferirien els musulmans? Amb què els amenaçarien? Quines podrien ser les demandes de la ciutat?

3. Fes un esquema amb les característiques de la civilització islàmica.

4. Cerca a Internet un cas que exemplifiqui el paper d'intermediari cultural de la civilització islàmica.

Batalla pel control de la ciutat d'Edessa, l'any 1031, en una miniatura de la crònica de Joan Escilitzes del segle XI. El califat abbàssida i l'Imperi bizantí van mantenir una lluita sagnant pel domini del Pròxim Orient.

3. Al-Àndalus. Conquesta i evolució política

Almansor

Almansor, nom amb el qual fou conegut al-Mansur, era tutor del califa Hisam II i va esdevenir l'home fort del califat de Còrdova. L'any 976 organitzà un exèrcit format per berbers i mercenaris cristians i, a partir d'aleshores, va emprendre cinquanta-sis campanyes victorioses en terres cristianes (977-1002). Dues de les seves expedicions de saqueig més destacades van ser les que dugué a terme contra Barcelona (985) i Santiago de Compostel·la (997). Les tropes d'Almansor destruïen els conreus, saquejaven les ciutats, prenien botí i feien presoners. A la seva mort, l'any 1002, es va iniciar un període de lluites civils i d'enfrontaments pel poder que va acabar amb la divisió d'al-Àndalus en diferents regnes independents.

3.1. La dominació de la península Ibèrica

Com veurem a la unitat següent, les divisions entre la noblesa del regne visigot van propiciar la invasió de la península Ibèrica l'any 711 per part dels exèrcits musulmans del Magrib, formats per soldats **berbers** i comandats per oficials àrabs. Amb la derrota musulmana a Poitiers (732) enfront dels francs, la frontera entre cristians i musulmans es va situar als Pirineus. Aquest domini de la península es pot dividir en diverses etapes:

- **L'emirat** (711-929): inicialment al-Àndalus es va organitzar com un emirat dependent políticament del califat omeia de Damasc. L'any 756, Abd-ar-Rahman I, l'únic supervivent d'una revolta que va destronar els omeies, va aconseguir el poder i va convertir al-Àndalus en un **emirat independent** de Damasc amb capital a Còrdova.
- **El califat** (929-1031): Abd-ar-Rahman III es va fer proclamar califa, és a dir, dirigent religiós i polític. Així es va assolir també la independència religiosa, a més de la política. Va ser el període de màxima esplendor i prosperitat d'al-Àndalus.
- **Els regnes de taifes** (1031-1492): l'any 1031, arran d'una guerra civil, va ser derrocat el darrer dels califes i al-Àndalus es va dividir en un seguit de regnes independents anomenats **taifes**. A causa de la seva feblesa, al llarg dels segles XI i XII van haver de pagar tributs (paries) als regnes cristians del nord de la Península. A banda de l'assimilació puntual de les taifes als dos imperis islàmics nord-africans (**almoràvits** i **almohades**), la divisió es va mantenir fins a la desaparició del darrer d'aquests regnes, Granada, l'any 1492.

berbers: habitants originaris del nord d'Àfrica (Barbaria o Magrib).

almohades: moviment islàmic aparegut al nord d'Àfrica a començaments del segle XII. Van ocupar els territoris compresos entre el Marroc i Egipte, i part de la península Ibèrica.

almoràvits: moviment islàmic molt rigorós nascut entre les tribus berbers saharianes l'any 1042. Es va estendre fins a l'actual Senegal i va passar a la península Ibèrica, cridat pels reis de taifes amb l'objectiu de lluitar contra els regnes cristians.

El califat omeia de Còrdova

3.2. La presència islàmica a Catalunya

Entre l'any 717 i 720 els musulmans van ocupar l'actual Catalunya. Aquest domini es va mantenir fins a finals del segle VIII, quan l'imperi franc va conquerir diversos territoris al sud dels Pirineus que es van organitzar en forma de comtats (**Catalunya Vella**).

Lleida i Tortosa van ser les taifes sorgides a terres catalanes. La frontera va ser testimoni de ràtzies i saquejos i la feblesa de les taifes de Lleida, Tortosa, Saragossa i València va ocasionar que haguessin de pagar paries als comtes de Barcelona, Urgell i Cerdanya, la qual cosa permeté l'enfortiment del poder del comtat de Barcelona. Al segle XII, la frontera va avançar cap al sud. Balaguer va ser conquerida el 1106 i Tarragona, repoblada (1146-1163). La caiguda de Tortosa (1148) i Lleida (1149) va concloure la conquesta de la **Catalunya Nova** per part dels comtes.

La Catalunya Vella i la Catalunya Nova

Es tracta de conceptes jurídics encunyats al segle XIII que assenyalen dos territoris diferenciats al nostre país. Així, la Catalunya Vella comprenia els territoris situats a l'est del riu Llobregat, mentre que la Catalunya Nova comprenia els territoris conquerits al segle XII per Ramon Berenguer IV.

La Catalunya islàmica

CS

1. Dibuixa el mapa polític de la península Ibèrica actual i assenyala amb dos colors diferents els territoris cristians i els que pertanyien al califat omeia de Còrdova. Cerca a la xarxa un mapa dels regnes de taifes. Quines són les diferències amb el del califat?
2. Per què pagaven paries, els regnes de taifes? Cerca una font primària que parli de les paries que les taifes pagaven als comtats catalans. Pot ser una imatge o un text.

2 Preparar la segona sala: l'expansió de l'Islam

En aquesta tasca us encarregareu de recopilar la informació necessària per informar els visitants de l'expansió de l'Islam: Característiques de l'expansió islàmica. Conseqüències de l'expansió per als pobles dominats. Característiques principals de la civilització islàmica. Especificitat de la península Ibèrica.

Penseu que haureu de complementar la informació amb elements visuals com imatges, mapes o un fris cronològic (podeu aprofitar el que haureu de fer a les activitats finals de la unitat).

4. La societat de l'al-Àndalus

Els mossàrabs

La població cristiana que vivia sota domini musulmà va rebre el nom de *mossàrabs*. Gaudien de llibertat de culte i de circulació, tenien autoritats pròpies i podien ser jutjats per lleis pròpies. Tanmateix, pagaven dos tributs extraordinaris i patien nombroses restriccions; no podien exercir càrrecs públics; no podien casar-se amb una musulmana; no podien tenir criats musulmans; havien de viure a barris separats i estaven obligats a oferir hospitalitat gratuïta a qualsevol musulmà que ho demanés.

CS

1. Elabora una piràmide amb les categories existents a la societat andalusina i resumeix-ne les característiques.
2. Observa la il·lustració del soc i descriu-la amb les teves paraules. S'hi poden veure edificis propis de tres cultures diferents. Quines són?

Banys àrabs de Palma. Els musulmans van heretar dels romans el gust pels banys públics, no només per raons higièniques sinó com a centres d'oci.

La societat andalusina estava integrada essencialment per homes lliures, que eren petits o grans propietaris de terres, tallers i comerços. A les ciutats, hi destacava una nombrosa **classe mitjana**, d'origen indígena en la major part dels casos, que es dedicava a tasques administratives, al comerç i a l'artesania. La diversitat ètnica va establir una estratificació social en diferents grups.

- **Els conqueridors d'arrel àrab** eren una minoria però es van quedar les millors terres confiscades a la noblesa hispanovisigoda que s'havia oposat a la conquesta. Van monopolitzar el gran comerç i els càrrecs polítics i administratius més importants.
- **Els berbers** constituïen el grup més nombrós entre els ocupants. Van haver d'acontentar-se amb terres i càrrecs de menys entitat.
- **Els hispanovisigots** que es van convertir a l'islamisme van esdevenir **muladís**. Els camperols s'islamitzaven per accedir a la propietat de la terra i pagar menys impostos. Els nobles ho feien per consolidar les seves propietats. Els **mossàrabs**, hispanovisigots que es mantenien fidels al cristianisme, i els **jueus** es regien per lleis pròpies.

3 Preparar la tercera sala: la societat de l'al-Àndalus

En aquesta tasca haureu de preparar l'espai dedicat a la societat de l'al-Àndalus en un doble vessant:

- Quines eren les diferències socials entre els dominadors, els musulmans?
- Quina va esdevenir la situació per a la població autòctona, els hispanovisigots?

A més, us demanem que feu una recerca al voltant de la convivència entre els tres grans grups culturals i religiosos d'al-Àndalus: musulmans, cristians i jueus. Quin paper tenien els membres d'aquestes comunitats? Quins espais ocupaven? A què es dedicaven? Quins càrrecs podien exercir? Heu de tenir present que la dominació musulmana va ser llarga i la situació va ser molt canviant, amb períodes de convivència constructiva i d'altres d'intolerància.

Com en tasques anteriors, no oblideu recopilar materials audiovisuals per incloure a la sala.

El soc

El soc era el punt de trobada dels habitants de la ciutat. No tan sols era un mercat on s'hi podia trobar tota mena de productes sinó que també era un reflex de la multiculturalitat de la societat andalusina.

5. Al-Àndalus: economia i ciutats

Còrdova

La ciutat musulmana de Còrdova era una de les grans metròpolis d'Occident. A l'època del califat, es creu que la seva població superava àmpliament els 100 000 habitants. La seva esplendor artística i cultural es reflectia en el luxe dels seus edificis i monuments, especialment la gran mesquita i el palau dels califes (l'alcàsser), tots dos situats a la medina. Entre els vint-i-un barris perifèrics sobresortia el dels mossàrabs. A la ciutat hi havia una gran multitud de mesquites, mercats, tallers artesanals i botigues, banys i jardins públics...

5.1. L'economia

Es va potenciar l'**agricultura** amb la difusió de les tècniques d'irrigació i dels molins hidràulic i de vent. Tot i el predomini dels cereals, s'estengueren altres conreus, com ara l'olivera, els arbres fruiters, l'arròs, l'horta, la canya de sucre, el cotó, la morera, la vinya, el lli, l'espart i el safrà. L'activitat ramadera se centrava en les ovelles, les cabres, els xais i els cavalls.

Les ciutats eren l'àmbit de comercialització dels productes agraris i un focus de **producció artesanal** molt important, sobretot en els sectors del cuir i el tèxtil (llana, cotó i seda); també constituïen centres de **comerç** internacional amb productes com els teixits, la sal, el paper, la ceràmica, el vidre, el cuir i la plata.

La societat islàmica va experimentar un important procés de **monetització**, basat en el dinar d'or, el dirham de plata i el felús de coure.

5.2. Les ciutats

La **medina** era el nucli emmurallat de la ciutat que contenia els principals mercats, l'alcàsser o residència del govern, la mesquita major i uns quants barris. Les grans ciutats disposaven de clavegueres, fonts, banys públics i zones enjardinades. Excepte les vies principals que naixien a les portes, els **carrers** eren estrets i sense empedrar. Els **barris exteriors** a la medina, que tenien els seus propis mercats, mesquites i muralles, solien estar ocupats per grups de menestrals i per gent d'altres ètnies o religions.

Les ciutats musulmanes més importants de la península Ibèrica eren Còrdova, Sevilla, Toledo, Granada, Badajoz, Saragossa i València, mentre que a Catalunya destacaven Tortosa i Lleida, amb 6 000 habitants, i Balaguer, amb 3 000. Les seves característiques eren molt similars a les de la resta de ciutats d'al-Àndalus.

5.3. La vida quotidiana a la ciutat

L'ambient de la ciutat era bulliciós, amb carrers i mercats sempre plens de gent. Les cases solien tenir dos pisos i es caracteritzaven per la seva austeritat exterior. La gent modesta vivia en habitatges molt reduïts.

En l'**àmbit familiar**, el marit tenia tota l'autoritat sobre l'esposa, els fills i els servents. Les lleis islàmiques acceptaven la poligàmia masculina, limitada a quatre dones. La dona vivia semireclosa a la llar i no participava en cap reunió social. Només podia mostrar el seu rostre al marit i als familiars propers. Els nois rebien l'educació bàsica (llegir, escriure i comptar) a l'escola alcorànica.

CS

1. Copia aquesta taula a la llibreta i resumeix-hi les característiques de l'economia andalusina:

Tècniques agrícoles	
Productes conreats	
L'artesania	
El comerç	
La moneda	

2. El comerç era molt important per a l'al-Àndalus gràcies a factors com la proliferació de la vida urbana, les rutes segures i l'abundància de moneda. Compara aquesta situació amb la de l'Imperi romà. Quines semblances hi trobes? Què va succeir a Occident amb aquests tres factors a les acaballes de l'Imperi romà? Quins fets afavoreixen el comerç a l'actualitat, segons la teva opinió?

Els homes havien d'anar quatre cops al dia a resar a la mesquita, mentre que les dones només ho podien fer el divendres. La mesquita constituïa, a més, un lloc de **reunió social** per als homes: era la seu de la cort de justícia i de la universitat, i el centre de difusió dels edictes del govern i de les notícies. Els banys públics també eren un lloc de reunió social. Hi podien entrar tant homes com dones, però en horaris diferents.

4 Preparar la quarta sala: la vida a ciutat

Aquesta sala ha de permetre al visitant entendre com es vivia en una ciutat d'al-Àndalus. No oblideu explicar-ne els edificis més emblemàtics i les seves funcions, així com la distribució d'una ciutat model i algun exemple real, com el de Còrdova que teniu a la unitat.

Us recomanem que dissenyeu aquest espai de la forma més visual possible i que hi incloqueu imatges d'edificis, així com plànols o, si us hi atreviu, alguna maqueta.

CS

3. Observa la il·lustració i descriu amb les teves pròpies paraules com era una ciutat musulmana. Series capaç d'identificar aquests elements amb els números corresponents?: *campament militar d'un grup nòmada (beduïns)*; *barri extramurs sorgit a causa del creixement de la ciutat*; *mesquita*; *sínia que abasteix d'aigua la ciutat*; *palau*; *sínia que permet aprofitar l'aigua per als conreus*.

Una ciutat musulmana

6. Al-Àndalus: art i cultura

Arcs lobulats de la maqsura de la mesquita de Còrdova. Hi veiem com els arcs es podien complicar afegint-hi petits arcs a dins.

Preparar la cinquena sala: l'art i les ciències

El saber, l'educació i les ciències van tenir una gran importància al món islàmic. Medicina, astronomia, matemàtiques, botànica, aritmètica o geometria van interessar molts pensadors al món musulmà, alguns d'ells jueus.

En aquesta sala haureu de mostrar alguns del seus invents, sabers, descobriments o treballs, així com la influència que van tenir. Recordeu el paper que el món islàmic va tenir com a intermediari cultural a l'hora de transmetre els coneixements clàssics perduts a l'Occident cristià i a l'hora de portar coneixements des d'Orient.

És una bona sala per poder fer alguna activitat o demostració pràctica. Podeu demanar ajuda als professors de matemàtiques, tecnologia o fins i tot filosofia o literatura.

6.1. La cultura

Les **aportacions d'al-Àndalus** a la cultura europea medieval van ser enormes. A través de l'islam, Europa rebé, entre altres coses, el paper, la numeració, la brúixola, l'astrolabi (per guiar els vaixells amb l'ajut dels estels), el quadrant (per fer mapes del cel) i la pólvora, a més de coneixements matemàtics (**numeració aràbiga**), geogràfics, astronòmics, químics i mèdics.

La cultura islàmica va destacar en el camp de la poesia, l'estudi de la història, la gramàtica, el dret i la filosofia. En molts d'aquests àmbits, els intel·lectuals islàmics van preservar el saber grec i llatí, perdut aleshores a l'Europa occidental.

La major part de la població, d'origen hispanovisigot, parlava llengües romàniques hereves del llatí, però la llengua de l'administració, de la cultura, de la religió i del comerç internacional va ser l'àrab, una llengua que es convertí en l'idioma habitual allà on el domini islàmic va perdurar.

6.2. Els avenços tècnics

Els musulmans van transformar la ciència i la tècnica en molts àmbits:

- **L'agricultura:** es van produir importants avenços en la irrigació dels camps gràcies a l'ús d'aigües subterrànies, la construcció de rodes hidràuliques l'aixecament d'aqueductes i l'aprofitament dels existents d'època romana. A més, es van introduir altres conreus com l'arròs, la canya de sucre, el taronger, el llimoner i la morera. Es va millorar també la molta de gra.
- **La medicina:** els metges musulmans eren capaços de diagnosticar malalties i practicar operacions desconegudes per als seus equivalents cristians. A més, desinfectaven les ferides i narcotitzaven els pacients. Van ser grans coneixedors de l'anatomia per mitjà de la dissecció de cossos, i de la farmàcia, ja que van desenvolupar nous fàrmacs.
- **La navegació i l'astronomia:** els científics musulmans van desenvolupar eines per calcular mesures i distàncies amb les quals van confeccionar mapes i cartes nàutiques. A més, van perfeccionar instruments com l'astrolabi o la brúixola. Així, van elaborar catàlegs d'estels, van calcular la inclinació de l'eix terrestre, el diàmetre de la Terra i les òrbites dels planetes, i van determinar les causes de les marees.
- **Altres innovacions:** els musulmans van introduir canvis en àmbits com la maquinària de guerra, amb l'ús de la pólvora; la química, amb l'ús de balances de precisió, i la ceràmica, amb l'ús de nous materials decoratius.

6.3. L'art: l'arquitectura

L'islam prohibeix la representació de la divinitat i de les figures humanes i animals. És per aquesta raó que disciplines artístiques com la pintura o l'escultura van ser molt testimonials en la cultura islàmica. Per contra, **l'arquitectura va tenir un fort desenvolupament**, amb tècniques constructives i característiques pròpies. Les construccions musulmanes es caracteritzaven pel contrast entre l'austeritat de l'exterior i la riquesa decorativa dels interiors. Els elements decoratius més importants eren els arcs de ferradura i lobulats, i les formes abstractes, geomètriques, vegetals i escrites (versos de l'Alcorà).

La **mesquita** és l'edifici religiós més representatiu. A diferència de les esglésies cristianes, no es tracta de la casa de Déu, sinó tan sols d'un lloc de pregària. La seva construcció era diferent: a Orient, amb planta central i cúpula, i a Occident, amb planta rectangular i coberta horitzontal. Pel que fa a l'arquitectura civil, en destaquen els palaus, com els de Madinat al-Zahra i l'Alhambra.

1. Cerca imatges dels diferents avenços tècnics que s'han esmentat al text. Dibuixa'n un de cada categoria al quadern i explica com funciona, quin origen té i com va arribar al món islàmic i a les societats cristianes europees. Procura que, com a mínim, un d'ells no aparegui al llibre.
2. En una part del text has pogut llegir que el món islàmic va preservar el saber grec i llatí, perdut a l'Europa occidental. Repassa el que vas aprendre l'any passat i explica quin fet va provocar la pèrdua d'aquest saber. Fes una cerca a Internet i anomena algun d'aquests coneixements recuperats pels intel·lectuals musulmans.
3. Descriu les parts de la mesquita i explica les funcions de cada element. Cerca una imatge d'una mesquita oriental (otomana) i explica les diferències que hi ha amb una d'occidental.

Parts de la mesquita

La mesquita de Còrdova

mihrab
Nínxol obert a la paret, que normalment indica la direcció de la Meca i on es col·loca l'imam que dirigeix la pregària.

maqsura
Zona ricament decorada reservada al califa.

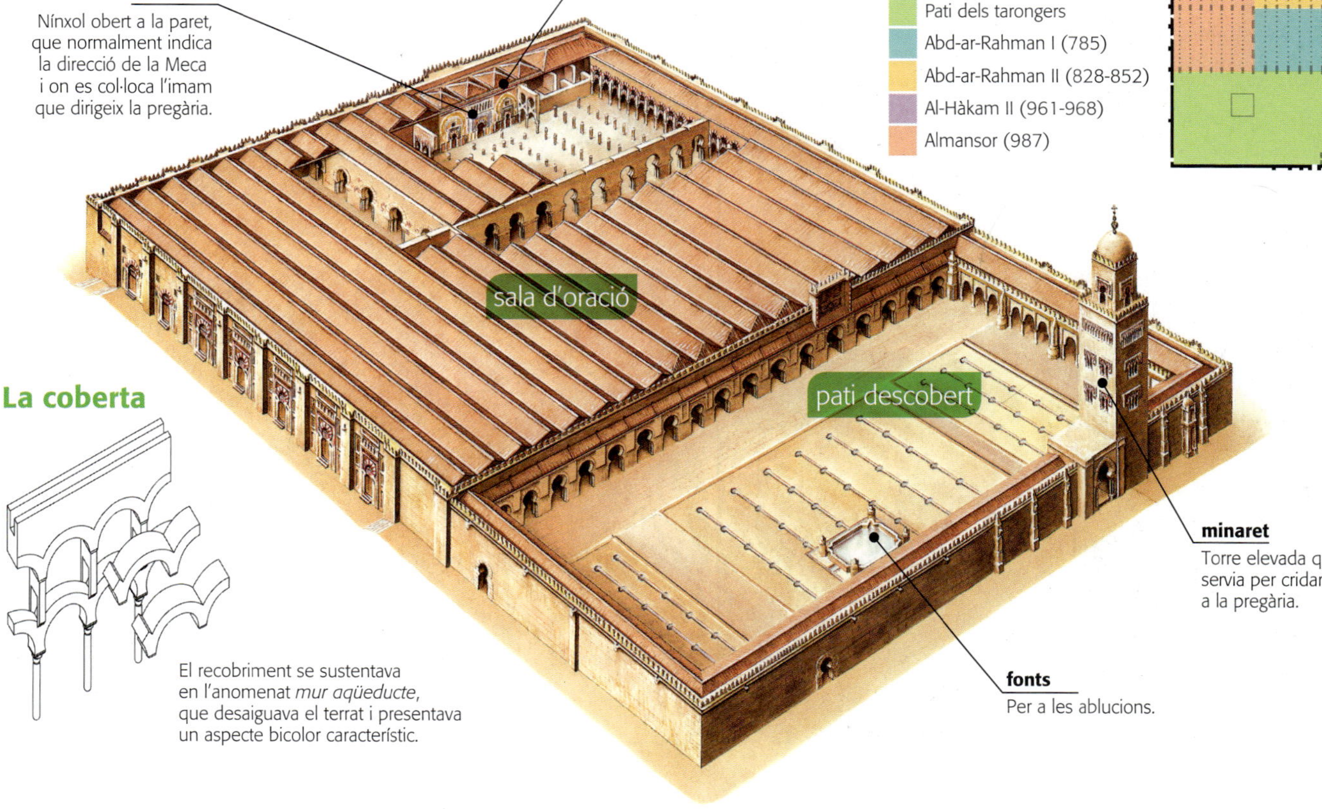

minaret
Torre elevada que servia per cridar a la pregària.

fonts
Per a les ablucions.

Etapes constructives

La mesquita de Còrdova va ser construïda en diferents etapes i presenta la peculiaritat de no tenir un mihrab orientat a la Meca.

- Pati dels tarongers
- Abd-ar-Rahman I (785)
- Abd-ar-Rahman II (828-852)
- Al-Hàkam II (961-968)
- Almansor (987)

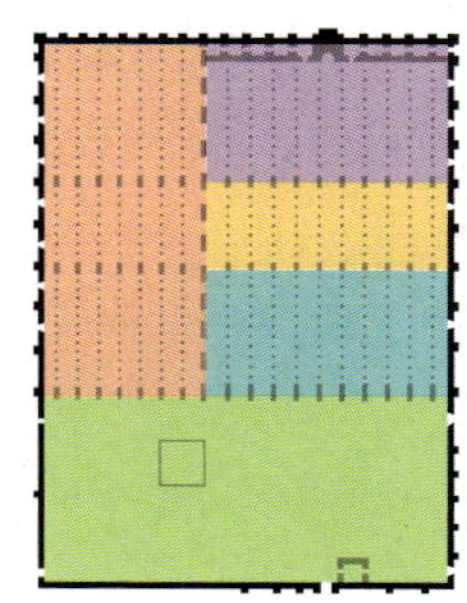

La coberta

El recobriment se sustentava en l'anomenat *mur aqüeducte*, que desaiguava el terrat i presentava un aspecte bicolor característic.

Activitats finals

▶ 1. Elabora un fris cronològic

Amb les dades que apareixen a la unitat, segueix els criteris que vam exposar al repte de la unitat 7 del curs anterior i amplia l'eix cronològic de la història amb tota la informació sobre l'Islam i l'al-Àndalus. Recorda que hi hauràs de reflectir les èpoques o períodes cronològics que has estudiat en aquesta unitat i remarcar-ne els moments de canvi i els fets més rellevants.

▶ 2. Treballa amb un testimoni contemporani

T'oferim un text d'un viatger del segle x que descriu la ciutat de Còrdova. Llegeix-lo atentament i contesta les preguntes.

> Còrdova potser no és igual a una de les dues meitats de Bagdad, però no està gaire lluny de ser-ho. És una ciutat amb un mur de pedra, proveïda de barris bells i vastes esplanades. Fa molt temps que el sobirà d'aquesta ciutat hi regna i té la residència i el palau a l'interior de la muralla que l'envolta.
>
> La majoria de les portes del palau donen a l'interior de la ciutat per diverses bandes. Hi ha dues portes de la ciutat, obertes a la mateixa muralla, que donen sobre la ruta que porta de Rusafa al riu. Rusafa es compon d'allotjaments que formen la zona alta de la ciutat, les construccions de la qual arriben al barri baix. És una aglomeració que envolta la ciutat per tres costats: est, nord i oest; el sud dona al riu, al llarg del qual es desenvolupa la ruta anomenada *el Andén*. És el barri on hi ha els mercats, les tabernes, els caravanserralls, els banys i les cases de les classes inferiors de la població.
>
> La mesquita, que és molt bonica i gran, és a la mateixa ciutat; la presó està situada al seu veïnat. Còrdova està molt separada de les cases dels seus barris, que no hi arriben d'una manera immediata. La ciutat està admirablement disposada. Més d'una vegada he fet la volta a la muralla en una hora; és una muralla de forma circular, molt sòlida i de pedra. [...]
>
> Còrdova té set portes de ferro. És una ciutat considerable i extensa, que presenta un plànol gegant.
>
> Ibn Hawqal, *La faç de la Terra*

a) Amb quina ciutat compara Còrdova, l'autor? Explica la importància d'aquesta ciutat.

b) Quin edifici presideix la ciutat?

c) Quines construccions descriu del barri baix?

d) Quant va tardar l'autor a fer la volta a la muralla de la ciutat?

e) Com era la muralla de Còrdova?

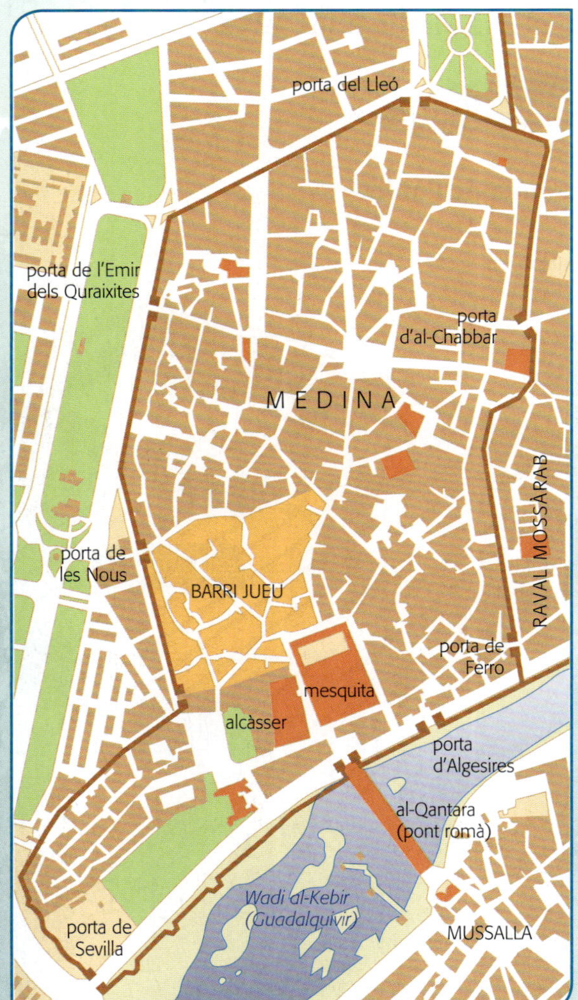

Plànol de Còrdova a l'època del califat.

▶ 3. Analitza una font primària

Heus aquí un fragment d'un tractat d'agricultura àrab del segle XI:

> Han de sembrar el blat a la terra bona, i l'ordi i el lli a la mitjana, i les faves i els cigrons a la terra humida. Els llegums temperen la terra perquè tenen les arrels curtes fora; entre els cigrons, les veces, les llenties i les herbes danyen la terra i no s'hi han de sembrar més de cinc grans en un pam, fins a set de blat, i d'ordi, de set fins a nou, i de faves, de quatre fins a set. [...]. I qui vulgui fer guaret, que el faci quan els dies són iguals que les nits, i quan llaurin la terra, que la llaurin dues o tres vegades, i que el solc sigui gran, que giri bé la terra i que en desfaci les gleves. I qui vulgui sembrar llenties, que les fregui bé amb fems de vaca secs; així naixeran més ràpidament i faran més gra.
>
> Ibn WAFID, *Tractat*

Sínia –*saniya*, en àrab–, tirada per bous o cavalls. Els àrabs van estendre l'ús d'aquesta màquina a la península Ibèrica.

a) Quin aspecte de la civilització musulmana ens mostra el text?

b) En què consisteix el guaret?

c) Quins consells dona l'autor per llaurar la terra?

d) Quin sistema recomana l'autor per adobar la terra?

e) A quins productes es refereix?

▶ 4. Analitza una crònica

El text de la dreta, elaborat per un cronista andalusí, descriu una ambaixada a Còrdova dels comtes de Barcelona.

a) Resumeix els fets narrats en el text.

b) En quina etapa de la seva evolució es trobava aleshores al-Àndalus?

c) Explica el significat de les paraules del califa.

> Havent-se presentat per veure el califa una ambaixada dels cristians d'Ifrang [comtats cristians de Catalunya], aquest els volgué omplir de por mostrant-los la magnificència de la seva reialesa. Féu estendre catifes des de la porta de Còrdova fins a la del seu palau de Madinat al-Zahra, [...], i col·locà a esquerra i a dreta del camí una doble filera de soldats, portadors de llargs sabres desembeinats que es feien tocar entre si per la punta a la manera de les bigues d'un sostre. [...] El califa havia fet recobrir el terra de peces de brocat i havia fet situar a certs indrets dignataris que haurien pogut ésser tinguts per reis, car estaven asseguts damunt magnífiques estrades i anaven vestits de brocat i de seda. [...] Estava [el califa] assegut a terra, amb el cap cot. Davant seu hi havia l'Alcorà, un sabre i un foc. «Heus ací el monarca», hom declarà als ambaixadors, que es postraren. El califa alçà la vista cap a ells i, abans no haguessin pronunciat una paraula, els digué: «Al·là ens ordena de sotmetre-us a això», i els mostrà l'Alcorà. «Si us hi refuseu, us hi forçarem amb això», i els mostrà el sabre. «I si us matem, anireu a parar aquí», i els mostrà el foc. Els enviats s'ompliren de por i per ordre del califa foren retirats sense haver pogut pronunciar un mot. Signaren la pau, i es van sotmetre a totes les condicions exigides pel sobirà.
>
> Ibn AL-ARABI (950)

▶ 5. Observa una reconstrucció històrica

Observa la reconstrucció de la ciutat musulmana de la pàgina 123, i respon les preguntes següents:

a) Localitza la mesquita principal i descriu els elements que apareixen al dibuix. Utilitza el vocabulari que has après a la lliçó.

b) Localitza el soc, o mercat, i descriu-lo.

c) Com és l'estructura dels carrers del barri que hi ha a l'altra banda del soc?

d) Per què la ciutat està emmurallada? Per què hi ha barris fora muralla?

e) Explica com funciona una sínia. Quines funcions tenen les diverses sínies del dibuix?

f) Anota les informacions que et proporciona el dibuix sobre l'agricultura islàmica.

g) Localitza el campament situat fora muralla. De qui devia ser? Quines activitats econòmiques i quin estil de vida devien tenir aquestes persones?

▶ 6. Sintetitza un text actual

El text següent, escrit per un historiador contemporani, descriu alguns aspectes concrets de la vida quotidiana a al-Àndalus:

> Els enterraments eren força senzills en totes les classes socials. Quan moria un membre d'una família pobra, les dones de la casa s'untaven la cara amb sutge i cridaven i es lamentaven de forma exagerada. En les famílies riques es llogaven ploraneres per fer el mateix.
>
> Els hispanomusulmans eren tan amants de la neteja, que d'ells es deia que abans es gastaven l'última moneda en sabó que en un tros de pa. A les cases modestes es rentaven amb un simple rentamans, mentre que les grans cases disposaven d'autèntiques banyeres de marbre o de pedra, o fins i tot de luxoses termes.
>
> Després del bany, era costum perfumar-se. Els agradaven els perfums de tipus oriental, dolços i espessos, com l'ambre gris i l'ambre natural esmicolats. Utilitzaven també essències de flors, com la rosa i la viola, i essències de llimona i de sàndal.
>
> Jesús Greus, *Así vivían en al-Ándalus*, 1994

a) El text reproduït és una font primària o secundària? Raona la resposta.

b) Resumeix cada paràgraf en una frase.

c) Busca informació sobre els perfums esmentats en el text i explica'n les característiques.

▶ 7. Elabora una biografia

Amb tota la informació que has après a la unitat, posa't en la pell d'un habitant d'al-Àndalus entre els segles x i xiii i elabora'n una biografia en primera persona.

Pots triar-ne la categoria social, la professió, el sexe i la religió (musulmà, mossàrab o jueu). En l'escrit hauries d'especificar dades de la seva vida personal –on i quan va néixer, on viu, quina família té...–, així com els seus coneixements i aprenentatges i com devia ser la seva vida quotidiana.

Activitats d'ampliació de contingut.

El que cal recordar

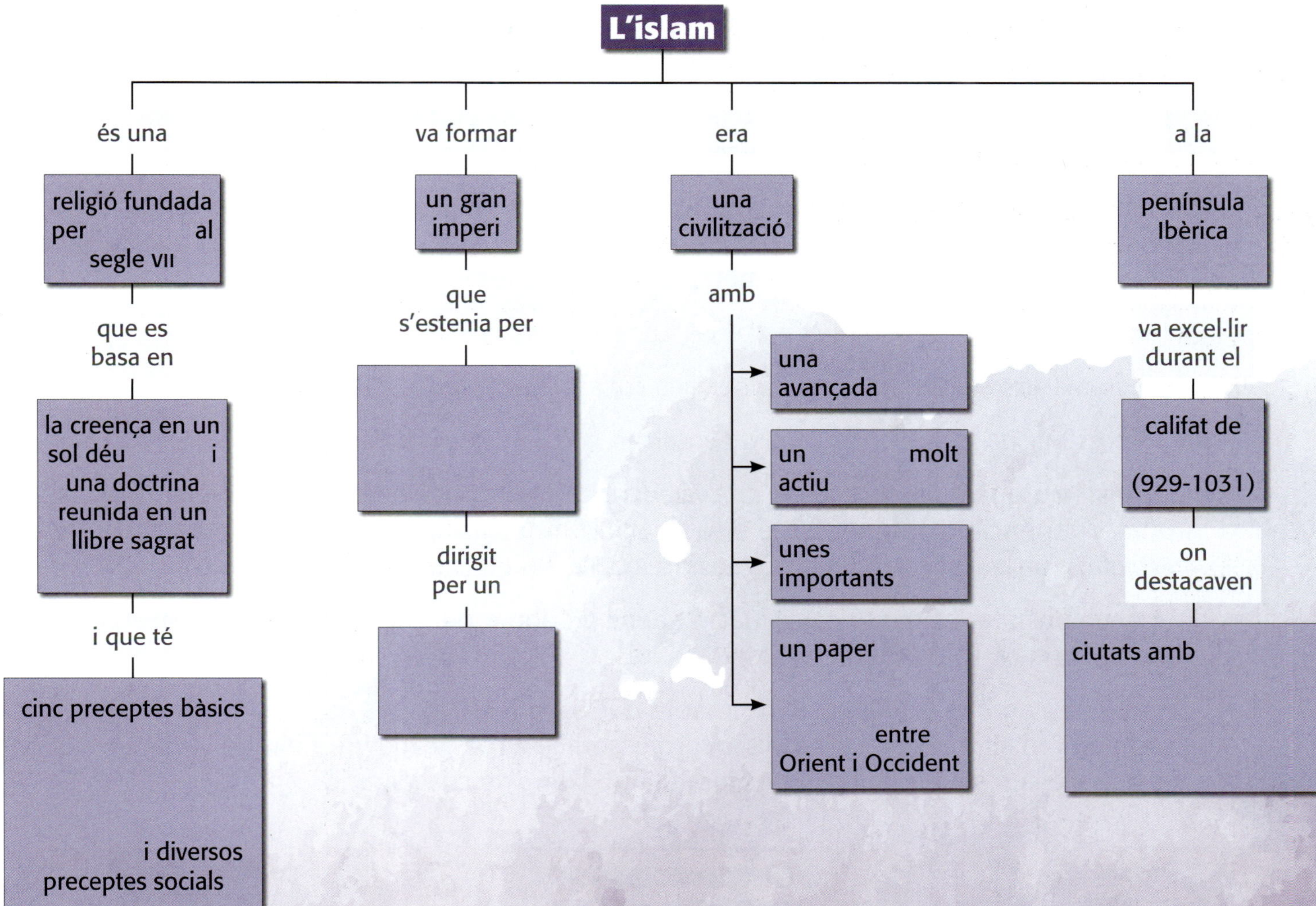

▶ Copia el mapa conceptual en un full a part i completa'l amb els conceptes que hi falten. En acabat, el pots fer servir per estudiar.

Autoavalua els teus coneixements de la unitat.

Competències en acció

6 Enllestir l'exposició i organitzar una visita

Un cop heu recopilat tota la informació que necessiteu, ha arribat el moment d'enllestir la mostra i tots els seus elements. En primer lloc, parleu amb el professor o professora de l'espai que tindreu disponible. Després, repartiu-vos les sales entre els diferents membres del grup. Ho podeu fer per preferències personals, pels vostres coneixements del tema o a l'atzar.

Cadascun de vosaltres haurà de desenvolupar l'espai dedicat a cada un dels temes i convertir la informació que heu recopilat en una mostra visual. Penseu en els cops que heu visitat un museu i en els elements que heu pogut veure a les seves sales:

- Informació escrita en forma de plafons, cartel·les, etc.
- Informació visual en forma de fotografies, mapes, maquetes, dibuixos, etc.
- Peces originals (que podeu replicar vosaltres, si us hi veieu amb cor).

A més, haureu de preparar aspectes vivencials i interactius per tal de proporcionar al visitant una experiència d'aprenentatge amena i profunda: visites guiades, presentacions, tallers, activitats, un qüestionari final de satisfacció... La imaginació és el vostre límit.

Podeu consultar l'eina de coavaluació abans de donar per bona la vostra exposició i així sabreu el que en valoraran els visitants.

Coordineu amb el professor o professora qui visitarà els vostres espais. Poden ser els pares, companys d'altres cursos o nivells, el professorat... A més, cada grup també visitarà les exposicions de la resta de grups i les valorarà amb l'eina de coavaluació.

7 Valorar el repte realitzat

Coavaluació

Després de visitar les exposicions dels vostres companys de classe, haureu d'avaluar el grau d'acompliment del repte a partir del recurs «Coavaluació de l'exposició». Feu servir una plantilla per exposició.

Grup avaluat:				
Indicadors	**Valoració**			
	NA (1)	AS (2)	AN (3)	AE (4)
S'ha distribuït la informació en diferents espais temàtics, tal com es demana al repte.				
La informació que proporciona l'exposició és acurada en cadascun dels temes.				
La informació textual està redactada de forma entenedora i sense faltes d'ortografia i sintaxi.				
Els espais compten amb elements audiovisuals que faciliten la comprensió del tema.				
L'exposició ha incorporat elements vivencials interactius que han amenitzat l'aprenentatge.				
La visita ha estat instructiva alhora que amena i entretinguda.				

Autoavaluació

Per tal d'avaluar la teva pròpia feina i la del grup en la creació de l'exposició fes servir el recurs «Autoavaluació de l'exposició».

Organització del grup.

Jo	1	2	3	4
Grup	1	2	3	4

Recopilació de la informació necessària.

Jo	1	2	3	4
Grup	1	2	3	4

Col·laboració activa i profitosa.

Jo	1	2	3	4
Grup	1	2	3	4

Aportació de solucions als problemes.

Jo	1	2	3	4
Grup	1	2	3	4

Acompliment de les tasques amb puntualitat.

Jo	1	2	3	4
Grup	1	2	3	4

Organització de l'exposició.

Jo	1	2	3	4
Grup	1	2	3	4

7. La formació d'Europa (segles VI-XII)

En aquesta unitat aprendrem què va ser l'edat mitjana i quin va ser el destí dels territoris de l'antic Imperi romà d'Occident. Sabrem quins territoris d'Europa formaven part de l'Imperi carolingi i com van aparèixer i van evolucionar els estats més importants d'Europa a l'alta edat mitjana. També veurem com va evolucionar la situació política a l'Europa oriental. Sabrem com l'Imperi romà d'Orient va perviure al llarg de tota l'edat mitjana, en coneixerem les característiques principals i analitzarem el fenomen de les croades.

El repte

Escriure un diari de viatge

«El món és un llibre i aquell que no viatja tan sols en llegeix la primera pàgina.»

AGUSTÍ D'HIPONA

Viatjar a l'edat mitjana no era fàcil ni estava a l'abast de tothom. Malgrat tot, hi va haver molta gent que va fer llargs viatges amb motivacions molt diverses. En aquest repte et proposem que et posis en la pell d'un d'aquests personatges i que **escriguis un diari de viatge** explicant les teves experiències, tal com van fer grans viatgers com Marco Polo, Ibn Battuta o Zeng He.

Per tal de fer-ho, necessitaràs tenir clars els motius que t'impulsen a viatjar (comercials, religiosos, diplomàtics, etc.) i hauràs de relatar per quins països has viatjat, quina gent has conegut i què t'hi ha succeït.

3 **Explicar el trajecte I**

2 **Traçar la ruta en un mapa**

1 **Desenvolupar els trets bàsics del viatge**

4

Explicar el trajecte II

5

Il·lustrar el diari

6

Enllestir el diari

7

Valorar el repte realitzat

Termes clau

- Carlemany
- comtats
- Imperi bizantí
- Imperi carolingi
- Imperi germànic
- vikings
- Carta Magna
- croades

Les paraules clau en imatges.

1. Les monarquies germàniques. El regne visigot

L'edat mitjana

L'edat mitjana se situa entre els anys 476 (caiguda de l'Imperi romà d'Occident) i 1492 (arribada dels europeus a Amèrica). Aquest llarg període s'ha dividit en **alta edat mitjana** (segles V-XII) i en **baixa edat mitjana** (segles XIII-XV). A causa del progrés econòmic, cultural i demogràfic que hi va haver a Europa entre els segles XI i XIII, aquest període també es coneix com la **plena edat mitjana**. Tanmateix, aquestes dates són una convenció. Els límits d'aquest període són molt més difusos i, en general, es considera que els canvis socials i econòmics que van portar de l'edat antiga a l'edat mitjana van culminar al segle VIII.

1.1. Les monarquies germàniques

Com vam veure el curs passat, nombrosos pobles d'origen germànic provinents del centre d'Europa es van instal·lar en el territori de l'Imperi romà al llarg del segle V. Amb la desaparició de l'Imperi occidental el 476, aquests pobles es van anar constituint en **regnes independents**, molts dels quals van tenir una vida molt curta, mentre que d'altres van perdurar en el temps.

En aquests nous regnes, els pobladors germànics eren una minoria enfront de la població autòctona. Això va fer que, malgrat que van mantenir gran part dels seus costums, amb el temps van acabar adoptant alguns aspectes de la cultura romana, com ara **la llengua** (el llatí), **les lleis** o **la religió** (el catolicisme). Aquest fet va acabar provocant la fusió entre els nouvinguts i la població autòctona, una fusió que va facilitar l'estabilitat i, en darrer terme, la durada d'aquests regnes. Els més importants i duradors van ser el franc a la Gàl·lia, l'anglosaxó a Britània i el visigot a Hispània.

Pel que fa a **l'economia**, els regnes germànics van heretar les estructures de l'Imperi romà tardà: la gran propietat agrària –ara en mans dels antics latifundistes romans i de la noblesa germànica–, la generalització del **colonat**, el despoblament de les ciutats i la disminució del comerç.

Els regnes germànics

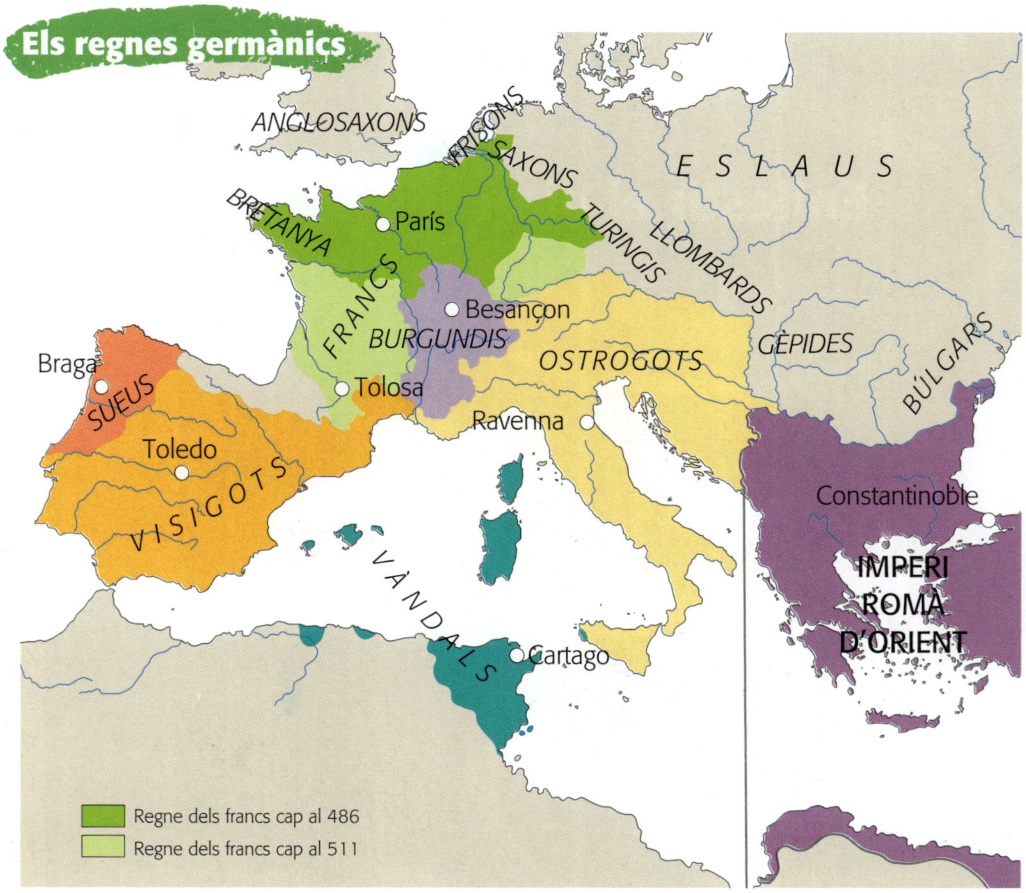

CS

1. Explica amb les teves paraules el concepte d'edat mitjana i les seves divisions. Busca a Internet les diferències entre alta, baixa i plena edat mitjana.
2. Quines eren les característiques de les monarquies germàniques?
3. Observa el mapa i digues al territori de quins estats actuals podem ubicar els regnes germànics.
4. Descriu quina era la situació de la península Ibèrica als segles VI i VII.

1.2. El regne visigot

Els visigots van ser un dels pobles germànics més romanitzats, ja que es van introduir en territori imperial a principis del segle IV. Després de dècades d'enfrontaments, l'any 418, en virtut d'un pacte (*foedus*) amb les autoritats imperials, els visigots es van instal·lar en un territori situat a cavall entre Hispània i la Gàl·lia, a canvi que expulsessin de la península Ibèrica altres pobles germànics que s'hi havien assentat.

A partir d'aquest moment, els visigots es van constituir com a regne independent, primer amb capital a Tolosa, després a Narbona i Barcelona, i finalment a Toledo.

Sota el regnat de Leovigild (573-586), els visigots van estendre el domini a pràcticament tota la península Ibèrica. Amb lleis i religions diferents (els visigots eren arrians i els hispanoromans, catòlics), la convivència entre les dues poblacions no va ser fàcil. La conversió al catolicisme del rei Recared (589) i la unificació jurídica amb la publicació del *Liber iudiciorum* van facilitar la integració de les dues comunitats.

Tanmateix, el caràcter electiu de la monarquia visigoda va facilitar la divisió, la inestabilitat política i l'enfrontament constant entre els nobles. En darrer terme, aquesta divisió va facilitar l'arribada dels musulmans a la Península l'any 711 i la desaparició del regne visigot.

La península Ibèrica al segle VI

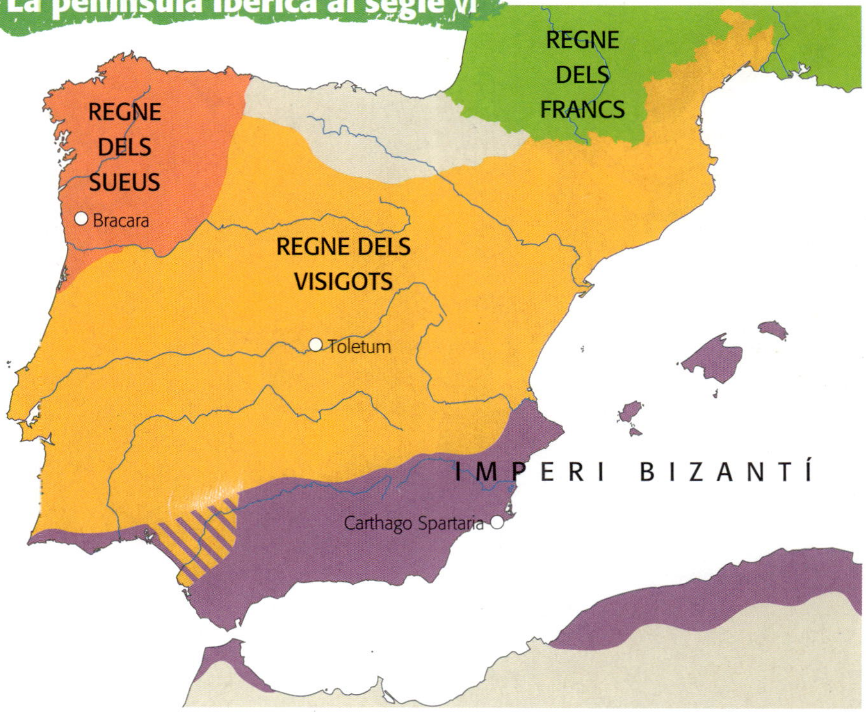

colonat: procés pel qual els camperols lliures cercaven la protecció dels grans propietaris i, a canvi, els cedien les seves terres.

Desenvolupar els trets bàsics del viatge

«I no va ressenyar res més que allò que fos estrany i desconegut, o bé conegut per relats i no cregut a causa de la seva raresa.»

Ibn Battuta, *Rihla* (1354)

En aquesta tasca hauràs de decidir quines són les característiques del teu viatge. Les motivacions poden ser moltes i dependran del caràcter que adoptis a l'hora d'escriure el diari. Recorda que un diari de viatge sempre està escrit en primera persona. Aquí tens algunes idees:

- Un diplomàtic europeu que viatja a terres dels vikings.
- Un monjo que viatja a una biblioteca llunyana per copiar un manuscrit.
- Un metge musulmà que ha de prestar els seus serveis a la cort de Carlemany.
- Un peregrí a Terra Santa.
- Un comerciant venecià de viatge a Constantinoble.

Triïs el cas que triïs, hauràs de reflectir en una introducció al teu diari les raons que t'impulsen a viatjar, el teu origen i la teva destinació.

2. El regne franc

CS

1. Anota els fets clau en l'evolució del regne franc i les seves dates. Més endavant, les hauràs d'incloure en un eix cronològic.
2. Observa el mapa i la il·lustració i respon en un text breu les següents qüestions: Quins territoris dominava Carlemany? Per què se'l podia considerar emperador i no només rei dels francs? Amb quina simbologia perseguia ser coronat pel Papa a Roma?

2.1. L'Imperi carolingi

El dels francs va ser un dels regnes més poderosos d'Europa. S'estenia per la França actual, Bèlgica, els Països Baixos i part de Suïssa i d'Alemanya. La primera dinastia que va governar aquest territori va ser la **merovíngia**, entre els segles V i VIII.

Al segle VIII la monarquia franca va passar a mans dels carolingis, coneguts així per Carles Martell, pare del seu fundador, Pipí el Breu. El seu principal monarca va ser **Carlemany**, que va regnar entre el 768 i el 814.

Carlemany va ocupar Saxònia, Bretanya, el nord d'Itàlia i el nord de Catalunya. El seu poder va arribar a ser tan gran que es considerava l'hereu legítim dels antics emperadors romans. És per això que la nit de Nadal de l'any 800 el papa Lleó III el va coronar, a Roma, emperador d'Occident.

Per administrar un territori tan extens, Carlemany va dividir l'Imperi en **comtats**, al capdavant dels quals hi havia un comte, que era designat per Carlemany. Als territoris fronterers es van constituir les **marques**, administrades per un marquès, un comte amb atribucions militars. Tanmateix, el manteniment d'un imperi tan gran era gairebé impossible, fet que va fer que es fragmentés poc després de la mort de Carlemany.

heretgia: doctrina religiosa que l'autoritat eclesiàstica considera falsa i contrària al dogma.

Coronació del rei Carlemany com a emperador d'Occident pel papa Lleó III.

2.2. Els Capet

Després d'un llarg període de declivi, al segle XI la dinastia carolíngia va ser substituïda per una nova dinastia, els **Capet**, que van emprendre una sèrie d'actuacions encaminades a redreçar la monarquia francesa:

- **Enfrontament amb la noblesa feudal.** Al llarg del segle XII, els reis francesos van anar recuperant el domini sobre els territoris controlats pels senyors feudals, que, malgrat ser súbdits del rei, governaven de manera gairebé independent.
- **Enfrontament amb Anglaterra.** Els reis francesos van dur a terme una recuperació dels dominis francesos que estaven en mans angleses i que va culminar amb la victòria de Bouvines (1214). La zona sud-occidental, però, va continuar sota control anglès fins al segle XV.
- **Control sobre Llenguadoc i Provença.** Els reis francesos també volien incorporar als seus dominis els territoris del sud de França, que eren gairebé independents i estaven molt vinculats amb els monarques catalanoaragonesos. Com veurem a la unitat 8, la monarquia franca va recuperar aquests territoris en el context de l'**heretgia** dels albigesos.

L'Imperi carolingi

2 Traçar la ruta en un mapa

«En aquest llibre trobareu totes les grans meravelles i curiositats de la gran Armènia i de Pèrsia, dels tàrtars i de l'Índia i de moltes altres províncies.»

Marco POLO, *Llibre de les meravelles* (1298)

A la tasca anterior has decidit quin és el teu origen i quina és la teva destinació. En aquesta, hauràs de traçar la ruta completa en un mapa. Per tal de fer-ho:

- Documenta't sobre quina era la ruta més habitual entre aquests dos indrets. Podria ser una ruta marítima o fluvial, podria seguir una antiga calçada romana o una caravana comercial, o es podria tractar d'una combinació de totes.
- Dibuixa un mapa en què apareguin el lloc d'origen i la destinació. Fes-ho en un full DIN A4 i assegura't de deixar-hi un bon marge de dos centímetres com a mínim.
- Fes que travessi tres regnes i faci escala en més d'una ciutat important.
- Traça-hi el recorregut amb un retolador i senyala-hi les ciutats i els regnes que travessa.

3. L'Imperi romanogermànic i els Estats Pontificis

Coronació reial d'Otó I

Van instal·lar el nou príncep al tron que havien construït allà, i donant-li les mans, prometent la seva fe i assegurant la seva ajuda contra tots els enemics, ells el van fer rei seguint el seu costum. Mentre que els ducs i els altres grans actuaven així, l'arquebisbe, amb tot el clergat i tot el poble, esperava més avall a la basílica el seguici del nou rei. L'arquebisbe, havent pres l'espasa amb la beina, i havent-se girat cap al rei, li va dir: «Tu donaràs als que estan subjectes a tu una justícia paternal, tu allargaràs la mà de la misericòrdia sobre les viudes i els orfes; no falti mai l'oli de la compassió al teu cap...».

WIDUKIND, *Historia de los sajones* (adaptació)

abat: superior d'un monestir d'homes.

bisbe: membre del sacerdoci catòlic que és cap d'una diòcesi.

Corona del Sacre Imperi Romanogermànic. Es va fer per a la coronació d'Otó I (962), tot i que després s'hi van afegir altres elements.

Al segle X van sorgir dues entitats polítiques l'origen de les quals trobem en l'Imperi carolingi. Es tracta de l'Imperi germànic i dels Estats Pontificis.

3.1. L'Imperi romanogermànic

L'any 962 l'antic territori carolingi oriental es va constituir en **Imperi romanogermànic**; aquell any, el seu rei, **Otó I**, va ser coronat emperador a Roma pel Papa. Pretenien així esdevenir els successors dels emperadors de la dinastia carolíngia.

Així, el que inicialment era una confederació de diferents pobles germànics (alemanys, francs i saxons) va esdevenir un imperi que controlaria gran part de l'Europa central i oriental entre els segles X i XII, sota el mandat de l'emperador. En contraposició amb França, el nou regne va mantenir una base essencialment federal en la qual els diferents territoris germànics van conservar gran part del poder enfront de l'autoritat imperial. Qualsevol intent de convertir el càrrec d'emperador en hereditari va fracassar, de manera que es va mantenir com un càrrec electiu.

Una altra de les característiques que definien l'Imperi era el caràcter religiós, fins al punt que a partir del segle XII es va començar a denominar Sacre Imperi Romanogermànic.

3.2. Els Estats Pontificis

Després de la caiguda de l'Imperi romà d'Occident i la desaparició de les autoritats imperials, el bisbe de Roma, el **Papa**, va esdevenir una figura política de primer ordre, reconeguda i respectada per les diferents monarquies sorgides de les invasions germàniques.

Així, el Papa no només era el cap de l'Església catòlica, sinó que també tenia un gran poder terrenal, ja que controlava directament una part d'Itàlia, cedida pel fundador de la dinastia carolíngia, Pipí el Breu, al segle VIII. A més, el Papa exercia una gran influència sobre els diversos monarques cristians, ja que fins i tot podia desposseir un rei del seu govern i atorgar els seus dominis a un altre.

El Papa i l'emperador germànic es van enfrontar perquè aquest volia controlar els nomenaments dels **bisbes** i **abats** de l'Imperi, i fins i tot el del mateix Papa. De fet, tots dos volien que la resta de monarques europeus els reconeguessin com a màxima autoritat del món cristià. Per aquest motiu, dins l'Imperi germànic van ser freqüents les lluites entre els partidaris del Papa (güelfs) i els partidaris de l'emperador (gibel·lins).

Europa l'any 1200

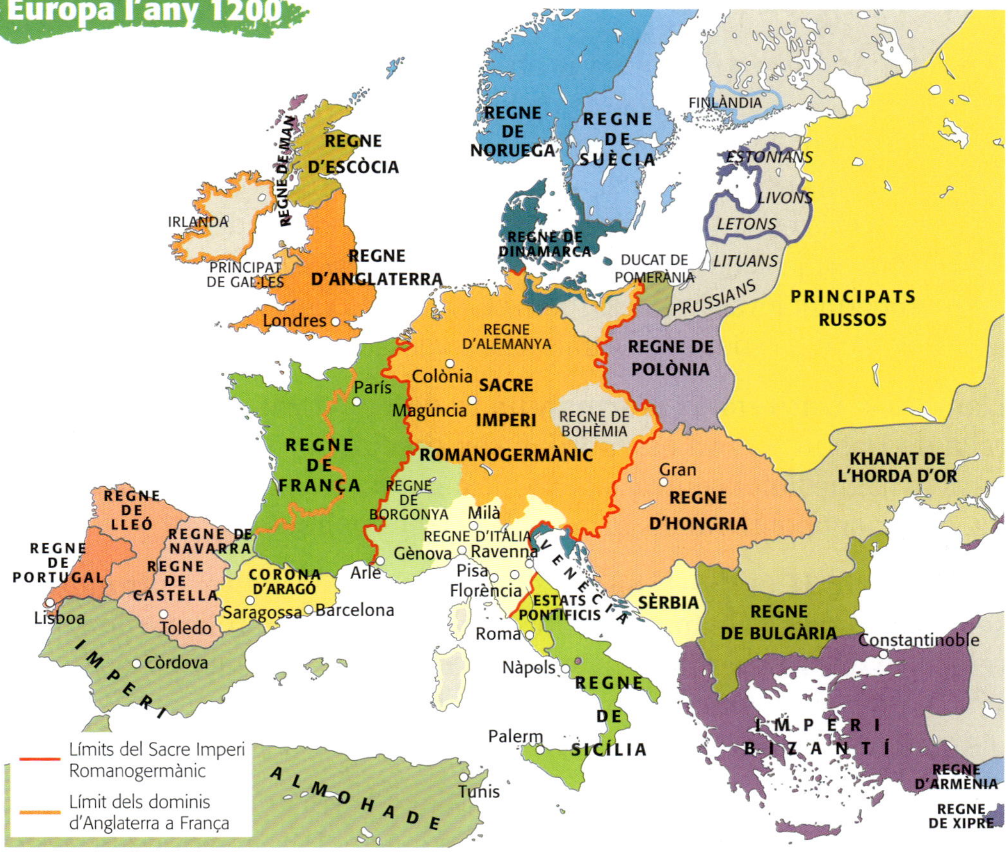

CS

1. Dibuixa el mapa d'Europa de l'any 1200 i marca-hi les fronteres del Sacre Imperi i les dels països que ocupen actualment aquest territori. Esbrina quines llengües es parlen actualment en aquests països.
2. Què vol dir que l'imperi tenia un caràcter federal? Coneixes algun país actual que sigui federal? Què implica això?
3. Explica quins poders tenia el Papa i per què es va enfrontar amb l'emperador.

3 Explicar el trajecte I

«I fins al moment he passat molt de temps al mar i he vist i travessat moltes i diverses terres [...] en què sojornen gents diferents, amb costums i lleis diverses.»

John MANDEVILLE, *Viatges* (s. XIV)

Arribat a aquest punt, és el moment de començar a escriure el diari. Anota tot allò que et pugui resultar rellevant per a la teva narració, en especial:

- Descripció dels indrets que es visiten. Situació social i política dels països travessats (religió, conflictes...). Presta especial atenció als problemes que podria tenir un viatger en aquests indrets per causes religioses o d'altres.
- Llengua i costums de les persones que coincideixen amb nosaltres en el viatge.
- Pots tenir en compte les dates per fer coincidir el teu viatge amb alguna data rellevant com, per exemple, la coronació de Carlemany o la presa de Jerusalem pels croats.

Trobaràs tota aquesta informació en els apartats que has anat estudiant en aquesta unitat i en unitats anteriors. També pots consultar Internet.

4. El nord d'Europa

4.1. Anglaterra

L'any 407 les legions romanes van abandonar Britània, fet que va provocar que la població quedés a mercè de les incursions de les tribus celtes del nord, fonamentalment els pictes. Els angles i els saxons, pobles d'origen germànic, van envair l'illa a mitjan segle V. Al segle VI ja controlaven gairebé tot el territori i es van establir en quatre regnes independents. Els britans van quedar arraconats a Escòcia, Gal·les i Cornualla. Al segle IX es va produir una important invasió danesa, però els ocupants van anar assimilant a poc a poc les característiques culturals dels anglosaxons i la religió cristiana.

L'any 1066 **Guillem de Normandia** va desembarcar a Anglaterra (batalla de Hastings) i va estendre el seu domini per tot el país. Durant anys hi hagué lluites entre la noblesa anglosaxona i la noblesa normanda, que monopolitzava els principals càrrecs polítics.

El rei **Enric II** (1154-1189) va enfortir el poder del rei enfront dels senyors feudals i va limitar els drets de l'Església catòlica. Al mateix temps, gràcies a l'herència paterna i materna, va estendre el seu domini sobre diverses regions franceses i, amb el seu matrimoni amb Elionor d'Aquitània, va incorporar aquest territori francès als seus dominis.

Posteriorment, l'any 1215, el rei Joan Sense Terra es va veure obligat a acceptar la **Carta Magna**, llei segons la qual el Parlament anglès limitava el poder reial.

L'expansió viking

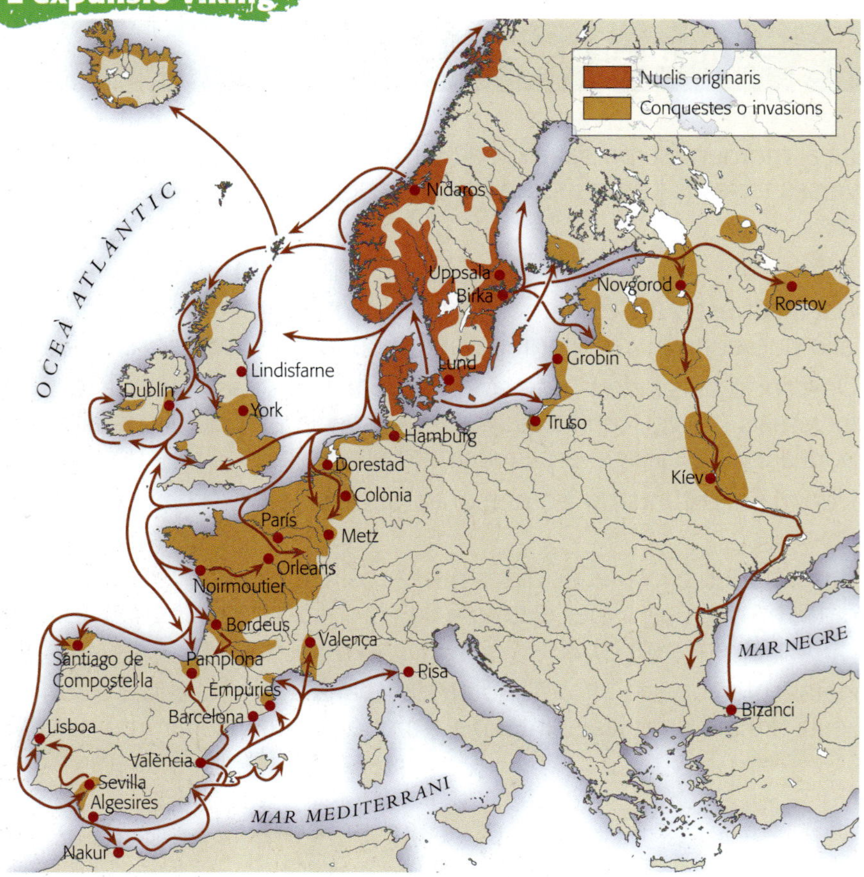

CS

1. Observa el mapa i anota els països que van envair els vikings. Quins s'esmenten al text i no apareixen al mapa? Analitza'n els noms. D'on diries que ve el nom de Normandia?
2. Elabora un eix cronològic de la història d'Anglaterra, des de la invasió de Juli Cèsar fins a la redacció de la Carta Magna.

4 Explicar el trajecte II

«A l'estiu, l'Eric va anar a viure a la terra que havia descobert i a la qual va anomenar Groenlàndia perquè, va dir ell, la gent desitjarà més anar-hi a viure si té un bon nom.»

Saga d'Eric el Roig (s. XIV)

En aquesta tasca hauràs d'elaborar la informació que has recopilat a la tasca anterior i donar-hi un format de dietari, és a dir, agrupar les teves anotacions per dies i relatar allò que t'ha succeït aquell dia en concret.

Comenta el teu dietari amb el d'altres companys de classe i enriqueix el teu relat amb idees que no se t'havien acudit.

4.2. Les invasions dels vikings

Els pobles que ocupaven la península d'Escandinàvia (**vikings** o **normands**) van dur a terme diverses incursions de saqueig per les costes europees des del segle IX. Bons mariners, els vikings van arribar a finals del segle X a Groenlàndia i, més endavant, a les costes atlàntiques d'Amèrica del Nord, que ells van denominar Vinland, i que en realitat no van arribar a colonitzar.

A començaments del segle X els vikings establerts al territori de **Normandia**, a França, es van cristianitzar i es van convertir en vassalls del rei de França, però van conservar el domini d'aquest territori. A partir del ducat de Normandia, diferents grups de normands van organitzar expedicions i, com hem vist, es van establir a **Anglaterra**. També ho van fer al sud d'Itàlia i Sicília després d'expulsar-ne bizantins i musulmans.

3. Observa i descriu la il·lustració. Hi apareix algun viking amb casc amb banyes? Comenta aquest fet amb els companys i esbrineu per què això és així. Reflexioneu tots plegats sobre les fonts d'informació històriques i per què certes informacions es donen per bones.

Piràmide social viking

5. L'Imperi bizantí

Justinià

Justinià I el Gran (Taor, 482 - Constantinoble, 565) va ser emperador de Bizanci del 527 al 565. Un cop va sufocar una important rebel·lió interna, Justinià va iniciar una sèrie de campanyes militars amb l'objectiu de conquerir bona part dels dominis de l'antic Imperi romà d'Occident. Però, al mateix temps, va haver de lluitar contra altres enemics als límits orientals de l'Imperi: els búlgars, eslaus i perses. Per mantenir l'exèrcit va apujar els impostos, fet que va empobrir molts territoris i els seus habitants.

CS

1. Enumera els territoris conquerits per Justinià i digues quins països es troben en aquests territoris actualment.

5.1. Mil anys d'història

La part oriental de l'Imperi romà va aconseguir aturar les invasions germàniques del segle V i els emperadors de Constantinoble no van renunciar mai a la seva autoritat sobre la totalitat de l'Imperi. Malgrat els intents d'emperadors com Justinià (527-565), que va conquerir diversos territoris occidentals, el cert és que els conflictes amb pobles com els perses i els musulmans van anar minvant els territoris de l'Imperi. Als segles VII i VIII els àrabs en van conquerir les zones més riques: el Pròxim Orient, tot el nord d'Àfrica i la península Ibèrica.

Bizanci va conèixer una segona època d'esplendor política, econòmica i cultural, que va durar fins a la darreria del segle XI. A partir d'aleshores, l'Imperi va veure com el seu territori era conquerit per enemics externs (sobretot búlgars i turcs) fins a la seva desaparició, com veurem més endavant (unitat 10), el 1453.

Detall del mosaic de l'església de Sant Vidal de Ravenna (547), en el qual veiem l'emperador Justinià (al centre) acompanyat del general Belisari (a l'esquerra), responsable de les seves conquestes a Occident.

L'expansió bizantina pel Mediterrani en temps de Justinià (527-565)

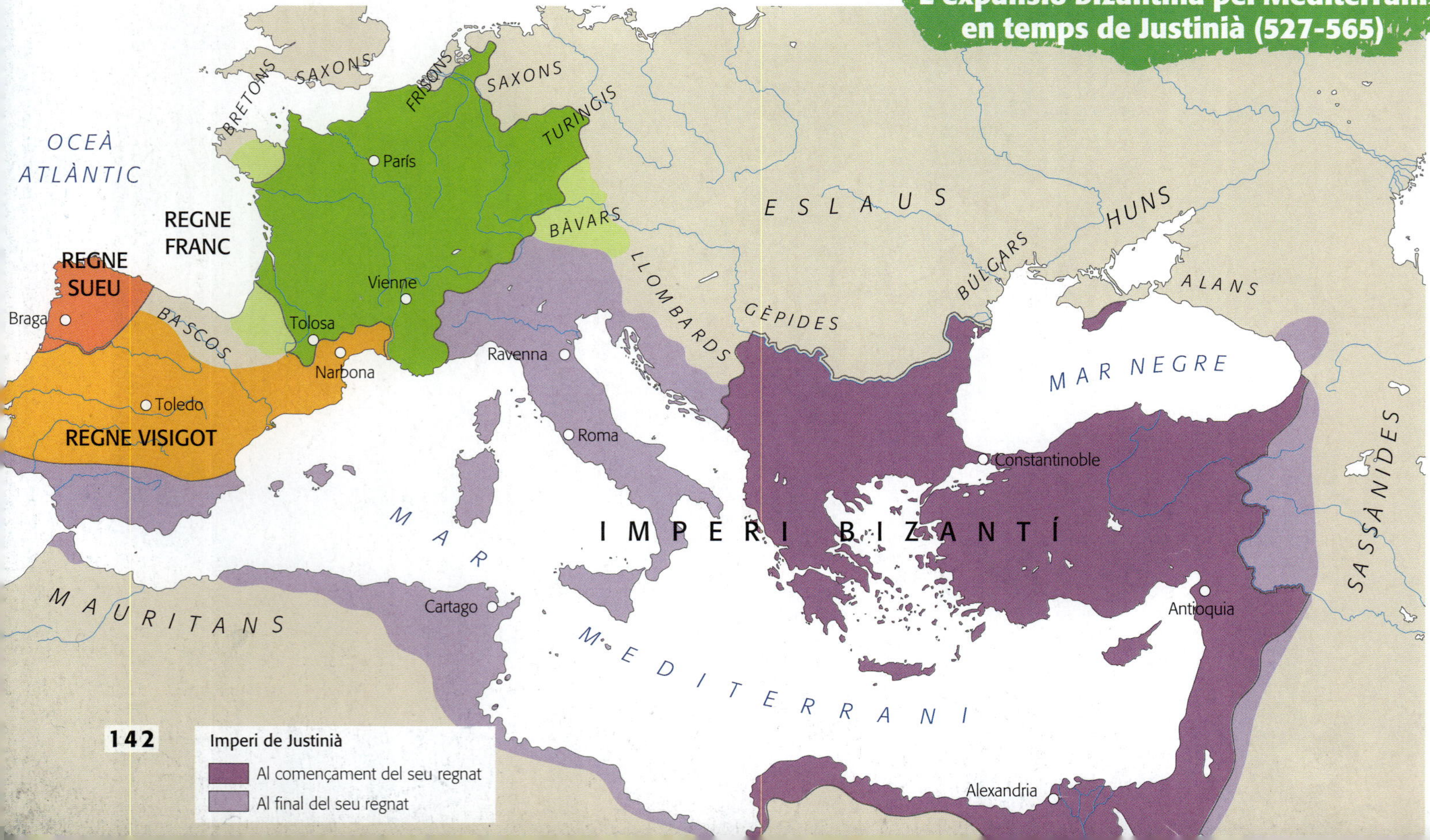

5.2. Política i societat

Bizanci era una monarquia en la qual l'emperador acumulava tot el poder polític, militar i religiós gràcies a l'exèrcit i a una burocràcia de funcionaris repartits per tot l'Imperi. Els bizantins van recopilar les seves lleis en diferents llibres, el més important dels quals era el Codi de Justinià.

La base econòmica i social de l'Imperi residia en l'agricultura. La terra es trobava majoritàriament en mans de la noblesa, tot i que també es va mantenir un sector important de petits i mitjans propietaris.

L'activitat artesanal i comercial, centrada a la capital, Constantinoble, també era molt important. Bizanci exportava articles de luxe (teixits luxosos de seda amb brocats d'or i plata, orfebreria, esmalts...). Aquesta riquesa comercial va anar caient progressivament sota el control dels comerciants venecians i genovesos, i va quedar col·lapsada al segle XIV, amb la progressiva dominació turca del territori.

CS

2. Fes un esquema de l'organització de l'Imperi bizantí. Organitza'l en funció dels conceptes de política, societat i economia.

3. Observa la il·lustració i fes una breu descripció de la ciutat de Constantinoble. Identifica-hi els elements numerats següents: *hipòdrom, Santa Sofia, port del palau, muralles, ports comercials del Corn d'Or, ports comercials del mar de Màrmara.*

Constantinoble en època de Justinià

6. La cultura i l'art bizantins

1. Al text es parla del Cisma d'Orient. Busca informació sobre aquest fet històric i escriu-ne un resum breu. Quin interès creus que podia tenir l'emperador en la separació de les esglésies?
2. Al text s'esmenta que els bizantins empraven tècniques constructives de l'època romana. Quines eren aquestes tècniques?
3. Observa els diferents exemples de pintura i mosaic. Troba-hi semblances amb l'art romànic que pots veure a la unitat 12.
4. Cerca una imatge actual de Santa Sofia i esmenta les diferències que hi aprecies respecte a la que hi ha dibuixada al llibre. Quins usos ha tingut aquesta església fins a l'actualitat?

6.1. La cultura bizantina

Des del punt de vista cultural, cal destacar l'abandonament progressiu del llatí i la seva substitució per la cultura grega. La cultura bizantina estava profundament influïda pel cristianisme, i la literatura i l'art es trobaven sota el control del poder imperial i del de l'Església. Els emperadors bizantins van afavorir la independència de l'església local respecte de l'obediència del papa de Roma. Aquesta situació va culminar l'any 1054, quan el cristianisme oriental es va separar definitivament de l'Església romana (Cisma d'Orient). Naixia així l'Església cristiana ortodoxa que ha arribat als nostres dies.

6.2. L'art bizantí

L'art bizantí és un hereu directe del romà i de les formes clàssiques. Ben aviat, però, va rebre la influència de l'art oriental i va desenvolupar unes formes pròpies.

Pel que fa a l'arquitectura, utilitzaven les **tècniques constructives romanes**. Els exteriors de les esglésies bizantines eren molt senzills i austers, i estaven construïts amb pedra i maó. Les esglésies solien tenir

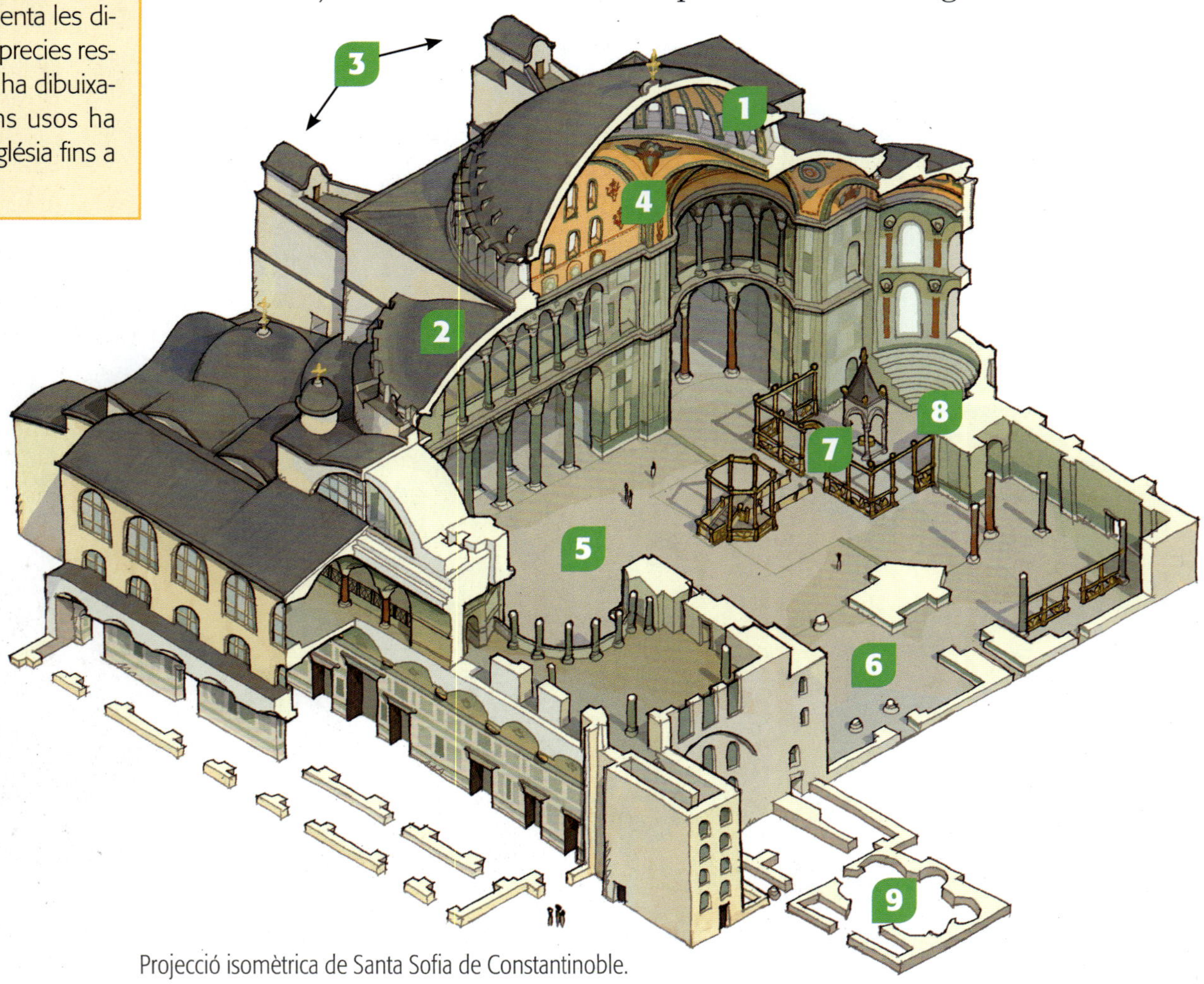

1. Cúpula
2. Semicúpula
3. Contraforts
4. Petxina
5. Nau central
6. Nau lateral
7. Altar
8. Absis
9. Baptisteri

Projecció isomètrica de Santa Sofia de Constantinoble.

planta de creu grega, i l'espai central era cobert per una cúpula, element principal del temple.

L'edifici més important de l'arquitectura bizantina és la basílica de **Santa Sofia de Constantinoble**. Va ser construïda en temps de l'emperador Justinià i inaugurada el 537. En les obres, dirigides pels arquitectes Antemi de Tral·les i Isidor de Milet, hi van participar 10 000 obrers. La seva immensa cúpula té 31 metres de diàmetre i 54 d'altura. L'arquitectura bizantina es va estendre per la península Itàlica. N'és un exemple la basílica de Sant Marc de Venècia.

Pel que fa a les **arts plàstiques**, la pintura i, sobretot, el mosaic van tenir un gran desenvolupament. La pintura podia ser mural, o bé sobre taula. Les obres pictòriques d'aquest darrer tipus es denominen **icones** i van tenir una gran difusió a Rússia. L'escultura bizantina es va especialitzar en els relleus de petit format, com ara en díptics i capses d'ivori.

Els mosaics eren fets amb petites peces, denominades *tessel·les*, de colors vius. El més usat era el daurat. Els bizantins van utilitzar els mosaics per cobrir parets, voltes i cúpules, de manera que els interiors de les esglésies eren d'una gran riquesa i sumptuositat. Els temes representats eren gairebé sempre de caràcter religiós, amb representacions de Crist triomfant (Pantocràtor), de la Mare de Déu i, en menor mesura, dels apòstols i de sants.

Els mosaics i la pintura bizantins van tenir un gran desenvolupament a Sicília, al nord d'Itàlia, i, més tard, a Rússia.

Mosaic de l'absis de l'església de Monreale (1190).

Icona de la Mare de Déu de Vladímir, tremp sobre fusta de l'any 1125.

5 Il·lustrar el diari

«Mar de les illes de les Índies, on es troben les espècies, en el qual navega gran nombre de vaixells de gent diversa. I aquí es troben tres menes de peix que s'anomenen *sirenes*, una que és mig dona mig peix i l'altra, mig dona mig ocell.»

Atles Català (1375)

Els cartògrafs de l'edat mitjana il·lustraven els seus mapes amb dibuixos d'allò que els viatgers havien relatat. Afegeix algun dibuix al mapa o al diari d'allò que has vist al teu viatge. Poden ser persones, animals fantàstics, esglésies, mesquites o altres edificis.

Revisa les unitats anteriors i la unitat 12 per veure com era l'arquitectura europea a l'edat mitjana. També pots consultar a Internet informació sobre mapes medievals, com l'*Atles Català* de Jafudà Cresques, per observar quina mena de dibuixos s'hi feien.

Església de Bodrum (any 920), a Istanbul. Des de l'exterior es pot distingir la planta de creu grega i la cúpula central.

7. L'Europa oriental i les croades

Croat amb l'armadura de mitjan segle XIII. Damunt la cota de malles duu una tela decorada amb creus, que servia per protegir-se de la calor.

Miniatura del segle XIII. Els croats bombardegen Maarat an-Numan amb caps musulmans durant la primera croada. Diverses fonts denuncien la crueltat i els abusos dels cavallers europeus a Terra Santa durant les croades.

7.1. L'Europa oriental

Pobles d'origen divers van estendre el seu domini per les terres orientals d'Europa. Entre els segles VIII i XII, l'Imperi bizantí va exercir la seva autoritat sobre gran part de la península Balcànica, tot i que va haver de fer front a veïns molt poderosos: els **búlgars** i els **hongaresos**. Una sofisticada diplomàcia i la religió ortodoxa van ajudar els emperadors bizantins a mantenir-se com a potència hegemònica de l'Europa oriental, establint pactes amb pobles tan llunyans geogràficament com els russos.

Els vikings procedents de Suècia (varegs) es van establir a **Rússia** i van fundar els principats de Novgorod i Kíev, a partir dels quals es va constituir posteriorment l'estat rus. Inicialment, els varegs van imposar el seu domini militar sobre la població autòctona eslava, però gradualment van anar adoptant els costums i les formes de vida dels eslaus.

7.2. Les croades i les seves causes

Durant els segles XI i XIII, l'Església va animar els monarques de l'Europa occidental a organitzar vuit **expedicions armades**, croades, per lluitar contra els musulmans que dominaven el Pròxim Orient, **Terra Santa**, on havia viscut i predicat Jesús de Natzaret. A banda d'aquesta **motivació religiosa**, els senyors feudals hi van veure una manera d'enriquir-se conquerint

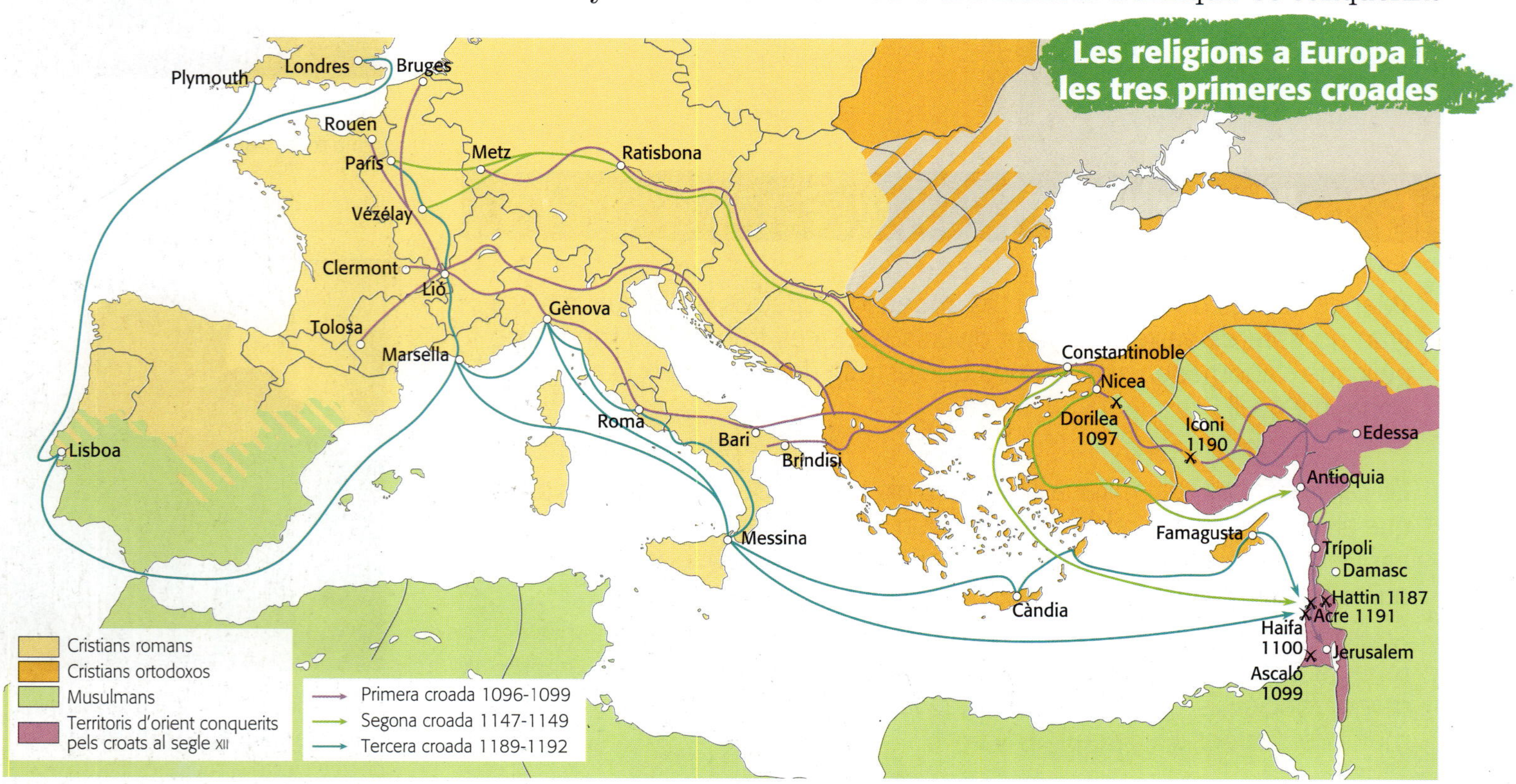

terres. A més, els comerciants occidentals van veure una oportunitat de **controlar les rutes comercials** d'Orient.

Per dirigir les croades es van crear diverses organitzacions religioses armades (**ordes militars**), com la dels cavallers de Sant Joan de Jerusalem, els cavallers del Temple (templers) o els de l'orde Teutònic.

7.3. El fracàs de les croades

Les **tres primeres croades** (1095-1192) van aconseguir l'ocupació de **Jerusalem** i altres llocs sants. No obstant això, la divisió dels croats va fer que s'establissin petits regnes independents que no van permetre consolidar els dominis aconseguits, que van tornar a caure progressivament en mans musulmanes. La **quarta croada** (1202-1204), convocada originalment contra Egipte, es va desviar a Constantinoble, que va ser conquerida i saquejada pels croats. Els interessos de les grans potències comercials com Venècia per arruïnar Bizanci expliquen aquest fet. Així, a l'interior de l'Imperi bizantí, els croats van crear un estat anomenat *Imperi llatí*, que va ser destruït al cap d'unes quantes dècades.

De la resta de croades, només la **sisena** va assolir els seus objectius: recuperar temporalment Jerusalem, que estigué sota domini cristià fins al 1244.

CS

1. Busca un mapa d'Europa al segle XII i copia'l a la llibreta. Senyala-hi per quins estats actuals van passar els croats i quins estats actuals formen part del territori que van conquerir. Situa-hi búlgars, hongaresos, russos, bizantins i altres pobles que hi apareguin.
2. Descriu la il·lustració amb les teves pròpies paraules. Quins aspectes et sobten més d'aquesta escena?
3. Quines eren les motivacions de les croades? Debateu sobre aquest tema a classe i compareu el fenomen amb intervencions recents de les grans potències en països estrangers i les seves causes.

Jerusalem durant l'ocupació croada

Activitats finals

▶ 1. Elabora un fris cronològic

Amb les dades que apareixen a la unitat, segueix els criteris que vam exposar al repte de la unitat 7 del curs anterior i amplia l'eix cronològic de la història amb tota la informació sobre les diferents realitats polítiques que has estudiat. Recorda que hi hauràs de reflectir les èpoques o períodes cronològics que has estudiat en aquesta unitat i remarcar-ne els moments de canvi i els fets més rellevants.

▶ 2. Analitza un mapa

En el tractat de Verdun de l'any 843, els nets de Carlemany es van dividir l'Imperi en tres parts.

a) Quins eren els tres nets de Carlemany?

b) Quins territoris actuals, aproximadament, va quedar-se cadascun?

c) Compara aquest mapa amb el de la pàgina 137.

d) Per què es va dividir l'Imperi de Carlemany?

▶ 3. Amplia la informació

El text que tens a continuació és d'un historiador actual que fa una valoració del llegat de Justinià i de la transformació de l'Imperi romà d'Orient.

> Els successors de Justinià, el seu nebot Justí II el Jove (565-578) i el traci que aquest va adoptar, Tiberi II (578-582), no van estar a la seva altura. Però cal tenir en compte que els últims quinze anys del regnat del mateix Justinià havien deixat l'Imperi empobrit i amb un exèrcit desorganitzat. Aquest imperi continuava sent romà per tradició, però la massa dels seus súbdits era grega. Quan es va fer la recopilació de lleis llatines, s'hi va haver d'incorporar una explicació en llengua grega per facilitar-ne la interpretació als jutges.
>
> Els ideals de la vella Roma, d'aproximació d'Orient a Occident, xocaven amb la realitat. Els temps ja havien canviat molt. No ens ha de sorprendre, doncs, que molt aviat s'anessin perdent la major part de les conquestes del regnat de Justinià. L'Imperi romà d'Orient s'havia convertit en bizantí. El seu centre i la seva força eren a Bizanci.
>
> Manuel Riu, *Lecciones de historia medieval* (traducció)

a) Quina valoració fa el text dels successors de Justinià?

b) Segons l'historiador, quina era la situació de l'Imperi bizantí en els darrers anys del regnat de Justinià?

c) Què vol dir la frase «Aquest imperi continuava sent romà per tradició, però la massa dels seus súbdits era grega»?

Moneda que representa els emperadors Justí II i Sofia. Fou encunyada a Cartago, ciutat conquerida durant el regnat de Justinià.

▶ 4. Treballa amb un text polític

Els *Dictatus Papae* són una sèrie de 27 articles que recollien l'ideari polític i religiós del papa Gregori VII. Llegeix-ne aquesta selecció i respon les qüestions:

1. Que només l'Església romana ha estat fundada per Déu.
2. Que, per tant, només el Pontífex romà té dret a anomenar-se universal.
3. Que només ell pot deposar o establir bisbes.
6. Que no hem de tenir comunió ni estar-nos a la mateixa taula dels qui hagin estat excomunicats pel Pontífex.
8. Que només ell pot usar la insígnia imperial.
9. Que tots els prínceps han de besar els peus només del Papa.
12. Que li és lícit deposar l'emperador.
19. Que ningú no pot jutjar-lo.
27. Que el Pontífex pot alliberar els súbdits de la fidelitat a un monarca injust.

Gregori VII, *Dictatus Papae* (1075)

a) Què vol dir *excomunicar*?

b) Explica amb paraules teves els poders que s'atribueix el Papa en aquest document.

c) Repassa el que has estudiat en aquesta unitat i explica per què el Papa va redactar aquest document.

d) Creus que tots els habitants de l'Imperi estaven d'acord amb el Papa? Com es denominaven els partidaris del poder de l'emperador?

▶ 5. Analitza una font primària

Els normands o vikings van fer diverses incursions i saquejos en diferents parts d'Europa. El text és un breu fragment d'una crònica del rei d'Astúries Alfons III.

Els pirates normands van tornar a arribar als nostres litorals en aquest temps. Després van continuar a Espanya i van destruir totes les zones marítimes amb l'espasa i el foc. Des d'allà, van travessar el mar, van envair Nekor, ciutat de Mauritània, i allà van matar amb l'espasa multitud de caldeus (musulmans). Finalment, van assaltar Mallorca i Menorca i les van despoblar amb l'espasa. Després se'n van anar a Grècia i al cap de tres anys van tornar a la seva pàtria.

Crònica d'Alfons III (cap al 900)

a) D'on procedien els normands?

b) Quines eren les causes de les invasions normandes?

c) Consulta el text de la unitat. Els normands es van establir de manera permanent en algun dels territoris esmentats en el text?

▶ 6. Elabora un text expositiu

A la unitat has llegit que les monarquies germàniques van adoptar alguns aspectes de la cultura romana. Elabora un text expositiu sobre aquesta qüestió. Te'n pots informar al llibre, repassant allò que vas estudiar l'any passat i a Internet. Per elaborar-lo, tingues en compte els aspectes següents:

- La religió i la llengua majoritàries entre els romans quan van arribar els pobles germànics.
- Les diferents religions que professaven els diferents pobles germànics que es van assentar al territori imperial.
- La proporció que representaven els nouvinguts germànics sobre el total de població romana dels territoris conquerits.
- Quin va ser el procés més habitual de conversió d'aquests pobles.
- Quins avantatges podien obtenir les elits polítiques germàniques de la seva conversió o de l'adopció de la llengua llatina.

▶ 7. Aprofundeix en un fenomen històric

Al text has llegit informació sobre el Sacre Imperi Romanogermànic. Aquest va tenir unes característiques singulars en molts aspectes rellevants que el converteixen en una entitat única en la història. Cerca a Internet en què van consistir aquestes singularitats i respon a les següents preguntes:

a) El sistema d'elecció dels emperadors que té l'origen en les monarquies germàniques. En què consistia? Què comportava?

b) El caràcter plurinacional. Quins pobles conformaven aquest estat?

c) El caràcter federal. Què implicava això? Quin poder tenia l'emperador? I els terroris? Quins eren els organismes decisoris?

▶ 8. Analitza un text legal del segle XIII

La Carta Magna anglesa, aprovada el 1215, limitava el poder reial i concedia importants atribucions al Parlament. Llegeix els articles que reproduïm i respon les qüestions.

> Joan, per la gràcia de Déu, rei d'Anglaterra, senyor d'Irlanda, duc de Normandia i d'Aquitània [...]
>
> 1. [...] Hem acordat també que siguin guardades a tots els homes lliures del regne, per nosaltres i els nostres hereus, a perpetuïtat, les llibertats dessota escrites, perquè les tinguin ells i els seus hereus, per nós i els nostres hereus.
>
> 16. Ningú no serà obligat a complir altres serveis més que els que degui pel seu feu de cavaller o d'una altra tinença lliure.
>
> 36. Cap home lliure no serà detingut, capturat o posat fora de la llei, exiliat o lesionat de cap manera, ni anirem ni enviarem ningú contra ell sense judici lleial dels seus parells [persones de la seva mateixa categoria], d'acord amb la llei del país.
>
> 41. Tots els mercaders podran transitar lliures per Anglaterra, sortir-ne, entrar-hi o romandre-hi, per terra i aigua, per comprar o vendre, sense cap exacció, segons els vells i justos costums, excepte quan el seu país estigui en guerra amb nosaltres.

a) Llegeix els articles del text i explica'ls amb les teves paraules.

b) Relaciona els articles amb el que has llegit al text i explica quines conseqüències va tenir l'aprovació de la Carta Magna.

c) Per què es considera un text tan important per a la història d'Anglaterra i d'Europa en general?

▶ 9. Comenta un mapa

Amb les croades, els cristians van aconseguir formar uns regnes a Terra Santa que, tanmateix, van tenir una vida curta. Comenta el mapa seguint el guió que trobaràs al recurs «Comentari d'un mapa històric».

Activitats d'ampliació de contingut.

El que cal recordar

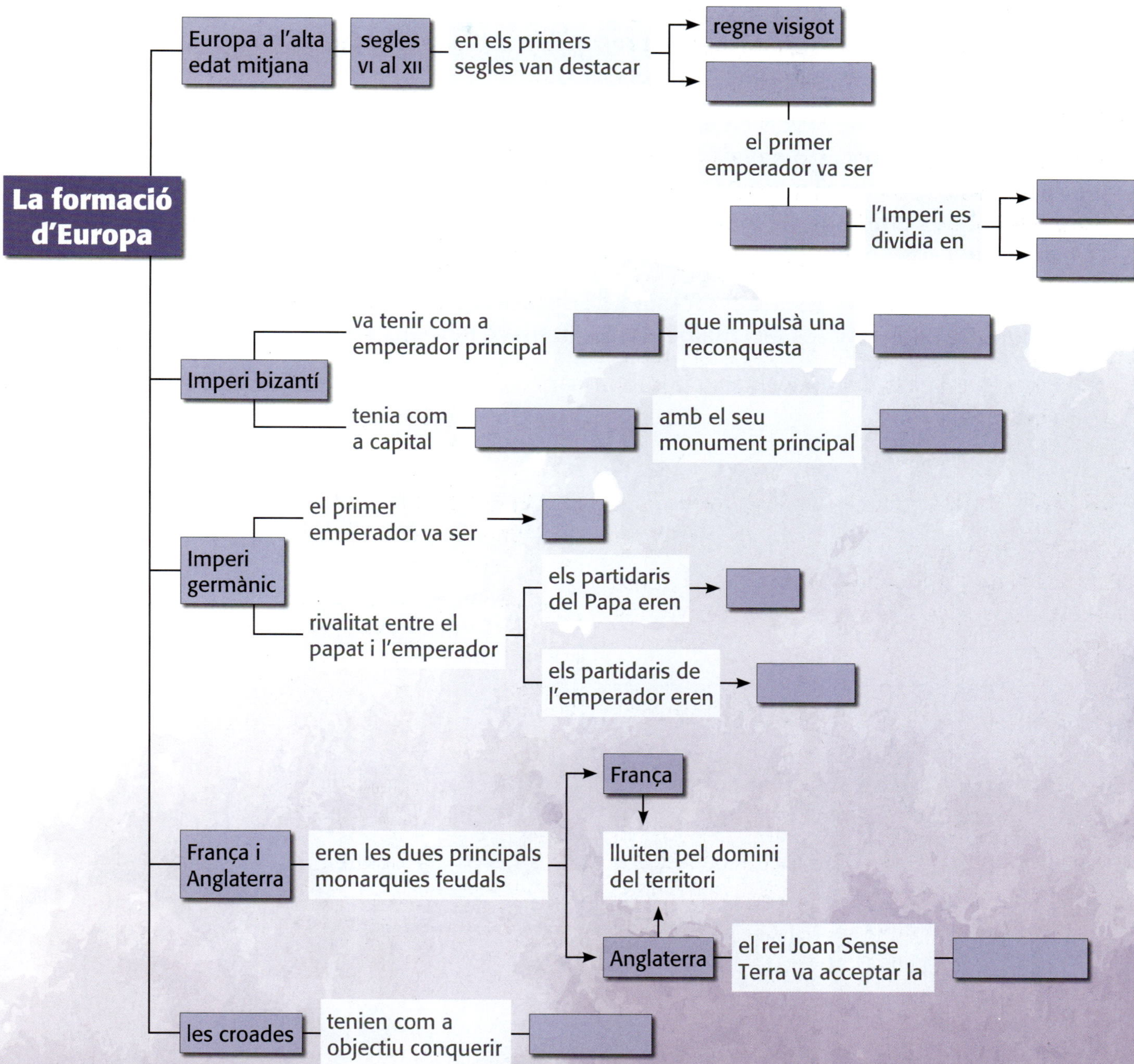

▶ Copia el mapa conceptual en un full a part i completa'l amb els conceptes que hi falten. En acabat, el pots fer servir per estudiar.

Autoavalua els teus coneixements de la unitat.

Competències en acció

6 Enllestir el diari

Ara que tens el diari escrit i il·lustrat recopila'n tot el material i fes-ne una composició amb forma de diari intercalant text, mapes i il·lustracions.

A més, si tens temps i vols crear un producte realment atractiu, et proposem que sotmetis el material a un procés d'envelliment per tal que sembli un document antic. Hi ha diferents formes. La més senzilla és que el submergeixis en te o cafè llarg (amb molta aigua) o que en facis taques emprant els mateixos productes. A més, pots enquadernar el diari amb unes tapes de cartró o, fins i tot, en pots cosir les pàgines.

Consulta al teu professor o professora d'Educació visual i plàstica com ho has de fer per garantir que el diari no es faci malbé. El resultat serà tota una troballa arqueològica!

Fes servir l'eina d'autoavaluació per repassar els punts fonamentals del diari abans de fer-ne l'entrega.

7 Valorar el repte realitzat

Autoavaluació

Per tal d'avaluar la teva pròpia feina amb la creació del diari fes servir el recurs «Autoavaluació del diari».

Indicadors	Valoració			
	NA (1)	AS (2)	AN (3)	AE (4)
He cercat informació de forma acurada, fent servir diferents fonts.				
He explicat tres regnes o territoris diferents com a mínim.				
La ruta queda clarament marcada al mapa, amb les poblacions ben situades. El mapa és versemblant.				
He explicat qui és el viatger i les raons del seu viatge, que són adequades a l'època.				
He repassat les dates per evitar errors de cronologia.				
Apareixen diferents personatges o fets històrics rellevants.				
He inclòs il·lustracions d'allò que he vist.				
He tingut cura de la redacció i l'ortografia.				

Coavaluació

Intercanvia el diari amb el d'un company o companya de classe. Per tal d'avaluar com ha desenvolupat el repte, valora de l'1 al 4 la correcció dels diferents indicadors que es detallen al recurs «Coavaluació del diari».

Regnes o territoris explicats.

Jo	1	2	3	4
Grup	1	2	3	4

Traçat de la ruta i rigor del mapa.

Jo	1	2	3	4
Grup	1	2	3	4

Motivació del viatge versemblant.

Jo	1	2	3	4
Grup	1	2	3	4

Cronologia acurada.

Jo	1	2	3	4
Grup	1	2	3	4

Aparició de personatges i fets històrics rellevants.

Jo	1	2	3	4
Grup	1	2	3	4

Il·lustracions acurades.

Jo	1	2	3	4
Grup	1	2	3	4

8. Els primers regnes cristians peninsulars (segles VIII-XII)

En aquesta unitat aprendrem quan van néixer els comtats catalans i com es va anar formant Catalunya. També estudiarem per què es van unir amb el regne d'Aragó i coneixerem els lligams que van tenir amb les terres del sud de França. Al mateix temps, identificarem la resta de regnes cristians de la Península, quan es van formar i quina va ser la seva expansió per les terres peninsulars ocupades pels musulmans.

El repte

Confrontar història i mites

L'edat mitjana és una època en la qual abunden els mites i les llegendes a l'entorn dels personatges històrics. En aquest repte treballareu un dels aspectes fonamentals pel que fa al tractament de la història: les fonts i la seva veracitat. Per ferho, estudiareu una sèrie de personatges de l'alta edat mitjana a la península Ibèrica que tenen una cosa en comú: tots són personatges històrics i, alhora, són protagonistes de fets mítics difícilment justificables històricament.

Al llarg del repte **confrontareu història i mite**, és a dir, les dues versions de cada personatge, que hauran de dialogar entre elles. Per tal de dur a terme aquest repte, haureu de treballar amb diverses fonts històriques, distingint-ne aspectes com el tipus, la procedència, la cronologia i la intencionalitat. Al mateix temps, estudiareu les fonts literàries i cinematogràfiques.

3 **Analitzar les fonts literàries (els mites)**

2 **Analitzar les fonts històriques**

1 **Triar els personatges**

4

Reflexionar sobre l'ús ideològic dels personatges

5

Estudiar el paper del cinema i la televisió

6

Confrontar les dues versions del personatge

7

Valorar el repte realitzat

Termes clau

- Marca Hispànica
- Guifré el Pelós
- Ramon Berenguer IV
- Catalunya Vella
- Catalunya Nova
- carta de poblament
- conquesta cristiana
- Corona d'Aragó

Les paraules clau en imatges.

1. La formació dels regnes cristians

Pont romà a la localitat de Cangas de Onís. Segons la llegenda, Pelai, el primer cabdill asturià, va triar aquest antic assentament romà com a capital del primer nucli polític cristià organitzat, que posteriorment esdevindria el regne d'Astúries. Sota l'arc principal podem veure la Creu de la Victòria, emblema dels reis asturians.

Com hem estudiat anteriorment (unitat 6), els musulmans van ocupar la península Ibèrica a partir de l'any 711 amb una gran rapidesa, però el domini que van exercir sobre el territori va ser molt desigual. Al nord de la Península es van limitar a cobrar tributs de la població hispànica, que conservava la religió cristiana.

1.1. El regne d'Astúries-Lleó

A Astúries es va constituir la primera entitat política cristiana que es va oposar a la dominació musulmana i ho va fer a l'entorn dels pobles asturs que ja havien resistit anteriorment la dominació visigoda. Format a començaments del segle VIII, a finals del segle IX el regne d'Astúries-Lleó ja incloïa tota la riba dreta del Duero. L'any 914 la capital es va traslladar d'Oviedo a Lleó. A començaments del segle X, el regne de Lleó exercia una hegemonia indiscutible sobre la resta dels estats cristians peninsulars, però a meitat de segle, les guerres civils i els conflictes exteriors el van afeblir molt.

1.2. Castella

El regne de Lleó, que comprenia Galícia, Lleó, Astúries i el nord de Castella, va experimentar un important creixement territorial i, a mitjan segle IX, per tal de protegir el seu territori de les incursions musulmanes, va organitzar un comtat fronterer, anomenat Castella, que posteriorment es va dividir en diversos comtats.

El territori va ser repoblat en els segles IX i X amb càntabres i bascos, que es van haver d'enfrontar a les sovintejades incursions musulmanes. A poc a poc, Castella va anar adquirint una gran autonomia. El comte Fernán González és considerat el primer sobirà que va segregar els comtats castellans del regne de Lleó a la segona meitat del segle X.

La formació dels regnes hispànics

Posteriorment va absorbir el regne de Lleó (1037), tot i que aquesta unió no es va consolidar definitivament fins el 1230, en temps del rei Ferran III. En pocs anys, el regne de Castella va esdevenir el regne cristià més fort de la Península i inicià l'expansió territorial cap al sud, sota domini musulmà.

1.3. Navarra i Aragó

Aquests territoris es van originar quan la monarquia franca va conquerir un seguit de territoris al sud dels Pirineus que va organitzar políticament com a comtats i que s'han designat fins avui amb el terme *Marca Hispànica*. Amb el temps, però, van esdevenir monarquies amb dinasties pròpies que van eixamplar els seus dominis de manera gradual. Així, l'any 987 trobem la primera referència al rei de Navarra. Aragó es va mantenir com a comtat dependent del rei de Navarra fins a la segona meitat del segle XI, quan apareixen les primeres referències a la monarquia aragonesa.

La Reconquesta

Es coneix amb aquest nom el procés d'ocupació militar i repoblació dels territoris de la península Ibèrica sota domini musulmà dut a terme pels regnes cristians del nord. Aquesta denominació, que part de la historiografia moderna considera inexacta, va aparèixer per primera vegada a les cròniques castellanes de la baixa edat mitjana. Les etapes fonamentals d'aquest procés se situen entre els segles XI i XII. Les campanyes militars cristianes es van intensificar a partir de l'any 1035, moment en què es va desmembrar el califat de Còrdova i es va posar fi a la superioritat militar i econòmica que fins aleshores havien tingut els musulmans. La reconquesta es va acabar l'any 1492 amb la conquesta castellana del regne de Granada, el darrer reducte musulmà a la Península.

CS

1. Dibuixa el mapa de l'apartat al teu quadern i marca-hi els límits de les comunitats autònomes actuals. Assenyala'n les principals semblances i diferències. Es pot establir alguna relació entre la formació dels regnes hispànics i la divisió actual?
2. Llegeix la informació sobre la Reconquesta. Penses que es pot parlar de *reconquesta*? O, més aviat, de *conquesta* i *repoblació*? En qualsevol dels casos, dona tres raons per argumentar la teva resposta i cerca una font d'un historiador que la validi.

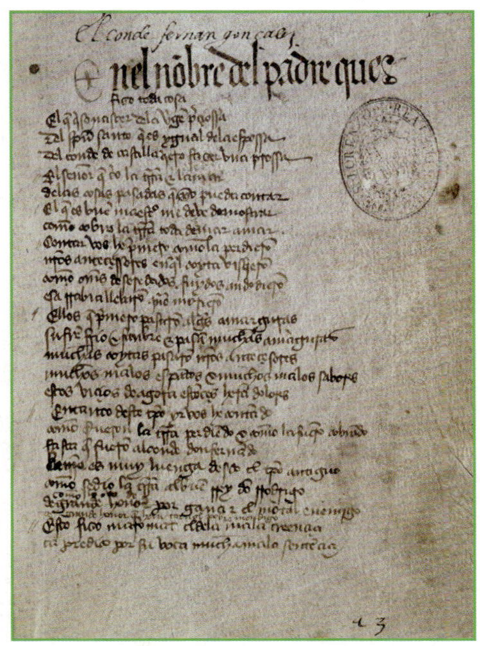

Pàgina del *Poema de Fernán González*, obra èpica del segle XIII d'autor desconegut en què s'esmenta per primer cop el paper del comte castellà com a artífex de la segregació dels comtats castellans del regne de Lleó.

Triar els personatges

En aquesta primera tasca us distribuireu en grups i us repartireu els diferents personatges, un per cada grup. Haureu de triar entre Pelai d'Astúries, Guifré el Pelós, Sança d'Aragó, Rodrigo Díaz (el Cid) i Elisabet de Portugal.

Per tal de fer-ho, consulteu el recurs «Tria de personatges», llegiu el que s'explica de cadascun d'ells i trieu el que us resulti més atractiu. Si no us poseu d'acord, els haureu de repartir per sorteig.

Un cop feta la tria, feu una cerca ràpida per esbrinar qui eren i el que coneixem d'ells, a partir del llibre i de les primeres fonts trobades a la xarxa. Feu un petit resum del que esbrineu.

2. El naixement de Catalunya

Analitzar les fonts històriques

La història s'estudia a partir de fonts que ens parlen de fets i persones. Aquestes fonts poden ser primàries o secundàries, és a dir, contemporànies als fets que narren, o escrites anys després. A més, les fonts no escrites com l'art o l'arqueologia són una gran font d'informació.

Feu una cerca de fonts primàries que parlin del personatge que heu triat i que trobareu al recurs «Les fonts primàries». Anoteu quines són, quines dades aporten, i comenteu les dificultats que heu tingut per analitzar-les.

2.1. La Marca Hispànica

La victòria dels francs enfront dels musulmans a la batalla de Poitiers (732) va situar la frontera entre tots dos als Pirineus.

Carlemany va decidir iniciar la conquesta del territori musulmà situat al sud dels Pirineus per protegir-se de les incursions islàmiques. L'any 785, Girona, Besalú, Empúries, Urgell o Cerdanya es van lliurar als francs. L'any 801, Lluís el Pietós, fill de Carlemany, va conquerir la ciutat de Barcelona. Així, els rius Llobregat i Cardener i les serralades prepirinenques lleidatanes van esdevenir frontera amb els musulmans. Una frontera que va definir l'anomenada Catalunya Vella i que no va patir canvis fins al segle XII.

Els territoris sota domini dels francs no es van constituir com una entitat política única, sinó com una sèrie de districtes anomenats *comtats*. Les cròniques carolíngies van designar aquests territoris amb el concepte geogràfic de **Marca Hispànica** a partir del segle IX.

Barcelona a l'alta edat mitjana

2.2. Organització dels comtats catalans

Inicialment, els comtats catalans eren els següents: Barcelona-Girona-Osona, Pallars-Ribagorça, Urgell-Cerdanya, Rosselló i Empúries. Aquests se subdividien en ***pagi*** i **castells termenats**.

Un **comte** governava cadascun dels comtats. Es tractava d'un càrrec inicialment no hereditari, designat pel rei franc i que podia ser destituït pel monarca en qualsevol moment. Els comtes exercien funcions fiscals (emissió de moneda, cobrament de drets sobre el comerç i les pastures, etc.). Eren responsables de defensar el territori, mantenir l'ordre públic i administrar la justícia. Els comtes estaven obligats a obeir el rei franc i a ajudar-lo amb consells, homes i diners sempre que calgués.

2.3. La independència dels comtats catalans

L'any 870 el noble **Guifré el Pelós** va aconseguir que el rei franc Carles el Calb li atorgués el govern dels comtats d'Urgell, Cerdanya i Conflent. Poc després, obtingué també els comtats de Barcelona-Girona-Osona. A la mort de Guifré, els seus fills, sense esperar la decisió del rei franc, van repartir-se els comtats i van iniciar una **dinastia comtal autòctona**, tot i que sota l'autoritat del monarca franc.

El **comtat de Barcelona** es va consolidar com el més important de tots. Al segle X Barcelona va ser saquejada pel cabdill musulmà cordovès Almansor sense que el monarca franc respongués a les peticions d'ajuda del comte **Borrell II**. Aquest va trencar el jurament de fidelitat al rei franc i Catalunya va esdevenir, de fet, un estat independent. Els reis francs no van reconèixer aquesta independència fins el 1258.

Els comtats catalans al segle X

castell termenat: petita circumscripció territorial centrada en un castell, generalment auster i de petites dimensions.

pagus: demarcació territorial de certa consideració que incloïa nuclis rurals. En són exemples Besalú, Berga o Vallespir.

CS

1. Repassa el que vas aprendre a la unitat anterior i resumeix amb les teves paraules quina era la funció d'una marca, a quins llocs se situava i qui la governava. Es complien tots tres preceptes en el cas de la Marca Hispànica?
2. Per què és important que Guifré el Pelós deixi el govern del comtat de Barcelona als seus fills? Anys després, Borrell II va anar més enllà. Quina mesura va prendre? Com va afectar això la situació dels comtats?
3. Observa la il·lustració de la pàgina anterior i descriu com era la Barcelona de l'any 1000. Quins aspectes et criden més l'atenció? Relaciona-la amb el que saps sobre la ruralització de la societat feudal i com devien ser les ciutats en comparació amb l'època romana.

Informació: «Les ciutats catalanes al segle IX».

3. La repoblació de la Catalunya Vella

Carta de poblament de Cardona (986)

Jo, Borrell, per la gràcia de Déu comte i marquès, atorgo norma, seguretat i llibertat al castell de Cardona i els seus termes i a tots els seus habitants presents i futurs, i als seus descendents, en relació amb totes les coses que posseeixen i amb tot el que pertany a l'ús comú.

I si algun fugitiu o lladre astut, delinqüent, falsificador o qualsevol adúlter pervers amb muller o dona aliena vingués a viure entre vosaltres, aquests delictes seran judicats segons la llei, perquè no és correcte que els dolents visquin en companyia dels bons.

I tingueu sempre entre vosaltres negoci honest i mercat lícit i una moneda única sense cap mena d'alteració.

Text reproduït a: Jordi Galofré, *Documents de Catalunya. Recull de textos històrics*, 1990 (adaptació)

La conquesta de nous territoris per part dels comtes catalans va anar acompanyada d'un procés de repoblació. Entre el segle VIII i el X la població del territori vivia al Pirineu, una àrea de muntanya en què la romanització havia estat menys intensa i que s'havia convertit en refugi enfront de l'ocupació musulmana. A les planes i ciutats la població era escassa i la zona de frontera estava gairebé deserta a causa de la inseguretat.

Amb el temps, les valls pirinenques es van mostrar insuficients per mantenir la població, de manera que es va produir un èxode de moltes famílies, que van ocupar terres més baixes abandonades. Posteriorment, aquesta ocupació espontània va ser substituïda per iniciatives dels comtes i altres senyors, com les cartes de poblament o franquesa, que concedien privilegis als repobladors a canvi del risc d'ocupar zones de frontera. Aquesta repoblació va tenir lloc en una sèrie d'etapes:

- 800-850: repoblació del comtat de Girona.
- 870-897: Guifré el Pelós va repoblar la vall de Lord, al nord del Solsonès; el Berguedà, i Osona. Es va reconstruir el castell de Cardona, es va restablir el bisbat de Vic i es van aixecar els monestirs de Ripoll, Sant Joan de les Abadesses i Montserrat.
- 900-935: va continuar la repoblació d'Osona i el Berguedà.
- A partir del 935: repoblació al sud del Llobregat.

L'obra repobladora de Guifré el Pelós

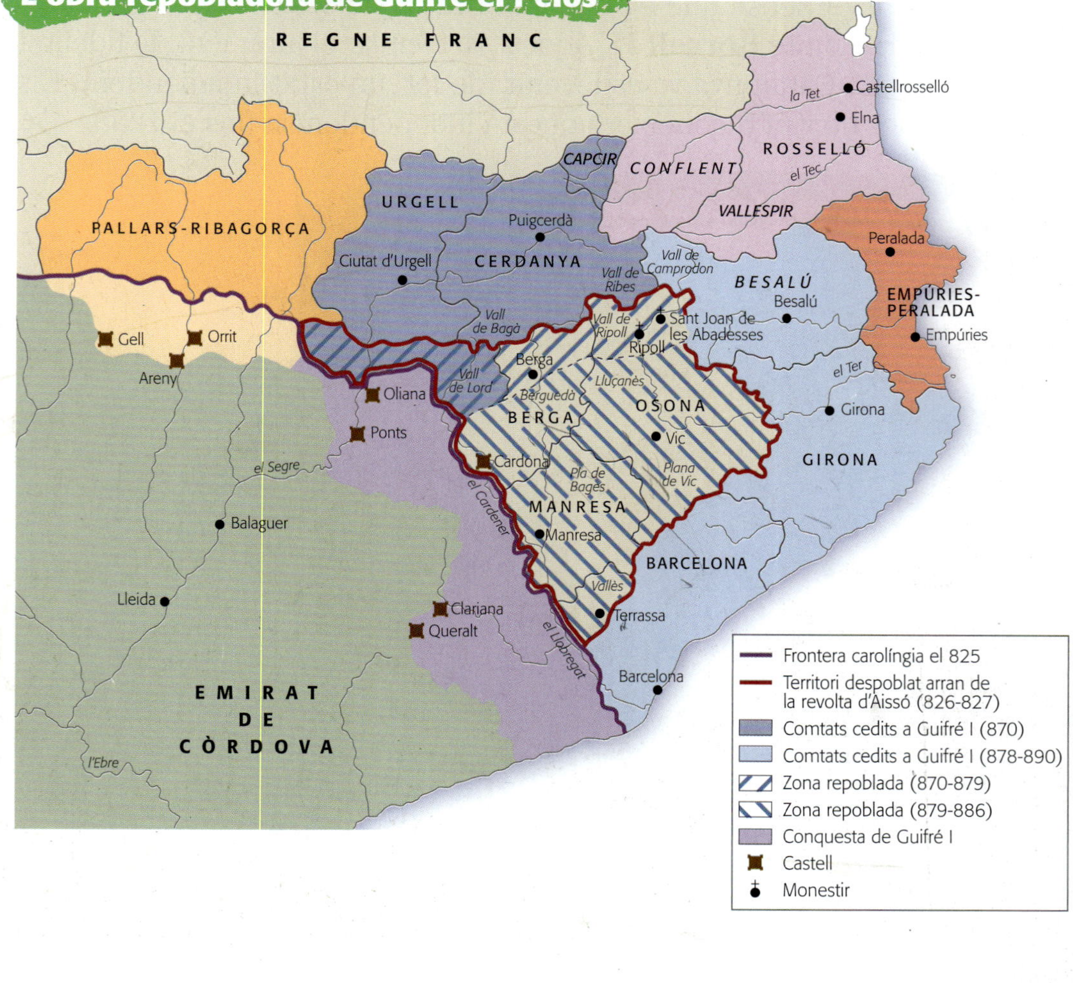

CS

1. Descriu amb les teves paraules quina era la situació de la població catalana fins al segle X i què va motivar les repoblacions.

3.1. Les condicions de vida

La majoria de repobladors provenien de les muntanyes del nord del país, però també n'hi havia d'aragonesos, occitans i mossàrabs.

Els camperols s'establien en terres que eren domini del comte, però que passaven a ser propietat dels repobladors gràcies a l'**aprisió**. Aquesta norma d'origen visigòtic permetia apropiar-se d'una terra verge després de trenta anys de possessió i explotació ininterrompudes.

Les condicions de vida dels camperols repobladors eren molt dures. A la dificultat de posar de nou en conreu unes terres abandonades s'hi afegia la perillositat inherent a la terra de frontera, amb l'amenaça constant dels malfactors, les incursions sarraïnes i els abusos de la noblesa que es resistia a perdre els seus privilegis i controlava el territori a través d'una xarxa de castells termenats.

CS

2. Treballeu per parelles. Sou un matrimoni del segle X-XI que viu al Pirineu. Un de vosaltres defensa traslladar-se a zones de repoblació, mentre que l'altre s'estima més seguir vivint al mateix lloc. Transcriviu una conversa entre tots dos en què cadascú defensi la seva posició. Preciseu on viviu, on aniríeu i els pros i contres de cada opció.

3. Fes una descripció del dibuix i de les activitats que s'hi duen a terme.

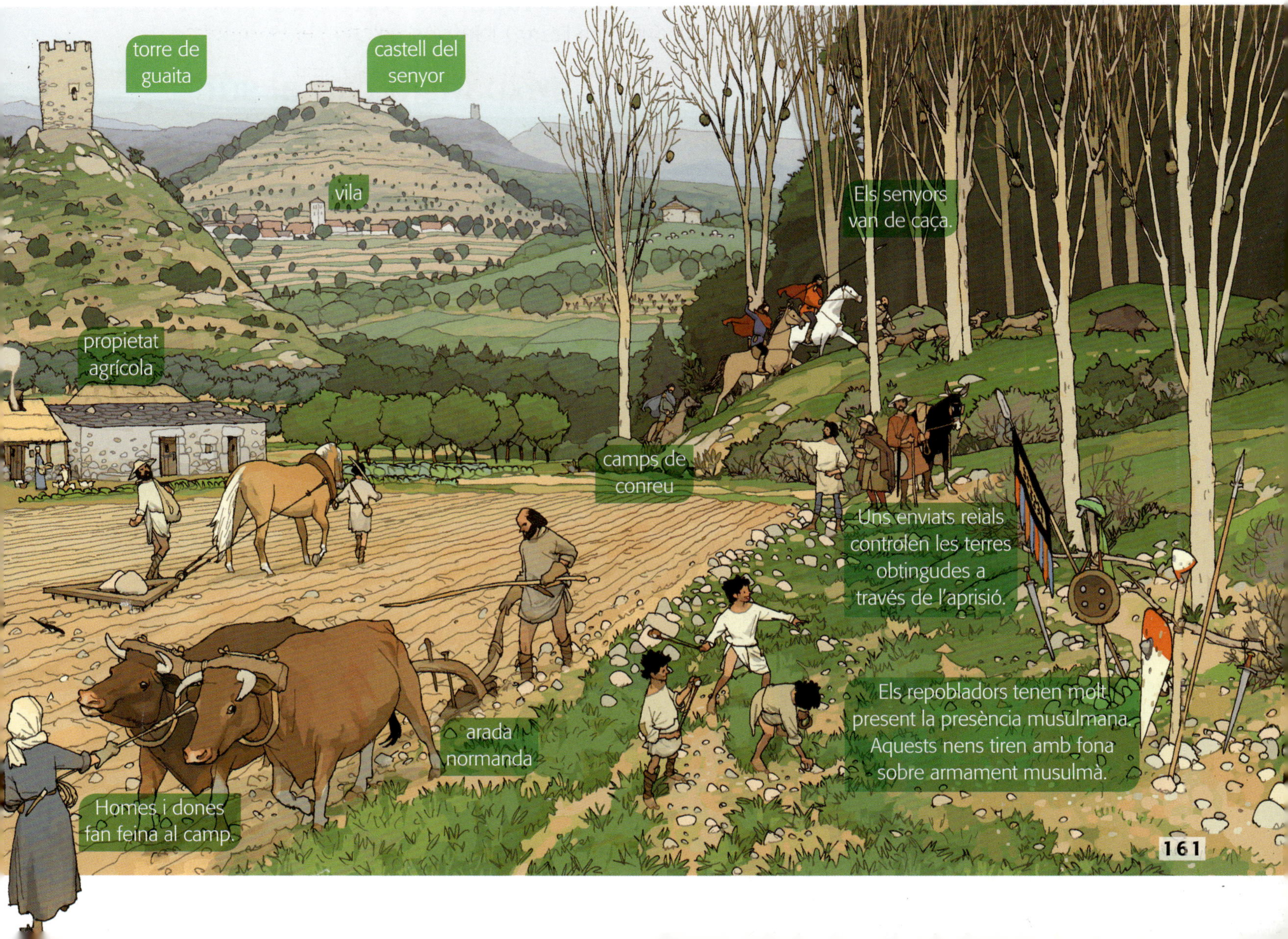

4. Expansió dels regnes cristians: Lleó, Castella i Portugal

La península Ibèrica l'any 1060

Frontera entre els regnes cristians i els musulmans

La península Ibèrica al segle XIII

Frontera entre els regnes cristians i l'imperi almohade a l'inici de la batalla de Las Navas de Tolosa l'any 1212

4.1. La conquesta castellana de Toledo

Durant els segles XI i XII, després del desmembrament del califat de Còrdova, Castella i Lleó van ocupar la part meridional de la **vall del Duero** i la **vall del Tajo**. L'episodi més transcendental d'aquesta etapa va ser l'ocupació cristiana del regne de taifa de **Toledo** (1085), que incloïa localitats com Talavera, Guadalajara i Madrid. Els musulmans almoràvits van intentar recuperar Toledo en diverses ocasions, però, malgrat alguns èxits inicials, no ho van aconseguir.

L'hegemonia del regne castellanolleonès va dur el rei Alfons VII a autoproclamar-se emperador l'any 1135. Tanmateix, la inestabilitat política, amb nombroses revoltes urbanes i camperoles, va propiciar la secessió de **Portugal**, que va proclamar la seva independència l'any 1139.

4.2. L'expansió cap al sud

Al llarg del segle XII, els regnes cristians van ampliar de manera important els seus dominis. Alfons I de Portugal va conquerir Lisboa el 1147, alhora que Ferran II de Lleó ocupava el nord d'Extremadura. Per la seva part, Castella va conquerir –amb l'ajut de les repúbliques de Pisa i Gènova, i la col·laboració catalanoaragonesa– l'estratègica ciutat d'Almeria.

De manera paral·lela, el rei de Castella i el comte de Barcelona van signar el **tractat de Tudillén** (1151),

Analitzar les fonts literàries (els mites)

A banda de la informació històrica, el personatge que heu triat presenta un caràcter llegendari o mític que es relata en cròniques, poemes o d'altres produccions literàries. En general, aquestes obres tendeixen a magnificar la figura històrica i aporten dades que no estan contrastades, com batalles, intervencions divines i miracles, exageracions de fets històrics, etc.

Donat que aquests fets són difícilment comprovables, com creieu que han de ser tractats aquests textos per part dels historiadors? La resposta sol estar en la intenció de la font literària en qüestió. Entre tots els membres del grup consulteu les fonts proposades al recurs «Els mites». Anoteu allò que diuen del personatge i en quin moment van ser escrites. A més, mireu de detectar si la versió que ofereixen pot tenir alguna intenció al darrere: legitimar un règim polític, justificar una trajectòria o una actuació concreta, glorificar el passat, etc.

pel qual es fixaven els límits de l'expansió castellana i catalanoaragonesa: la corona d'Aragó s'expandiria en el futur pels regnes musulmans de València, Dénia i Múrcia, mentre que Castella ocuparia la resta d'al-Àndalus.

Uns quants anys més tard, els monarques castellà i català van signar el tractat de Cazorla (1179), que va rectificar parcialment l'anterior i va disposar que el regne de Múrcia esdevindria zona d'ocupació castellana.

La reorganització dels regnes de taifes després de la invasió almohade va dificultar molt l'expansió dels regnes cristians. La **vall de l'alt Guadiana** va ser l'escenari de nombrosos enfrontaments entre els exèrcits castellans i musulmans. Davant d'aquesta situació, el papa Innocenci III va promulgar una croada, i un exèrcit castellà, catalanoaragonès i navarrès va obtenir la victòria a **Las Navas de Tolosa** (1212), fet que va accelerar l'expansió dels regnes cristians pel sud de la Península.

Recreació d'un senyor de la guerra de l'alta edat mitjana.

CS

1. Observa els mapes i comenta els canvis que hi ha entre tots dos respecte dels regnes de Castella, Lleó i Portugal. Quin fet polític del segle X del cantó musulmà va precipitar la conquesta cristiana?
2. Observa la il·lustració i descriu-la. Tens alguna manera de saber que es tracta d'un cavaller cristià? Amb la informació sobre els senyors de la guerra fes una petita redacció sobre com devia ser la vida d'aquests guerrers a la frontera.

Els senyors de la guerra

Al segle XI la península Ibèrica era un territori molt conflictiu. La guerra era una realitat quotidiana que afectava, d'una manera o altra, el conjunt de la societat. Però per a molts la guerra era també un mitjà de vida. Els enfrontaments principals es van produir entre els regnes cristians i els musulmans, però també hi va haver guerres entre els regnes cristians i conflictes civils dins un mateix regne.

En aquest context, van aparèixer arreu dels regnes cristians veritables senyors de la guerra, que tenien a les seves ordres un nombrós exèrcit que vivia del botí dels territoris saquejats, ja fossin cristians o musulmans. Un d'aquests senyors va ser el cavaller castellà Rodrigo Díaz de Vivar, més conegut com el *Cid Campeador*.

5. L'expansió dels regnes hispànics. Navarra i Aragó

Sanç III el Gran

Sanç III el Gran es pot considerar el primer monarca europeu de la Península, on va exercir un autèntic protectorat en la part cristiana. Com a defensor i cunyat de l'infant Garcia de Castella, intervé en aquest comtat i s'enfronta al monarca lleonès, el títol imperial del qual utilitza quan ocupa la ciutat de Lleó; també actua com a àrbitre en les disputes internes del comtat barceloní. No sense raó pot afirmar que el seu regne s'estén des de Zamora fins a Barcelona.

L'autoritat de Sanç sobre les terres cristianes és molt desigual. En alguns casos es fa efectiva mitjançant l'ajuda militar als seus aliats; en d'altres la seva hegemonia és reconeguda gràcies a una combinació de la diplomàcia i les armes.

José Luis MARTÍN, *La Península en la edad media* (adaptació)

CS

1. De quin regne proper provenien els repobladors d'Aragó i Castella? Quins elements afavorien la repoblació? Quins la perjudicaven? En un primer moment, els reis cristians van afavorir que els musulmans –els mudèjars– es quedessin a les seves terres. Per què?
2. Recupera els mapes de l'apartat anterior i completa el teu comentari amb la informació que es recull en els dos primers punts d'aquest apartat.

5.1. Navarra

El regne de Navarra va tenir un paper hegemònic entre els estats cristians peninsulars durant el regnat de **Sanç III el Gran** (1005-1035). Aquest monarca va incorporar al seu regne Castella i gran part de Lleó, i el comte de Barcelona en va ser vassall. Tots els territoris annexionats van conservar la seva personalitat i, a la mort del rei, van recuperar la seva independència.

Tanmateix, situat entre Castella i Aragó, i sense fronteres amb al-Àndalus, el regne de Navarra no va poder créixer territorialment cap al sud, de manera que la seva influència política en el conjunt dels regnes cristians de la Península va anar disminuint amb els anys.

5.2. Aragó

Ramir I, fill bastard de Sanç III, va heretar Aragó a la mort del seu pare l'any 1035. El nou monarca va ampliar els seus dominis i va annexionar els comtats de Sobrarb i Ribagorça. Pere I va conquerir Osca i Barbastre (1100). Anys més tard, el rei **Alfons I el Bataller** (1104-1134) va dominar la vall de l'Ebre amb les conquestes de Saragossa (1118), Tudela, Calataiud i Daroca. Al mateix temps, el rei aragonès va organitzar expedicions militars a València, Múrcia i, fins i tot, a Còrdova.

Però la mort del rei Alfons I el Bataller va plantejar un greu problema successori. El rei havia mort sense fills i els nobles, les viles i l'Església aragonesa no van acceptar el seu testament, que deixava tot el regne als **ordes militars** del Temple, de l'Hospital i del Sant Sepulcre. Per això, els estaments dirigents van elegir un nou rei en la persona de **Ramir II** el Monjo, germà del rei difunt i bisbe de Barbastre.

Castell romànic de Loarre, a la província d'Osca (Aragó). La seva construcció va ser encarregada per Sanç III per assegurar la frontera del seu regne.

5.3. La repoblació

A mesura que avançava la conquesta, s'anava desenvolupant el procés de repoblació, és a dir, l'assentament de cristians del nord en les noves terres ocupades. Els monarques, a fi d'afavorir el desplaçament dels cristians cap a les valls del Duero i del Tajo, concedien molts drets (furs) als nuclis urbans de la zona i organitzaven l'ocupació de les terres de conreu. Entre els repobladors de la vall del Tajo hi havia una important presència de francs.

Quant a la població musulmana, alguns van restar sota domini cristià (**mudèjars**) i d'altres van preferir traslladar-se cap al sud, per refugiar-se en terres controlades pels islàmics.

Al segle XII, la repoblació de la Manxa i Extremadura, terres de frontera i, per tant, molt insegures i perilloses, va quedar a mans d'ordes militars (Calatrava, Alcántara i Sant Jaume), que van crear grans dominis poc poblats i dedicats fonamentalment a la ramaderia. També es va procedir a la repoblació de vells territoris cristians, com el litoral cantàbric. En moltes ocasions l'acció repobladora va anar a càrrec del nou orde monàstic del **Cister**.

A la vall de l'Ebre, atesa la feblesa demogràfica d'Aragó, els reis aragonesos van repoblar el territori amb **mossàrabs** procedents d'al-Àndalus i francs.

Cister: orde monàstic benedictí fundat pel monjo Robert de Molesme el 1098. El principal difusor de l'orde va ser Bernat de Claravall.

mossàrabs: cristians que vivien en territori musulmà.

mudèjars: població de religió musulmana que vivia en territori sota domini dels reis cristians.

Pintura del segle XIX que representa de forma idealitzada Alfons I d'Aragó i Pamplona, anomenat *el Bataller*, un monarca clau en l'expansió del regne d'Aragó en territori musulmà.

Miniatura del segle XIII que representa la donació de la vila d'Uclés (Conca) al mestre de l'orde de Sant Jaume per part del rei Alfons VIII de Castella. A dalt es pot veure el penó de l'orde, amb l'apòstol Sant Jaume.

4 Reflexionar sobre l'ús ideològic dels personatges

En aquesta tasca anirem una mica més enllà i us demanarem que reflexioneu sobre l'ús que es pot fer dels personatges històrics. De la mateixa manera que succeïa amb les fonts primàries, també les fonts secundàries poden fer un ús tendenciós dels personatges i els fets històrics per justificar règims i realitats polítiques, religioses o nacionals.

Feu una cerca a les fonts proposades al recurs «Els historiadors» i esbrineu si el personatge que heu triat ha estat utilitzat en temps més recents d'alguna manera. Haureu d'anotar quin paper atorga la història al personatge i com el tracten diferents fonts, historiadors o llibres més o menys actuals. Aquí te n'oferim una mostra respecte del Cid:

«El Cid venció a los moros en numerosas batallas, les conquistó la ciudad de Valencia, y, sin rencor, la puso a la disposición de su rey. Por su lealtad y grandes virtudes es considerado un modelo de caballero cristiano.»

Enciclopedia Álvarez, tercer grado (1964)

«Un enemigo de su patria, violador de iglesias, cruel, perjuro; un mercenario, una especie de *condottiero* del siglo XI, ansioso de gloria y de botín.»

Antonio BALLESTEROS, *La España del Cid* (1931)

6. Catalunya, entre Aragó i Occitània

L'heretgia albigesa

L'heretgia càtara o albigesa va néixer a Bulgària i es va estendre pel nord d'Itàlia, Flandes, la regió del Rin i, sobretot, pel sud de França, on va gaudir de la protecció d'alguns nobles. Els càtars negaven el caràcter diví de Crist (el consideraven només un àngel) i predicaven la purificació de l'ànima mitjançant el menyspreu del cos, l'abstinència de certs menjars i, fins i tot, el rebuig del matrimoni. L'heretgia va ser combatuda aferrissadament per l'Església catòlica, que va organitzar una croada i va establir un tribunal especial per destruir-la: la Inquisició.

Informació: El Casal de Barcelona.

Contracte matrimonial entre Ramon Berenguer IV i Peronella

En nom de Déu, jo, Ramir, per la gràcia de Déu rei d'Aragó, et dono a tu, Ramon, comte de Barcelona i marquès, la meva filla per muller juntament amb tot el meu regne d'Aragó, íntegrament respectant els drets i costums que el meu pare Sanç i el meu germà Pere van tenir al seu regne. I t'encomano a tu tots els homes de l'esmentat regne amb homenatge i jurament a fi que et sien fidels sense cap frau ni deslleialtat, a fi que et sien fidels en tot l'esmentat regne i en tots els llocs que hi pertanyen, salvada la fidelitat deguda a mi i a la meva filla. També, totes aquestes coses susdites, jo, el mencionat rei Ramir, et faig de tal manera a tu, Ramon, comte de Barcelona i marquès, que si la meva filla morís prematurament i tu encara visquessis, tinguis la donació de l'esmentat regne de manera lliure i immutable.

6.1. La unió amb Aragó

Al llarg del segle XI, el comtat de Barcelona va consolidar el seu lideratge sobre la resta de comtats catalans. Els seus comtes imposaven tributs (**paries**) als regnes de taifa de Lleida, Tortosa i València, i organitzaven expedicions de saqueig contra les ciutats d'al-Àndalus. El comtat d'Urgell es va eixamplar considerablement amb la conquesta de Balaguer (1106), mentre que el de Barcelona va ocupar Tarragona (1116).

L'any 1137, **Ramir II** d'Aragó va decidir vincular el seu regne al comtat de Barcelona per mitjà del matrimoni de la seva filla Peronella, que només tenia un any, amb el comte de Barcelona, **Ramon Berenguer IV** (1131-1162). Celebrat el casament, Ramon Berenguer va governar Aragó, tot i que Ramir II va conservar fins a la seva mort el títol de rei.

Aquest fet no va ser cap fusió, sinó una **unió dinàstica**, ja que cada territori conservava les seves lleis, costums i tradicions, i tan sols tenien en comú la persona del monarca. Així és com va néixer una nova entitat política: la **corona d'Aragó**, també coneguda com a *confederació catalanoaragonesa*. Des d'aleshores, els comtes de Barcelona van ser també reis d'Aragó.

6.2. L'expansió territorial

Poc temps després de la unió amb Aragó, Ramon Berenguer IV va ocupar Tortosa (1148), Lleida (1149) i Prades, el darrer reducte musulmà a Catalunya (1153). Aquestes terres formen la **Catalunya Nova**, territori on la presència musulmana va deixar empremtes ben clares en els topònims (noms de lloc) i en l'agricultura, amb l'extensió dels regadius.

Alfons I el Cast (1162-1196), fill de Ramon Berenguer IV, va ser el primer rei d'Aragó i comte de Barcelona. Va aconseguir completar l'obra del seu pare, amb la incorporació al comtat de

Estudiar el paper del cinema i la televisió

En aquesta tasca us demanem que cerqueu la informació sobre el vostre personatge que proporcionen els mitjans audiovisuals com el cinema, els documentals o les sèries de televisió. Això us permetrà completar la imatge que teniu sobre el personatge i veure si la cultura actual fa més cas de la versió històrica o de la versió llegendària. Anoteu tots aquests aspectes.

Barcelona dels comtats del Rosselló i del Pallars Jussà. També va engrandir els dominis del regne d'Aragó.

6.3. L'expansió catalana per Occitània

Durant dos-cents anys, els comtes catalans van intentar estendre els seus dominis a Occitània (sud de França). Ramon Berenguer I (1035-1076) va iniciar aquesta política amb l'adquisició del comtat de **Carcassona**, i Ramon Berenguer III (1097-1131) va incorporar la **Provença** i altres territoris occitans als seus dominis mitjançant un pacte matrimonial.

Aquesta expansió, però, topava amb l'oposició del rei de França i del comte de Tolosa. A finals del segle XII es va expandir per les terres occitanes l'heretgia dels **albigesos**. El rei de França va enviar-hi un exèrcit per combatre els nobles occitans que protegien l'heretgia i annexionar-se els seus territoris. El monarca català, **Pere el Catòlic** (1196-1213), va anar a lluitar contra les tropes franceses, però va ser derrotat a la batalla de Muret (1213), que va posar fi a la presència catalana a Occitània.

CS

1. Amb la informació de l'apartat i allò que vas aprendre a la unitat 7, resumeix l'evolució de la situació política d'Occitània des del segle XI fins al segle XIII.
2. Llegeix el text del contracte matrimonial. Quins personatges hi apareixen? Què dona i què rep cadascun? Explica amb les teves paraules la unió entre els comtats catalans i el regne d'Aragó i quina entitat política en va sorgir. Para atenció al concepte d'unió dinàstica i explica'l.

Unió amb Aragó i expansió per Occitània

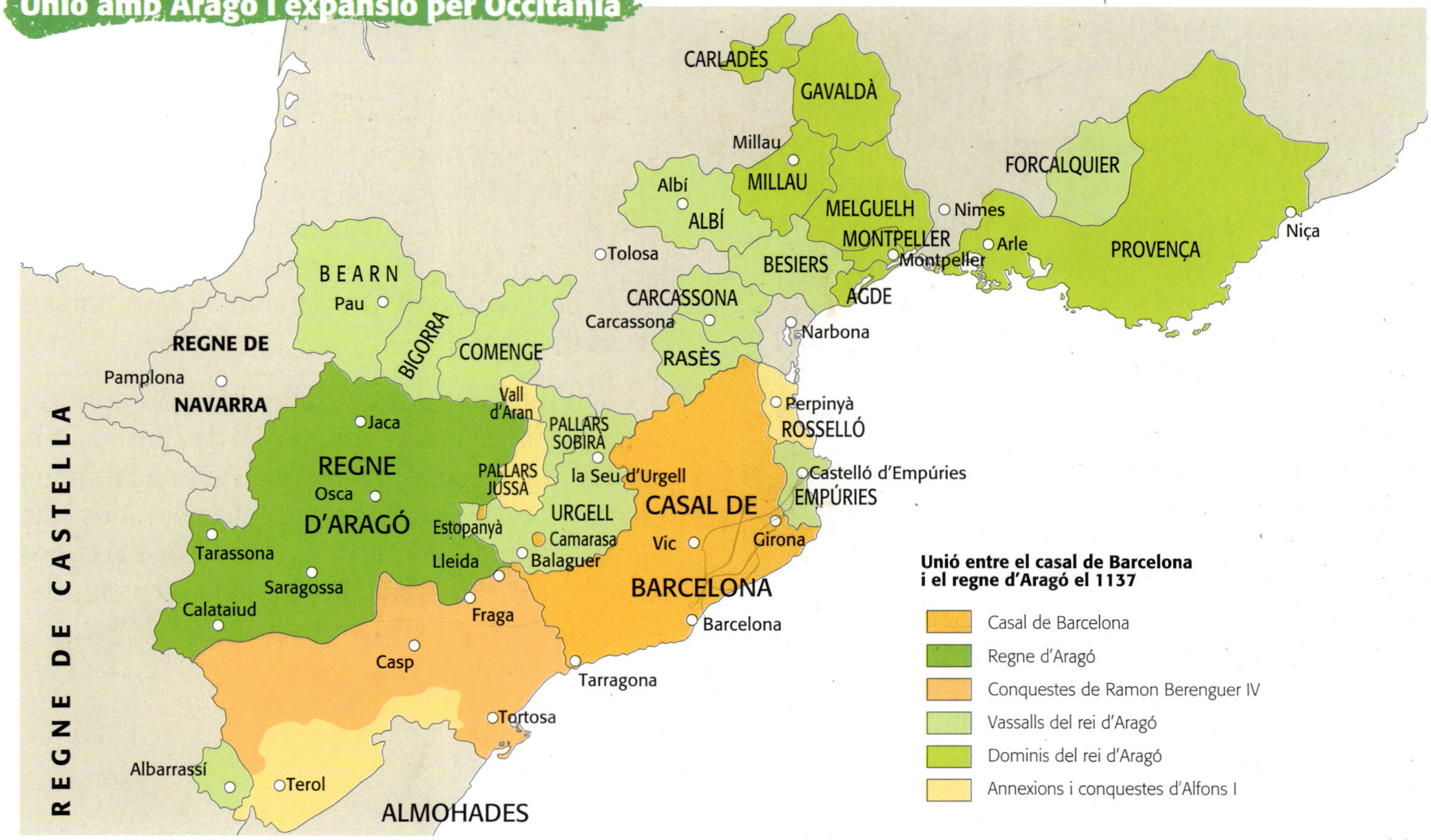

Activitats finals

▶ 1. Elabora un eix cronològic

Amb les dades que apareixen a la unitat, segueix els criteris que vam exposar al repte de la unitat 7 del curs anterior i amplia l'eix cronològic de la història amb tota la informació sobre els regnes cristians peninsulars que has estudiat. Recorda que hauràs de reflectir-hi les èpoques o períodes cronològics que has vist en aquesta unitat i remarcar-ne els moments de canvi i els fets més rellevants.

▶ 2. Contrasta fonts diverses

L'any 722 hi va haver un enfrontament entre els musulmans i un exèrcit cristià astur liderat per Pelai a Covadonga (Astúries). Segons quina font ens en parli, l'encontre va anar de forma molt diferent. Llegeix els textos següents i respon les qüestions:

> Al Qama va entrar a Astúries amb 187 000 homes. Pelai restava amb els seus companys a la muntanya Auseva i l'exèrcit d'Al Qama va arribar fins a ell i va alçar innombrables tendes enfront de l'entrada d'una cova. [...] Al Qama va ordenar llavors començar el combat i els soldats van prendre les armes. Es van aixecar els trabuquets, es van preparar les fones, van brillar les espases, es van encrespar les llances i es van llançar sagetes incessantment. Però ben aviat es van mostrar les magnificències del Senyor: les pedres que sortien dels trabuquets i arribaven a la casa de la Verge Santa Maria, que era dins de la cova, es tornaven contra els qui les disparaven i mataven els caldeus [musulmans]. I com que a Déu no li calen llances, sinó que atorga la palma de la victòria a qui vol, els caldeus van emprendre la fugida.
>
> *Crònica d'Albelda* (881)

> Diu Isa ibn Ahmad al-Razi que, en temps d'Anbasa ibn Suhayn al-Kalbi, es va aixecar en terres de Galícia un ase salvatge anomenat Pelai. Des d'aleshores, a al-Àndalus els cristians van començar a defensar contra els musulmans les terres que encara tenien al seu poder, cosa que no s'esperaven que aconseguirien. Els islamistes, lluitant contra els politeistes i forçant-los a emigrar, s'havien apoderat del país fins a arribar a Ariyula, de la terra dels francs, i havien conquerit Pamplona a Galícia i no havia quedat sinó la roca on es va refugiar el rei anomenat Pelai amb tres-cents homes. Els soldats no van parar d'atacar-lo fins que els seus soldats van morir de gana i no quedaven a la companyia més que trenta homes i deu dones. I no tenien res per menjar si no era la mel que prenien de la que deixaven les abelles pels forats de la roca. La situació dels cristians va arribar a ser penosa, fins al punt que els musulmans els van menysprear dient: «Trenta ases salvatges, quin mal poden fer-nos?».
>
> AL-MAQQARÍ, *Crònica* (1629)

a) Amplia la informació sobre aquest episodi i compara en un escrit breu la visió que tenen les dues fonts sobre la batalla. Valora aspectes propis del text com el to i l'estil, o la data de redacció, i aspectes externs com la identitat dels seus redactors o la situació política a la Península anterior i posterior a l'episodi.

b) Fes una reflexió personal sobre l'ús dels episodis històrics que ha fet el poder per tal de construir una realitat i una opinió concretes. Demana'n altres exemples al teu professor o professora i fes una cerca a Internet. En acabat, feu un debat a la classe sobre la visió esbiaixada de la història i la manipulació de les fonts per interessos polítics.

▶ 3. Compara dos mapes

Observa el mapa que tens a continuació i compara'l amb els que has vist a la pàgina 156. En acabat, respon les qüestions.

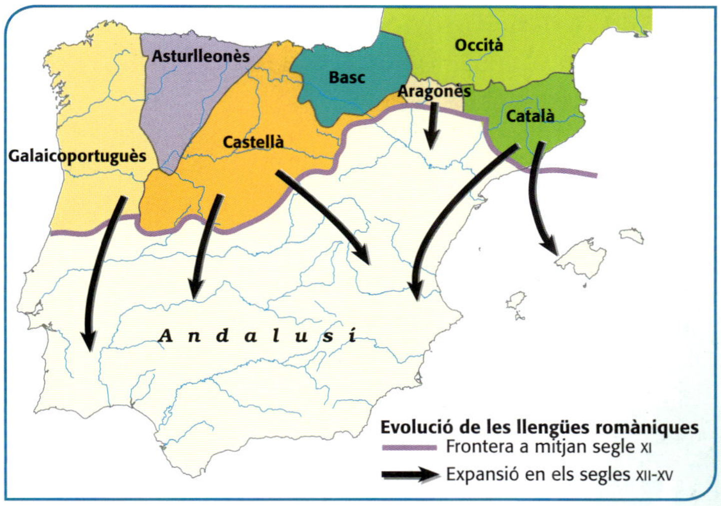

a) Quines llengües apareixen al mapa?

b) Amb quines entitats polítiques coincideixen aquestes llengües?

c) Quin fenomen que has estudiat a la unitat explica aquesta expansió de les llengües?

d) Quines d'aquestes llengües es parlen en l'actualitat i quines no? Què penses que ha passat perquè això sigui així?

e) Fes una cerca a Internet i esbrina quin és l'origen de les llengües romàniques i quines existeixen al marge de les que apareixen al mapa.

▶ 4. Analitza un tractat històric

En arribar el segle XII, els regnes cristians van incrementar les seves accions contra els dominis musulmans. Els monarques cristians van signar entre ells diversos tractats, com el de Tudillén de l'any 1151, que tens a continuació:

> En nom de la santa i indivisible Trinitat. Aquesta és la veritable pau, ferma harmonia i perpètua concòrdia que per consell de la suma deïtat i per honor de Déu i de tota la cristiandat, s'ha fet i firmat entre l'il·lustre Alfons, emperador d'Espanya, i el seu fill el rei Sanç, amb el venerable Ramon, comte de Barcelona, la qual s'acorda en els termes següents:
>
> En primer lloc, tots els greuges, insults i ofenses existents entre ells fins al dia d'avui, qualsevol que sigui, queden oblidats i perdonats [...].
>
> Acorden i donen el beneplàcit i l'aprovació que de la terra d'Espanya que ara tenen els sarraïns el comte tingui la ciutat de València amb tots els seus territoris, que s'estenen des del riu Xúquer fins als límits del regne de Tortosa, la ciutat i regne de Dénia amb els mateixos límits que va tenir en temps dels musulmans [...].
>
> Així mateix, l'emperador Alfons dona al comte i concedeix igualment la ciutat de Múrcia i tot el seu regne, menys els castells de Llorca i de Bera amb totes les seves jurisdiccions, amb aquestes condicions: que l'emperador ajudarà el comte de Barcelona de bona fe i sense frau a adquirir i conquerir aquesta ciutat de Múrcia amb tot el seu regne. Una vegada conquerit i sotmès, el comte el tingui i el posseeixi en nom de l'emperador [...].

a) Quins personatges van signar el tractat de Tudillén?

b) Què decidia el tractat en relació amb València, Dénia i Múrcia?

c) Quin títol tenia el rei de Castella?

d) Qui concedia les terres?

e) Com es faria la conquesta del regne de Múrcia?

f) Esbrina qui va conquerir finalment Múrcia als musulmans i què va succeir amb aquest domini.

▶ 5. Treballa amb un organitzador gràfic

CARTA DE POBLAMENT

Definició acadèmica:	Característiques:
Exemples (ciutats a les quals es van atorgar cartes de poblament):	Si fossis un pagès d'aquella època, ¿aniries a viure a una ciutat a la qual s'hagués concedit una carta de poblament? Per què?

Aquest quadre té l'objectiu d'ajudar-vos a entendre un dels conceptes clau de la unitat, el de **carta de poblament**. Copieu-lo al vostre quadern i completeu-lo.

Haureu de consultar nova informació, perquè hi ha diversos punts a resoldre: fer una doble definició del concepte (una de més enciclopèdica i una altra amb les vostres pròpies paraules); esmentar els trets bàsics que caracteritzen una carta de poblament; buscar exemples de ciutats que van disposar d'aquestes cartes, i argumentar què faríeu vosaltres si fóssiu un pagès de l'edat mitjana. Finalment, haureu d'escriure dues frases que continguin el concepte *carta de poblament* usat correctament.

Activitats d'ampliació de contingut.

▶ 6. Analitza una font primària

Jo, Ermengol, comte d'Urgell, et juro a tu, Ramon, comte de Barcelona, que des d'aquesta hora en endavant et seré fidel a tu, l'esmentat Ramon, sense frau ni mal enginy, sense decepció i sense engany, com el cristià ha de ser al seu senyor, al qual s'ha encomanat de mans.

I jo, l'esmentat Ermengol, d'aquesta hora en endavant no enganyaré l'esmentat Ramon, ni sobre la seva vida ni els seus membres que té en el seu cos, ni sobre la ciutat que anomenem Barcelona, ni sobre el bisbat ni el comtat de Barcelona, ni sobre les fortaleses ni els castells, ni sobre les roques i els pujols, cultivats o erms, que hi ha dins els termes de l'esmentat comtat, ni sobre la ciutat que anomenem Olèrdola, ni sobre el Penedès, ni sobre la ciutat anomenada Manresa, ni sobre el comtat d'Osona, ni sobre el bisbat d'Osona, ni sobre el comtat de Girona, ni sobre els teus alous ni els teus feus...

Jo, l'esmentat Ermengol, no enganyaré l'esmentat Ramon en totes aquestes coses esmentades, ni les hi prendré ni el foragitaré, ni jo personalment ni cap home ni homes, dona ni dones, amb el meu consentiment ni amb la meva col·laboració. I si algun home o homes volguessin prendre a l'esmentat Ramon alguna de les coses esmentades o les hi prenguessin, l'ajudaré sense engany.

Jurament de fidelitat del comte Ermengol d'Urgell al comte Ramon Berenguer I de Barcelona, 1063 (reelaboració)

a) Identifica els personatges que s'esmenten en el document.

b) Què era un comtat? I un bisbat?

c) Fes un breu resum del document. Què s'hi estableix?

d) Quina transcendència política té l'acte que s'estableix en el document?

El que cal recordar

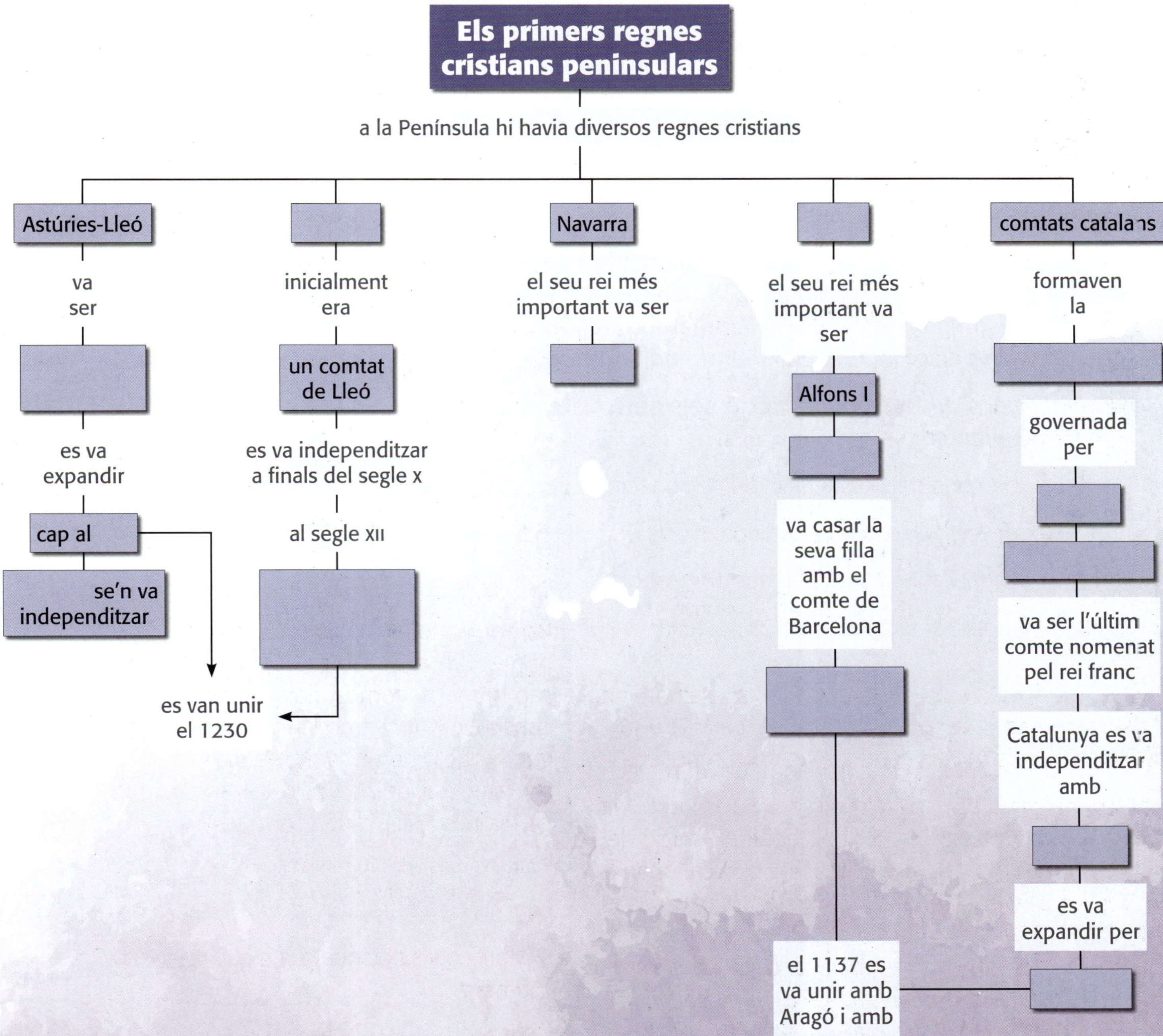

▶ Copia el mapa conceptual en un full a part i completa'l amb els conceptes que hi falten. En acabat, el pots fer servir per estudiar.

Autoavalua els teus coneixements de la unitat.

Competències en acció

6 Confrontar les dues versions del personatge

Un cop duta a terme la recerca sobre les diferents visions del vostre personatge caldrà preparar un diàleg entre totes dues versions.

Trieu un membre del grup que assumeixi el paper històric del personatge, aquell amb el que els historiadors estan d'acord i els fets del qual es consideren provats o molt probables. Trieu també un altre company o companya que representi la cara llegendària del personatge, amb tots els aspectes mítics que no es poden comprovar històricament.

Un cop feta la tria prepareu un debat entre tots dos amb un format televisiu i un moderador que en faci la presentació. Per donar més realisme al debat us podeu caracteritzar com els personatges de l'època. Tanmateix, això és un aspecte secundari. El més rellevant és que cada personatge dugui a terme un bon discurs amb el relat de les seves accions.

Abans de fer la presentació dels personatges, comprovem que heu dut a terme els passos següents:

- Fer una petita biografia del personatge.
- Investigar les fonts històriques i els trets del personatge que avalen els historiadors.
- Treballar les fonts literàries per elaborar la cara mítica del personatge.
- Analitzar aspectes de l'ús posterior del personatge amb una intencionalitat no històrica.
- Preparar la presentació de les dues cares del personatge en escena.
- Escriure la intervenció de la versió històrica del personatge.
- Escriure la intervenció de la versió llegendària del personatge.

7 Valorar el repte realitzat

Coavaluació

Després de veure la feina dels vostres companys de classe a la seva presentació pública, haureu d'avaluar el seu grau de superació del repte a partir del recurs «Coavaluació del personatge». Feu servir una plantilla per grup.

Grup avaluat:				
Indicadors	**Valoració**			
	NA (1)	AS (2)	AN (3)	AE (4)
S'ha introduït el personatge de manera entenedora, explicant-ne la rellevància.				
S'ha fet una bona construcció de la versió històrica del personatge, fonamentada en fonts adequades i fets contrastats.				
La versió mítica del personatge recull els episodis fonamentals de la seva llegenda.				
La intervenció de les dues versions del personatge, històrica i mítica, ha permès valorar la importància del treball amb les fonts històriques.				
Es pot percebre la importància d'un bon coneixement de la història per poder tenir una visió crítica de la nostra realitat.				

Autoavaluació

Per tal d'avaluar la teva pròpia feina i la del grup en la construcció del personatge, fes servir el recurs «Autoavaluació del personatge».

Organització del grup.

Jo	1	2	3	4
Grup	1	2	3	4

Cerca de la informació necessària.

Jo	1	2	3	4
Grup	1	2	3	4

Col·laboració activa i profitosa.

Jo	1	2	3	4
Grup	1	2	3	4

Aportació de solucions als problemes.

Jo	1	2	3	4
Grup	1	2	3	4

Acompliment de les tasques amb puntualitat.

Jo	1	2	3	4
Grup	1	2	3	4

Organització de les intervencions.

Jo	1	2	3	4
Grup	1	2	3	4

9. La societat feudal

En aquesta unitat estudiarem com s'organitzava la societat a l'època medieval. Analitzarem quins eren els estaments privilegiats i els no privilegiats, i com vivien els senyors i els pagesos, i aprendrem com era l'economia a l'època feudal. Sabrem quin era el paper de l'Església en aquest període i com era la vida en els monestirs. Finalment, coneixerem les aportacions culturals de l'alta edat mitjana.

El repte

Crear un personatge fictici

Per fer una bona immersió i saber com vivien les persones en una societat feudal, en aquest repte us proposem la **creació d'un personatge fictici de l'edat mitjana**.

Per tal de fer-ho, haureu d'omplir una fitxa amb les característiques principals del personatge: costums, creences, roba, coneixements... Haureu de tenir en compte totes les variables possibles: a quin estament pertany, si és home o dona, quina és la seva professió, si sap o no sap llegir, si duu armes...

Per aconseguir això, haureu de conèixer com era la societat feudal per mitjà del que es diu a la unitat però també de recerques a fonts secundàries i primàries.

Aquesta fitxa us permetrà jugar a jocs de rol o preparar una representació teatral, però això ja serà en un altre repte.

1 **Decidir l'estament del personatge**

2 **Decidir les característiques principals del personatge**

3 **Imaginar la cultura material del personatge**

4 Imaginar la cultura immaterial del personatge

5 Decidir les destreses i habilitats del personatge

6 Redactar una biografia

7 Valorar el repte realitzat

Termes clau

- feudalisme
- vassall
- serfs
- aloers
- delme
- jova
- cavaller
- castells
- monestirs
- *scriptorium*

Les paraules clau en imatges.

1. Els estaments privilegiats

Els cavallers

A l'edat mitjana, els monarques no podien mantenir un exèrcit professional a causa de l'alt cost que això suposava. Així, els fills de noblesa servien el rei i els senyors com a cavallers. La institució es va anar afermant al llarg del segle XI a França, i es va estendre per tota l'Europa cristiana. Els cavallers començaven la seva trajectòria servint com a patges i escuders fins que eren armats cavallers en una cerimònia molt complexa en la qual havien de passar la nit vetllant les armes i resant per tal de ser dignes de ser investits.

1.1. Una societat estamental

Durant l'edat mitjana la societat es dividia en tres estaments o grups socials, cadascun dels quals complia una funció concreta:

- **La noblesa**, que havia de protegir la societat amb les armes.
- **El clergat**, que tenia cura de les ànimes amb les seves oracions.
- **El poble**, que havia de treballar (en l'agricultura, la manufactura i el comerç) per tal d'assegurar el manteniment de tota la població.

Es considerava que aquesta divisió social no es podia alterar perquè havia estat fixada per Déu. A més, no era possible el pas d'un estament a un altre.

1.2. Els grups socials privilegiats

La noblesa i els eclesiàstics constituïen una petita part de la població, però eren els dos estaments privilegiats perquè gaudien d'uns drets que no tenia la resta de la població, com, per exemple, el de no pagar impostos.

CS

1. Fes un esquema que expliqui la societat feudal. Remarca-hi la diferència entre estaments.
2. Quins eren els privilegis dels dos primers estaments? Quin creus que era l'estament més nombrós? Raona la resposta.
3. Observa l'escena del recurs «Cerimònia de vassallatge». Al text del contracte vassallàtic, senyor i vassall pertanyen al mateix estament. A quin? Quines obligacions tenia el vassall respecte al senyor? I el senyor, respecte al vassall?

La missa era una de les poques ocasions en què es reunien els tres estaments.

Els nobles eren militars i tenien la propietat de grans extensions de terres (**feus**). A més, els senyors feudals exercien el poder jurisdiccional, és a dir, administraven justícia als seus vassalls. La noblesa es dividia en dos grups:

- **L'alta noblesa** –ducs, marquesos, comtes, vescomtes i barons–, que posseïa extensos territoris i percebia dels pagesos una gran quantitat de tributs.
- **La petita noblesa** –els cavallers–, que vivia d'una manera més modesta i estava al servei de l'alta noblesa.

El clergat, com la noblesa, també es dividia en dos grups:

- **L'alt clergat.** Un reduït grup d'eclesiàstics –**cardenals**, bisbes, **abats** i abadesses– que normalment eren fills de nobles.
- **El baix clergat.** La major part dels eclesiàstics –capellans, monjos i monges–, que eren fills de pagesos i vivien més humilment.

abat: superior d'un monestir. Durant l'edat mitjana, l'abat era generalment un membre de la noblesa i vivia en unes condicions de comoditat molt superiors a les de la resta de monjos.

cardenal: títol de cadascun dels alts dignataris de l'Església catòlica que té la funció d'assessorar el Papa i, a la mort d'aquest, elegir-ne successor.

1.3. Senyors i vassalls

En l'Europa feudal, els nobles més poderosos d'un regne juraven fidelitat al rei. La relació feudal entre el rei i els nobles es consagrava en una cerimònia que tenia dues parts:

- En la primera, dita **homenatge**, el noble jurava fidelitat al rei.
- En la segona, la **investidura**, el rei concedia al noble terres o un castell perquè en visqués i l'administrés; la cerimònia es concretava en lliurar-li un objecte simbòlic: un grapat de terra, una espasa... Així, el noble esdevenia vassall del rei i havia d'ajudar-lo, amb consells (*consilium*) i amb les armes (*auxilium*), sempre que calgués. El Senyor també es comprometia a protegir i ajudar el seu vassall en cas de necessitat.

L'alta noblesa repetia aquesta cerimònia amb altres nobles de rang inferior, de manera que un vassall del rei era, alhora, Senyor d'un altre vassall; d'aquesta manera, en la societat feudal, la major part dels homes lliures estaven relacionats entre ells per vincles de fidelitat i dependència.

Miniatura en la qual un vassall rendeix homenatge al seu senyor en la cerimònia de vassallatge mentre un servent en pren nota.

El contracte vassallàtic

Aquell qui juri fidelitat al seu senyor ha de tenir sempre presents aquestes sis paraules: sa i estalvi, segur, honest, útil, fàcil, possible. És just que el vassall s'abstingui així de perjudicar el seu senyor. Però només amb això no es fa pas digne del seu feu, perquè no n'hi ha prou d'abstenir-se de fer el mal, sinó que cal fer el bé. Així doncs, en els sis aspectes esmentats ha de proporcionar consell i ajuda al seu senyor, si vol ser digne del seu benefici i donar prova de la fidelitat jurada. També el senyor, en tots els seus dominis, ha de pagar amb la mateixa moneda a aquell qui li va jurar fidelitat. Si no ho feia, seria considerat de mala fe amb ple dret, igual com el vassall que faltés als seus deures, per acció o bé per omissió, fora culpable de perfídia i de perjuri.

Fulbert, bisbe de Chartres, segle XI (reelaboració)

2. L'estament dels no privilegiats

CS

1. Qui formava part dels no privilegiats? Quines eren les seves ocupacions i obligacions?
2. Observa l'escena del recurs «El pagament del delme». Elabora un petit escrit que respongui les qüestions següents:
   - Qui pagava impostos a l'època medieval?
   - Qui n'estava exempt?
   - Quins impostos es pagaven?
   - Quin es pagava directament a l'Església?
   - Com es definia la quantitat d'impostos que pagava cadascú?
   - Compara aquesta situació amb l'actual.

2.1. Els grups socials no privilegiats: els qui treballaven

La immensa majoria dels no privilegiats eren pagesos, si bé a partir de l'any 1000, amb la reactivació del comerç i la manufactura, cada vegada hi va haver més artesans i mercaders, que vivien als pobles i a les ciutats.

Des del segle XI es va produir a tot Europa un procés de senyorialització: a tot arreu els pagesos van restar sota la protecció dels senyors feudals. Bàsicament, hi havia dues classes de pagesos:

- **Els aloers.** Tenien la propietat de les terres que cultivaven.
- **Els serfs.** Eren la majoria de camperols, no eren propietaris de les terres que treballaven i no podien abandonar-les sense permís de l'amo.

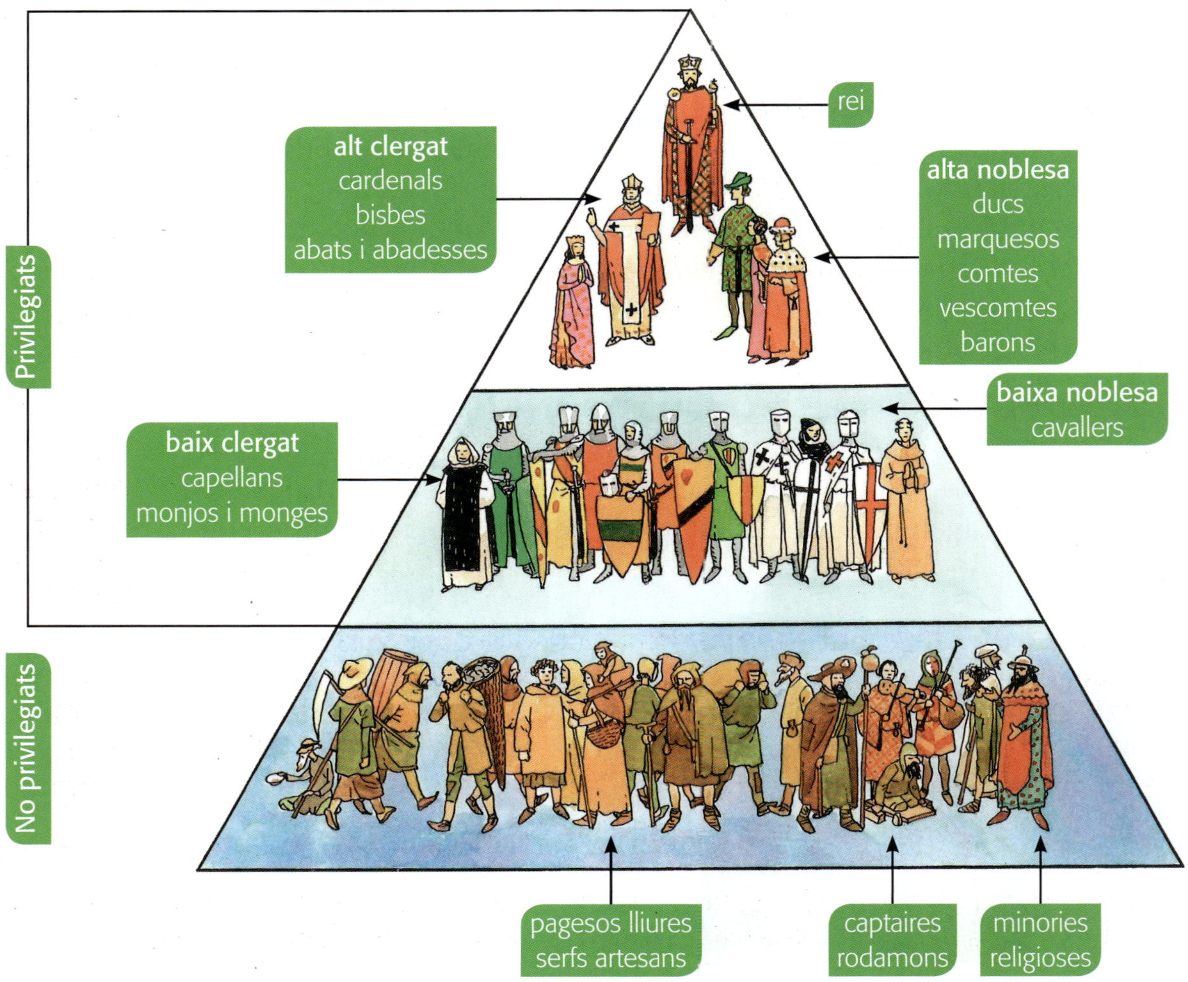

2.2. Les rendes senyorials

Els pagesos –tant si eren aloers com serfs– havien de pagar força impostos i fer una sèrie de serveis.

- **El cens.** Quantitat fixa en diners o espècie que els camperols pagaven als senyors.
- **La tasca.** Pagament d'una part proporcional de la collita que els camperols feien al senyor.
- **Les banalitats.** Pagament que els pagesos feien en concepte d'ús del forn o el molí del senyor.
- **La jova.** Obligació de treballar gratuïtament al castell i a les terres del senyor.
- **El delme.** Tribut consistent en una desena part de la collita, que els pagesos havien de pagar a l'Església.

Tot plegat feia que les famílies camperoles visquessin en condicions molt precàries. La vida de les famílies pageses era extremament dura: havien de treballar la terra des de primera hora del matí fins a la posta de sol, i els seus habitatges, on sovint convivien persones i animals, eren miserables i mancats d'higiene i de comoditats.

Imatge d'un camperol llaurant el camp a les *Cantigas de Santa María*, del segle XIII.

Decidir l'estament del personatge

En aquesta tasca haureu de decidir de forma col·lectiva a quin estament pertanyen els vostres personatges. Tenim clar que la majoria de vosaltres triaríeu un membre de les classes privilegiades, però sabeu més o menys quin percentatge de la població representava cada estament?

Entre tots, esbrineu quin era aquest percentatge i traslladeu-lo a la població de la classe. Un cop el conegueu, repartiu-vos per sorteig o per elecció els personatges que representaran cada estament.

Penseu que no és una qüestió menor. Pertànyer a un o altre estament era un dels fets més rellevants en la vida d'un habitant de l'edat mitjana.

La dona a l'edat mitjana

Com en èpoques anteriors, la dona va ocupar un paper subordinat al de l'home en la societat medieval, en part també a causa de la visió negativa que l'Església transmetia sobre la dona. Tanmateix, la pervivència del dret germànic va garantir les dones una sèrie de drets, com per exemple l'administració de les seves propietats o la independència jurídica. Seria la reintroducció del dret romà a la baixa edat mitjana la que va transferir aquests drets a un tutor ja fos el pare o el marit.

El camperolat

La vida dels camperols a l'edat mitjana era força dura. Una crònica escrita per un abat francès explica les dificultats de la vida quotidiana a l'alta edat mitjana.

«L'any 1316, a causa de les pluges torrencials i del fet que la producció agrícola va ser collida en nefastes condicions i destruïda a molts llocs, es va produir una mancança de blat i de sal i l'escassesa augmentava dia a dia. I el poble començà a menjar poc pa a molts llocs. A causa de la intensa fam les malalties es van desenvolupar i va esdevenir una mortalitat força elevada.»

Cròniques i annals de l'abat de Sant Martí de Tournai, Gilles Le Muisit, 1272-1352 (adaptació)

Animació: «El calendari agrícola».

3. El feu i el castell

CS

1. Descriu la il·lustració del feu i els seus elements. Si hi ha algun element que desconeixes, cerca'n la informació que necessitis a Internet.
2. Amb l'ajuda del recurs «Parts d'un castell medieval», descriu com era un castell i quina utilitat tenia cadascuna de les parts.

Interactiu: «Parts d'un castell medieval».

3.1. El feu

La pèrdua de pes econòmic de les ciutats i el procés de ruralització van provocar l'aparició d'unitats territorials més o menys grans governades per un senyor, anomenades **feus**. Aquests solien incloure tots els elements necessaris per mantenir un sistema de producció agrari autosuficient: viles, molins, explotacions agrícoles, boscos i, sobretot, un castell (o un monestir) des del qual se centralitzava el poder del senyor.

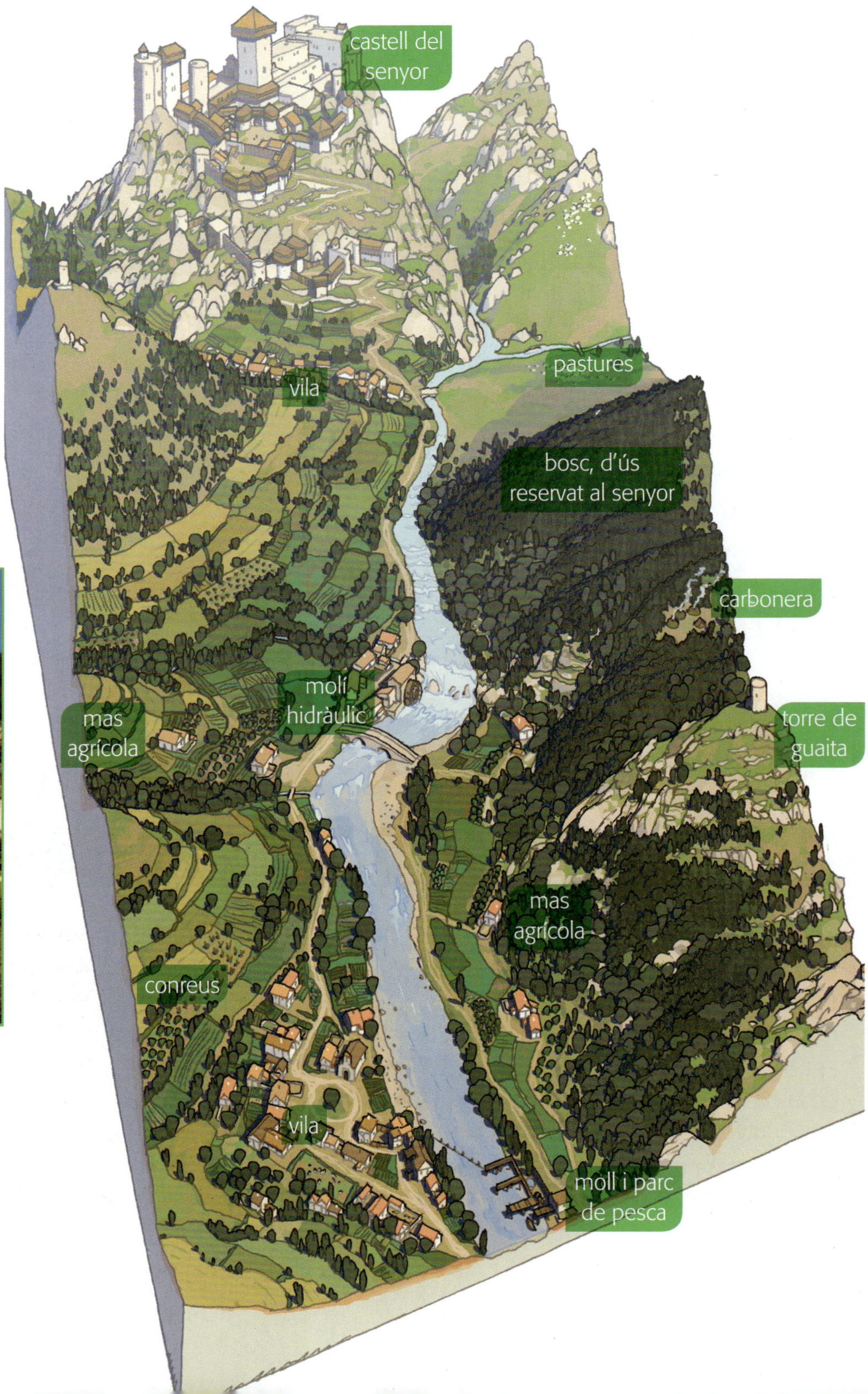

Vista de l'Ebre al seu pas per Miravet amb el castell al capdamunt del turó. El castell de Miravet està considerat un dels millors exemples d'arquitectura templera d'Europa. Ramon Berenguer IV va donar el terme a l'orde del Temple després d'haver-lo conquerit als àrabs, l'any 1153.

Generalment, el feu es concedia per mitjà d'un contracte de vassallatge. El nou senyor, a canvi de la seva fidelitat, adquiria l'autoritat i una sèrie de responsabilitats administratives i militars, així com el dret al cobrament dels impostos i les rendes públiques sobre els seus habitants. Com hem vist, el senyor feudal atorgava porcions de terra als camperols a canvi del cobrament d'unes rendes, mentre que una altra part del feu constituïa la **reserva senyorial** o **domini**, que el senyor explotava directament.

3.2. Els castells

El castell era el centre des d'on el senyor administrava les terres i impartia justícia. Eren construccions que garantien alhora la defensa i el control sobre el territori del feu. En general, es tractava de recintes fortificats amb muralles, torres defensives i un seguit d'edificis i dependències. La mida d'aquests recintes i la grandària de les defenses solia ser proporcional al poder del senyor i a la mida del feu. Es podria dir que el castell constituïa el símbol de poder més típic de l'edat mitjana. Alguns dels elements comuns que tenien els castells són aquests:

- **Sistema defensiu:** format per muralles i torres coronades amb merlets. Sovint, un fossat envoltava tot el recinte.
- **Pati d'armes:** al voltant del qual es distribuïen totes les dependències (capella, cavallerisses, forn, ferreria, etc.), així com els habitatges del servei i la host del senyor. Altres dependències, com la cuina o els magatzems, solien estar soterrades.
- **Torre de l'homenatge:** era l'edifici més alt del castell, residència del senyor i la seva família.

L'evolució dels castells

1. Els primers castells, anomenats *de mota*, eren fets de fusta i de petites dimensions.

2. Amb el temps la pedra substitueix la fusta com a element de construcció.

3. A partir de l'estructura original, el recinte interior s'amplia, les muralles es construeixen amb torres defensives i la torre central es converteix en la torre de l'homenatge.

4. Al final de l'edat mitjana, els castells perden gran part de les seves funcions defensives i es converteixen en residències luxoses.

2 Decidir les característiques principals del personatge

Un cop hagueu decidit a quin estament pertanyen els vostres personatges, individualment haureu de començar a introduir-ne la informació a les fitxes. Et pots descarregar la fitxa al recurs «Personatge medieval». En aquesta tasca hauràs de començar a decidir i omplir els apartats de la fitxa que es refereixen a les seves característiques principals, tant si pertany a l'estament privilegiat com si no:

- Com viu el meu personatge? Quina feina fa?
- Quines obligacions implica aquesta ocupació?
- De quins drets i deures gaudeix?

4. L'economia feudal

Els sistemes de conreu de l'edat mitjana

El sistema de conreu de rotació biennal consistia a dividir el camp en dues parts i sembrar-ne només una, dedicada a un conreu d'hivern (blat), mentre que la segona part es deixava sense cultivar (guaret) perquè la terra descansés i es regenerés. Amb el sistema de rotació triennal es dividia la terra de conreu en tres parts i se'n sembraven només dues, dedicades a un conreu d'hivern (blat) i un altre de primavera (civada), mentre que la tercera part es deixava en guaret.

Animació: «La rotació triennal».

Il·lustració de les *Cantigas de Santa María* (s. XII) que mostra una escena de pastura. La ramaderia a l'edat mitjana complementava la producció que s'obtenia de les tasques agrícoles.

4.1. Una agricultura tradicional

A l'alta edat mitjana, Europa era una civilització quasi exclusivament rural. Tothom vivia una existència dominada pel cicle dels treballs agrícoles (la sembra i la collita), i la seva subsistència depenia de la terra, de la qual obtenien tots els recursos. L'agricultura de l'alta edat mitjana es caracteritzava per:

- **L'endarreriment.** Es tractava d'una agricultura endarrerida, destinada a l'autoconsum i poc rendible.
- **El guaret.** Després de la collita, calia deixar reposar els camps durant un any per tal que la terra recuperés la seva riquesa natural, de manera que les famílies pageses treballaven cada any, de manera alternativa, només la meitat de les seves terres (**rotació biennal**).
- **La manca d'estabulació.** El bestiar s'alimentava a les terres de guaret o en altres zones no sembrades. Com que els ramats no estaven estabulats, no s'obtenien els adobs orgànics que haurien permès millorar el rendiment de les terres.

En aquestes condicions, les plagues o qualsevol inclemència del temps (excés de pluges, sequera, glaçades...) esdevenien catastròfiques. La producció queia i apareixien la fam i les epidèmies.

Pel que fa als productes, dominava el policonreu: cereals (d'hivern: blat i sègol; de primavera: ordi i civada) i altres conreus complementaris (llegums –faves i pèsols–, productes d'horta –cols, naps, enciams–, vinya, olivera, fruita i plantes tèxtils –lli i cànem–). La utilització dels boscos era molt important, ja que proporcionaven aliment per a la ramaderia, fusta per a la construcció, eines i caça.

Il·lustració del *Tapís de la Creació*, del segle XI, conservat a la catedral de Girona, que representa el mes d'abril i la llaurada dels camps. S'hi pot observar una arada normanda de ferro i amb rodes.

4.2. Una renovació limitada

Malgrat tot, cap al segle XII, l'Occident europeu va conèixer una expansió econòmica basada en una renovació de l'agricultura. L'esforç humà va continuar sent la principal força d'energia, però una sèrie de condicions climàtiques favorables, l'aparició de noves tècniques de treball i la conquesta de noves terres per al conreu van afavorir un augment important de la producció agrària.

En alguns llocs del nord d'Europa, on hi havia més humitat, es va difondre la **rotació triennal**, que permetia augmentar la superfície cultivada. També es van renovar les arades: la vella arada romana fou substituïda per l'arada normanda (de ferro i amb rodes), que permetia fer solcs més profunds i remoure millor la terra, llaurar grans zones de bosc i posar en conreu terres més dures.

3 Imaginar la cultura material del personatge

En aquesta tasca, hauràs d'omplir la part de la fitxa del personatge que es refereix a la cultura material, és a dir, tot allò que té a veure amb els objectes que feia servir.

Evidentment, aquesta cultura material estarà fortament condicionada per l'estament al qual pertany el personatge. Un cavaller no vivia en les mateixes condicions que un pagès o que un monjo. A més, dins dels diferents estaments trobem situacions molt diverses, de manera que no vivia igual el capellà d'un poble que l'abat o l'abadessa d'un gran monestir.

Fes-ne una recerca i no oblidis incloure cap dels elements relacionats amb l'habitatge, la roba, les eines de treball, els estris domèstics, etc.

El molí

L'avenç tècnic més important de l'alta edat mitjana va ser el molí. Es tractava de la primera màquina que funcionava gràcies a l'energia de la natura (aigua o vent), de manera que el treball deixava de dependre exclusivament de les energies humana i animal. Els primers molins van ser d'aigua. Cap al segle XII, per influència musulmana, van aparèixer els de vent. Servien per moldre cereals i per moure els martells de forjar de les fargues.

Els molins exigien fortes inversions per a la seva construcció i manteniment; és per això que generalment eren propietat del senyor, que feia pagar, per utilitzar-los, un impost anomenat *moltura*.

CS

1. Una bona feina d'historiador no consisteix només a conèixer les fonts secundàries (el que han escrit altres historiadors), sinó que s'han de fer servir les fonts primàries que provenen de l'època. Fes d'historiador i resumeix la informació que proporciona el text sobre els temes següents. Amplia-la amb les fonts primàries que apareixen a l'apartat.
   a) Els productes de conreu. Segons l'abat de Sant Martí de Tournai, quin aliment era necessari per a la població? Quins nutrients proporciona?
   b) Els estris agrícoles. Descriu l'escena del *Tapís de la creació* i l'arada que hi apareix.
   c) La ramaderia. Descriu l'escena de pastura de les *Cantigas*. No oblidis esmentar on pasturen les ovelles i què fan les dues figures.
2. Moltes de les activitats que es descriuen al text estaven subjectes a privilegis. Cerca a Internet i esbrina qui podia fer servir un molí i en quines condicions. Cerca també qui es podia aprofitar dels recursos que generaven els boscos.

5. El paper de l'Església al món medieval

La regla de sant Benet

Que siguin suficients, doncs, per a tots els germans, dos menjars cuits, i si és possible de tenir fruita o bé hortalisses tendres, que n'hi afegeixin un altre. Que sigui prou per a tot el dia una bona lliura [300 grams] de pa, tant si es fa un sol àpat, com si hi ha dinar i sopar. Si han de sopar, que el majordom reservi la tercera part de l'esmentada lliura per donar-la a sopar.

Si tal vegada el treball hagués estat particularment feixuc, que estigui al judici i al poder de l'abat d'afegir-hi quelcom més, si cal, evitant, sobretot, la disbauxa i mirant que el monjo no agafi mai un enfit. Pel que fa a la resta, tots els monjos s'han d'abstenir absolutament de menjar carn de quadrúpedes, llevat dels malalts molt dèbils.

Regla de sant Benet (reelaboració)

Miniatura del segle XV que descriu la predicació de sant Benet al monestir de Montecassino.

5.1. Una societat cristiana

Durant tota l'edat mitjana el cristianisme era la religió de la immensa majoria de la població europea, tot i que hi havia arreu petites comunitats jueves i que a la península Ibèrica una part considerable de la població professava l'islamisme.

L'Església catòlica, el cap de la qual era el bisbe de Roma (el Papa), gaudia d'una gran influència social, cultural i econòmica, perquè tenia la propietat de grans extensions de terra i no pagava impostos. L'estament eclesiàstic es dividia en:

- **Secular.** Aquell que vivia «en el segle», és a dir, entre els homes: cardenals, arquebisbes, bisbes i sacerdots.
- **Regular.** Aquell que vivia aïllat segons unes normes molt estrictes, com els monjos i les monges.

L'Església regulava no solament la religió, sinó també la societat i la vida de les persones. El bisbe Adalberó de Laon (França) va posar per escrit aquest fet, enumerant els tres ordres (estaments) que formaven part de la societat feudal: els *oratores* (els que resen), els *bellatores* (els guerrers) i els *laboratores* (els que treballen).

Finalment, hem de tenir en compte que, a l'alta edat mitjana, l'Església monopolitzava la cultura: els religiosos sabien llegir i escriure, i era en les biblioteques dels monestirs on es conservaven els escrits de l'antiguitat clàssica entre d'altres.

5.2. Els monestirs

Els monestirs eren un conjunt d'edificis on vivien els monjos, els quals seguien unes regles dictades pels fundadors de cada orde, que regulaven totes les activitats que s'hi duien a terme. La regla més important va ser la que va fundar sant Benet per als seus deixebles al monestir de Montecassino (Itàlia), cap a l'any 530. La regla de sant Benet combinava l'oració amb el treball manual i el treball intel·lectual. Els monestirs posseïen bona part del territori que els envoltava, que es dedicava a tasques agrícoles. A més, feien la funció de centres d'ensenyament per a una minoria de la societat; la major part de la població era analfabeta.

4 Imaginar la cultura immaterial del personatge

A la tasca anterior hem introduït a la fitxa de personatge tot allò relacionat amb la cultura material. Ara farem el mateix amb la cultura immaterial, és a dir, tot el que té a veure amb les creences, tradicions i formes de pensar: el temps d'oci, la música, la religió, les supersticions, les festes, etc.

Els monestirs medievals tenien dos espais fonamentals: l'església i el claustre. Al voltant del claustre hi havia les diverses dependències: la sala capitular (on es reunien els monjos), el locutori (on parlaven), la cuina, el refetor o menjador, la biblioteca, el celler, el dormitori comunitari i les dependències de l'abat.

Un monestir medieval

Gerbert d'Orlac. Un erudit del segle x

Gerbert (938-1003) va néixer al comtat d'Alvèrnia, a França. Va ingressar en un convent dels benedictins, on va estudiar el trívium. Representa el prototip d'eclesiàstic culte que basava el seu estudi en la lectura dels escriptors i filòsofs del món clàssic, com Virgili i Aristòtil. El 967 va viatjar a Barcelona per estudiar amb el bisbe Ató de Vic el quadrívium. També va passar part de la seva estada a Catalunya al monestir de Ripoll. Els monestirs posseïen molts manuscrits, procedents d'al-Àndalus, amb els coneixements que els àrabs havien aportat a les matemàtiques i a l'astronomia, i Gerbert d'Orlac els va difondre per Europa. En són un exemple la introducció de la numeració decimal i l'ús del zero. El 999 va ser designat Papa amb el nom de Silvestre II.

CS

1. Fes una síntesi del primer punt d'aquest apartat explicant amb les teves paraules la situació de la religió a l'Europa cristiana. Completa la informació amb el que es diu sobre els jueus i els musulmans de la península Ibèrica a la unitat anterior.
2. Descriu amb les teves pròpies paraules la distribució de les estances d'un monestir.
3. Quin paper va tenir l'Església respecte de la cultura? Com el va dur a terme? Reflexiona sobre aquesta qüestió i assenyala quins aspectes positius i negatius va tenir aquest domini de la cultura per part d'una única institució.

6. La cultura a l'alta edat mitjana

L'*scriptorium*

L'*scriptorium* era la sala del monestir en la qual els monjos realitzaven les còpies dels llibres i manuscrits. Hi havia un monjo anomenat *armarius* (terme que significa 'proveïdor'), que donava material als monjos que copiaven els manuscrits i que alhora els supervisava. Cal dir, però, que els monjos també treballaven a les seves cel·les.

Al segle IV es va començar a copiar en quaderns (còdex), atès que anteriorment les còpies es feien en rotlles de pergamins. En aquest segle també es van començar a ornamentar les còpies. Aquest procés es coneix amb el nom de *il·luminació*. El terme prové de la paraula llatina *minium*, que al·ludeix a les lletres realitzades en vermell tot utilitzat un mineral anomenat *mini*.

La caiguda de Roma en mans dels pobles germànics va contribuir a la formació d'una Europa sempre en guerra; per tant, van ser uns anys poc propicis per a les manifestacions culturals. Així, la partició estamental de la societat va deixar la cultura en mans dels monjos, perquè els nobles es dedicaven bàsicament a la guerra i els pagesos eren analfabets.

6.1. Els estudis. El trívium i el quadrívium

L'Església emprava el llatí per al desenvolupament dels seus actes religiosos i per a la còpia i traducció de les obres dels escriptors del món clàssic. L'ensenyament estava molt restringit i era poc innovador perquè s'estudiaven i comentaven les obres de l'antiguitat clàssica i gairebé no es feien aportacions noves. Els estudis se centraven en poques matèries reunides en dos conjunts diferents:

- **El trívium**, que consistia en l'estudi de la gramàtica, la retòrica i la dialèctica.
- **El quadrívium**, que comprenia l'anàlisi de l'aritmètica, la geometria, la música i l'astronomia.

També hi havia estudis de filosofia, teologia, dret i medicina, que generalment es duien a terme en centres monàstics i religiosos.

Un *scriptorium* medieval

La ubicació

L'*scriptorium* solia ser una sala annexa a la biblioteca. També era prop de les cuines per tal que l'escalfor dels focs servís de calefacció.

Informació: «El trívium i el quadrívium»

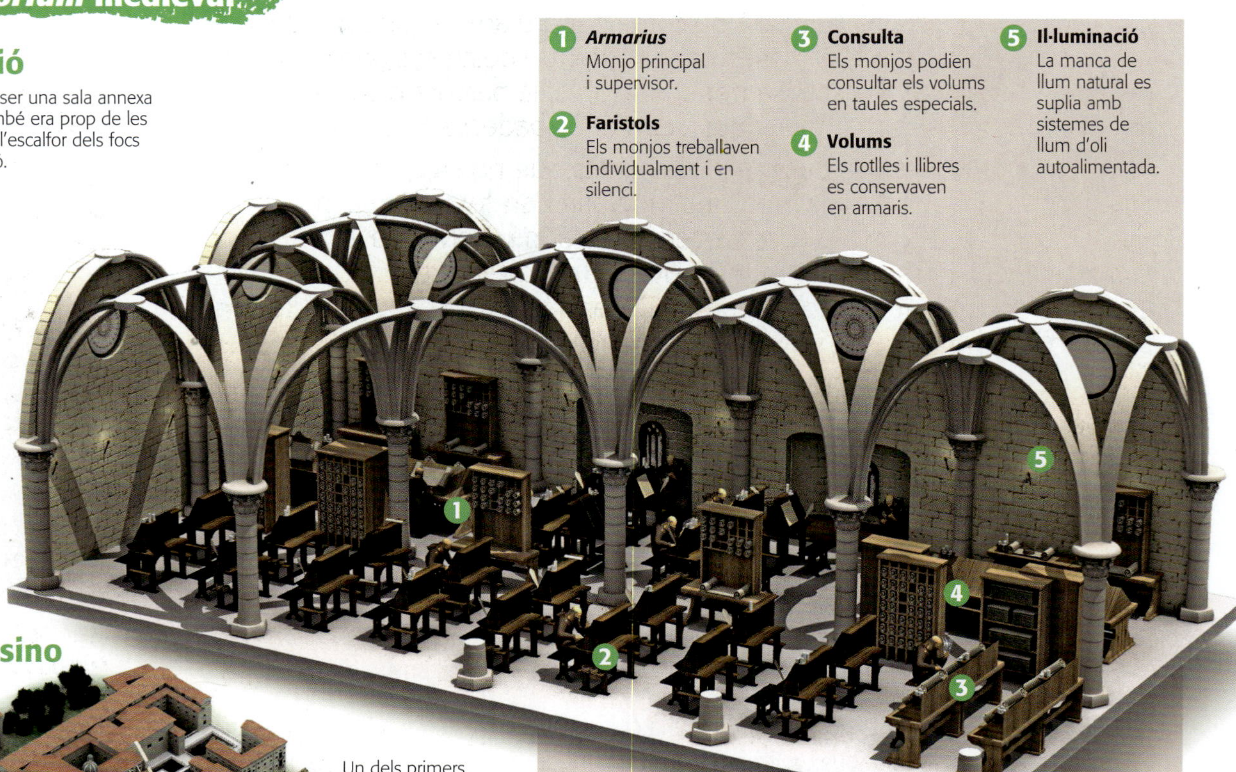

Montecassino

Un dels primers *scriptoria* va ser establert pel mateix Sant Benet al seu monestir de Montecassino l'any 529.

6.2. La literatura a l'alta edat mitjana

A l'alta edat mitjana es van conrear nombrosos gèneres, com ara les faules, el teatre religiós i profà, i la poesia trobadoresca.

No obstant això, el gènere que destaca a l'alta edat mitjana és el de la cançó de gesta. Es tracta de relats èpics propis d'una societat bèl·lica, escrits en vers i transmesos pels joglars, que cantaven la vida i les gestes d'un heroi. Destaquen la *Cançó de Rotllan*, el *Cantar de Mio Cid* i el *Cant dels Nibelungs*.

En aquesta època trobem la llavor del que serà la novel·la cortesana, un gènere escrit també en vers que s'adreçava a un públic més culte. Chrétien de Troyes n'és el màxim exponent. La seva obra es basava en antics mites bretons i celtes que relataven històries sobre el mític rei Artús, els cavallers de la Taula Rodona i el mag Merlí. Entre les seves obres destaquen *El conte del Grial*, *El cavaller del lleó* i *El cavaller de la carreta*.

5 Decidir les destreses i habilitats del personatge

Per acabar la fitxa de personatge, tan sols et falta especificar-hi quines destreses i habilitats té, és a dir, allò que sap fer. Evidentment, la majoria vindran determinades per la seva professió i les seves ocupacions habituals. Per tant, aquesta part s'haurà de correspondre amb el que has desenvolupat a la resta de la fitxa. Serien coneixements i destreses adequats, per exemple, la lluita amb l'espasa per a un noble, la pastura d'ovelles per a una camperola o les matemàtiques per a una abadessa.

Tanmateix, pots incloure destreses i habilitats que no siguin tan evidents, però que es puguin justificar en una biografia ben feta. Per exemple, un pagès pot tenir nocions de com fer servir una arma si en el passat ha estat cridat al servei militar, o una monja pot tenir coneixements mèdics si pertany a un orde que té cura dels malalts. Sigues rigorós, però al mateix temps deixa volar la imaginació i prepara't per explicar-ho tot plegat a la biografia.

CS

1. Llegeix el text i explica quina era la funció dels *scriptoria*. En què consistia el procés d'il·luminació d'un manuscrit?
2. Observa la imatge i descriu com era un *scriptorium* medieval.
3. Explica quines eren les diferències i les semblances entre el cantar de gesta i la novel·la cortesana. Destaca'n les diferències en l'àmbit social.

Les dones a l'edat mitjana

La funció de la dona a l'edat mitjana seguia el model heretat de l'antiguitat clàssica, segons el qual tenia un paper passiu a la societat i estava sotmesa als dictats dels homes. La vida quotidiana de les dones que pertanyien a la noblesa quedava relegada a l'àmbit domèstic i les seves activitats consistien bàsicament a filar i teixir. La literatura cortesana i els trobadors idealitzaven la dona, i l'amor cortès la descrivia com a prudent, honrada, casta i bella. No obstant això, algunes dones van tenir un paper més actiu, com per exemple les reines Elionor d'Aquitània i Blanca de Castella, la poetessa Maria de França i les escriptores Cristina de Pisan i Margery Kempe.

Miniatura d'una bíblia del segle XIII que el rei Lluís IX de França va donar a la catedral de Toledo. A la part superior podem veure Blanca de Castella instruint el seu fill Lluís IX. A la part inferior, un autor dicta a un escriba.

Activitats finals

▶ 1. Analitza una font primària

Aquest text, escrit per un autor de l'època, descriu la cerimònia d'homenatge:

> En primer lloc van retre homenatge d'aquesta manera. El comte va demanar al futur vassall si volia esdevenir un home seu, sense reserves, i aquest va respondre: «Sí, ho vull»; després es van aliar mitjançant un bes mentre les seves mans romanien entre les mans del comte. En segon lloc, el qui havia retut homenatge va comprometre la seva fe al comte, amb aquestes paraules: «Prometo per la meva fe ser fidel al comte Guillem a partir d'ara mateix i mantenir-li contra tots i enterament el meu homenatge, de bona fe i sense falsedat»; i, en tercer lloc, va jurar sobre les relíquies dels sants.
>
> Galbert de Bruges (adaptació)

a) Quants personatges intervenen en aquest contracte de vassallatge? Quins són?

b) Descriu la cerimònia.

c) Per què es donaven la mà i es besaven?

d) Per què et sembla que juraven sobre les relíquies dels sants?

Miniatura del *Liber Feudorum Maior* que mostra l'acte d'homenatge d'uns nobles feudals al comte de Barcelona i rei d'Aragó Alfons el Cast.

▶ 2. Desenvolupa una opinió crítica

El text següent va ser escrit pel bisbe Adalberó de Laon (segle x). Hi explica la seva concepció dels tres ordres feudals.

> La divisió de la societat comprèn tres ordres. La llei humana, en efecte, distingeix dues condicions més. El noble i el no lliure no són governats per una llei idèntica.
>
> Els nobles són els guerrers, els protectors de les esglésies. Defensen tots els homes del poble, grans i modestos, i, així, es protegeixen a ells mateixos. L'altra classe és la dels no lliures. Aquesta raça dissortada no posseeix res sense sofriment. Provisions i vestits són fornits per a tothom pels no lliures, per tal com cap home lliure no és capaç de viure sense ells.
>
> Per tant, la ciutat de Déu, que hom creu que és una de sola, es divideix en tres ordres: els uns preguen, els altres lluiten i els altres treballen. Aquests tres ordres viuen junts i no suportarien pas una separació. Els serveis d'un d'ells permeten els treballs dels altres dos. Cadascun, alternativament, dona suport a tots.
>
> Adalberó de Laon, *Carmen ad Rothbertum regem* (adaptació)

a) Segons Adalberó de Laon, en quants grups es dividia la societat medieval? Com es denomina aquest tipus de divisió social?

b) Quines eren les funcions de cada un dels tres ordres?

c) Segons Adalberó de Laon, podrien haver viscut separadament, aquests grups socials? Per què?

d) Segons el teu criteri, hi ha algun dels tres ordres sense el qual no funcionaria el sistema feudal? Raona la resposta.

e) Fes servir el text, la imatge i el que has après a la unitat per fer un escrit descriptiu sobre la societat feudal.

▶ 3. Sintetitza el pensament medieval

El concepte d'arts liberals fa referència a les set disciplines acadèmiques que, segons els clàssics, eren cultivades pels homes lliures i que es dividien en trívium i quadrívium. Cassiodor, estudiós del segle VI, les va adaptar al cristianisme i així es van adoptar a l'ensenyament d'època medieval. Aquest compendi es va difondre gràcies a figures com Beda el Venerable, a Anglaterra, o Alcuí de York, a la cort de Carlemany.

Busca informació sobre tots tres autors i fes un resum de quines van ser les seves aportacions a la cultura i l'ensenyament medievals.

El monestir de Vivarium, on Cassiodor va escriure la seva obra, representat en un manuscrit del segle VIII.

▶ 4. Reinterpreta una font gràfica

Observa les miniatures de la col·legiata de Sant Isidor de Lleó del segle XII, que il·lustren les tasques agrícoles que es duien a terme els diferents mesos durant l'edat mitjana. Les trobaràs al recurs «El calendari agrícola».

Dibuixa'n cadascuna a la teva manera i posa un títol a cada dibuix.

▶ 5. Examina un mapa antic

La il·lustració mostra un mapamundi del segle XIII. Es tracta del mapamundi del Salteri conservat a l'abadia de Westminster. La representació de la Terra i l'univers no seguia criteris científics, sinó que es configurava segons les idees religioses.

a) Descriu la imatge i compara-la amb un mapamundi actual.

b) Per què la representació del mapamundi no segueix criteris científics?

c) Identifica els continents que es coneixien en el moment en què es va dibuixar el mapa.

d) Durant l'època medieval, el geocentrisme era la teoria vàlida per explicar el sistema solar. Busca informació sobre aquesta teoria i explica per què es considerava veritable. Reflexiona sobre la teva pròpia experiència i el que et transmeten els sentits. Quina expressió fem servir quan es fa de dia? I quan es fa de nit?

▶ 6. Descriu les imatges

Les il·lustracions pertanyen al *Còdex de Manesse* (segle XIV) i mostren un torneig medieval i una escena de caça. Observa-les i respon les qüestions.

a) Descriu les dues il·lustracions.

b) Busca informació sobre què eren els tornejos i escriu una breu redacció que expliqui en què consistien.

c) Per què la caça i els tornejos formaven part de les ocupacions preferides de la noblesa?

d) Explica com era la vida quotidiana de la noblesa.

▶ 7. Treballa l'expressió escrita

Escriu un text narratiu que es desenvolupi en un castell de l'alta edat mitjana. Hauràs de tenir en compte els punts següents:

- ▶ Títol. El títol ha de ser atractiu perquè animi a llegir el text. S'hi sol fer referència a l'element de la història que resulta més interessant: l'escenari, els personatges, el nus, el desenllaç o la moralitat.
- ▶ Estructura lineal o contínua. Els fets han de seguir un ordre cronològic.
- ▶ Parts de la narració:
  - Plantejament o introducció: presentació de la situació.
  - Nus o desenvolupament: cos central de la narració.
  - Desenllaç o conclusió: tancament de la història.
- ▶ Elements bàsics:
  - Narrador: en aquest cas, extern, és a dir, que no intervé en la història. Per això explica els fets en tercera persona, des de fora.
  - El temps i l'espai: castell català de l'alta edat mitjana. L'acció pot durar hores, dies o anys.
  - Personatges: protagonistes i secundaris.
- ▶ Gènere narratiu. La narració explicarà una història fictícia que es desenvolupi en un castell medieval, però amb la voluntat que sigui versemblant. Per això és molt important tenir en compte tot el que heu treballat al llarg de la unitat.

Activitats d'ampliació de contingut.

El que cal recordar

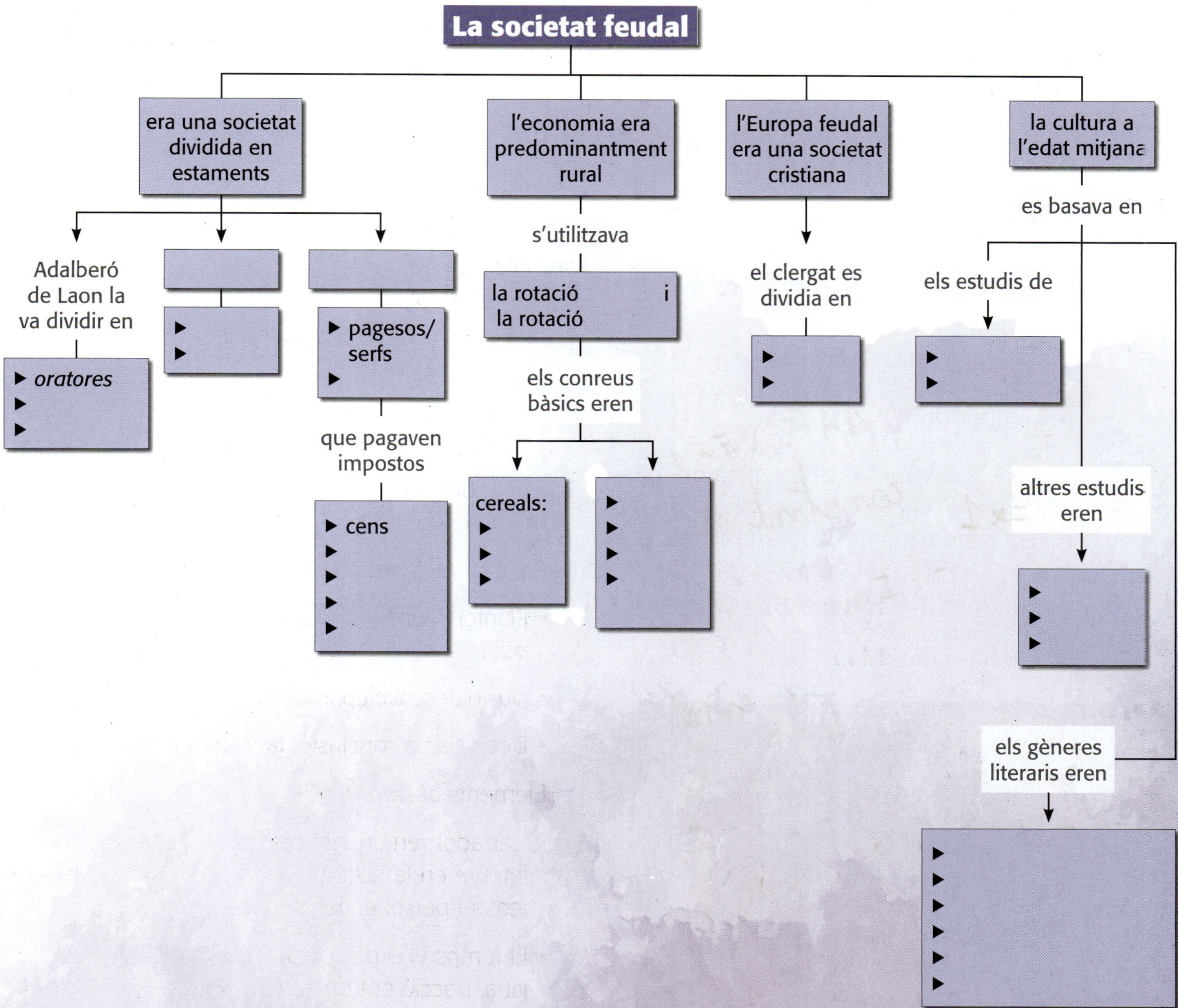

▶ Copia el mapa conceptual en un full a part i completa'l amb els conceptes que hi falten. En acabat, el pots fer servir per estudiar.

Autoavalua els teus coneixements de la unitat.

Competències en acció

6 Redactar una biografia

Un cop hem omplert la fitxa, hauràs d'escriure una biografia del teu personatge. En aquesta biografia hauràs de detallar tots els elements que has recollit a la fitxa i justificar aquells que se surtin de la norma o del que era habitual en un representant de l'estament al qual pertany el teu personatge. Així mateix, detalla'n aspectes de la vida personal, com el lloc de naixement o l'aspecte físic.

Fes servir el que has llegit al llibre per tal de no incórrer en errors de cronologia o en la reconstrucció de la vida quotidiana. Recorda que has de tenir en compte aspectes com la consideració social de la dona a l'edat mitjana o les diferències entre membres de diferents estaments a l'hora de relacionar-se entre ells.

Un cop hagis escrit la biografia, entrega-la a un company o companya de classe, juntament amb la fitxa, per tal que la revisi amb l'ajuda del recurs de coavaluació. Tu hauràs de fer el mateix amb la seva.

Per acabar la construcció del personatge, pots il·lustrar la fitxa amb una imatge que el representi. Pots triar alguna imatge de l'època (pintures, miniatures, escultures...) o triar alguna imatge moderna d'una recreació històrica, un quadre, una pel·lícula o una sèrie de televisió. En aquest darrer cas, tingues cura que la imatge sigui rigorosa des del punt de vista històric. Consulta el recurs «Recreacions històriques» per trobar-ne exemples.

7 Valorar el repte realitzat

Coavaluació

Per tal d'avaluar l'assoliment del repte del teu company o companya, valora de l'1 al 4 la correcció dels diferents indicadors que es detallen al recurs «Coavaluació del personatge».

Indicadors	Valoració			
	NA (1)	AS (2)	AN (3)	AE (4)
Ha fet servir fonts d'informació diverses per a la creació del personatge: primàries, secundàries, escrites i visuals.				
Ha proporcionat dades socioeconòmiques del personatge (ocupació, impostos...) que s'ajusten al seu estament.				
Ha fet una bona descripció de la cultura material del personatge (habitatge, roba, possessions, etc.).				
Ha proporcionat una cultura immaterial al personatge que s'ajusta a l'època i a l'estament al qual pertany.				
Ha detallat unes destreses i unes habilitats que es corresponen a l'ocupació del personatge.				
Ha redactat una biografia amb un llenguatge adequat i amb correcció ortogràfica i sintàctica.				

Autoavaluació

Per tal d'avaluar la teva pròpia feina amb la creació del personatge, fes servir el recurs «Autoavaluació del personatge».

Indicadors	Valoració			
	NA (1)	AS (2)	AN (3)	AE (4)
He especificat a quin estament pertany el personatge i he ajustat les seves ocupacions a aquest estament.				
He detallat si el personatge cobra o paga impostos, i quins paga o cobra segons el cas.				
He esmentat trets de la seva cultura material (roba, pertinences, habitatge, etc.).				
He explicat quines són les seves creences i a què dedica el temps lliure.				
He distribuït les habilitats del personatge tenint-ne en compte l'estament i la professió.				
He redactat la biografia del personatge i he trobat una imatge que l'identifiqui.				

10. Europa a la baixa edat mitjana (segles XIII-XV)

En aquesta unitat aprendrem quina va ser l'evolució política dels principals estats d'Europa. Estudiarem com es van formar les ciutats medievals i quins eren els seus edificis més representatius. També analitzarem l'evolució de la població, coneixerem què va ser la pesta negra i les conseqüències que va tenir. Sabrem com vivien les classes socials urbanes i què eren els gremis.

El repte

Un catàleg d'estris de la baixa edat mitjana

Per tal de seguir coneixent com es vivia a l'època, en aquesta unitat us proposem la **creació d'un catàleg d'estris** que hauria pogut fer servir un habitant de les ciutats de la baixa edat mitjana.

Per tal de fer-lo, hauràs de crear una sèrie de fitxes informatives amb tot allò que aniràs recopilant al llarg de la unitat.

Un cop elaborades les fitxes, procediràs a la confecció del catàleg i a la fabricació d'alguns d'aquests estris per fer-ne una exposició pública al centre.

3 **Proposar objectes en relació amb el comerç i els gremis**

2 **Proposar objectes en relació amb els grups socials**

1 **Plantejar el catàleg i elaborar les primeres fitxes**

4

Fer les darreres fitxes i fabricar els objectes

5

Tancar el catàleg i exposar els objectes

6

Valorar el repte realitzat

Termes clau

- guerra dels Cent Anys
- Joana d'Arc
- burgs
- catedral
- pesta negra
- patriciat urbà
- fires
- gremis
- universitats
- ordes mendicants

Les paraules clau en imatges.

1. Els regnes europeus: l'Europa occidental

Joana d'Arc va esdevenir una heroïna del poble francès. Va ser empresonada pels anglesos i cremada a la foguera el 1431. Avui dia és la patrona de França.

1.1. Anglaterra i França

Com hem estudiat anteriorment (unitat 7), Anglaterra i França van mantenir un llarg conflicte a causa del fet que el monarca anglès conservava territoris a França. Aquesta rivalitat va conduir, al segle XIV, a l'esclat d'un prolongat i intermitent enfrontament bèl·lic conegut com a **guerra dels Cent Anys** (1337-1453). Aquest conflicte, en el qual Anglaterra va tenir el suport del regne de Borgonya, va tenir dues fases.

- En la primera (1337-1380), el fet més destacable va ser la derrota de l'exèrcit francès a la batalla de Crécy (1346), en la qual la cavalleria feudal francesa va ser aniquilada pels arquers anglesos.
- En la segona fase del conflicte militar (1380-1453), cal destacar la victòria anglesa a la batalla d'Azincourt (1415). No obstant això, els francesos van recuperar la iniciativa a partir de la intervenció de **Joana d'Arc**, que va dirigir les tropes franceses fins que va ser exe-

Europa a mitjan segle XIV

cutada, acusada de bruixeria l'any 1431. La guerra es va perllongar fins a l'any 1453 i va acabar amb l'expulsió dels anglesos de França.

El conflicte va tenir importants repercussions en tots dos regnes. A França, l'augment dels impostos per sufragar la guerra va provocar una **revolta camperola** (*Jacquerie*) al nord del país que va ser esclafada amb duresa. A Anglaterra també va esclatar una **revolta pagesa**, però el fet més destacat va ser l'esclat d'una guerra civil, la guerra de les Dues Roses (1455-1485), entre la casa de Lancaster (representada per una rosa vermella) i la de York (identificada per una rosa blanca). La guerra va culminar amb l'ascens al tron del rei Enric VII, de la casa de Lancaster, que va fundar la dinastia Tudor.

Tant a França com a Anglaterra, als segles XIV i XV es va produir un enfortiment del poder monàrquic, en detriment del poder polític dels nobles, que conduiria a l'aparició de la **monarquia autoritària** en tots dos regnes.

Soldats anglesos saquejant una ciutat francesa durant la guerra dels Cent Anys. Els abusos a la població civil han estat una constant de totes les guerres.

1.2. L'Imperi germànic i la península Italiana

L'Imperi germànic estava format per un gran nombre d'estats feudals de la noblesa i de l'Església, i per ciutats lliures, que sovint entraven en conflicte per dominar-lo. L'emperador, que tenia un poder gairebé simbòlic, era elegit pels governants dels principals estats de l'Imperi i havia de ser ratificat pel papa.

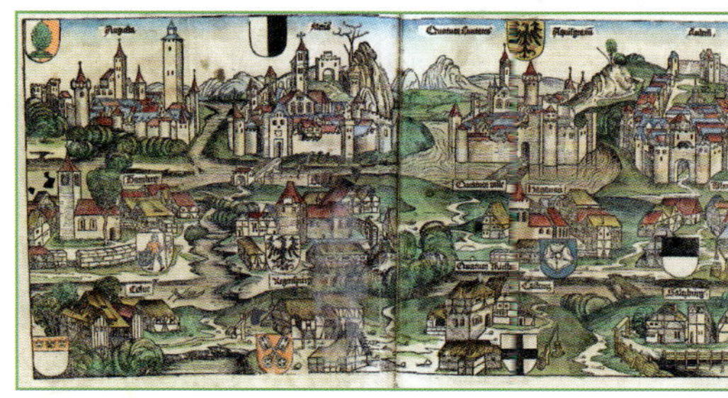

Regnes que formaven part del Sacre Imperi a les cròniques de Nuremberg del 1493.

La península Italiana estava dividida en diferents estats, independents els uns dels altres, entre els quals tenia una forta influència el papa de Roma. Les repúbliques de Gènova i Venècia van ser capdavanteres en el comerç mediterrani, mentre que la Florència del segle XV va ser el bressol del **Renaixement**.

El nord d'Itàlia i la regió de Flandes van esdevenir les zones econòmicament més actives de l'Europa de la baixa edat mitjana, com mostren la vitalitat de les seves ciutats i la consolidació d'una potent burgesia comercial i financera.

monarquia autoritària: forma de govern pròpia dels estats del segle XV i XVI, que es caracteritzava pel fet de tenir un poder monàrquic fort, un exèrcit permanent (constituït per mercenaris), una complexa burocràcia administrativa (funcionaris, jutges, recaptadors d'impostos reials) i, finalment, una naixent diplomàcia que feia possible que els estats tinguessin una relació permanent entre ells.

Renaixement: corrent artístic i cultural que parteix de la imitació creativa dels artistes clàssics grecs i romans, amb el qual es recuperen els ideals de bellesa clàssica i d'interès per la natura i l'ésser humà. Nascut a Florència al segle XV, es va estendre per Itàlia i Europa durant el segle següent.

CS

1. Reprodueix al quadern el mapa d'Europa a mitjans del segle XIV i el de l'Europa actual. Troba-hi deu diferències, escriu-les i localitza-les sobre un dels dos mapes.
2. Quines són les diferències entre les monarquies feudals i les autoritàries?
3. Elabora un text expositiu sobre la guerra dels cent anys. Estructura'l a partir dels següents conceptes: localització i origen del conflicte, fases i desenvolupament i conseqüències per als contendents.

2. Els regnes europeus: l'Europa oriental

El setge de Constantinoble

El 7 d'abril de 1453 va tenir lloc l'inici oficial del setge de Constantinoble per l'exèrcit turc de Mehmet II, que tenia uns 100 000 homes i 150 vaixells. La defensa de Constantinoble constava de 10 000 homes i 26 vaixells. Malgrat que tenia unes defenses molt poderoses, les muralles de Constantinoble no estaven dissenyades per resistir els atacs d'artilleria. Durant gairebé dos mesos els canons turcs van bombardejar la ciutat mentre els sapadors miraven de minar les muralles i cegar el fossat. L'assalt final va tenir lloc el 29 de maig al llarg de les nombroses bretxes que presentava la muralla i va acabar amb la conquesta i el saqueig de la ciutat durant tres dies.

Al llarg del segle XIII, Europa oriental i l'Àsia occidental van ser envaïdes pels mongols, un poble de l'Àsia central que, després de conquerir el nord de la Xina, s'havia constituït en imperi sota el lideratge de **Genguis Khan**. Els mongols van conquerir la pràctica totalitat dels territoris russos i van envair Polònia, el regne d'Hongria i l'Imperi búlgar. També es van enfrontar al califat abbassí i van destruir Bagdad l'any 1258. No va ser fins al segle XV que **Ivan III** de Kíev (1462-1505) va expulsar els mongols i va prendre el títol de tsar de Rússia. Està considerat el fundador de la Rússia moderna.

Pel que fa a l'**Imperi bizantí**, l'avenç imparable dels **turcs otomans** a la península d'Anatòlia i el nord d'Àfrica, la creació de l'Imperi búlgar als Balcans i la conquesta i setge de Constantinoble el 1204 a mans de la quarta croada havien convertit el poderós imperi en un petit estat que es reduïa a la capital i uns petits dominis al seu voltant.

Finalment, el 29 de maig de 1453 Constantinoble va caure en mans dels turcs després de dos mesos de setge. Aquest esdeveniment va posar fi a més de 1 000 anys d'Imperi romà d'Orient. Alguns historiadors consideren que aquesta data suposa l'acabament de l'edat mitjana i el començament de l'edat moderna.

CS

1. Observa i descriu la il·lustració de la pàgina següent. Series capaç d'identificar els elements següents amb el nombre que els correspon?: *Gran Canó dels Dardanels, el sultà Mehmet arenga les tropes, destrucció causada pels bombardejos, les tropes turques d'elit (genissers), un imam acompanya les tropes.*
2. Què va significar la diàspora bizantina per a Occident i, en particular, per a les ciutats italianes? Què van aportar els savis bizantins? Creus que això justifica que es parli de la fi de l'edat mitjana com es fa al text? Justifica la resposta.
3. En paral·lel a aquesta fugida, a Europa va tenir lloc una invenció que va revolucionar la transmissió del coneixement. Sabries dir quina? Compara les seves repercussions amb altres invencions posteriors com la ràdio, la televisió o Internet en un escrit breu.

Fortalesa de Rumeli, construïda per Mehmet II entre els anys 1451 i 1452 davant de Constantinoble com a part dels preparatius per assetjar la ciutat.

Pàgina següent: reconstrucció de l'assalt definitiu dels genissers, les tropes d'elit de l'exèrcit turc, a Constantinoble.

Constantí XI

El darrer emperador bizantí es va negar a abandonar la ciutat i va morir defensant les muralles amb els seus soldats. Com un acte d'humiliació, el seu cos va ser destrossat pels turcs i Mehmet va conservar el seu cap com a trofeu.

La diàspora bizantina

Durant anys, l'amenaça de la caiguda de Constantinoble va fer que multituds de savis, artistes i pensadors abandonessin l'Imperi en direcció a Itàlia. Aquesta fugida d'intel·lectuals va marcar la fi de l'edat mitjana i l'inici del Renaixement.

3. La ciutat a la baixa edat mitjana

CS

1. Explica amb les teves paraules l'evolució de les ciutats des de finals de l'Imperi romà fins a l'aparició dels burgs. Cerca tres ciutats de tres països diferents que tinguin la paraula *burg* al nom.
2. Observa la pintura de Siena i descriu la ciutat. Relaciona els diferents espais amb allò que s'explica al text sobre les característiques de la ciutat medieval. Quins espais has pogut trobar? Quins hi trobes a faltar?
3. Cerca una fotografia en què es vegin carrers medievals com els que es descriuen al text i descriu-la. Preferentment, que sigui una fotografia feta per tu expressament o d'un viatge.

3.1. De la ciutat romana al burg

Com hem vist a les unitats anteriors, Europa va viure un procés de ruralització que va fer que a l'inici de l'edat mitjana poques ciutats tinguessin més de 5 000 habitants. Les més importants eren residències de bisbes, de grans nobles o del rei.

El renaixement del comerç al voltant de l'any 1000 va provocar que apareguessin nous nuclis de població prop de castells, d'encreuaments de camins i d'antigues ciutats romanes. Eren els **burgs** i estaven habitats pels burgesos que es dedicaven al comerç i la manufactura. El seu creixement a partir del segle XIII va provocar que es fonguessin amb les antigues ciutats.

3.2. Característiques de la ciutat medieval

Les ciutats de la baixa edat mitjana solien ser petites –entre 40 000 i 100 000 habitants–, i tan sols excepcions com París podien sobrepassar aquestes xifres. Les seves característiques eren diverses, però totes tenien uns elements en comú.

- Una **xarxa viària** desordenada formada per carrers estrets, cases enganxades i horts interiors.
- Unes **condicions higièniques** precàries, fruit de la manca de clavegueram, que propiciaven la propagació de tota mena de malalties.
- Algunes **edificacions singulars** com les següents:
  - **Muralles:** generalment d'època romana; se substituïen per unes de noves amb el creixement de la ciutat.
  - **Edificis eclesiàstics:** eren molt nombrosos i incloïen esglésies, hospitals, convents i monestirs. Les ciutats on residia el bisbe comptaven amb una catedral. L'esforç que suposava construir-les les convertia en un símbol de prestigi i de competició entre ciutats.
  - **Casa de la vila o ajuntament:** seu del govern de la ciutat.

Pintura al fresc del Palazzo Pubblico de Siena, edifici situat a la Piazza del Campo. Mostra diverses activitats urbanes que es duen a terme dins el clos de muralles d'una ciutat. Fora muralla, s'estenen els horts i els camps.

- **Cases senyorials i palaus:** pertanyien als burgesos i, en alguns casos, al rei.
- **Llotges:** seu dels intercanvis comercials.
- **Plaça major:** ubicada davant de la catedral o de la casa de la vila; hi tenia lloc el mercat, les celebracions i les execucions.

Hospital de Sant Joan a Bruges (Bèlgica). Fundat el segle XII, és un dels més antics d'Europa. Avui dia és la seu del museu de Hans Memling, pintor flamenc que va pintar gran part de la seva obra expressament per a l'hospital.

Plantejar el catàleg i elaborar les primeres fitxes

Com saps, l'objectiu d'aquest repte és l'elaboració d'un catàleg d'estris, objectes i eines que haurien pogut fer servir els habitants de les ciutats de la baixa edat mitjana. Per entendre'ns, hauria de ser un catàleg com el que qualsevol casa de mobles moderna deixa avui dia a les vostres bústies.

El catàleg estarà compost per una sèrie de fitxes corresponents a cada objecte. Al recurs «Fitxa dels objectes» trobaràs la plantilla per elaborar les fitxes amb una sèrie de categories que s'han d'omplir, com ara el nom, la descripció de l'estri, la utilitat, qui el feia servir, una imatge il·lustrativa, etc. Al recurs també en trobaràs un exemple acabat.

En aquesta primera tasca, imagina quins objectes es podien fer servir en cadascun dels edificis que s'han descrit a la unitat; per exemple, les eines de tallar pedra del picapedrer que va fer les muralles, el calze que feia servir el capellà per oficiar missa a l'església, l'instrumental mèdic de l'hospital, etc. Comenta amb el professor la teva llista per tal de triar un objecte i evitar-ne repeticions. Un cop escollit, desenvolupa'n la fitxa.

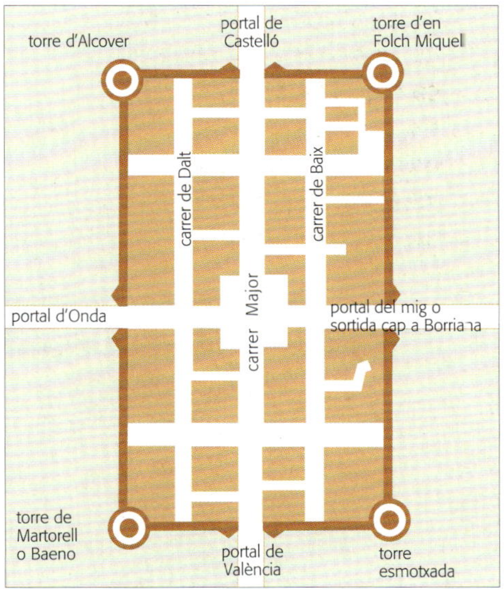

Plànol de Vila-real a l'edat mitjana.

Il·lustració: «La construcció d'una catedral»

4. La població i les classes urbanes

Evolució de la població europea (en milions)

Àrea	Any 1000	1340	1450
Grècia i els Balcans	5	6	4,5
Itàlia	5	10	7,5
península Ibèrica	7	9	7
França i els Països Baixos	6	19	12
Illes Britàniques	2	5	3
Alemanya i Escandinàvia	4	11,5	7,5
Rússia	6	8	6
Polònia i Lituània	2	3	2
Hongria	1,5	2	1,5
Total Europa	**38,5**	**73,5**	**51**

4.1. La població

Al llarg de l'edat mitjana, la natalitat va ser molt elevada. Tanmateix, la població creixia molt lentament a causa de l'elevada mortalitat (especialment la infantil). L'esperança de vida era, doncs, molt curta i poca gent arribava als 40 anys. A més, la fam i les epidèmies feien minvar la població considerablement. Quan coincidien fam, epidèmies i guerra, la mortalitat era molt elevada. En aquests casos els historiadors parlen de **mortalitat catastròfica**.

La pitjor de les mortalitats catastròfiques de l'edat mitjana es va produir amb l'esclat de la **pesta negra**. Aquesta epidèmia va arribar a l'Europa occidental l'any 1348 procedent d'Orient a través d'unes naus comercials. La manca de condicions higièniques de les ciutats va afavorir la propagació de la pesta, que es va estendre ràpidament per gairebé tot Europa i va matar una cinquena part de la població en pocs anys.

4.2. Les classes socials urbanes

La majoria de ciutats van alliberar-se ben aviat de la tutela dels senyors feudals i van dotar-se d'una organitza-

La difusió de la pesta negra a Europa

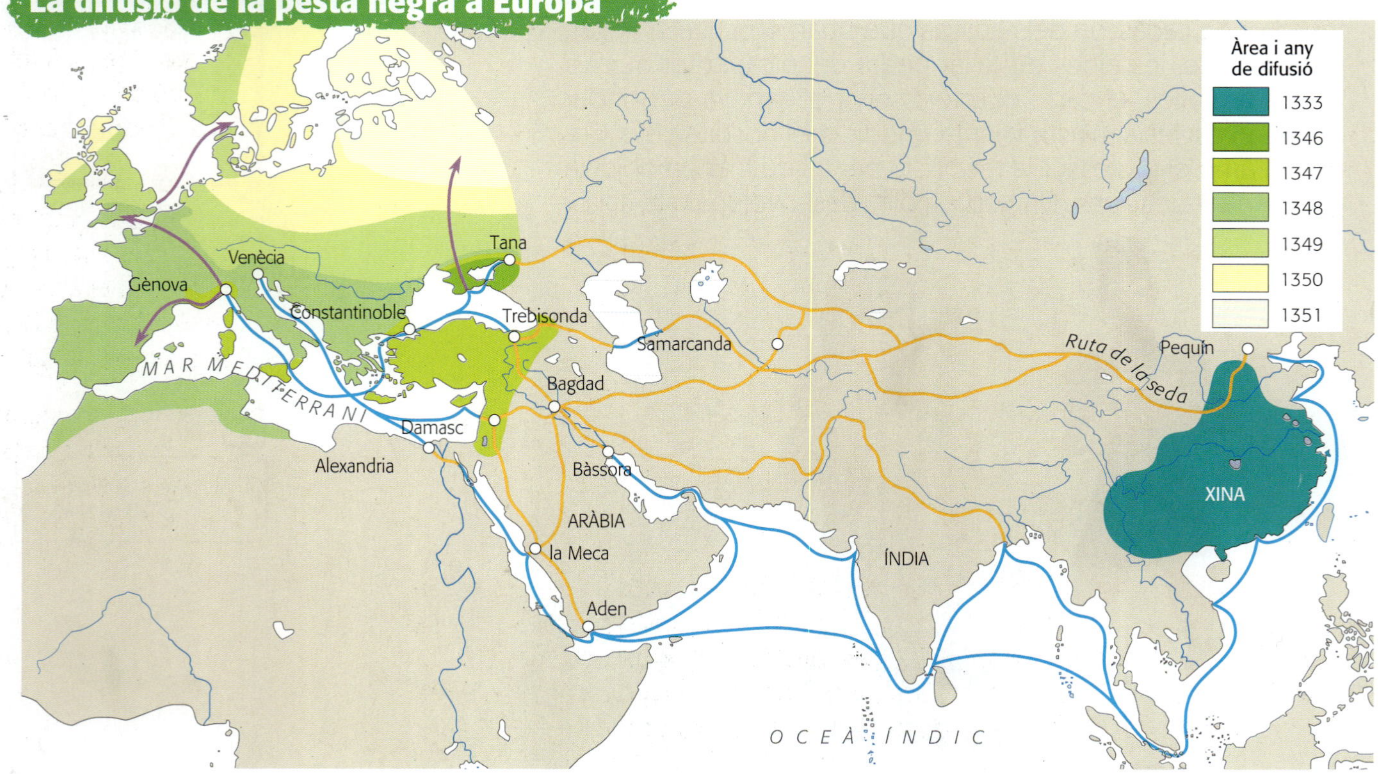

ció política i social diferent de la que hi havia al camp. Els ciutadans depenien directament del rei i no havien de retre homenatge a cap senyor feudal. El monarca concedia uns privilegis especials que regulaven el funcionament del govern de la ciutat, els drets dels seus habitants i les seves obligacions envers el monarca.

La població urbana pertanyia, doncs, globalment a la classe popular no privilegiada. Des d'un punt de vista econòmic, però, presentava una gran diversitat.

- **Els grans burgesos:** persones que es dedicaven al comerç internacional i que havien fet grans fortunes; també hi havia banquers i rendistes, que eren antics comerciants enriquits que havien invertit els diners en la compra de terres i de cases. Aquest grup constituïa l'anomenat *patriciat urbà*, que monopolitzava els càrrecs de govern de la ciutat.
- **La burgesia mitjana:** formada per comerciants, botiguers benestants, mestres artesans dels oficis més distingits, notaris, advocats, metges i apotecaris.
- **El poble menut:** format per artesans dels diferents oficis i, en general, els treballadors manuals. Constituïen el gruix de la població urbana, vivien humilment i, en època de males collites, eren víctimes de l'encariment dels preus dels aliments. Això propiciava nombrosos avalots i insurreccions que reclamaven la participació en la presa de decisions de la ciutat.
- **Altres grups,** com ara els religiosos –capellans, frares, monjos i monges–, captaires que vivien de la caritat de la gent i de l'Església, i esclaus.

A més, a moltes ciutats europees hi havia **comunitats jueves** que vivien en barris segregats (calls) i tenien poca relació amb la resta d'habitants. La majoria dels seus membres eren artesans, però els més rics feien de prestadors, recaptadors d'impostos o metges.

La dona i la ciutat

El renaixement del comerç i de les ciutats va permetre que les dones ocupessin un lloc important en l'economia urbana sense cap restricció ni subordinació a l'home en la majoria d'oficis artesanals, fins i tot com a propietàries de negocis i tallers.

Aquesta situació va canviar notablement a partir del segle XIV quan els gremis i els governs de les ciutats van introduir restriccions molt severes que van excloure la dona de molts oficis i de la direcció dels gremis.

CS

1. Amb la informació que et proporciona la taula, el mapa i el subapartat 4.1, elabora un breu informe de la situació de la població europea a l'edat mitjana.
2. De qui depenien les ciutats? Explica amb les teves paraules els avantatges que suposava per a les ciutats el fet de deixar de dependre dels senyors feudals.
3. Elabora un esquema amb els diferents estrats de la població urbana i les seves característiques.

2 Proposar objectes en relació amb els grups socials

En aquesta tasca seguirem la mateixa dinàmica que amb l'anterior. Aquest cop, però, es tractarà de fer una llista amb estris relacionats amb les classes socials que s'han descrit a l'apartat; per exemple, l'eina que faria servir un artesà o la balança d'un comerciant jueu. Com en el cas de la tasca anterior, tria un d'aquests objectes i desenvolupa'n la fitxa per al catàleg.

5. El comerç internacional

Detall d'un retaule català del segle XV que mostra el rei i les autoritats municipals comprant blat per a una ciutat. L'aprovisionament de blat era bàsic per als habitants de les viles. A l'edat mitjana, els cereals es mesuraven en unitats de volum, no pas de pes.

5.1. El renaixement del comerç internacional

Un dels trets característics de la baixa edat mitjana va ser la recuperació del comerç internacional. Això es va deure a aquests factors:

- **L'increment de la demanda** de productes agrícoles i artesanals. Aquest fet està relacionat amb l'augment de la població a conseqüència de la introducció de noves tècniques agràries i l'extensió de les terres conreables.
- **L'aparició de la burgesia** com a conseqüència del desenvolupament de les ciutats i de l'increment dels excedents i el comerç. Es tractava d'una nova categoria social enriquida dins de l'estament dels no privilegiats. Com que es tractava d'un estament que no gaudia de privilegis com el cobrament d'impostos o la percepció de rendes agràries, el seu estatus depenia tan sols de la seva capacitat de generar riquesa per mitjà d'activitats com el comerç o la manufactura.

L'economia europea en el segle XIII

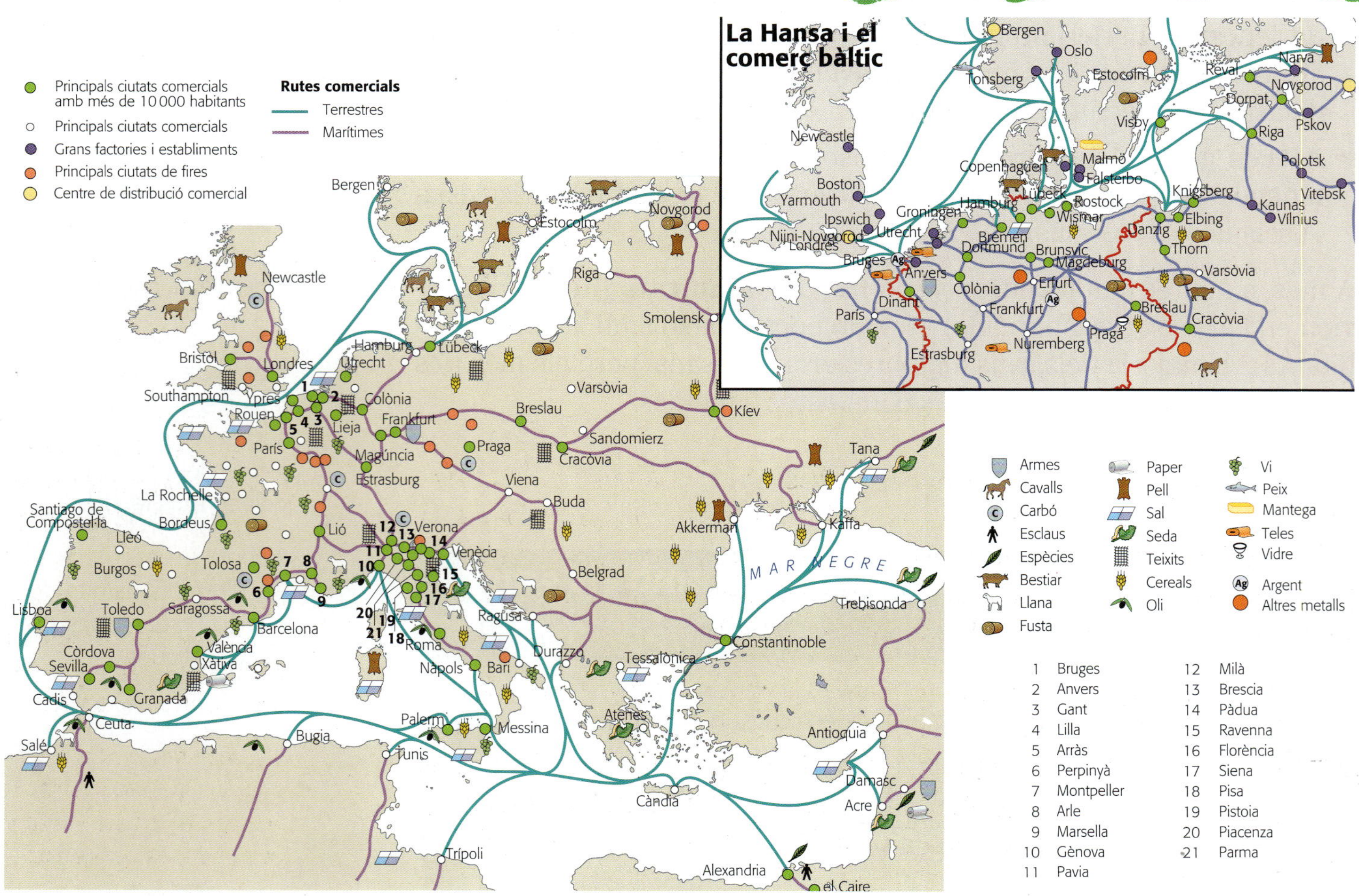

- **Canvis tècnics** com ara la millora de les naus i dels instruments de navegació. La galera va ser substituïda per la coca, un nou vaixell amb més capacitat de càrrega. Alhora, es va estendre l'ús de la brúixola i l'astrolabi.
- **Mitjans de pagament nous** que permetien als mercaders viatjar a ports llunyans sense haver de dur al damunt grans quantitats de diners en metàl·lic.

Estem parlant de **lletres de canvi** i de finançaments a crèdit, tots dos recursos relacionats amb el desenvolupament d'un incipient sistema bancari.

La llana i els teixits fets amb aquesta fibra van ser objecte d'un important comerç durant l'edat mitjana. A la imatge, dues pageses filen la llana amb un fus manual, mentre una altra teixeix el fil en un teler. L'activitat del filat era característica de les dones de pagès.

5.2. Els àmbits del gran comerç internacional

A la baixa edat mitjana, els àmbits principals del gran comerç europeu eren:

- **La Mediterrània.** El comerç era controlat per les naus venecianes, genoveses i catalanes. A través de l'Imperi bizantí i Egipte, importaven espècies, seda i altres productes exòtics d'Orient i exportaven teixits de lli i de llana, vidre, corall, armes i bijuteria.
- **L'Atlàntic.** Un àmbit comercial que va créixer a les acaballes de l'edat mitjana amb la comercialització de productes com ara els teixits luxosos de Flandes (l'actual Bèlgica) i d'Anglaterra, la llana en brut de Castella i d'Anglaterra, el vi, el blat i la pesca salada.
- **El Bàltic i el mar del Nord.** El comerç estava monopolitzat per la Hansa, una associació de mercaders de les ciutats bàltiques creada per estimular el comerç, alliberar-se del control de la noblesa i defensar-se dels pirates. Va arribar a tenir unes dues-centes ciutats adherides.

5.3. Els mercats i les fires

El comerç va trobar en els **mercats i les fires** el mitjà per créixer i arribar al gruix de la població. Els petits **mercats** que ja trobàvem a l'alta edat mitjana van seguir celebrant-se regularment amb periodicitats mensuals o fins i tot setmanals. Aquests mercats oferien productes de proximitat provinents del comerç de curta distància.

La novetat va ser l'aparició de les **fires**. Es tractava d'esdeveniments generalment anuals que se celebraven a les ciutats importants i que aplegaven comerciants vinguts d'arreu d'Europa per oferir productes provinents de tot el món gràcies al comerç internacional. Les més importants eren les de la Xampanya, Lilla, París, Bruges, Anvers i Medina del Campo.

CS

1. Explica amb les teves paraules les raons del renaixement del comerç al segle XII.
2. Quins eren els productes comercialitzats per la Hansa? Esmenta algunes de les seves ciutats principals.
3. Quines eren les ciutats comercials més importants de l'Europa mediterrània? Amb quines zones comerciaven?

6. Els artesans i els gremis

CS

1. Descriu la il·lustració de la pàgina següent i relaciona-la amb el que has llegit sobre els gremis en aquest apartat i el que vas aprendre sobre la població de les ciutats a l'apartat 4. Compara la ciutat que has descrit amb la recreació de la Barcelona medieval de la pàgina 158.
2. Elabora una redacció en primera persona sobre els inicis d'un aprenent en un ofici. De fet, per a un jove de la teva edat la formació en un gremi seria l'equivalent a l'escolarització i, probablement, els teus pares haurien de pagar perquè hi fossis admès com a aprenent.

3 Proposar objectes en relació amb el comerç i els gremis

Novament, en aquesta tasca hauràs de fer una llista d'estris i eines. Aquest cop, en relació amb el comerç, que vas veure a l'apartat anterior, i els gremis, que has vist en aquest. Per exemple, la brúixola d'un navegant o els estris d'escriptura de la comptabilitat d'un gremi. Tria un d'aquests objectes i elabora'n la fitxa corresponent.

6.1. Els artesans

Com hem vist a l'apartat anterior, una de les conseqüències del creixement demogràfic de la baixa edat mitjana va ser l'increment de la demanda de productes artesanals. Arran d'això, els artesans i els mercaders encarregats de satisfer tota aquesta demanda es van concentrar a les ciutats. Així, les ciutats es van omplir de tota mena de petits tallers relacionats amb la fabricació de productes: picapedrers, teixidors, terrissaires, fusters, apotecaris, sabaters i un llarg etcètera. En general, es tractava de negocis petits de caire familiar que elaboraven els seus productes a mà en un taller artesanal propi.

Ben aviat va sorgir la necessitat per part de les autoritats de regular tota aquesta creixent activitat comercial i artesanal. L'eina que van trobar per fer-ho van ser els gremis.

6.2. Els gremis

Cada ofici es va agrupar en gremis o confraries que solien treballar en un mateix barri o en un mateix carrer. Aquestes associacions reglamentaven la producció i les condicions de treball, establien la quantitat i la qualitat dels productes fabricats per cada taller i determinaven el nombre de treballadors, la seva categoria, la jornada laboral i el salari que cobraven. Aquesta reglamentació es va desenvolupar d'acord amb les autoritats municipals, que van veure en els gremis la manera de garantir el proveïment de matèries primeres, vetllar per la qualitat dels productes fabricats, controlar els salaris, evitar els conflictes laborals i garantir el cobrament d'impostos entre la població de la ciutat.

A canvi d'aquest control, els gremis garantien als seus membres els avantatges següents:

- Asseguraven l'abastiment de primeres matèries.
- Repartien el treball equitativament.
- Monopolitzaven el mercat i evitaven la competència.
- Oferien ajuda mútua en cas de malaltia greu o defunció de l'artesà associat.

Els artesans que operaven dins d'un gremi es dividien en tres categories:

- **Els mestres.** Eren els artesans més distingits en el seu ofici, els únics que podien obrir un taller i els responsables dels beneficis i de les pèrdues que aquest pogués tenir.

- **Els oficials.** Eren assalariats qualificats i experimentats. Podien convertir-se en mestres si superaven una prova anomenada *obra mestra*.
- **Els aprenents.** Eren els artesans més qualificats i accedien al gremi de ben joves. Al taller on treballaven el mestre els allotjava i alimentava, però no els pagava cap salari.

A mesura que creixien, els gremis van arribar a controlar tota la producció i gran part de l'economia de les ciutats, de manera que van entrar en conflicte amb els grans mercaders que buscaven preus més baixos en la fabricació dels productes contractant artesans no agremiats.

7. Nous corrents culturals i religiosos

Un càrrec eclesiàstic imparteix una classe en una aula d'una universitat medieval.

7.1. Les universitats

Durant l'alta edat mitjana, només una petitíssima part de la població podia accedir a l'ensenyament, de manera que la immensa majoria era analfabeta.

Al segle XII van aparèixer en algunes ciutats escoles finançades pels municipis. Però la principal novetat van ser les **universitats**. Les més prestigioses eren les de París i Bolonya, a les quals acudien estudiants procedents de tot Europa. A Castella, la més antiga va ser la de Palència (1208), i a Catalunya la més important era l'Estudi General de Lleida (1300).

Les universitats s'organitzaven en quatre escoles o facultats: arts, dret, medicina i **teologia**. La facultat d'art impartia estudis generalistes que permetien cursar la resta de carreres, enfocades a exercir una professió –advocat, metge o teòleg–. Cada facultat tenia al capdavant un **degà**, i el **rector** era la màxima autoritat de la universitat. L'ensenyament era oral i es basava en la memorització, la lectura i el comentari de text. L'alumnat, assegut a terra, prenia apunts de les lliçons en petits fulls de pergamí. Amb el temps, es van fundar biblioteques universitàries, la primera de les quals va ser la de París. En algunes universitats es van crear **col·legis**, que eren una mena d'albergs per als estudiants amb recursos econòmics escassos.

El monjo benedictí Guillem de Nottingham imparteix una lliçó a la universitat d'Oxford en una miniatura de 1350.

Les universitats europees fins al segle XIV

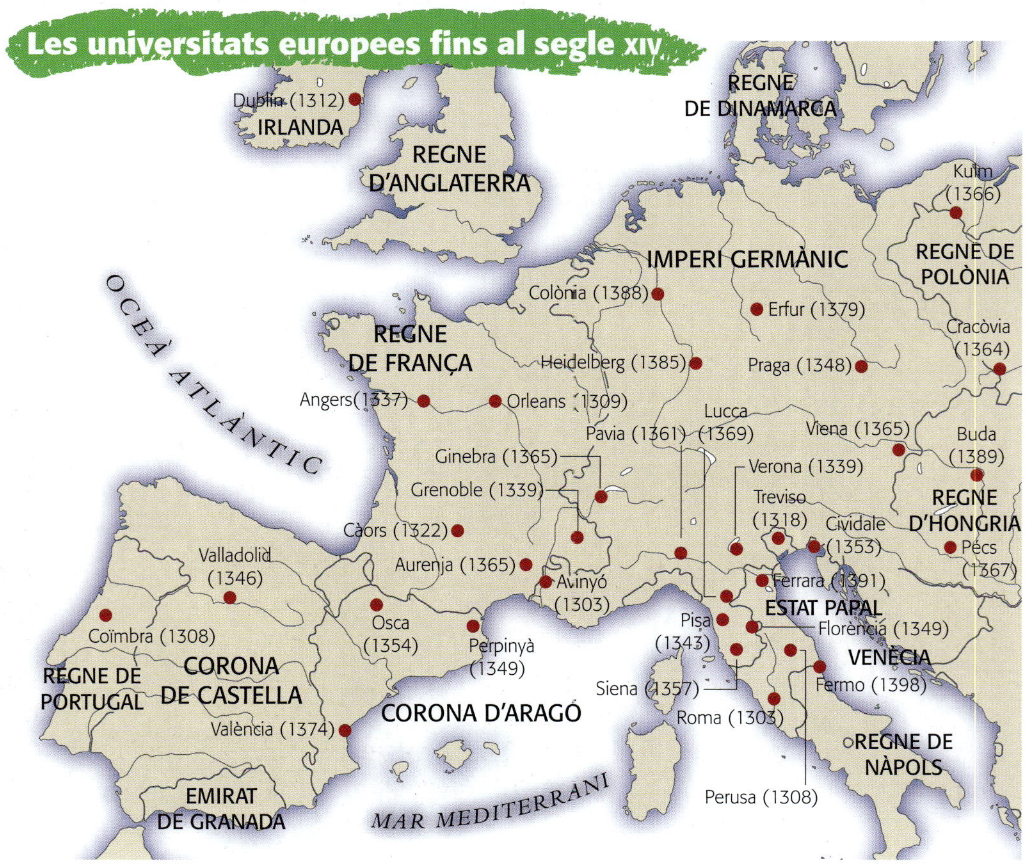

Els universitaris s'examinaven per obtenir primer el títol de batxiller en arts, després el de llicenciat (en dret, medicina o teologia) i, finalment, un nombre molt reduït d'alumnes, el de doctor.

7.2. Els ordes mendicants

A l'alta edat mitjana, els monestirs, situats al camp, tenien una escassa influència social. Entrat el segle XIII, la relaxació dels costums i de les formes de vida del clergat i el creixement de les ciutats van propiciar l'aparició de nous ordes religiosos que predicaven a les ciutats. Aquests ordes es van denominar **mendicants**, perquè els seus membres –frares– eren pobres i vivien de la caritat pública.

Els més importants eren els **dominics**, fundats per sant Domènec, i els **franciscans**, que va fundar sant Francesc d'Assís. Aquest últim tenia una branca femenina, les **clarisses**, fundada per santa Clara d'Assís. Dominics i franciscans es van dedicar a la predicació i a l'ensenyament, especialment de la teologia. A més, els dominics es van fer càrrec de la Inquisició, un tribunal eclesiàstic creat per combatre les heretgies que en el segle XIII afectaven diverses regions d'Europa, especialment el sud de França.

Els predicadors dominics van obtenir un gran ressò entre la gent del poble; un dels més coneguts va ser el valencià Vicent Ferrer. També van destacar Tomàs d'Aquino en teologia i Ramon de Penyafort en dret.

CS

1. Comenta la il·lustració que representa una aula medieval. Compara-la amb les aules actuals i destaca'n les semblances i les diferències.
2. Com era l'ensenyament a l'edat mitjana? Quines semblances i quines diferències hi trobes amb l'actual?
3. Comerç, diners, ciutats, catedrals gegantines. De quina forma es relaciona això amb l'aparició dels ordes mendicants? Trobes que hi pot haver una disfunció entre els valors que predicava l'Església i la pràctica quotidiana dels seus alts càrrecs? Discutiu aquest tema amb la resta de la classe de forma argumentada.

4 Fer les darreres fitxes i fabricar els objectes

En aquesta tasca hauràs de fer la darrera fitxa del catàleg. Aquest cop es tractarà d'estris relacionats amb les universitats i els ordes mendicants. Per exemple, els estris d'escriptura d'un alumne universitari o el pot de les almoines d'un frare mendicant.

En acabat, us reunireu tota la classe i cadascun de vosaltres farà una breu exposició de les seves fitxes. Amb l'ajuda del professor o professora feu un debat per tal de:

- Descartar aquelles fitxes que continguin errors o no s'ajustin al rigor històric.
- Amb les fitxes restants, elaborar la composició final del catàleg.
- Agrupar-vos en parelles o en petit grup i triar alguns dels objectes per fabricar-los i poder-los fer servir en una exposició pública. Penseu bé quines possibilitats teniu i, si cal, consulteu els dubtes que tingueu al professor o professora de tecnologia perquè us ajudi a resoldre'ls.

i Les dones i l'educació

El naixement de les universitats no va suposar una oportunitat per tothom ja que les dones hi tenien prohibit l'accés i la docència. Així, els convents es van convertir el principal espai que oferia accés al coneixement a les dones.

El millor exemple el tenim en l'abadessa Hildegarda de Bingen, una de les escriptores més prolífiques del seu temps. La seva obra abasta disciplines tan diverses com la música, la filosofia, les ciències i la medicina i va arribar a ser un dels personatges més infloents de la seva època. Formada en un monestir, Hildegarda va ser al seu torn la fundadora de dos monestirs femenins prop de Bingen (Alemanya).

Activitats finals

▶ 1. Aprofundeix en un debat històric

Durant la baixa edat mitjana va tenir lloc la **querella de les dones**, una polèmica intel·lectual al voltant de la figura de la dona i de com s'entenia la feminitat en la societat de l'època. Hi van participar molts autors i autores amb punts de vista molt contraposats. Christine de Pisan va ser una ferma defensora de les dones. Llegeix el seu text i respon les qüestions.

> Us prego que m'aclariu si Déu, que ha dispensat molts favors al sexe femení, ha volgut mai honrar-lo concedint a certes dones el privilegi d'una elevada intel·ligència i un saber profund per tal que la seva ment accedeixi a les més altes ciències. M'importa molt la resposta, perquè els homes sempre pretenen que les dones tenen una capacitat intel·lectual molt escassa. [...]
>
> Et torno a dir, i ningú podrà sostenir el contrari, que si el costum fora enviar les nenes a l'escola i ensenyar-los les ciències amb mètode, com es fa amb els nens, aprendrien i entendrien les dificultats i subtileses de totes les arts i ciències tan bé com ells [...] La manca d'estudi ho explica tot, cosa que no exclou que en els homes, com en les dones, alguns individus siguin més intel·ligents que d'altres.
>
> Christine de Pisan, *Llibre de la ciutat de les dames*, XXVII (traducció)

Christine de Pisan enraona amb les personificacions de la rectitud i la justícia mentre les dames construeixen la seva ciutat. La miniatura il·lustra el *Llibre de la ciutat de les dames*, l'obra més important de Pisan, considerada un tractat del feminisme de l'època.

a) Busca a Internet informació sobre aquesta polèmica literària i filosòfica i explica quines eren les diferents posicions del debat.

b) Busca informació sobre Christine de Pisan i elabora'n una breu biografia i un resum del seu pensament.

c) Valoreu quins aspectes de la polèmica estan superats actualment al nostre país i quins penseu que encara han de millorar respecte a la situació de la dona. Debateu-ho a classe.

▶ 2. Desenvolupa una opinió crítica

a) Busca informació sobre sant Francesc i els franciscans, i redacta'n un breu informe.

b) Quina havia de ser l'actitud dels frares en relació amb els diners? Hi havia alguna excepció?

c) Cerca una notícia d'actualitat que relacioni riquesa i Església.

> Que els frares no rebin diners. Mana el Senyor en l'Evangeli: «Compte, guardeu-vos de tota malícia i avarícia i mireu per vosaltres, no sigui que us lliureu a les sol·licituds d'aquest món i a les cabòries de la vida». Per tant, que de cap de les maneres rebin els frares o facin rebre, ni cerquin, ni facin cercar, pecúnia d'almoina ni diners per a algunes coses o llocs, ni vagin amb aquells qui per aquests diners demanin diners. I els frares poden fer els altres serveis que no són contraris a la nostra vida, amb la benedicció de Déu. I els frares, en la manifesta fretura dels leprosos, poden demanar almoina per a ells. Tanmateix, que es guardin bé dels diners. I de la mateixa manera, que es guardin els frares de vagarejar per diferents terres a la recerca d'algun mal guany.
>
> Primera regla de sant Francesc, 1215 (reelaboració)

▶ 3. Treballa l'empatia històrica

Els templers eren un orde de monjos guerrers nascuts a Jerusalem amb l'objectiu de protegir els pelegrins que volguessin visitar Terra Santa. Llegeix la informació del reportatge que trobaràs al recurs «Els templers» i respon les qüestions següents:

a) Com s'organitzava l'orde del Temple?

b) Quin va ser el procés d'expansió i caiguda de l'orde?

c) Investiga a Internet i descobreix quins altres ordes militars existien a l'edat mitjana.

d) Llegeix el text que narra la mort de Jacques de Molay i explica:

- Ets Jacques de Molay. Defensaries la teva innocència, com va acabar fent? O acceptaries les acusacions? Per què?
- Tens la possibilitat de defensar Jacques de Molay davant el tribunal de la Inquisició. Quins arguments pots fer servir per defensar els templers?

▶ 4. Situa un fenomen històric en l'actualitat

Aquest text, del gran escriptor medieval Giovanni Boccaccio, descriu l'arribada de la pesta a la ciutat italiana de Florència. Boccaccio en va ser testimoni directe.

Us diré, doncs, que ja era l'any de la fructífera Encarnació del Fill de Déu al nombre de mil tres-cents quaranta-vuit, quan a l'egrègia ciutat de Florència, més noble que cap altra d'Itàlia, pervingué la mortífera pestilència, la qual, o per actuació dels cossos superiors o per la justa ira de Déu tramesa damunt els mortals a fi de corregir les nostres iniqües obres, començada uns quants anys abans a les parts orientals, havent-les privades d'innombrable quantitat de vivents, sense aturar-se, avançant d'una banda a l'altra, s'havia eixamplat fins a Occident amb gran misèria. I no valent-hi prudència ni proveïment humà, segons el qual la ciutat fou netejada de moltes immundícies per oficials expressament encarregats, així com fou prohibit a tot malalt d'entrar-hi i hom donà molts consells a fi de conservar la sanitat, ni valent-hi tampoc les humils súpliques ordenades en processons, no una vegada sinó moltes, i adreçades en altres formes a Déu per les persones devotes, gairebé a l'inici de la primavera de l'any esmentat van començar horriblement els dolorosos efectes de la pestilència. [...] En començar la malaltia naixien tant als homes com a les dones, sota les aixelles o a l'engonal, unes inflors, algunes de les quals creixien com una poma i d'altres com un ou. Després, els símptomes de la malaltia es mutaven en taques negres o lívides que apareixien en braços, cuixes i a qualsevol altra part del cos.

Giovanni Boccaccio, *El Decameró* (reelaboració)

a) Quin any, i des d'on, va arribar la pesta negra a Florència?

b) Quines mesures es van prendre per evitar l'extensió de l'epidèmia? Van ser eficaces? Esbrina quines mesures s'haurien pres en l'actualitat en un cas similar.

c) Quins eren els símptomes de la malaltia? Cerca alguna notícia d'una malaltia que hagi posat en guàrdia les autoritats sanitàries mundials recentment.

d) Per què les malalties afectaven més les ciutats que no pas el camp? Passaria el mateix en l'actualitat? Raona la resposta.

Miniatura de 1353 que representa els ciutadans de Tournai (Bèlgica) enterrant les víctimes de la pesta.

▶ 5. Comenta els orígens d'una institució actual

La banca va tenir un gran desenvolupament a l'Europa de la baixa edat mitjana, sobretot a les ciutats italianes. Florència es va convertir en el centre financer més important de l'època, i en aquesta ciutat la banca va exercir una gran influència econòmica i política. Però aquestes empreses corrien un gran risc, com ho demostra la crònica de G. Villani.

> L'any 1345, al gener, va fer fallida la companyia dels Bardi, que havien estat els mercaders més importants d'Itàlia. La raó va ser que, com els Peruzzi, havien posat el seu capital i el d'altres a disposició del rei Eduard d'Anglaterra i del de Sicília. Fins al punt que els Bardi es van trobar que el rei d'Anglaterra els devia, entre capital, interessos i compensacions que els havia promès, més de 900 mil florins d'or. Però, a causa de la guerra que mantenia amb el rei de França, no podia pagar-los. Del de Sicília havien d'obtenir 100 mil florins d'or. El rei d'Anglaterra devia als Peruzzi 600 mil florins d'or; el de Sicília, 100 mil. Ells, a la vegada, tenien un deute de 350 mil florins d'or, per la qual cosa van fer fallida, la qual cosa va perjudicar els ciutadans i els forasters que els havien confiat els seus estalvis. Només els Bardi havien rebut d'aquests inversors més de 500 mil florins d'or. Moltes companyies petites i particulars que tenien els seus havers en mans dels Bardi, dels Peruzzi i d'altres que havien fet fallida, es van arruïnar, i ells també es van veure obligats a fer fallida.
>
> G. Villani, *Cròniques* (reelaboració)

a) Els Bardi eren uns grans banquers. Segons el text, com havien acumulat la seva fortuna?

b) Què eren els florins?

c) Per què van fer fallida els bancs italians que s'esmenten en el text?

d) Per què el rei d'Anglaterra no va poder retornar el diner prestat? Identifica el conflicte que s'esmenta en el document.

e) Quines conseqüències va tenir aquest fet? Quins sectors socials en van sortir més perjudicats?

f) Coneixes alguna situació del món actual que recordi el que descriu el text? Hi veus similituds i diferències?

▶ 6. Analitza el plànol d'una ciutat

A la unitat 4 vas aprendre a analitzar els plànols de les ciutats modernes. Amb l'ajuda de la base d'orientació següent, fes un comentari del plànol de Bolonya:

Base d'orientació per analitzar plànols històrics
Llegenda: extreu-ne informació rellevant, com ara la data, edificis destacats o espais amb un ús concret.
Traçat urbà: analitza si els carrers i les places són amplis o estrets, si segueixen un traçat regular o alguna mena d'ordre. Mira si se situen al voltant d'un edifici principal.
Edificis: indica-hi els edificis més rellevants i la seva situació i funcions, si les saps. Mira de trobar-hi esglésies, la catedral, el palau reial, llotges o cases senyorials.
Economia: extreu informació a partir dels noms dels carrers. La presència de molins i canals pot indicar activitats manufactureres.
Societat: distingeix diferències socials entre barris segons els tipus de carrers o d'edificis.
Defenses: observa les muralles. Aquestes poden ser d'origen romà, o bé ampliacions posteriors.
Descriu les vies d'accés, les sortides i els voltants (ponts, canals, rius, ports, molins...) per completar la informació sobre l'activitat econòmica de la ciutat.

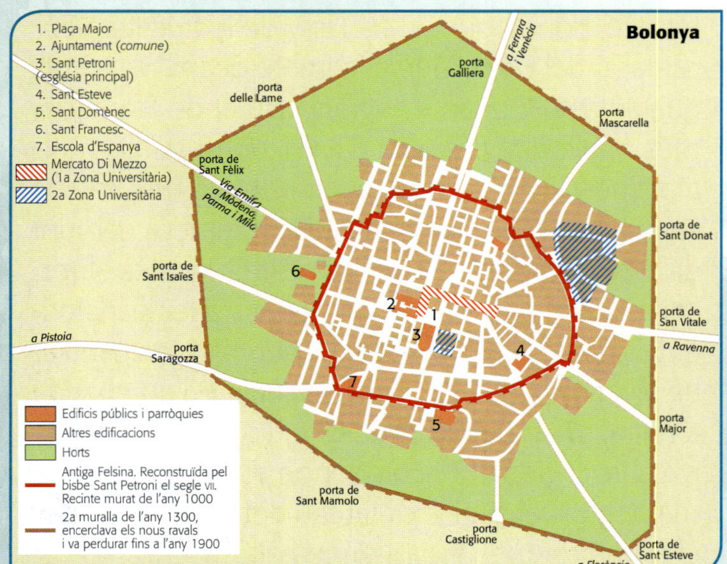

Activitats d'ampliació de contingut.

El que cal recordar

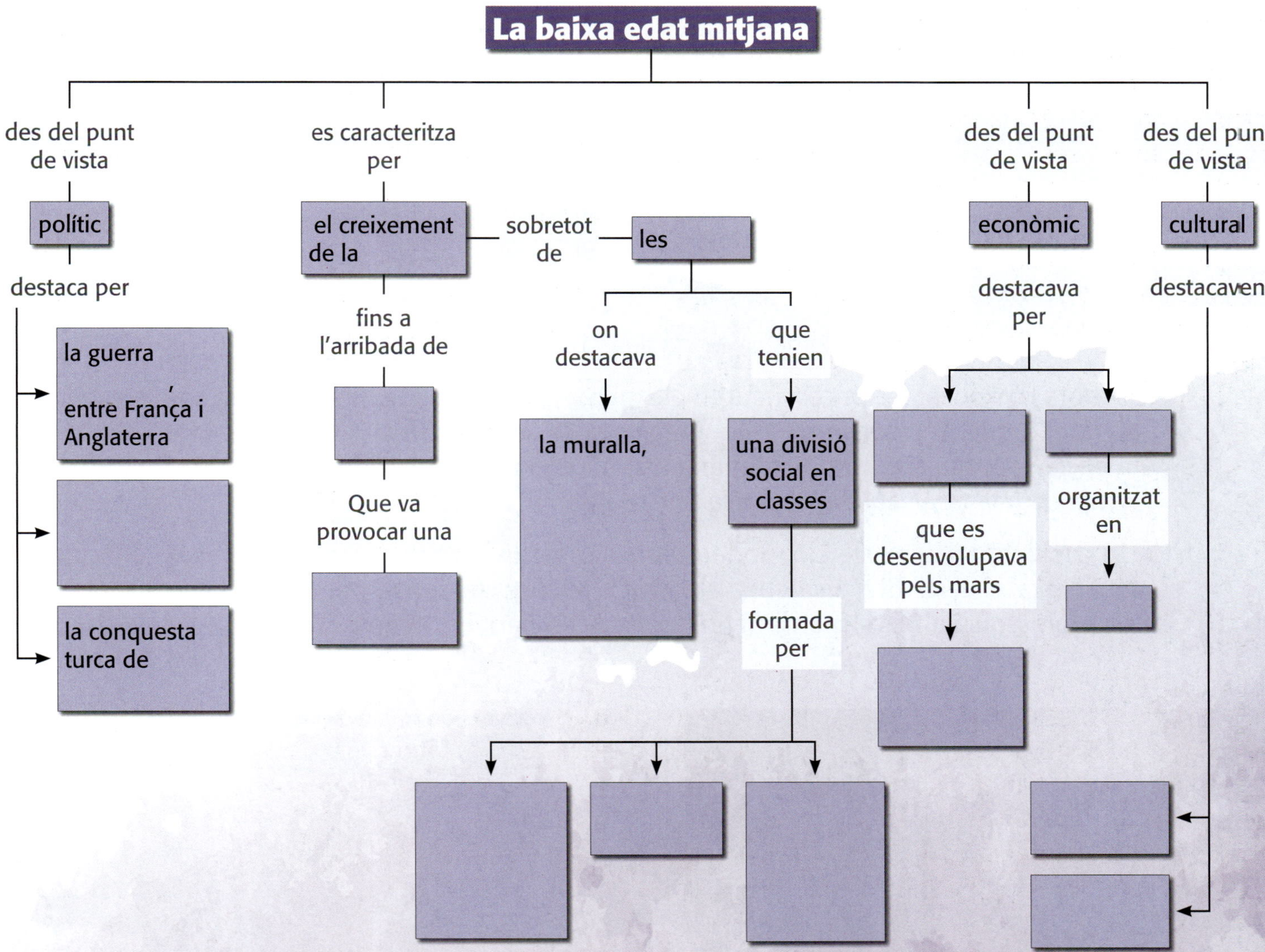

▶ Copia el mapa conceptual en un full a part i completa'l amb els conceptes que hi falten. En acabat, el pots fer servir per estudiar.

Autoavalua els teus coneixements de la unitat.

Competències en acció

5 Tancar el catàleg i exposar els objectes

Arribats a aquest punt, tan sols us queda fer la feina de tancar el catàleg i exposar les peces fabricades.

Per tancar el catàleg, haureu de tenir en compte els aspectes següents entre tota la classe:

- Cal elaborar una portada.
- S'ha de redactar un text introductori.
- Cal revisar i unificar el tipus de lletra i les característiques formals de les fitxes.
- S'haurà d'imprimir un exemplar del catàleg, com a mínim.

A l'hora d'exposar les peces, haureu d'explicar-les i fer una demostració de com es feien servir i per a què. Feu servir la vostra imaginació. Podeu parlar o vestir-vos com un habitant de la baixa edat mitjana, podeu preparar una escena i fins i tot podeu omplir una fitxa de personatge com la que vau elaborar a la unitat anterior.

Un cop acabada l'exposició, podeu dipositar algun exemplar del catàleg i els objectes a la biblioteca, el vestíbul o en alguna altra zona pública del centre per tal que la resta d'alumnes, els professors i altres visitants hi tinguin accés durant un temps.

6 Valorar el repte realitzat

Coavaluació

Per tal d'avaluar la superació del repte en conjunt, valora de l'1 al 4 la correcció dels diferents indicadors que es detallen al recurs «Coavaluació del catàleg».

Indicadors	Valoració			
	NA (1)	AS (2)	AN (3)	AE (4)
La tria dels estris i les eines s'ha fet amb rigor i s'ajusta als paràmetres demanats en cada cas.				
Les fitxes s'han elaborat de forma adequada i s'han omplert totes les seccions.				
S'ha fet una bona elecció de les fitxes del catàleg i se n'han descartat les menys rigoroses històricament.				
La fabricació dels estris s'ha dut a terme amb correcció tècnica i rigor històric.				
El catàleg s'ha elaborat seguint els paràmetres indicats.				
L'explicació de les eines s'ha dut a terme amb correcció i utilitzant vocabulari específic.				

Autoavaluació

Per tal d'avaluar la teva pròpia feina en la creació del catàleg d'estris de la baixa edat mitjana, fes servir el recurs «Autoavaluació del catàleg». Puntua de l'1 al 4 cadascun dels indicadors següents:

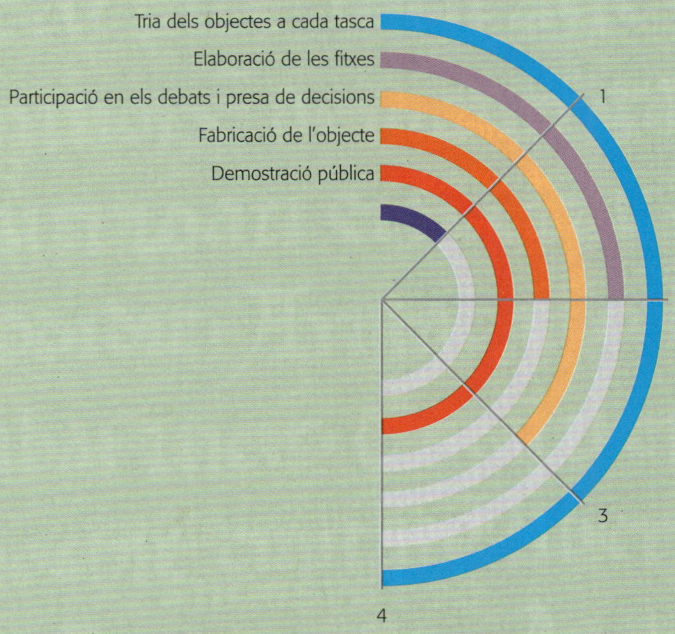

11. La península Ibèrica a la baixa edat mitjana (segles XIII-XV)

En aquesta unitat estudiarem l'evolució política, social, econòmica i institucional dels diversos regnes de la península Ibèrica a la baixa edat mitjana. Coneixerem l'expansió territorial de la corona catalanoaragonesa per la Península i per la Mediterrània, i veurem els aspectes més destacats de l'evolució de la resta de territoris peninsulars als segles baixmedievals. També ens centrarem en les qüestions socials i econòmiques i, finalment, en el sistema de govern.

El repte

Preparar una partida de rol

En aquest repte us proposem que us **poseu al capdavant d'una partida de rol** i en dissenyeu un escenari que tindrà lloc a la península Ibèrica durant la baixa edat mitjana.

Podreu triar un escenari realista o fantàstic sempre que respecteu el rigor històric i situeu l'acció en el marc dels esdeveniments de la baixa edat mitjana. Al final, haureu de tenir resolt un guió de la partida, una explicació històrica que en justifiqui l'acció, el disseny de personatges no jugadors (reals o imaginaris) i un mapa dels llocs on es desenvoluparà l'acció.

1 **Decidir el rerefons de l'aventura**

2 **Plantejar els personatges**

3 **Elaborar l'ambientació**

4 Escriure el guió i els escenaris

5 Jugar

6 Valorar el repte realitzat

Termes clau

- regnes de Mallorca i València
- Sicília
- almogàvers
- compromís de Casp
- Trastàmara
- calls
- remences
- Mesta
- consolats
- corts
- Generalitat
- Consell de Cent

Les paraules clau en imatges.

1. La corona catalanoaragonesa

CS

1. Quins territoris va heretar Jaume I? Quins va conquerir?
2. Elabora a la llibreta un quadre resum com el que et proposem amb la informació que conté l'apartat. Pots fer-lo servir per estudiar.

	Conquesta de Mallorca	Conquesta de València
Causes		
Grups impulsors		
Etapes i desenvolupament		
Organització dels territoris		
Repoblament		

Jaume I el Conqueridor (1213-1276) va heretar els dominis de la corona d'Aragó a la mort del seu pare, Pere I, quan només tenia cinc anys. Els primers anys del seu regnat es van caracteritzar per les lluites nobiliàries, que van acabar quan el rei va assolir la majoria d'edat. A partir d'aquest moment Jaume I va emprendre l'expansió territorial dels seus dominis cap a Mallorca i València, que eren en mans musulmanes. Aquest canvi en la política d'expansió catalana és degut a la derrota a Occitània (unitat 8).

1.1. La conquesta i repoblació de Mallorca

La ràpida conquesta de **Mallorca** (1229) va ser promoguda per la burgesia comercial catalana, que desitjava controlar l'illa per expandir el seu comerç pel Mediterrani. Poc després es van ocupar Eivissa, Formentera i Menorca. Les illes no van ser annexionades a Catalunya, sinó que van formar un territori autònom dins la corona d'Aragó: el **regne de Mallorca**, regit per les lleis de Catalunya. A la Ciutat de Mallorca es va instituir un consell municipal molt similar al Consell de Cent barceloní.

El rei es va reservar la meitat de la ciutat i de l'illa de Mallorca, que posteriorment va repartir entre alguns membres de la noblesa i de l'Església catalanes. L'altra meitat de les terres va ser cedida a l'alta noblesa de Catalunya. El territori es va repoblar amb població catalana, que es va beneficiar d'unes condicions prou favorables, semblants a les existents a la Catalunya Nova.

1.2. La conquesta i repoblació de València

La conquesta de **València** va ser impulsada per la noblesa aragonesa, que volia eixamplar les seves propietats. Va ser una empre-

Assalt a la Ciutat de Mallorca

sa difícil que es va allargar tretze anys (1232-1245). L'ocupació es va dur a terme en tres fases:

- Conquesta del nord del país entre els anys 1232 i 1235.
- Conquesta de València (1238) i la plana valenciana fins al Xúquer (1236-1238).
- Ocupació del sud (Biar) fins al 1245.

Jaume I també va ocupar el regne musulmà de Múrcia (1266), que va ser repoblat en part amb catalans, però el va cedir al rei Alfons X de Castella. Més endavant, Jaume II va ocupar el territori d'Alacant (1304).

Els territoris conquerits per Jaume I també van constituir un estat autònom: el **regne de València**, que es va regir per unes Corts similars a les existents a Catalunya, amb unes lleis que es van inspirar en les catalanes.

La repoblació es va allargar molts anys, i el 1272, al territori encara hi havia una població de 200 000 musulmans per 20 000 cristians. Aquesta repoblació es va dur a terme de dues maneres diferents:

- Les **zones litorals** es van repoblar amb població catalana, que va rebre terres en propietat (alous), de manera que hi va predominar l'explotació petita i mitjana.
- A les **zones d'interior** el rei va cedir el repoblament a la noblesa aragonesa, que el va dur a terme sota un règim de gran propietat nobiliària.

Com a conseqüència del doble repoblament, la llengua catalana es va imposar a les zones litorals i prelitorals, mentre que l'aragonès, i posteriorment el castellà, va predominar a l'interior.

La conquesta del regne de València

Pintures murals de 1285-1290 que decoraven el palau Aguilar de Barcelona i que narren la conquesta de Mallorca a mans de Jaume I.

Batalla de Portopí

Els reis de la corona catalano-aragonesa (1213-1410)

Jaume I	1213-1276
Pere II	1276-1285
Alfons II	1285-1291
Jaume II	1291-1327
Alfons III	1327-1336
Pere III	1336-1387
Joan I	1387-1396
Martí I	1396-1410

excomunió: decret del papa pel qual un catòlic és exclòs de l'Església.

1.3. L'expansió per la Mediterrània

Els monarques catalans van impulsar una campanya d'expansió política i militar pel Mediterrani, que va convertir la corona d'Aragó en una gran potència política i militar hegemònica al Mediterrani occidental. Aquesta expansió va tenir diversos episodis:

- **La conquesta de Sicília.** Els sicilians, revoltats contra els francesos que controlaven l'illa, van oferir la corona a **Pere II el Gran** (1276-1285), casat amb Constança, filla del rei de Sicília. L'illa tenia un gran interès econòmic (producció de cereals) i estratègic (control de les rutes comercials). L'ocupació catalana d'aquest territori el 1282 va fer que França envaís Catalunya amb el suport del papa, que va **excomunicar** el rei català. Per acabar la guerra, Pere II va haver de cedir Sicília al seu fill Jaume, que quan va heretar la resta dels reialmes de la corona d'Aragó va entregar Sicília al seu germà Frederic (1296). Així, Sicília es va mantenir vinculada a la corona d'Aragó i s'hi va integrar plenament a començaments del segle XV.
- **La conquesta de Sardenya.** Acabada la guerra de Sicília, els catalans van iniciar la conquesta de Sardenya (1323), que va comportar una guerra de gairebé cent anys amb Gènova, potència rival en el domini del Mediterrani occidental. Els mercaders catalans van aconseguir nous mercats i bases per al comerç.
- **La conquesta de Nàpols.** El rei Alfons IV el Magnànim (1416-1458) va ocupar el regne de Nàpols l'any 1442 i va traslladar la seva cort a la ciutat de Nàpols, des d'on va governar tots els territoris de la corona. Aquesta expansió va comportar una gran despesa econòmica i no va beneficiar gens el comerç català. A la mort del monarca, el regne de Nàpols es va separar temporalment de la resta de la corona.

L'expansió catalana per la Mediterrània (segles XIII-XV)

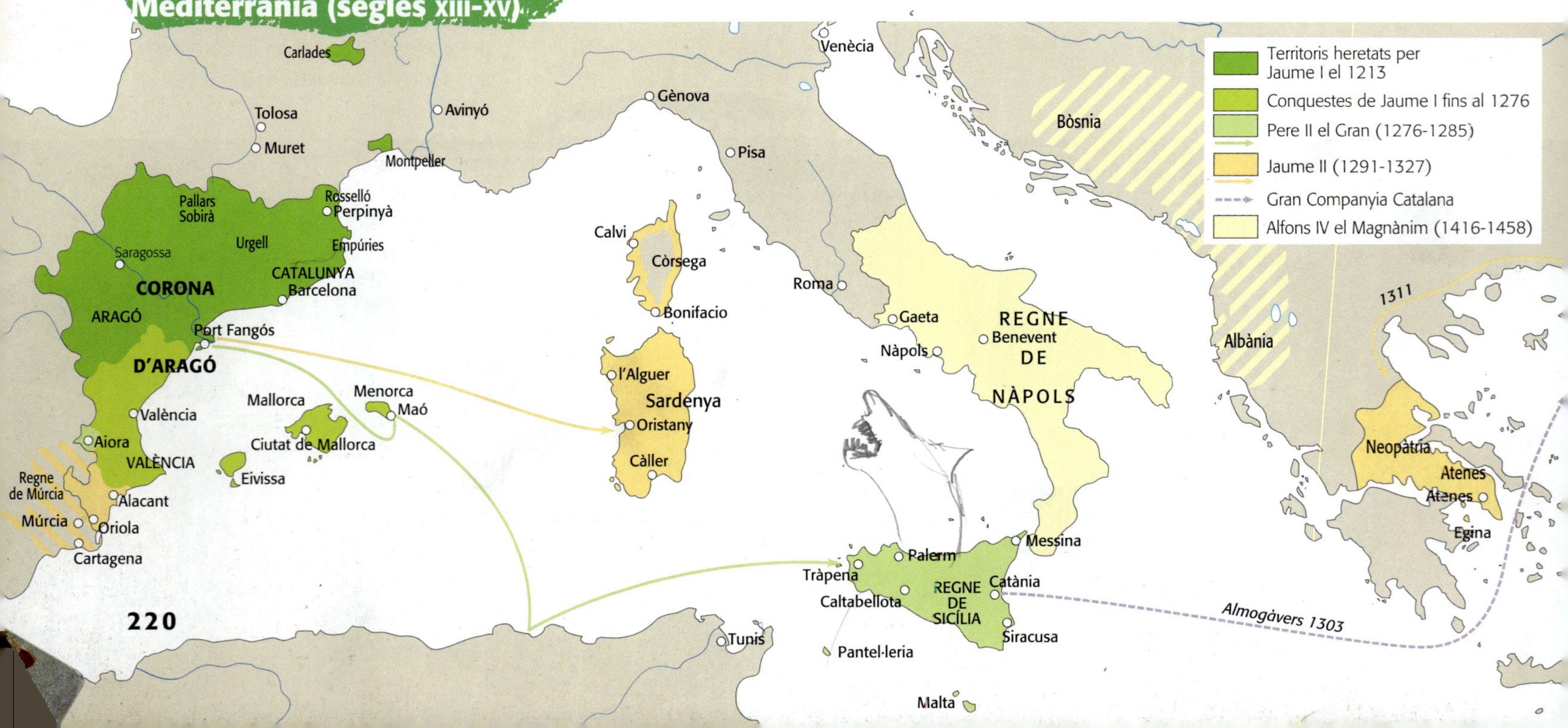

1.4. El canvi de dinastia

El rei **Martí l'Humà** va morir sense successió l'any 1410. Amb ell, desapareixia el **casal de Barcelona**, la dinastia que havia governat Catalunya des del comte Guifré el Pelós. Per tal de decidir qui havia de ser rei dels territoris de la corona d'Aragó, es va reunir a la ciutat aragonesa de **Casp** una comissió formada per tres representants de cada un dels tres territoris principals –Catalunya, València i Aragó–. L'elegit va ser **Ferran d'Antequera**, amb el qual s'introduïa en el govern de Catalunya, una nova dinastia d'origen castellà, els Trastàmara.

Les relacions de la nova dinastia amb les autoritats catalanes, representades per la Generalitat, no van ser gens bones, i durant el regnat de **Joan II** van culminar amb una guerra civil (1462-1472). La guerra, que va acabar sense vencedors ni vençuts, va accentuar la decadència econòmica de Catalunya. L'any 1479 va arribar al tron Ferran II, casat uns quants anys abans amb Isabel, reina de Castella, amb qui es va produir la unió dinàstica de les corones de Castella i Aragó.

Els Trastàmara a la corona d'Aragó

Ferran I	1412-1416
Alfons IV	1416-1458
Joan II	1458-1479
Ferran II	1479-1516

Relleu de Mino da Fiesole que retrata Alfons IV el Magnànim.

El compromís de Casp

Després de la mort de Martí l'Humà, els candidats al tron de la corona d'Aragó eren dos: el castellà Ferran d'Antequera, nebot de Martí l'Humà, i el comte Jaume d'Urgell, besnet per línia masculina del rei Alfons el Benigne. Després de moltes discussions, la comissió va arribar a un acord (compromís de Casp, 1412): Ferran obtingué sis vots (tres d'aragonesos, dos de valencians i un de català) i Jaume, només tres.

Pere II el Gran (amb corona) arriba a Sicília amb el seu exèrcit l'any 1282, després de l'aixecament de la població de l'illa, anomenat *Vespres Sicilianes*, en què van morir dos mil francesos en una sola nit. Il·lustració de la *Nova Crònica*, de l'italià Giovanni Villiani.

CS

3. Llegeix el que diu el text sobre les campanyes catalanes a la Península i a la Mediterrània i anota les dates i el regnat sota el qual van tenir lloc. Aquestes anotacions et serviran més endavant per elaborar un fris cronològic.
4. Explica amb les teves paraules en què va consistir el compromís de Casp i quines en van ser les causes i les conseqüències.

Batalla naval entre dues galeres i una nau. Pintura d'una biga de teginat del segle XIII provinent d'un palau benestant de Barcelona.

2. Castella, Navarra i Portugal

Reis de Castella (1217-1504)

Ferran III	1217-1252
Alfons X	1252-1284
Sanç IV	1284-1295
Ferran IV	1295-1312
Alfons XI	1312-1350
Pere I	1350-1369
Enric II	1369-1379
Joan I	1379-1390
Enric III	1390-1406
Joan II	1406-1454
Enric IV	1454-1474
Isabel I	1474-1504

2.1. Castella

Després de la fusió dels regnes de Castella i Lleó (1230), la corona de Castella es va expandir per la Península al llarg del segle XIII. Durant els regnats de **Ferran III** i d'**Alfons X**, els castellans van ocupar Extremadura (1227-1228), Còrdova (1236), Sevilla (1248) i Múrcia (1243-1266). A finals del segle XIII, la presència musulmana a la Península es reduïa al **regne nassarita de Granada**. Ja al segle XV, Castella va ocupar la zona de l'estret de Gibraltar amb la batalla del Salado (1340). Finalment, al llarg del segle XV es van ocupar i colonitzar les illes Canàries.

Els grans beneficiats d'aquestes conquestes van ser aquells que van participar en les campanyes. A Extremadura, Andalusia i Múrcia es van formar **grans latifundis** propietat de la noblesa i l'Església. A **ciutats** com Sevilla o Múrcia es van organitzar consells reials per atreure repobladors, fonamentalment castellans, que havien de romandre 5 anys en el lloc per consolidar les propietats. La població musulmana (**mudèjars**) es va mantenir organitzada en comunitats separades.

Políticament, durant els segles XIV i XV, Castella va viure diverses guerres civils que van enfrontar la noblesa amb el poder reial:

- **Primera guerra civil castellana (1366-1369):** va enfrontar el rei Pere I, que volia enfortir el poder reial, amb el seu germanastre Enric II, que es feu coronar rei amb el suport de la noblesa.
- **Guerra de successió castellana (1475-1479):** la noblesa castellana va declarar il·legítima Joana, la filla d'Enric IV, i va postular per al càrrec de reina la germana del rei, Isabel. Després d'un conflicte que va involucrar Portugal, que es va posar al costat de Joana, i la corona d'Aragó, al costat d'Isabel, aquesta última va ser coronada reina.

La conquesta del sud de la península Ibèrica

2.2. Navarra

A la baixa edat mitjana, el regne de Navarra va oscil·lar entre les influències dels seus poderosos veïns: Castella, Aragó i França. Després d'una llarga etapa d'influència francesa (1253-1349), Carles II el Dolent i Carles III el Noble van recuperar la personalitat navarresa del territori. El matrimoni entre Blanca (filla de Carles III) i Joan (de la família Trastàmara i futur rei d'Aragó) va provocar una llarga etapa d'enfrontaments entre els partidaris de Joan i els del seu fill, Carles de Viana. Finalment, Ferran II, rei de Castella i d'Aragó, va envair el territori i el va incorporar a Castella (1512).

2.3 Portugal

Fins al segle XII, Portugal es va organitzar políticament com un comtat vinculat al regne de Lleó. Aquesta situació va canviar l'any 1139, quan el comte Alfons es va fer coronar rei de Portugal. A partir d'aquest moment, Portugal va aconseguir la independència i va iniciar una expansió cap al sud amb l'ocupació de territoris musulmans. Al llarg dels segles XII i XIII, els portuguesos van mantenir nombrosos conflictes amb els regnes de Lleó i de Castella, alhora que consolidaven la seva expansió i la repoblació de les noves terres.

Ja al segle XIV, l'últim d'aquests conflictes es va resoldre amb la derrota dels castellans a la batalla d'Aljubarrota el 1385, resolució que va garantir la independència de Portugal i va permetre l'inici de la seva expansió marítima amb la conquesta de Ceuta (1415).

Miniatura que retrata el rei Alfons X el Savi i la seva cort. Alfons X va expandir el territori castellà, però és conegut sobretot pel seu foment de la cultura i les arts. Ell mateix és autor d'una extensa obra literària, jurídica, científica i històrica.

Decidir el rerefons de l'aventura

En un joc de rol els jugadors assumeixen la identitat de personatges ficticis i participen en una aventura dissenyada per un director, en aquest cas tu. Els alumnes que no estigueu familiaritzats amb aquesta mena de jocs podeu consultar el recurs «Què és un joc de rol».

En aquesta tasca hauràs de decidir quin serà el rerefons polític de la teva aventura. Ara que ja coneixes la situació dels diferents regnes peninsulars al llarg dels segles XIII i XIV pots decidir on ambientaràs la partida i quins esdeveniments polítics hi apareixeran. Ets lliure també de canviar la història i fer-hi aparèixer esdeveniments inventats, però compte, ja que al final se te'n demanarà una bona justificació històrica.

Un cop hagis fet aquesta tria, podràs començar a decidir quins personatges històrics apareixeran i quins esdeveniments històrics afectaran els jugadors al llarg de la partida. Aquests esdeveniments poden ser, fins i tot, l'argument principal del joc. Acompanyar un rei de viatge, participar en una batalla famosa, formar part d'una expedició almogàver, participar en un complot per canviar les decisions del compromís de Casp... Les possibilitats són infinites.

CS

1. Amb l'ajuda del mapa i del text, anota les principals conquestes de la corona de Castella i sota quin regnat es van fer. Aquestes dades t'ajudaran a elaborar un fris cronològic al final de la unitat.
2. A la unitat anterior has estudiat què era la monarquia autoritària. Comenta l'evolució política de Castella. Cap a quin govern intenten anar els reis castellans? Amb qui tenen problemes? Per què?
3. Navarra i Portugal van tenir una particular evolució política, envoltats de veïns poderosos. Quina va ser l'evolució de cada territori? Com es reflecteix això en l'actualitat?

3. La societat baixmedieval

La població dels regnes cristians als segles XIV i XV

	1300	1480
Castella	4 500 000	4 500 000
Catalunya	550 000	260 000
Aragó	200 000	250 000
València	200 000	250 000
Navarra	100 000	100 000
Mallorca	50 000	55 000

3.1. La població

La **població catalana** va créixer fins a l'any 1333, a partir del qual es van succeir les males collites i les epidèmies. La **pesta negra** (1348), que va afectar les ciutats i les zones agrícoles, va fer minvar el nombre d'habitants de Catalunya dels 468 000 que tenia l'any 1365 als poc més de 250 000 a la fi del segle XV. Així, en el conjunt de la Península, la població de **Castella** era d'uns quatre milions i mig d'habitants, mentre que la de la **corona d'Aragó** amb prou feines superava el milió.

Al llarg del segle XV, després dels estralls de la pesta negra, la població de Castella va experimentar una ràpida recuperació, mentre que als territoris de la corona d'Aragó es va continuar reduint fins a finals de segle.

3.2. La societat

La societat de la baixa edat mitjana seguia **dividida en estaments**: privilegiats –noblesa i clergat– i no privilegiats –camperols, artesans i burgesos–. Tot i que la majoria de la població vivia a les zones rurals, la

Els efectes de la pesta negra en una població catalana

població urbana va experimentar un gran creixement a causa de l'expansió del comerç i de l'artesania. Cap al 1300, Barcelona va assolir els 40 000 habitants. A Catalunya, la població urbana es dividia en tres grups:

- **El poble menut o mà menor.** Eren artesans agrupats en gremis i constituïen la majoria de la població.
- **La mà mitjana.** Mercaders, notaris, metges i mestres artesans més distingits.
- **Els ciutadans honrats o mà major.** Minoria oligàrquica que acaparava el poder municipal. La formaven grans comerciants i rendistes rics, que havien comprat terres, seguint un model de vida semblant al de la noblesa. A **Castella**, en canvi, predominaven els ***hidalgos***, persones de l'estament noble però amb escassos recursos.

A les ciutats hi havia **comunitats jueves**, que vivien en barris segregats –els calls– i es dedicaven a l'artesania, el comerç, el préstec i la medicina.

Aquesta situació benestant aixecava el recel de la població cristiana, i en èpoques de crisi econòmica eren freqüents els **atacs als calls** i l'assassinat indiscriminat de jueus. Aquesta violència va ser especialment intensa l'any 1391. Els jueus van ser acusats injustament d'enverinar les aigües. A partir d'aquest moment, molts van optar per convertir-se al cristianisme.

3.3. Els conflictes socials

La intransigència dels grans nobles, que van enfortir el seu poder econòmic, i les crisis econòmiques van provocar nombrosos enfrontaments socials greus al llarg de la baixa edat mitjana.

A Catalunya, el conflicte més important el van protagonitzar els **remences**, un fenomen al qual ens referirem en l'apartat següent. A Castella, la burgesia i els grups populars es van organitzar en associacions de municipis anomenades ***hermandades***, constituïdes per defensar l'ordre públic, mantenir la justícia i posar fre als abusos de la noblesa.

Un cas especial el constitueix Galícia, que va viure la revolta dels *irmandiños* (1467-1470), grups formats per membres de les classes populars urbanes i rurals que van promoure un enfrontament amb la noblesa feudal que va ser esclafat amb gran duresa.

De forma similar, els enfrontaments entre *oñacinos* i *gamboínos* al País Basc i Navarra van tenir un fort component de lluita contra la noblesa feudal al llarg del segle XV.

La població catalana (1365-1512)

Durant la baixa edat mitjana es van fer a Catalunya alguns recomptes de població, anomenats *fogatges* perquè es comptaven les cases (focs) i no pas les persones. Els fogatges servien per distribuir els impostos reials entre les ciutats i els pobles de Catalunya en funció del nombre de cases.

Fogatge	Focs
1365	104 069
1378	83 171
1479	59 544
1512	61 389

CS

1. Observa la il·lustració i descriu en quina situació quedava una ciutat afectada per la pesta negra.
2. Relaciona les dades de la taula de població i el text amb el fet que Castella comencés l'edat moderna amb una situació de fortalesa respecte de la corona d'Aragó.
3. Explica amb les teves paraules quines característiques tenien els grups urbans a Catalunya, incloent-hi les comunitats jueves.

Plànol: «Evolució de Barcelona a l'edat mitjana».

4. El camp català i la revolta remença

Els mals usos

Els mals usos eren la **intestia**, el dret del senyor a quedar-se una part dels béns mobles i del bestiar del remença que moria sense fer testament; la **cugucia** o dret del senyor a la meitat dels béns de l'esposa del remença en cas que fos culpable d'adulteri; l'**eixorquia** o dret del senyor a percebre uns diners dels remences que no tinguessin fills, i l'**àrsia** o dret del senyor a cobrar una indemnització en cas d'un incendi a la finca del pagès. A més, el senyor també tenia el dret de maltractar els pagesos per tal de fer-los expiar un delicte o una falta.

Dos pagesos seguen el blat i el lliguen en garbes. Els camperols duen falç i, penjada a la cintura, una eina d'esmolar. Una tanca feta de troncs protegeix el camp dels estralls dels ramats.

A l'apartat anterior hem vist com la baixa edat mitjana va ser un període de conflictivitat social. A Catalunya, aquesta conflictivitat es va concretar en la revolta remença.

4.1. La condició remença

Com hem vist, a la Catalunya medieval l'agricultura era l'activitat econòmica fonamental i la pagesia el sector social més nombrós. No era un sector homogeni, sinó que es trobava dividit entre propietaris de terres, masovers que treballaven per aquests propietaris i jornalers que només treballaven la terra dels senyors quan hi havia feina.

A més, hi havia els pagesos lliures i els serfs, que no podien abandonar la terra que conreaven sense permís del senyor. Uns i altres havien de pagar diferents impostos als senyors feudals, al rei i a l'Església. Al camp català, inicialment, hi predominaven els pagesos lliures, però des del segle XI els senyors feudals van anar imposant als seus pagesos l'adscripció forçosa i hereditària a la terra que conreaven, especialment a la Catalunya Vella.

Els pagesos de remença eren aquells que havien fugit de les seves terres i estaven obligats a pagar una **remença** al senyor, consistent en una part de la collita. A més, havien de satisfer una sèrie d'obligacions conegudes com a *mals usos*.

Els remences a Catalunya

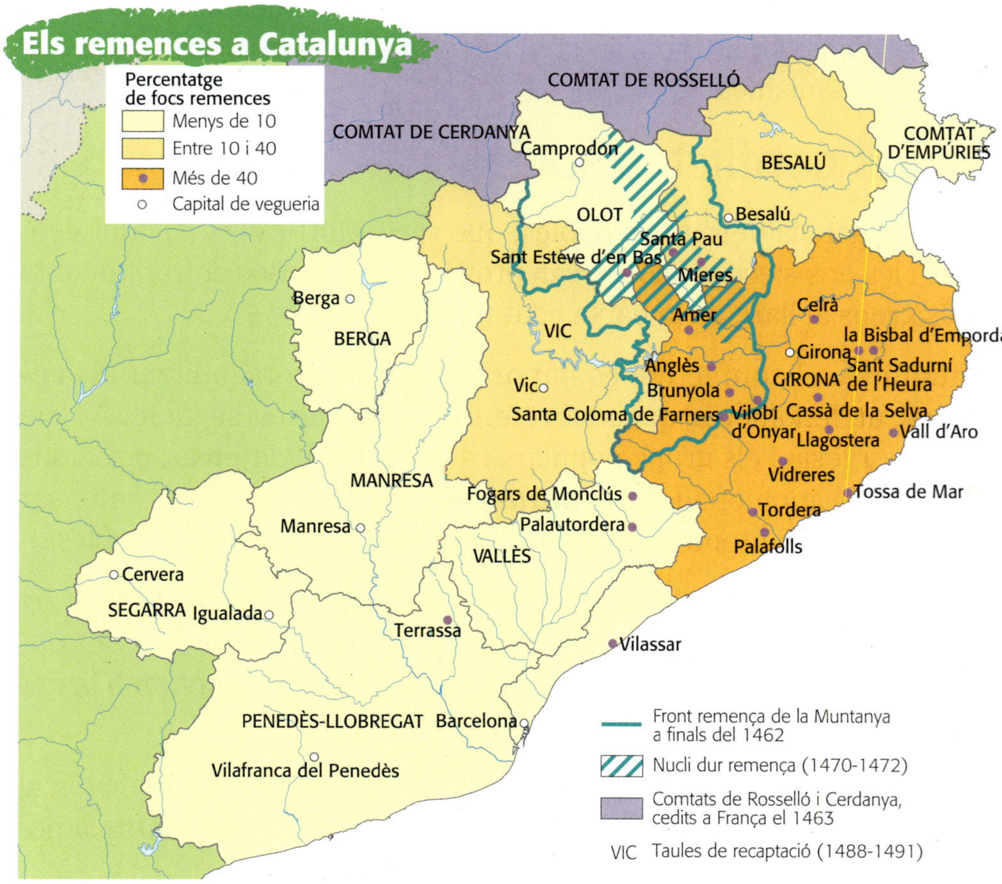

4.2. La revolta remença

El descontentament dels remences amb la seva situació es va agreujar a finals del segle XIV quan els senyors van exigir l'increment dels pagaments i el compliment dels mals usos. La coincidència amb el conflicte entre Joan II i la Generalitat va fer que la protesta dels remences derivés en una sèrie de conflictes armats:

- **Primera guerra dels Remences (1462-1472).** Va ser un alçament generalitzat dels pagesos que va acabar amb compensacions a alguns dirigents remences però que no va canviar la seva situació en conjunt.
- **Segona guerra dels Remences (1484-1486).** La insatisfacció va provocar un nou alçament contra els senyors feudals sota la direcció del remença Pere Joan Sala. El rei Ferran II ordenà una forta repressió contra els pagesos i molts dels seus dirigents van ser executats.

Finalment, Ferran II va aprovar la sentència arbitral de Guadalupe (1486), que abolia la condició de remença i els mals usos. Els camperols podien adquirir la propietat de les terres que conreaven (propietat útil), si bé els senyors van continuar conservant uns certs drets de propietat (propietat eminent). El camp català es va pacificar i les condicions dels pagesos van millorar, malgrat la pervivència del règim senyorial.

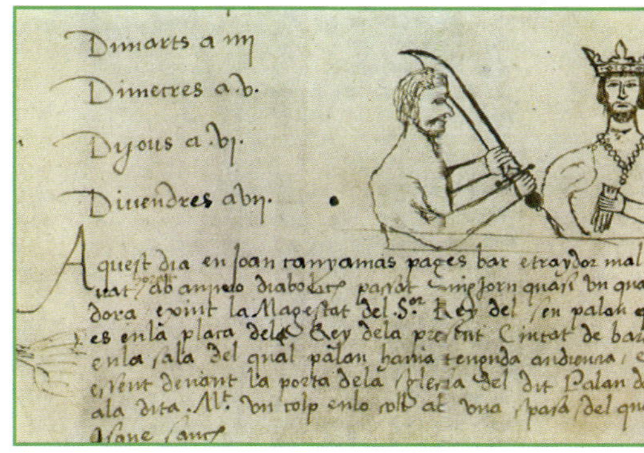

Detall del *Manual de Novells Ardits*, corresponent al 7 de desembre de 1492, que recull la notícia de l'atemptat del remença Joan de Canyamars contra el rei Ferran II, il·lustrada amb un dibuix de trets força ingenus.

CS

1. Explica amb les teves paraules la situació de la pagesia catalana a l'edat mitjana.
2. Què eren els mals usos? Enumera quins eren i explica'ls amb les teves pròpies paraules.
3. Fes un esquema amb la informació que inclou l'apartat sobre la conflictivitat al camp i la guerra remença. Segueix la següent estructura: causes, desenvolupament i conseqüències.
4. Busca informació a Internet sobre l'intent d'assassinat de Ferran II i escriu-ne una notícia fent servir un llenguatge actual. Posa-hi un titular i fes-ne un dibuix per il·lustrar-la, tal com va fer l'autor de la notícia original.

2 Plantejar els personatges

La informació que heu obtingut en aquesta unitat i l'anterior us haurà de servir per construir els personatges de l'aventura. Generalment, a les partides de rol són els jugadors qui trien els seus personatges. En aquest cas ho faràs tu. Pensa quina mena de personatges s'adeqüen més al plantejament que has fet de l'aventura i imagina'n quatre o cinc. En acabat, ajunteu-vos en petit grup i deixa que els teus companys triïn quin personatge els agrada més. El mateix faran ells, de manera que cadascun de vosaltres haurà de desenvolupar diversos personatges.

Per construir els personatges, utilitzeu la mateixa fitxa que vau fer servir a la unitat 9 i que trobareu al recurs «Fitxa de personatge».

Els personatges no jugadors seran representats per tu. Poden ser inventats o bé personatges reals de més o menys rellevància. Com més interacció tinguin amb els jugadors, més complets hauran de ser de manera que una breu anotació al guió et servirà en alguns casos i en d'altres necessitaràs fitxes més completes amb dades diverses.

5. L'economia baixmedieval

Portada de l'edició de 1502 del *Llibre del consolat de mar*. La portada representa una coca, nau comercial d'un sol pal i vela quadrada, de gran capacitat. Aquest codi va esdevenir comú al comerç internacional per la Mediterrània en els segles moderns.

Façana de la llotja de la seda, seu del consolat de mar a València.

5.1. L'agricultura i la ramaderia

Durant la baixa edat mitjana l'agricultura seguia sent l'activitat econòmica més important i les fortunes més grans encara procedien de la propietat rural. En general, es tractava d'una **agricultura de subsistència**: els mètodes de conreu eren rudimentaris i els rendiments molt baixos. Hi havia molt poc excedent, ja que les famílies pageses dedicaven la major part de la collita a l'alimentació pròpia. En èpoques d'escassetat calia importar blat de l'exterior, principalment de Sicília.

Els **cereals** –blat, sègol i ordi–, que constituïen la base de l'alimentació, i els llegums eren els cultius principals. El conreu de la **vinya** també era molt important, ja que el vi formava part de la dieta bàsica de la població catalana. L'**olivera** i en menor mesura els arbres fruiters també tenien una certa importància.

Excepte als Pirineus, a Catalunya la ramaderia tenia poc pes econòmic, tot el contrari que a Castella, on la ramaderia llanera proporcionava importants beneficis als grans propietaris de ramats d'ovelles. Aquests propietaris s'agrupaven en una poderosa organització anomenada **Mesta**, que tenia un gran poder financer gràcies al cobrament d'impostos i dels drets de pas dels ramats.

5.2. L'artesania

La **indústria tèxtil** era l'activitat artesanal més important a Catalunya, tant per volum de producció com pel nombre de treballadors. Es nodria de la llana aragonesa, que arribava a Tortosa a través de l'Ebre. A Castella la indústria tèxtil es va veure perjudicada per unes lleis que no la protegien i afavorien l'exportació de la llana al nord d'Europa.

Des de finals del segle XIII, el treball artesanal es va organitzar en **gremis**, associacions en les quals s'agrupaven tallers que es dedicaven al mateix ofici. Els artesans de les ciutats produïen tots els béns necessaris per al mercat local. Les ciutats i les viles organitzaven un **mercat setmanal**, al qual acudien els camperols de la comarca.

3 Elaborar l'ambientació

El següent pas per enllestir la partida de rol és preparar diferents elements visuals que puguin resultar útils als jugadors. Des del mapa de la regió on es desenvolupa l'aventura, fins a plànols d'una ciutat, un castell o un habitatge.

Amb la informació que inclou aquest apartat i la que has anat consultant fins ara també pots començar a preparar l'ambientació del joc, és a dir, pensar en elements de cultura material que et permetin fer una bona descripció de l'indret on es troben els jugadors i en quina mena d'entorn tindrà lloc la partida (rural, urbà, marítim...). En general, pensa en tots aquells elements que poden ajudar els jugadors a posar-se en la pell dels seus personatges.

El comerç català al segle XIV

El comerç castellà a la baixa edat mitjana

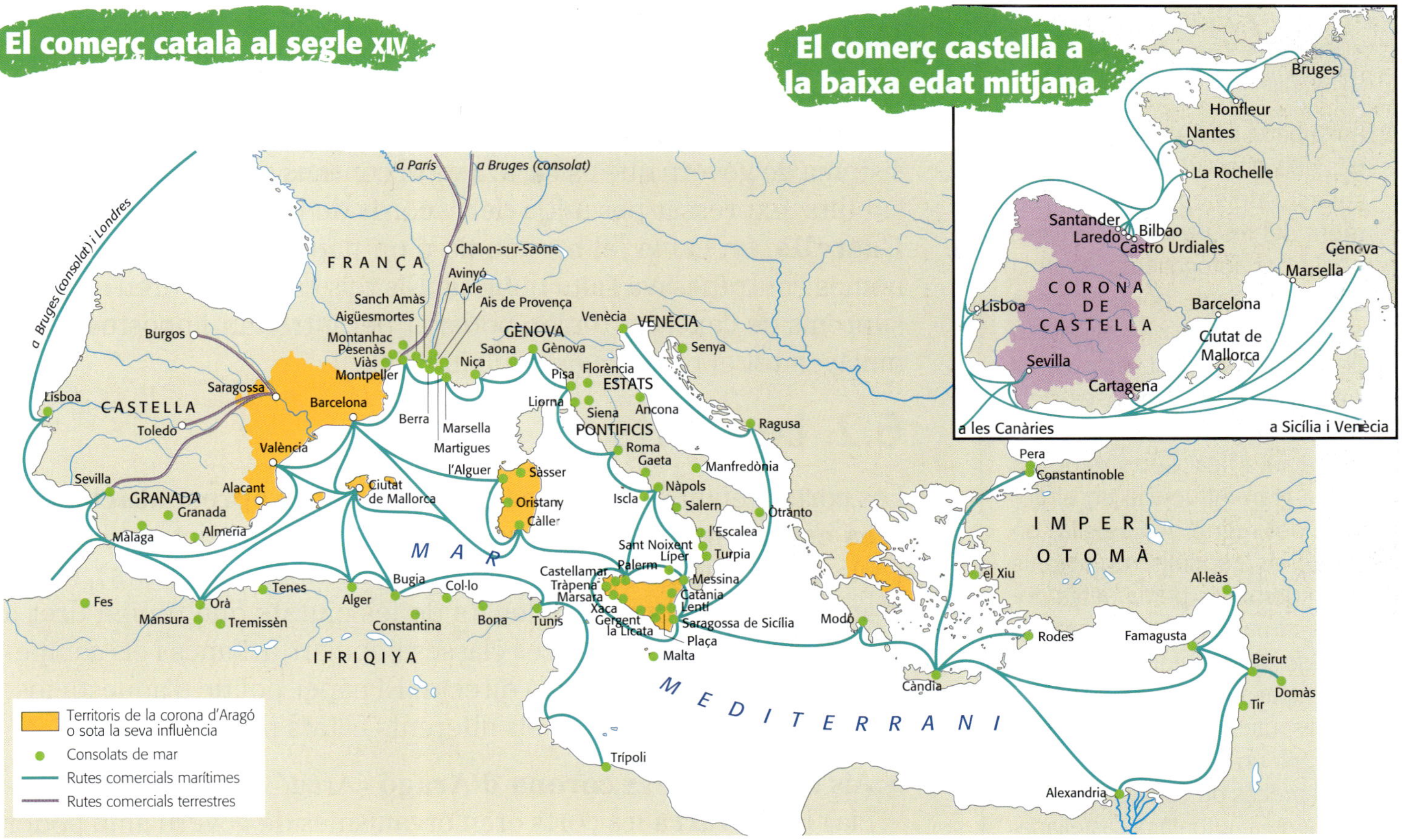

5.3. El comerç

El comerç va ser una activitat fonamental per a la **Catalunya** dels segles XIII i XIV. Els mercaders catalans van desenvolupar un comerç molt actiu per tot el Mediterrani i, fins i tot, l'Atlàntic –Sevilla, Lisboa i Flandes–. Exportaven teixits, corall, paper, oli i armes, i importaven cereals, espècies i teixits de luxe, que després revenien en altres ports. Arreu on es mantenien relacions comercials, hi havia delegacions catalanes, els **consolats de mar**, al capdavant dels quals hi havia un **cònsol**, que resolia els conflictes entre els mateixos comerciants i solucionava els possibles problemes entre els mercaders catalans i les autoritats locals.

El **comerç castellà** va créixer molt des de finals del segle XIV i, sobretot, durant el segle XV. Algunes ciutats organitzaven **fires**, com Medina del Campo: la seva fira anual de bestiar es va convertir en el centre d'un actiu intercanvi de tot tipus de productes. Al nord, les ciutats de Burgos, Bilbao i Santander es van beneficiar de l'exportació de la llana i de les importacions de productes flamencs.

CS

1. Dibuixa al teu quadern el mapa del comerç català i del castellà. Situa-hi els noms de les ciutats i dels països actuals amb què tenia lloc aquest comerç. Assenyala-hi també on estaven situats els consolats de mar.

2. Elabora un quadre resum de l'economia baixmedieval a la teva llibreta amb la informació que apareix al text. El pots fer servir més tard per estudiar.

Agricultura i ramaderia	Artesania	Comerç

6. Els governs dels regnes hispànics

El govern de les ciutats

En la baixa edat mitjana, les ciutats dels diferents regnes peninsulars, que depenien directament del rei, van aconseguir el poder per autogovernar-se. A la corona d'Aragó, on la noblesa no va ser admesa en el govern de les ciutats fins al segle XV, les ciutats eren molt geloses dels seus drets i les que tenien representació a les Corts gaudien d'una gran influència en el govern del regne. A Castella, en canvi, els consells municipals foren dominats per la petita noblesa ramadera i terratinent, els *hidalgos*. Les ciutats castellanes van donar suport al rei en les seves disputes amb l'alta noblesa i van tenir un paper molt destacat en el procés de constitució de la monarquia autoritària castellana.

6.1. La monarquia

A la **corona d'Aragó** el poder del rei estava limitat per les lleis i per les corts de cada territori. D'aquesta manera va anar sorgint un sistema de govern que es basava en el consens entre el rei i els seus súbdits, expressat per mitjà dels acords de les corts. Al **regne de Castella**, en canvi, el rei gaudia d'un paper més important que només contrapesava l'alta noblesa. Els reis castellans eren els caps suprems de l'exèrcit, tenien potestat per introduir impostos i acumulaven tot el poder legislatiu i judicial.

6.2. Les corts

Les corts eren una institució formada per una **representació dels tres estaments o braços** en què es dividia la societat medieval: l'eclesiàstic (els bisbes i els abats dels principals monestirs), el militar (nobles) i el reial (delegats de les ciutats que tenien dret a enviar-hi representants). Les classes populars urbanes i els camperols no tenien representació directa. El paper polític d'aquesta institució no era el mateix en els diferents estats peninsulars:

- Als territoris de la **corona d'Aragó** (Aragó, Catalunya i València) i a **Navarra** les corts eren organismes de govern amb poder legislatiu i fiscal. Les sessions se celebraven cada tres anys. Les

principals funcions de les corts eren les d'assessorar el rei, aprovar nous impostos i elaborar les lleis amb el monarca. Aquest paper va portar a la creació d'organismes que representaven les Corts quan no estaven reunides: la Diputació General a Aragó i la Generalitat a Catalunya i València.

- Les **Corts castellanes** tenien només un paper representatiu: aprovaven els impostos a proposta del rei i no tenien cap poder legislatiu que obligués el monarca. En la baixa edat mitjana, quan els eclesiàstics i els nobles ja havien deixat d'assistir a les seves sessions, es va anar reduint el nombre de ciutats amb dret a representació (disset a finals del segle XV).

6.3. Les Corts catalanes i la Generalitat

Les Corts catalanes van néixer durant el regnat de Jaume I. Pel que fa al **braç reial**, Barcelona tenia dret a enviar cinc síndics a les Corts; Perpinyà, tres; Tortosa, Lleida i Girona, dos, i la resta de ciutats i viles reials, un cada una. El govern consensuat entre el rei i els seus súbdits, expressat mitjançant els acords amb les Corts, s'anomena *pactisme*, i va ser la forma de govern característica de Catalunya fins al començament del segle XVIII.

La **Generalitat** va néixer l'any 1359 com una delegació de les Corts encarregada de recaptar els impostos aprovats per aquestes. Durant el segle XV, la Generalitat, formada per representants dels tres estaments, es va convertir en una veritable institució de govern.

4 Escriure el guió i els personatges

Amb tota la informació que has anat preparant fins ara, és el moment d'enllestir el guió de la partida posant per escrit tot allò que els succeirà als jugadors al llarg de l'aventura:

- **El rerefons de la partida:** descriu molt bé on són els jugadors, per què i en quina situació sociopolítica es troben.
- **Els personatges no jugadors:** tingues preparats tots aquells personatges que interactuaran amb els jugadors i, a grans trets, quines seran les seves característiques físiques, els diàlegs, la forma de parlar, etc. Com més detalls hi afegeixis, més convincents seran.
- **L'ambientació:** de manera semblant als personatges, com més detalls incorporis a les localitzacions més convincents seran. Plou? Fan pudor, els carrers? Hi ha molta gent a la taverna?

Hauràs de plantejar l'acció i allò que succeeix en forma d'escenes: com es coneixen els personatges, de quina manera s'inicia la seva aventura, quins són els objectius que han d'aconseguir, quines són les etapes que hauran de recórrer, etc. Els jugadors tenen llibertat d'elecció i hauràs d'improvisar, però com més situacions siguis capaç de preveure, millor sortirà la partida.

i El Consell de Cent

A causa de la seva influència i poder econòmic, Jaume I i Pere el Gran van concedir a Barcelona un sistema de govern propi format per cinc consellers i d'una assemblea d'un centenar de membres: el Consell de Cent. Els integrants del Consell de Cent representaven, paritàriament, els tres grups socials de la ciutat: la «mà major» (ciutadans honrats), la «mà mitjana» (mercaders) i la «mà menor» (artesans). Tanmateix, aquest govern no era democràtic, perquè la majoria dels cinc consellers eren ciutadans honrats –els més destacats representants de l'alta burgesia.

CS

1. Compara les institucions polítiques de les corones de Castella i d'Aragó en base al poder del rei, el govern de les ciutats i el paper de les corts. En acabat, redacta un text amb les diferències principals entre les dues corones.
2. Fes un esquema amb les funcions i les característiques principals de la Generalitat i del Consell de Cent.
3. Observa la il·lustració i descriu com era una sessió de les Corts catalanes medievals.

Activitats finals

▶ 1. Elabora un eix cronològic

Recull totes les dates que has anat trobant al llarg de la unitat i incorpora-les a un eix cronològic. Pots fer servir el que vas començar l'any passat o en pots fer un de nou específic que vagi de l'any 1213 al 1492. No oblidis situar-hi els períodes d'existència dels diferents regnes peninsulars.

▶ 2. Analitza fonts diverses

a) Observa la il·lustració i descriu l'equipament i les armes dels soldats. Et sembla un cos militar homogeni?

b) Llegeix els textos i elabora un text expositiu que expliqui què eren els almogàvers i quin va ser el seu paper en l'expansió catalana per la Mediterrània. Si creus que cal, cerca'n més informació a Internet. No oblidis esmentar:

- Orígens i composició.
- Característiques militars.
- Campanyes en què van participar.

La Companyia Catalana a Grècia

Amb la fi de la guerra a Sicília, la corona catalano-aragonesa necessitava reduir els efectius del seu exèrcit. Les companyies de soldats professionals catalans, els almogàvers, van ser contractades per l'emperador de Bizanci per lluitar contra els turcs, que amenaçaven el seu imperi. Els soldats catalans van assolir grans èxits militars, però l'emperador, recelós del poder del cabdill dels almogàvers, Roger de Flor, el va fer assassinar (1305). Com a represàlia, els almogàvers van saquejar l'Imperi i van crear els ducats d'**Atenes i Neopàtria** (1311), que més tard van ser incorporats durant un curt període de temps a la corona d'Aragó.

Entrada de Roger de Flor a Constantinoble, quadre de José Moreno Carbonero del 1888. En primer terme podem veure Roger de Flor amb els seus almogàvers. En segon terme, l'emperador Andrònic II amb el seu seguici.

Els almogàvers

Almogàvers és el nom amb què es coneixien les companyies autònomes d'infanteria lleugera alçades als regnes cristians de la península Ibèrica durant la conquesta cristiana. El seu origen el trobem en terres d'al-Àndalus, però no van començar a ser coneguts fins que els va adoptar la corona d'Aragó. Van assolir una gran importància militar un cop finalitzada la conquesta dels territoris islàmics en la península, gràcies a la seva participació en la Guerra de Sicília i al fet que van ser ser reclutats per la Gran Companyia Catalana.

Els almogàvers eren considerats una de les millors infanteries de la seva època i eren coneguts per la seva agressivitat en la batalla. Es caracteritzaven per no dur armadura, la qual cosa els atorgava una gran mobilitat, i el seu armament consistia bàsicament en una llança, dos dards i un coltell.

L'origen geogràfic dels almogàvers era divers. La majoria eren catalans i aragonesos, però també n'hi havia de valencians, gallecs, asturians, navarresos i italians. La seva extracció social era humil; la majoria procedien del món rural i eren pastors o pagesos empobrits. Pel que fa al nombre, les fonts esmenten que entre 4 000 i 10 000 almogàvers van participar en les guerres italianes, mentre que uns 5 000 van acompanyar Roger de Flor a Orient, als quals més endavant se n'hi van afegir 3 000 més.

Després de l'aventura grega i de la fi de les guerres d'expansió per la Mediterrània, la presència d'almogàvers als exèrcits aragonesos es va anar reduint fins a desaparèixer, al segle XV.

▶ 3. Treballa amb fonts secundàries

Llegeix els següents textos d'historiadors actuals que es refereixen a les conquestes de la corona catalanoaragonesa a la Mediterrània i respon les qüestions:

a) Quins grups socials estaven interessats en la conquesta de Mallorca? Per quina raó? I en el cas de Sardenya? A qui va interessar i per què?

b) A qui es va prendre, Mallorca? Quin fet va facilitar-ne la conquesta?

c) Busca informació a Internet sobre la conquesta de Sardenya i redacta'n un informe breu. No oblidis esmentar a qui pertanyia l'illa i si la conquesta va ser fàcil o no.

En la conquesta de Mallorca van coincidir els interessos de la burgesia comercial catalana, perjudicada pels atacs dels pirates que tenien les seves bases a Mallorca i que d'altra banda aconseguia una base en la ruta cap a Orient, i de la noblesa catalana, que podia augmentar així les possessions i les rendes.

La conquesta fou decidida en unes Corts celebrades a Barcelona el 1228, en les quals es va establir el pla de conquesta i de repartiment de l'illa. Aragó, que tenia com a objectiu el regne de València, se'n va quedar voluntàriament al marge. La conquesta de Mallorca va tenir lloc l'any 1229: l'estol català va salpar de Salou i altres ports propers, i aprofitant unes circumstàncies de debilitat musulmana, es va apoderar de l'illa sense especials dificultats.

Jordi GALOFRÉ, *Documents de Catalunya. Recull de textos històrics*

L'enclavament sard resultava atractiu als catalans per molts motius, però sobretot per les seves riqueses: les mines d'argent, els tallers d'on sortien peces d'aquest metall, el bestiar, la riquesa en cuirs i formatges, les pesqueries de corall del seu litoral, les salines, els cereals, etc. Ultra raons purament econòmiques també n'hi havia d'estratègiques: la gran família catalana, que ja dominava sobre les Balears i sobre Sicília [...], que controlava quasi tot el litoral mediterrani peninsular i que havia guanyat posicions al nord d'Àfrica, aspirava a regnar sobre Sardenya per controlar millor les rutes de la Mediterrània central i occidental, i assegurar el camí cap a l'Orient.

Josep M. SALRACH, *Història dels Països Catalans*

▶ 4. Opina sobre una controvèrsia històrica

a) Busca informació sobre el compromís de Casp i redacta'n un informe breu.

b) Quin retret fa l'autor a la majoria dels historiadors que han tractat el tema del compromís de Casp?

c) Explica, amb paraules teves, el que l'autor anomena «el dilema» que es plantejava a Casp.

d) Quins factors van tenir més força en l'elecció de Ferran de Trastàmara?

e) Explica, amb paraules teves, les visions catalana i castellana de la qüestió.

El tema del compromís de Casp ha apassionat els historiadors [...], els quals sovint han arribat a conclusions antagòniques. La majoria han insistit en una anàlisi de tipus jurídic i han emprat conceptes de justícia, legalitat i legitimitat per defensar cadascú el «seu» candidat i rebaixar els drets dels altres pretendents. [...] Els historiadors s'han oblidat del dilema [entre] la utilitat o la justícia. [...]

Ferran va ser elegit no perquè presentés més títols jurídics que els altres pretendents, sinó perquè un grup d'homes decidits –i ell mateix– van saber presentar-lo i convertir-lo el 1412 en el candidat útil. [...] La utilitat va passar per davant de la justícia. No és pas que els arguments jurídics no interessessin ni que puguem dubtar que els drets dels pretendents foren curosament examinats pels compromissaris; però si [...] es té en compte que possiblement tots els candidats tenien dret a la corona i que era gairebé impossible esbrinar el que en tenia més, [...] és lògic concloure que darrere dels arguments jurídics [...] hi havia unes realitats més fortes i determinants –lluites d'interessos, ambicions personals– que conscientment o inconscientment, de bona o de mala fe, van presidir l'elecció de Casp. [...]

Els [historiadors romàntics] catalans [...] interpreten la sentència de Casp i l'entronització dels Trastàmara com la causa principal de la decadència de Catalunya i, lògicament, blasmen els que la van fer possible. A l'altra banda, la historiografia nacionalista castellana [...] s'ha esforçat a justificar tots aquells qui van fer possible el nomenament de Ferran d'Antequera, que consideren beneficiós per a Espanya pel fet d'haver contribuït a apropar les corones d'Aragó i de Castella. A interpretacions tan oposades s'hi arriba evidentment des de concepcions polítiques també oposades.

Josep M. Salrach, *Història dels Països Catalans*

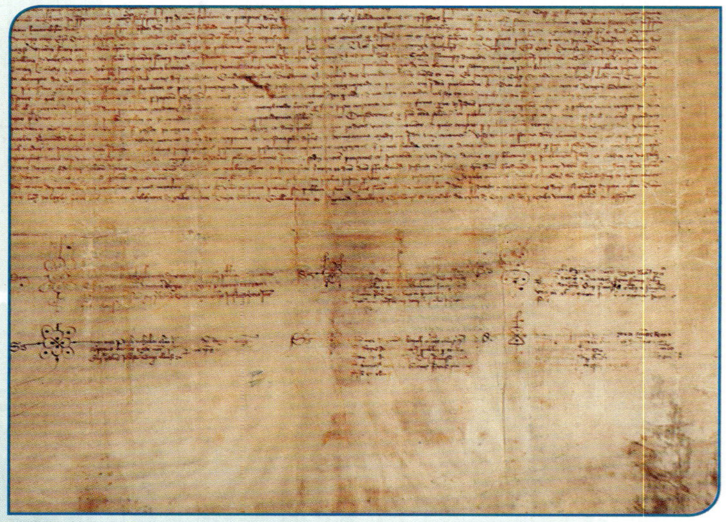

Acta original del compromís de Casp.

▶ 5. Treballa en una estratègia d'aprenentatge: la comparació de conceptes

En aquesta activitat us proposem la comparació de dos conceptes: *remença* i *pagès lliure*. Per tal de ferho, feu servir el quadre que trobareu al recurs «Comparació de conceptes» i que us facilitarà l'organització de la informació.

Activitats d'ampliació de contingut.

El que cal recordar

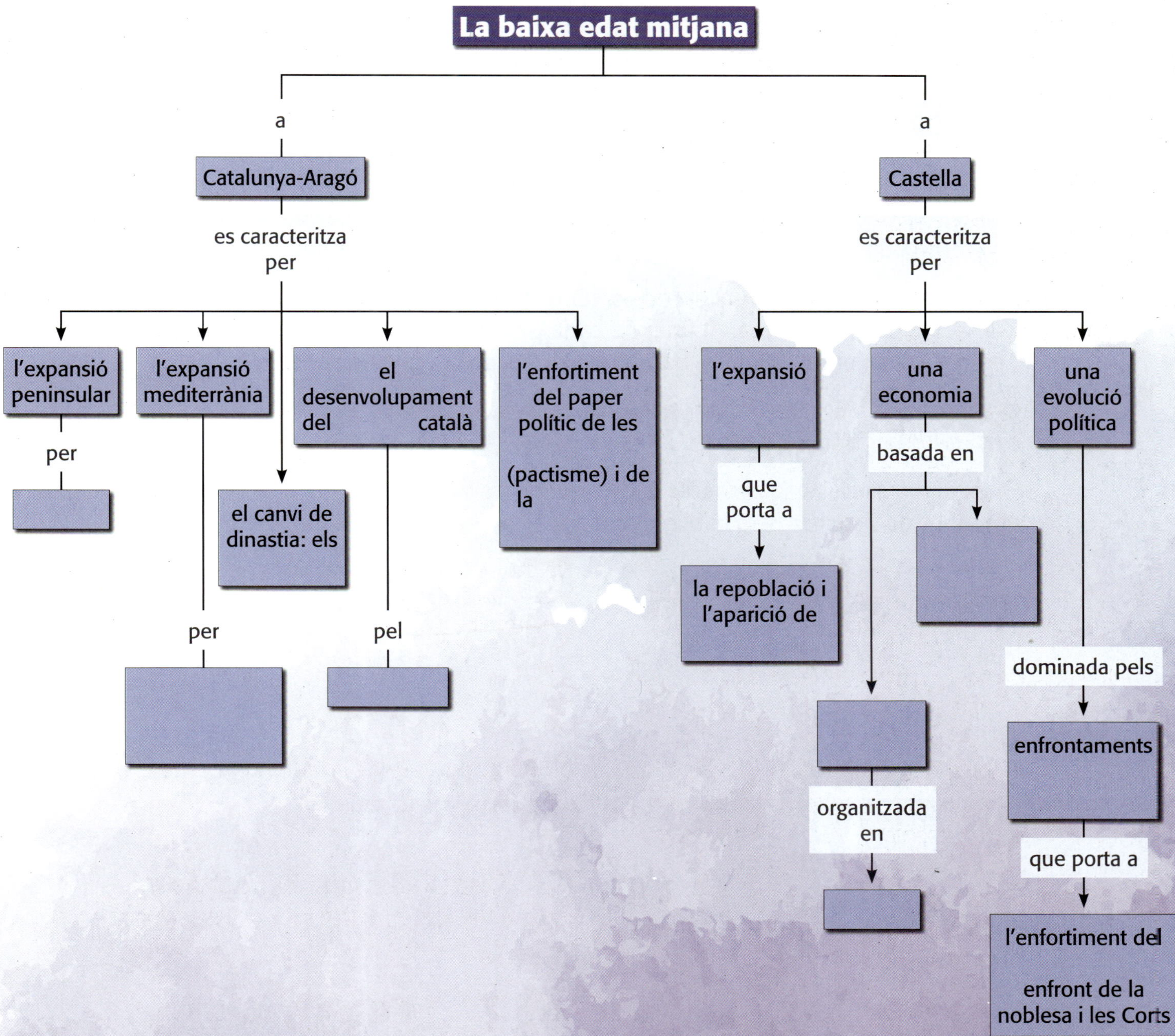

▶ Copia el mapa conceptual en un full a part i completa'l amb els conceptes que hi falten. En acabat, el pots fer servir per estudiar.

Autoavalua els teus coneixements de la unitat.

Competències en acció

5 Jugar

Un cop ja tenim enllestida la partida, ha arribat el moment de posar en pràctica tot el que heu estat fent al llarg del repte.

Incorpora't al teu grup i decidiu per sort qui comença el joc i farà de director en primer lloc. Quan acabi l'aventura li tocarà el torn a un altre company o companya. Demaneu al professor o professora de quantes sessions disposeu. Això determinarà el temps que tindrà cadascun per dirigir la seva aventura. Si ho voleu, també podeu disposar de les hores del pati o del vostre temps de lleure a casa.

Segueix les instruccions del recurs «Què és un joc de rol» per tal de saber com s'ha de desenvolupar la partida. Al final de cada partida, tocarà repartir punts i recompenses, tal com s'indica en el recurs. A banda d'això, recorda aquests consells:

- Quan et toqui dirigir, recorda tot el que et vam aconsellar a la tasca 4 sobre ambientació i realisme. Has de procurar que els jugadors se submergeixin en l'ambient de l'època.
- Quan et toqui jugar, tingues paciència amb els altres directors i ells la tindran amb tu. Segurament, per molts de vosaltres serà el primer cop que jugueu a un joc de rol.
- Sigues participatiu, escolta els teus companys d'aventura i pren decisions amb ells com un equip. Recorda que la vostra supervivència a la baixa edat mitjana en depèn!
- I, sobretot, divertiu-vos força!

6 Valorar el repte realitzat

Coavaluació

Per tal d'avaluar la superació del repte dels teus companys com a directors de joc, valora de l'1 al 4 la correcció dels diferents indicadors que es detallen al recurs «Coavaluació del joc de rol». Omple una fitxa per cadascun dels teus companys.

Indicadors	Valoració			
	NA (1)	AS (2)	AN (3)	AE (4)
Els fets històrics al voltant dels quals s'ha desenvolupat la partida s'han documentat bé.				
Els personatges no jugadors han tingut un comportament apropiat al seu estament, ocupació i biografia.				
La partida estava ben preparada, amb escenes i guió adequats, i deixava opcions als jugadors.				
Els mapes i plànols eren correctes històricament, útils i atractius.				
La partida ha estat entretinguda i emocionant.				
Ha controlat les intervencions del grup, ha donat importància a tots els jugadors i n'ha equilibrat la participació.				

Autoavaluació

Per tal de valorar la teva participació com a jugador o jugadora fes servir el recurs «Autoavaluació del joc de rol». Puntua de l'1 al 4 cadascun dels indicadors següents:

Indicadors	Valoració			
	NA (1)	AS (2)	AN (3)	AE (4)
Els meus personatges han tingut unes habilitats adients amb el seu estament i ocupació.				
He completat les fitxes de personatge amb tots els apartats de forma coherent, incloses la biografia i la imatge.				
Durant la partida he representat el meu personatge d'acord amb el seu estament, ocupació i biografia.				
He participat de forma activa en la partida, aportant idees i treballant en equip.				
He respectat les idees dels altres.				
La meva actitud ha estat positiva i col·laboradora amb els companys i el director o directora de joc.				

12. L'art a l'edat mitjana: el romànic i el gòtic

En aquesta unitat estudiarem l'art preromànic i el romànic, característics de l'alta edat mitjana (segles VI-XIII), i el gòtic, propi de la baixa edat mitjana (segles XIV-XV). Analitzarem les característiques de la pintura, l'arquitectura i l'escultura d'aquests estils artístics, tant a la península Ibèrica com a l'Europa occidental, fent una menció especial al romànic i el gòtic catalans.

El repte

Construir una església

Com hem vist, a l'edat mitjana l'església era el centre dels pobles i ciutats. La seva construcció esdevenia un símbol de prestigi i importància per a tota una regió.

El coneixement de l'art ens ajuda a entendre la cultura i la forma de pensar d'una societat. En aquest repte us demanarem que feu una immersió en la cultura medieval i que **construïu la vostra església** i la feu evolucionar amb els segles. Descobrireu que, lluny de ser uns segles foscos, l'època medieval va donar grans obres a la humanitat.

3 **Dissenyar la nostra església gòtica**

2 **Decorar l'església romànica**

1 **Dissenyar la nostra església romànica**

4

Decorar l'església gòtica

5

Construir les esglésies i preparar les visites

6

Valorar el repte realitzat

Termes clau

- preromànic
- romànic
- cistercenc
- gòtic
- arc de mig punt
- volta de canó
- arc ogival
- volta de creueria
- vitralls
- pantocràtor
- tetramorf
- retaule

Les paraules clau en imatges.

1. L'art preromànic

Interior i exterior de Santa María del Naranco (Astúries), exemple de preromànic asturià (segle IX).

Durant l'alta edat mitjana es van succeir dos estils artístics: el **preromànic** –des de la caiguda del l'Imperi romà d'Occident, al segle V, fins al segle X– i el **romànic** –segles XI i XII–. Tant l'un com l'altre són de caràcter fonamentalment religiós. L'arquitectura va ser l'expressió artística més utilitzada i l'escultura i la pintura estaven al seu servei.

1.1. El preromànic a la península Ibèrica

A la península Ibèrica es conserven un bon nombre d'edificis que corresponen a tres estils diferents: el visigòtic, l'asturià i el mossàrab. Les obres més representatives d'aquests estils són, respectivament: San Juan de Baños (Palència); Santa María del Naranco i San Miguel de Lillo (Astúries), i San Miguel de Escalada (Lleó).

Les esglésies dels diferents estils presenten unes característiques comunes:

- Són esglésies de petites dimensions.
- Les finestres són escasses i petites, per la qual cosa l'interior dels edificis és fosc.

Exterior de San Miguel de Escalada, església d'estil mossàrab del segle X.

Exterior i interior de San Juan de Baños, exemple d'església visigòtica del segle VII.

- Les pedres estan perfectament tallades (carreus) i col·locades sense **argamassa**.
- Els temples, usualment, estan coberts amb volta de canó.
- S'hi utilitza l'arc de ferradura.
- S'hi usa ornamentació geomètrica i floral tot i que també hi trobem representacions d'imatges.

1.2. El preromànic a Europa

Pel que fa a la resta de l'Europa occidental, l'art preromànic també es va caracteritzar per les peculiaritats locals, que compartien característiques comunes. L'estil més espectacular és el carolingi, perquè correspon a una monarquia poderosa que se sentia hereva dels antics emperadors romans. Els seus edificis eren de proporcions més grans i sovint van ser decorats amb mosaics. La major part d'aquestes construccions s'han perdut, però conservem la capella del palau de Carlemany, a Aquisgrà, consagrada el 805, un edifici de gran sumptuositat. La construcció té una **planta central** octogonal coronada per una cúpula. Per a la decoració es van utilitzar mosaics, marbres i bronzes.

Carlemany, impulsor de la cultura i les arts

Carlemany [...] va practicar devotament i amb gran pietat la religió cristiana, en la qual es va educar des de la infància, i és per això que va construir a Aquisgrà una basílica d'excelsa bellesa i la va ornamentar amb or, plata i canelobres, i també amb balustrades i portes de bronze massís. Per construir l'edifici no va trobar columnes i marbres, així que es va encarregar de fer-los venir de Roma i Ravenna.

EGINARD, *Vida de Carlemany* (segle IX)

La construcció del palau d'Aquisgrà, miniatura de Jean Fouquet (segle XV). Carlemany apareix en primer terme.

CS

1. Explica les característiques pròpies de l'art preromànic.
2. Per què diem que l'art carolingi és el més espectacular de tot l'art preromànic? Quina relació observes entre el poder de l'Imperi carolingi i l'espectacularitat del seu art? Coneixes altres exemples històrics amb aquest tipus de relació?
3. Descriu els elements arquitectònics que observes a l'interior i a l'exterior de les construccions d'aquest apartat. Quines semblances i quines diferències hi veus?

argamassa: massa que s'obté barrejant sorra, calç i aigua.

planta central: tipus de planta de forma circular o octogonal.

A la dreta, capella del palau d'Aquisgrà de planta octogonal, l'única part de la construcció que es conserva.
A l'esquerra, basílica de Constantí a Trèveris (310) que va servir de model a Carlemany per a la gran sala de l'assemblea, una de les construccions més grans del palau.

2. L'art romànic. L'arquitectura

Planta i alçat de l'original catedral romànica de Santiago de Compostel·la. Va ser edificada entre els anys 1075 i 1128. De grans dimensions, té planta de creu llatina i tres naus.

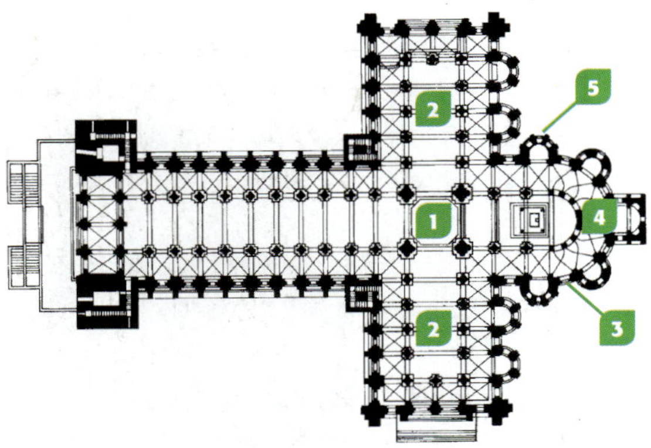

2.1. El romànic: un estil religiós

Entre els segles XI i XII l'Occident europeu cristià va compartir un mateix estil artístic: el romànic. Rep aquest nom per algunes de les seves característiques i solucions arquitectòniques, que deriven de l'art romà, i perquè la seva cronologia coincideix amb l'aparició de les llengües romàniques. Cal destacar que, a causa de la crisi de les ciutats (unitat 9), l'art romànic va ser predominantment rural. Així, la majoria de les esglésies –i també les construccions civils, com els castells– se situaven en pobles o en les zones rurals.

El pes de la religió durant aquesta època va ser decisiu per a aquest estil, ja que la majoria de les obres eren encarregades per l'Església, que pretenia fomentar l'apropament dels fidels a Déu i lloar la seva glòria.

1. creuer
2. transsepte
3. absis
4. girola
5. absidiola

Una església romànica

Sant Climent de Taüll

La planta

La planta de Sant Climent de Taüll és de tipus basilical i consta de tres naus, un absis i dues absidioles.

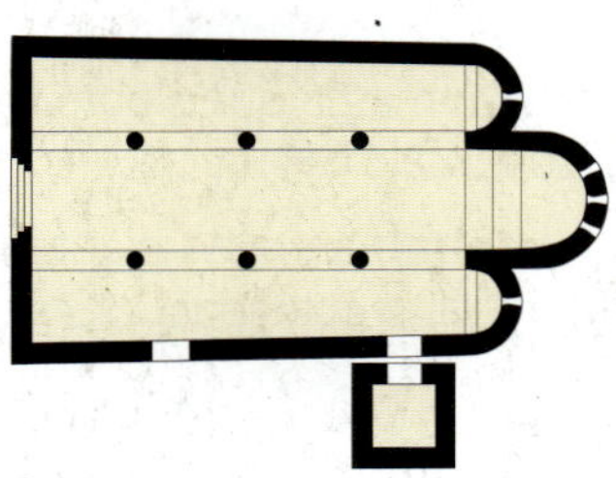

La volta de canó

El romànic feia servir arcs de mig punt i voltes de canó com a sistema de sustentació.

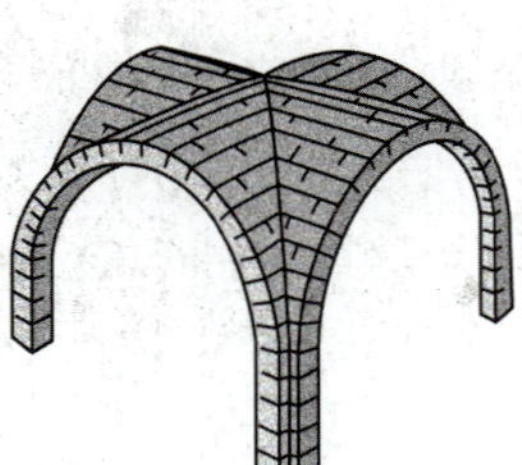

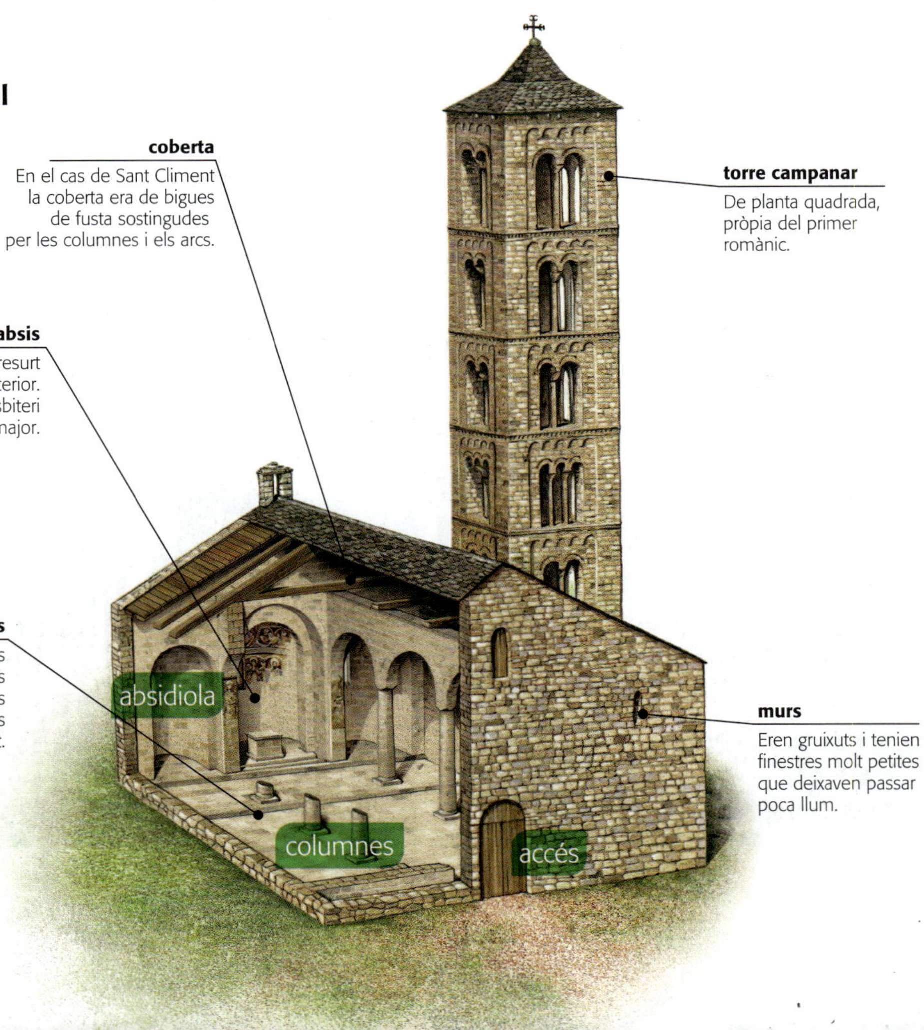

2.2. L'arquitectura romànica

Generalment, els temples romànics eren petits, amb l'excepció dels monestirs més importants i les esglésies de pelegrinatge (com la de Santiago de Compostel·la), que podien arribar a tenir grans dimensions. Els elements més importants de l'arquitectura romànica són els següents:

- Generalment, les plantes tenen forma de **creu llatina** orientada cap a l'est (en direcció a Jerusalem), amb una, tres o, fins i tot, cinc naus longitudinals. La nau transversal rep el nom de **transsepte**. El punt d'intersecció de les naus s'anomena **creuer** i normalment s'hi alça una torre o **cimbori**.
- A la capçalera es troba l'**absis**, de planta semicircular. En els temples més grans, les naus laterals s'enllacen mitjançant un corredor curvilini, la **girola** o deambulatori.
- L'interior del temple és normalment cobert amb **volta de canó**, que a vegades és de grans dimensions; se sosté gràcies a un seguit d'arcs de reforç (**arcs faixons**), que divideixen la volta en trams.
- Els elements de suport són: el mur massís reforçat amb **contraforts**, el pilar –que pot ser quadrat o cruciforme–, les columnes i l'arc de mig punt.
- Les esglésies tenen una torre campanar que servia principalment per cridar a l'oració i per avisar de les hores de pregària.

Dissenyar la nostra església romànica

Al llarg del repte la vostra classe haurà de convertir un espai del centre en una església romànica. Consulteu amb el vostre professor o professora de quin espai disposeu per dur a terme la vostra construcció.

Abans que res, escolteu els consells que us dona el constructor d'esglésies del recurs «Decora la teva església».

El primer que haureu de planificar és la pròpia construcció i decidir:

- El nombre de naus. Això determinarà el nombre de voltes i d'arcs.
- La ubicació i forma de les finestres.
- Com serà l'absis.

Elaboreu de forma individual un esquema de com voleu que sigui l'església. Aprofiteu la informació de la unitat i feu la recerca que cregueu convenient a Internet. També podeu prendre idees al recurs «Mapping de Sant Climent de Taüll».

En acabat, entre tota la classe voteu el disseny que us agradi més. Aquest serà el que dureu a terme al final del repte.

CS

1. Dibuixa una església romànica i descriu-la amb les teves paraules, fent servir mots tècnics però també un llenguatge comprensible, com ho faria un guia turístic.
2. Descriu l'interior i l'exterior de Santa Maria Magdalena de Vézelay. Quines diferències observes amb Santiago o Sant Climent de Taüll?
3. Al text s'ha dit que el romànic és un art religiós, un art rural i un art que deriva del món romà. Relaciona les tres característiques amb les creences, l'economia i la cultura de l'alta edat mitjana.

Interior i exterior de Santa Maria Magdalena de Vézelay.

3. L'art romànic. La pintura i l'escultura

La pintura al fresc i sobre taula

La pintura al fresc consisteix a preparar el mur amb una capa de morter, elaborat amb sorra, calç i aigua. Els pigments es dissolen en aigua i es pinta sobre el lliscat mentre encara és humit perquè així els colors s'absorbeixen millor.

Les taules (fusta) es cobrien amb lli o pergamí, o s'hi administrava una capa de guix (calç i aigua). A continuació, s'efectuava el dibuix amb un punxó i s'hi aplicaven els colors.

Es pintaven amb la tècnica del tremp, en la qual es barregen els pigments amb ou, cola o resina.

Il·lustració de James Le Palmer a *Omne Bonum* (c. 1360-1375; British Library, Londres), en la qual s'observa com es preparaven els pigments per pintar al fresc.

arquetip: patró o model original a partir del qual es plasmen representacions o còpies.

pantocràtor: significa 'totpoderós'. Deriva de les paraules gregues *pantós* ('tot') i *krátos* ('poder').

tetramorf: motiu iconogràfic que representa el conjunt dels símbols dels quatre evangelistes: un home o un àngel (sant Mateu), un lleó (sant Marc), un bou (sant Lluc) i una àliga (sant Joan).

L'escultura i la pintura estaven al servei de l'arquitectura i també tenien un caràcter religiós. La seva finalitat era en gran part didàctica: mitjançant l'escultura i la pintura es volia fer arribar al poble, majoritàriament analfabet, el missatge del cristianisme. Així, es representaven personatges i fets relacionats amb la Bíblia. Els temes més habituals eren les representacions del **pantocràtor** i de la Mare de Déu. Cal destacar que l'artista no tenia llibertat a l'hora d'imaginar què volia representar, sinó que seguia uns models proposats per l'Església.

3.1. La pintura romànica

La pintura se situava a les naus i els absis dels temples, però també es feia sobre taules que cobrien els frontals dels altars. La pintura romànica es caracteritza per:

- La manca de naturalitat. El pintor no emprava models ni volia representar formes reals humanes, sinó que plasmava **arquetips**.
- El hieratisme. Les figures tenen un aspecte sever, sense mostrar emocions.
- L'absència de fons i paisatges. La presència de Déu és atemporal, no se situa en cap lloc ni en cap moment concret.
- L'ús de la perspectiva jeràrquica. La imatge de Crist o la Mare de Déu són més grans que la resta de personatges.
- L'absència de profunditat i de volum. També hi havia absència d'il·luminació, ja que Crist mateix representava la llum.
- L'ús de colors plans. Els colors no es barrejaven. Les tonalitats predominants eren el blanc i el negre, vermells, ocres, blaus, verds i grocs.
- Delimitació dels contorns. Els colors de les figures se separen mitjançant un traç gruixut de color negre.

Pantocràtor amb el tetramorf del Panteó Reial de San Isidoro de Lleó (segle XII).

3.2. L'escultura romànica

L'escultura romànica comparteix gran part de les característiques de la pintura. Es localitza sobretot en les portes d'entrada als temples i en els **capitells** de les columnes, especialment els dels claustres. A les portalades, la representació més usual és la del Judici Final, en què Crist apareix triomfant, majestàtic, rígid i amb aspecte sever, envoltat pels símbols dels quatre evangelistes (**tetramorf**). A les esglésies dedicades a la Mare de Déu, aquesta ocupava la part central de la portada. Al voltant d'aquestes imatges s'hi representaven personatges de la Bíblia i de la vida dels sants; també s'hi esculpien, però, motius florals, geomètrics i animals fantàstics, sobretot en els capitells.

CS

1. Elabora un mapa conceptual amb les característiques de la pintura i escultura romàniques.
2. Imagina que ets un camperol que no sap llegir ni escriure i prova de descriure què sentiries en veure la decoració d'una església.

   El recurs «Mapping de Sant Climent de Taüll» et pot ajudar a posar-te en situació.

2 Decorar l'església romànica

En aquesta tasca haureu de decidir la decoració de la vostra església. Per tal de fer-ho, aprofiteu l'esquema de la vostra església i, individualment, dividiu-la en cinc parts: portalada, absis, elements mobles com la creu i altar, capitells i murs.

Tot seguit, individualment feu una proposta de decoració per a tots aquests elements que inclogui una explicació i un esbós. Podeu fer servir allò que heu llegit a l'apartat i cercar-ne més informació a Internet. El recurs «Iconografia del romànic» també us pot ajudar a decidir-vos.

En acabat, reuniu-vos amb la resta de la classe i voteu la millor proposta per a cada categoria. Aquesta serà la decoració que plasmareu a la vostra església.

Pòrtic de Santa Fe de Conques, segles X-XII.

4. L'art gòtic. L'arquitectura

Refetor de Santa María de la Huerta (Sòria), d'estil cistercenc. S'hi poden observar característiques pròpies del gòtic i del romànic.

4.1. El gòtic, un estil urbà

L'expansió del comerç i de la vida urbana a partir del segle XIII va provocar un canvi important en la sensibilitat artística. El romànic, estil rural i al servei de la religió, donava pas a un art nou, el gòtic. El nou estil era el reflex d'una societat dinàmica i d'una nova classe social, la burgesia, que tenia una nova manera d'entendre l'espiritualitat. L'art gòtic es va desenvolupar a tot l'Occident europeu entre els segles XIII i XV i, en alguns llocs, fins i tot durant bona part del segle XVI.

4.2. L'arquitectura gòtica

El pas de l'arquitectura romànica a l'arquitectura gòtica no es va produir de sobte. Al llarg del segle XII un orde monàstic nou, el **Cister**, va impulsar la construcció de nous monestirs arreu d'Europa que es caracteritzaven per l'ús de noves solucions arquitectòniques com la volta apuntada o ogival, que van ser adoptades per l'art gòtic. L'art del Cister és un estil de transició al gòtic.

A més d'esglésies, convents i monestirs, es van construir en estil gòtic un gran nombre d'edificis civils a les ciutats, com ara palaus, ajuntaments, hospitals, llotges de comerç i drassanes. Tanmateix, l'edifici més important de l'arquitectura gòtica és la **catedral**. Les catedrals gòtiques tenien els elements característics següents:

Notre-Dame de París

Notre-Dame de París

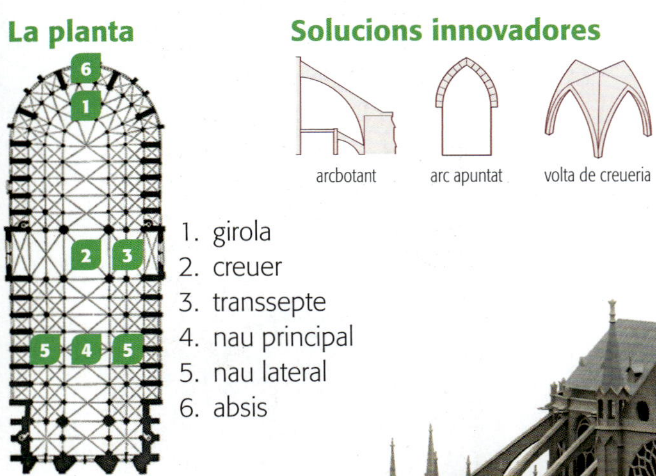

1. girola
2. creuer
3. transsepte
4. nau principal
5. nau lateral
6. absis

Es tracta d'una planta de creu llatina de tres naus.

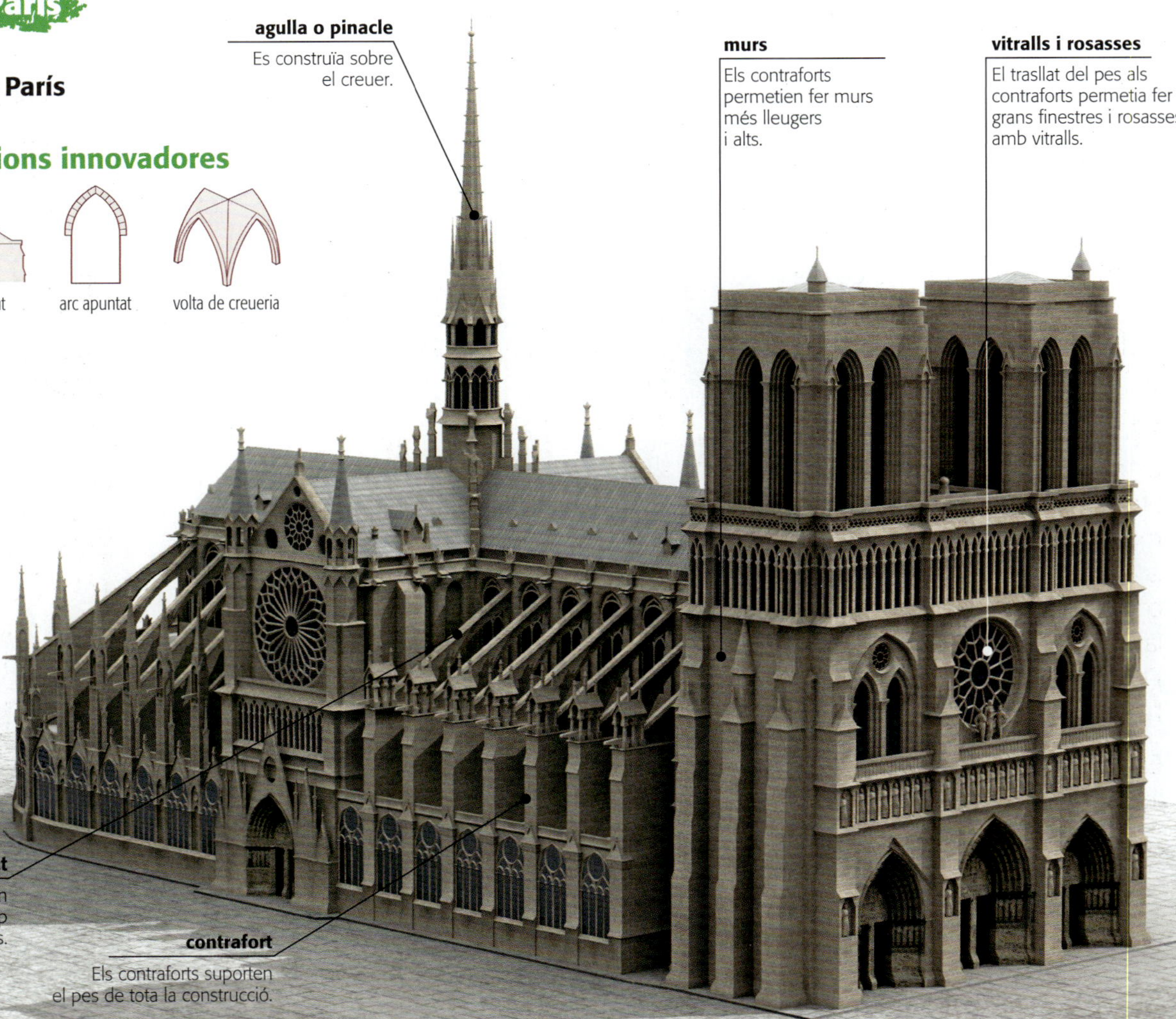

- Augment de l'altura dels edificis per mitjà de la **volta ogival o de creueria** i dels **arcs ogivals o apuntats**, que transmetien el pes de la coberta als pilars reforçats amb **contraforts** i als **arcbotants** exteriors.
- Abundància d'elements decoratius en forma de punxa, com els **pinacles**, que donen una sensació d'elevació.
- Plantes de creu llatina de tres o cinc naus.
- Les naus laterals s'enllacen mitjançant un corredor curvilini, la **girola** o **deambulatori**.
- Damunt el **creuer** sol haver-hi una torre coronada per una **agulla** de gran altura.
- Lluminositat, obtinguda gràcies a l'alliberament del pes en els murs. Això permet obrir finestrals i rosasses decorats amb **vitralls**, que filtren i acoloreixen la llum –símbol de la presència divina– que entra a l'interior del temple.

CS

1. Per què el Cister és un estil de transició? Quina és la seva característica principal? Cerca a Catalunya un monestir cistercenc i alguna imatge en la qual s'evidenciï que es tracta d'un art de transició.
2. Quines diferències hi ha entre l'estil gòtic i el romànic? Fes un exercici com el que vas fer a l'apartat 2 i descriu aquest cop una catedral gòtica.
3. Quin canvi socioeconòmic de la baixa edat mitjana va propiciar la transició del romànic al gòtic?

Els vitralls

Els vitralls són vidrieres que tenen tires de plom on s'encaixen els vidres. Els artesans que les realitzaven eren autèntics especialistes que es van agrupar en gremis a partir del segle XIV.

Vitralls i rosassa a l'interior de la Sainte-Chapelle (París).

En els vitralls i les rosasses es representaven des de motius geomètrics i florals fins a escenes de la Bíblia i altres de la monarquia i la cort. De la mateixa manera que la pintura i l'escultura, exercien una funció didàctica. Segons el bisbe francès Guillem Durand (segle XIII), els vitralls preservaven les catedrals dels elements nocius de l'exterior i només deixaven passar la llum de Déu, que il·luminava els fidels.

El vitralls i rosasses més espectaculars es troben a les catedrals de Chartres, Reims, Lleó i Burgos, entre d'altres.

3 Dissenyar la nostra església gòtica

En aquesta tasca repetirem el procés que vam seguir a la tasca 1 i planificarem la construcció d'una església gòtica a l'espai designat.

Com llavors, decidiu:

- El nombre de naus. Això determinarà el nombre de voltes i d'arcs.
- La ubicació i forma de les finestres.
- Com serà l'absis.
- Elaboreu de forma individual un esquema de com voleu que sigui l'església. Aprofiteu la informació de la unitat i feu la recerca que cregueu convenient a Internet. També us pot ajudar el mètode seguit pel mestre constructor del recurs «Dels arcs de mig punt als apuntats».

Igual que vau fer llavors, poseu en comú els dissenys i decidiu quin d'ells dureu a terme al final del repte.

5. L'art gòtic. La pintura i l'escultura

La pintura flamenca del segle XV

L'auge comercial que va tenir Flandes cap al segle XV va convertir les ciutats en importants centres artístics gràcies a la riquesa que va acumular la burgesia. Així, els pintors flamencs van poder retratar aquesta classe social, orgullosa dels seus èxits econòmics. Els retrats podien ser individuals, però els personatges també podien aparèixer com a donants. En aquest cas, qui encarregava la pintura era retratat al costat de la Verge i el Nen i dels sants; però l'obra, encara que tenia un sentit religiós, ja no estava destinada a l'església, sinó a la llar d'aquell que pagava l'obra.

Els pintors van utilitzar l'oli per elaborar les taules, en lloc de la pintura al tremp. Es barrejaven els pigments amb olis vegetals i així s'aconseguia dotar la tela d'uns colors brillants alhora que es podia pintar amb més minuciositat.

Jan van Eyck, *La Verge del canonge Van der Paele*, 1436.

5.1. La pintura gòtica

La pintura i l'escultura gòtiques es diferencien del romànic pel seu **naturalisme**: les figures són més humanes i expressen sentiments i sensacions. S'amplia el ventall de colors utilitzats i destaca la utilització del daurat, que simbolitza la llum divina.

La disminució del gruix dels murs i el gran interès pels vitralls van fer que la pintura mural desaparegués gairebé del

A dalt, fresc de Giotto a la capella Scrovegni de Pàdua (c. 1303). Giotto va deixar enrere la rigidesa de la composició del romànic, ja que va situar els personatges en un paisatge, tot i que molt esquemàtic encara, i a més, va tenir cura de la composició situant, per exemple, algunes figures d'esquena a l'espectador per tal de donar sensació de profunditat.
A baix, *L'Anunciació*, Fra Angelico, 1426. Madrid, Museu del Prado. En aquesta obra es pot observar el fons arquitectònic en el qual estan situats els personatges, la seva humanització i l'ús de la perspectiva.

tot. En canvi, va tenir un gran desenvolupament la pintura sobre taula. En els **retaules** es representava la vida de Crist, la Mare de Déu o la dels sants, però els fons monocromàtics del romànic es van substituir per paisatges i elements arquitectònics en els quals se situaven els personatges.

5.2. L'escultura gòtica

Com va passar amb la pintura, l'escultura gòtica va mostrar un realisme més gran, que es va fer evident en la humanització de les figures sagrades que representaven Crist i la Mare de Déu, que es mostrava com una mare jove que somriu al seu fill petit. A més, les escultures es van estilitzar i van anar adquirint volum i sensació de moviment. També es van esculpir escultures de reis, nobles i membres del clergat.

L'escultura es realitzava, majoritàriament, amb pedra i marbre, i sovint era policromada. Les imatges podien ser **exemptes** o ornamentar els **timpans** i les **arquivoltes** de les portalades.

CS

1. Quina diferència principal hi ha entre la pintura i l'escultura del romànic i el gòtic?
2. Observa el fresc de Giotto i compara'l amb el pantocrator de la pàgina 244. Quines són les diferències fonamentals que hi aprecies? Fes servir la informació que et proporciona el text per fer la comparació.
3. Per què el grup escultòric de la catedral de Reims és una escultura naturalista? Quines altres característiques de l'escultura gòtica hi aprecies?

Al grup escultòric de *La Visitació* i *L'Anunciació* de la façana de la catedral de Reims (segle XIII) s'aprecia el naturalisme en els rostres –sobretot en el de l'àngel que somriu–, i el volum de les figures.

4 Decorar l'església gòtica

En aquesta tasca repetirem la dinàmica de la tasca 2 per tal de dissenyar la decoració de l'església. Aquest cop, però, substituirem els capitells per un nou element propi del gòtic: els vitralls.

Com llavors, feu una proposta individual de decoració per a tots els elements que inclogui una explicació i un esbós. Podeu fer servir allò que heu llegit a l'apartat i cercar-ne més informació a Internet.

En acabat, reuniu-vos amb la resta de la classe i voteu la millor proposta per a cada categoria. Aquesta serà la decoració que plasmareu a la vostra església.

exempta: referit a una escultura que no es troba adossada a cap mur ni estructura arquitectònica.

6. L'art català medieval

Interior de Sant Miquel de Cuixà (Conflent, França), del segle x. Construcció preromànica catalana que encara presenta tècniques constructives populars romanes com l'arc ultrapassat o el morter amb pedres.

6.1. El preromànic

Durant els segles IX i X es va desenvolupar a Catalunya l'art **preromànic**, les construccions del qual eren petites esglésies d'una nau rectangular amb finestres molt petites; la coberta era generalment de fusta i en alguns casos es va emprar la volta de canó. Gairebé sempre s'utilitzava l'arc de ferradura, probablement per influència musulmana, com s'observa a la porta ferrada del monestir de Sant Feliu de Guíxols, i la decoració escultòrica era molt escassa.

6.2. El romànic

Al llarg dels segles XI i XII es va desenvolupar l'art **romànic**. L'arquitectura romànica presenta tres grans estils:

- El **romànic autòcton**, que es caracteritza per la seva monumentalitat i la rica decoració escultòrica. L'exemple més representatiu és el monestir de Sant Pere de Rodes (1022).
- El romànic **llombard** o primer romànic. Les esglésies són generalment de planta basilical i amb coberta de volta. La decoració és molt austera i consisteix bàsicament en les **arcuacions cegues**. Destaquen les esglésies de Santa Maria de Ripoll, Sant Vicenç de Cardona i Sant Climent i Santa Maria de Taüll.
- El **segon romànic**, propi del segle XII. Els edificis presenten més decoració escultòrica (monestirs de Sant Joan de les Abadesses i de Sant Pere de Besalú).

A Catalunya es conserva el millor llegat de **pintura romànica** d'Europa, mural i sobre fusta. En destaquen els conjunts de Sant Climent i Santa Maria de Taüll (segle XII).

Pel que fa a l'escultura romànica catalana, es concentra en les portalades dels edificis (Santa Maria de Ripoll) i en els claustres (monestir de Sant Cugat, catedral de Girona). Hi ha també un nombre important d'escultures exemptes.

Fresc de l'absis de Santa Maria de Taüll. El registre superior representa el cel amb la Mare de Déu, el Nen i els Reis d'Orient. El registre mitjà representa l'Església i els apòstols. El registre inferior representa el món terrenal. A la dreta, exterior de Santa Maria de Taüll.

6.3. El gòtic

L'arquitectura gòtica catalana té unes característiques específiques:

- Senzillesa de les formes externes i de la decoració interna (reducció de vitralls).
- Predomini de l'horitzontalitat per damunt de la verticalitat.
- Creació de plantes espaioses d'una o tres naus.

Les obres més remarcables eren les esglésies i les catedrals, entre les quals destaquen les de Barcelona, Palma, Girona i Tortosa, i l'església de Santa Maria del Mar, a Barcelona.

En l'arquitectura civil són representatives, a Barcelona, la Casa de la Ciutat, la Llotja, el Palau de la Generalitat i l'Hospital de la Santa Creu, i, a Palma, l'edifici de la Llotja de comerç.

La pintura gòtica va utilitzar el retaule com a forma d'expressió artística més important. Entre els pintors que van sobresortir hi ha els germans Jaume i Pere Serra, Ferrer Bassa, Bernat Martorell, Jaume Huguet i Lluís Dalmau.

L'escultura es va anar deslligant de l'arquitectura i destaquen les obres exemptes, que es van incorporar en retaules i conjunts funeraris. Entre els escultors més importants destaquen Pere Oller i Pere Joan.

El retaule gòtic de Lluís Dalmau *La Mare de Déu dels Consellers* (1455) mostra una clara influència de la pintura flamenca, tant en la tècnica com en el tema.

L'església de Santa Maria del Pi (Barcelona), del segle XIV, reflecteix la senzillesa de formes i l'horitzontalitat pròpies de l'arquitectura gòtica catalana.

CS

1. Descriu el fresc de Santa Maria de Taüll i la pintura *La Mare de Déu dels Consellers*, de Lluís Dalmau. Explica'n les diferències i a quin estil pertany cada obra.
2. Per què destaca el romànic a Catalunya? Situa geogràficament les mostres més importants de romànic català. En l'actualitat, els frescos romànics catalans són patrimoni de la humanitat, però no es troben a les esglésies. Per què passa, això?
3. Quines són les característiques pròpies de l'arquitectura gòtica a Catalunya?

Sant Jordi, de l'escultor català Pere Joan (1418). Medalló esculpit a la façana gòtica del Palau de la Generalitat de Catalunya.

Activitats finals

▶ 1. Observa una pintura romànica

L'església de Sant Climent de Taüll (Alta Ribagorça) va ser consagrada el 1123. Destaca per la qualitat de les pintures murals, que avui es conserven al Museu Nacional d'Art de Catalunya. Les que veus en la il·lustració corresponen a l'absis.

a) Descriu la composició: quin lloc ocupa el Crist (dit *Majestat*)? Quins altres personatges hi identifiques?

b) Descriu la figura de Crist. Com va vestit i quina expressió té? Per què?

c) Quins colors va utilitzar l'artista?

d) Per què diem que l'art romànic és antinaturalista?

e) Quina sensació transmetia aquesta imatge als fidels del moment? Com era la religiositat, llavors?

▶ 2. Analitza l'escultura romànica

Els capitells del monestir de Sant Cugat (finals del segle XII) destaquen per la seva riquesa temàtica i per l'extraordinària tècnica emprada per l'escultor Arnau Cadell, que, al contrari de la majoria d'autors d'aquella època, va signar la seva obra en una de les pedres del claustre.

Déu adverteix Adam i Eva al Paradís.

Monjos en actitud d'oració.

Samsó matant el lleó.

a) Explica les característiques de l'escultura romànica.

b) Quins temes se solien representar en els capitells romànics?

▶ 3. Treballa amb fonts diverses

Els textos següents expliquen que la construcció d'una catedral era una obra col·lectiva en la qual tothom col·laborava d'una manera o altra:

> Si la iniciativa de la construcció depenia de les autoritats religioses, polítiques o municipals, la direcció financera i tècnica va ser molt variable i complexa. Certes construccions reials o principesques van poder ser erigides molt ràpidament, en tres o quatre anys gràcies als recursos financers dels prínceps, però en el cas de les catedrals, el finançament no podia quedar assegurat, en molts casos, amb la fortuna dels bisbes o dels canonges. Aleshores es recorria a altres mitjans com donacions, col·lectes, processons de les relíquies de l'església o establiment d'impostos sobre fires i mercats. Poques catedrals van ser construïdes d'un sol cop en vint o trenta anys, com la de Chartres o Royaumont [...]. Des de mitjan segle XII, augmenta considerablement el cost de la construcció; és possible que aquest encariment sigui conseqüència de la qualificació cada vegada més alta dels constructors, com a resultat de l'augment de complexitat de l'estructura i de la decoració.
>
> Font: <http://www.catedralesgoticas.es/go_arquitectura.php>.

Homes i dones de totes les condicions i fins i tot sobirans i prínceps traginen carros plens de vi, de blat, de pedres, de fusta i d'altres coses necessàries per viure i per construir les esglésies. El carro és tan pesat que de vegades calen mil persones per arrossegar-lo. El transport es fa en silenci. A les aturades es canten himnes i càntics. A l'arribada, les carretes, conduïdes per sacerdots, formen una rotllana al voltant de la catedral. Es vetlla, s'encenen ciris i s'espera una curació miraculosa pels malalts i els invàlids.

Cartes de l'abat Haimon als religiosos de Tutbury (segle XII)

Miniatura del segle XIII que mostra una grua de roda.

a) Segons el primer text, quins estaments socials col·laboraven en la construcció d'una catedral?

b) Com participava la població en la construcció de les catedrals?

c) Llegeix el segon text i explica qui finançava les catedrals. Quines dificultats hi havia en el procés de construcció?

d) Quines feines es poden veure a la miniatura? Es correspon alguna d'elles amb el que es diu als textos?

▶ 4. Compara estils pictòrics

a) Quines diferències fonamentals es poden observar en aquestes pintures que representen els estils romànic i gòtic, respectivament? (Cal fixar-se en les actituds de la Mare de Déu i el Nen, els vestits, el fons de les pintures, els colors...).

b) Quins suports i tècniques s'utilitzaven en cada un d'aquests dos estils?

La Mare de Déu a la pintura de *L'Adoració dels Reis d'Orient al nen Jesús*. Pintura mural de l'església de Navasa (Osca), c. 1200.

La Mare de Déu al retaule d'Antoni de Llonye dedicat a aquesta, sant Agustí i sant Nicolau de Tolentino (MNAC), 1461-1462.

Mare de Déu amb el Nen al díptic de Melun (1450), del francès Jean Fouquet, considerat un pintor de transició entre el gòtic tardà i el Renaixement.

▶ 5. Aprofundeix en un tema

Jan van Eyck, *El matrimoni Arnolfini*, 1434.

a) Quines eren les característiques de la pintura flamenca? Quines diferències hi havia amb la pintura gòtica de retaule?

b) Busca informació sobre Jan van Eyck i redacta una biografia d'aquest pintor.

c) Observa el quadre *El matrimoni Arnolfini*. Busca informació sobre aquesta pintura i descriu-la.

▶ 6. Treballa amb l'ús de les TIC

Una bona manera de conèixer l'art medieval és recorrent el camí de Sant Jaume. Aquesta ruta que travessa el nord de la península Ibèrica permet gaudir de la natura i aturar-se a contemplar nombrosos exemples d'art romànic i gòtic. Consulta el recurs «El camí de Sant Jaume» i respon les qüestions.

Consulta el recurs «El camí de Sant Jaume» i amb l'ajut de tres aplicacions mòbils, *miCamino*, *Camino Santiago Guias* i *Camino Pilgrim*, organitza un viatge d'una setmana pel camí de sant Jaume.

En la teva planificació hi ha de constar la distància recorreguda cada dia, les dificultats que et puguis trobar al llarg del camí, les ciutats i monuments que visitaràs i els albergs on t'allotjaràs.

Activitats d'ampliació de contingut.

El camí de Sant Jaume

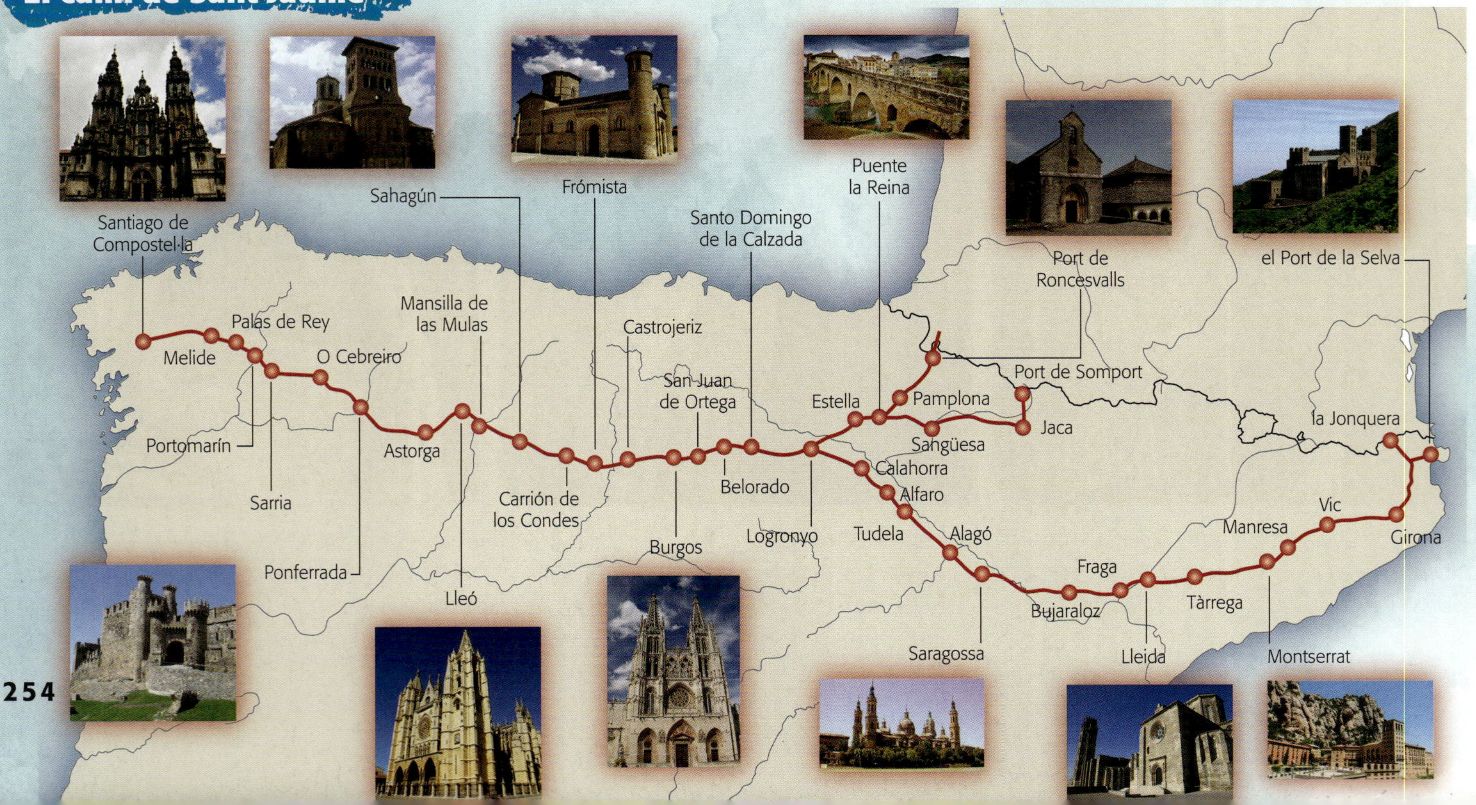

El que cal recordar

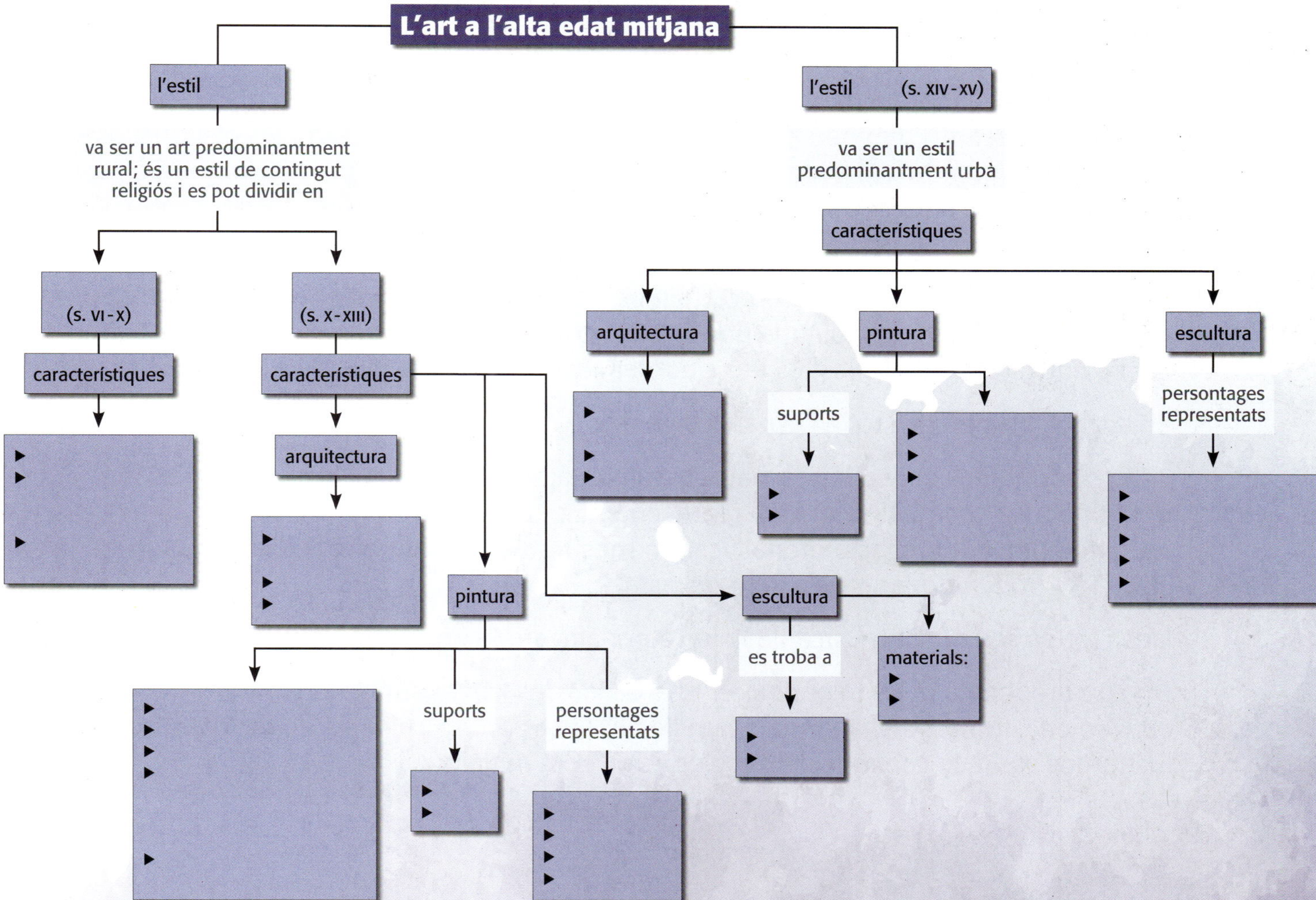

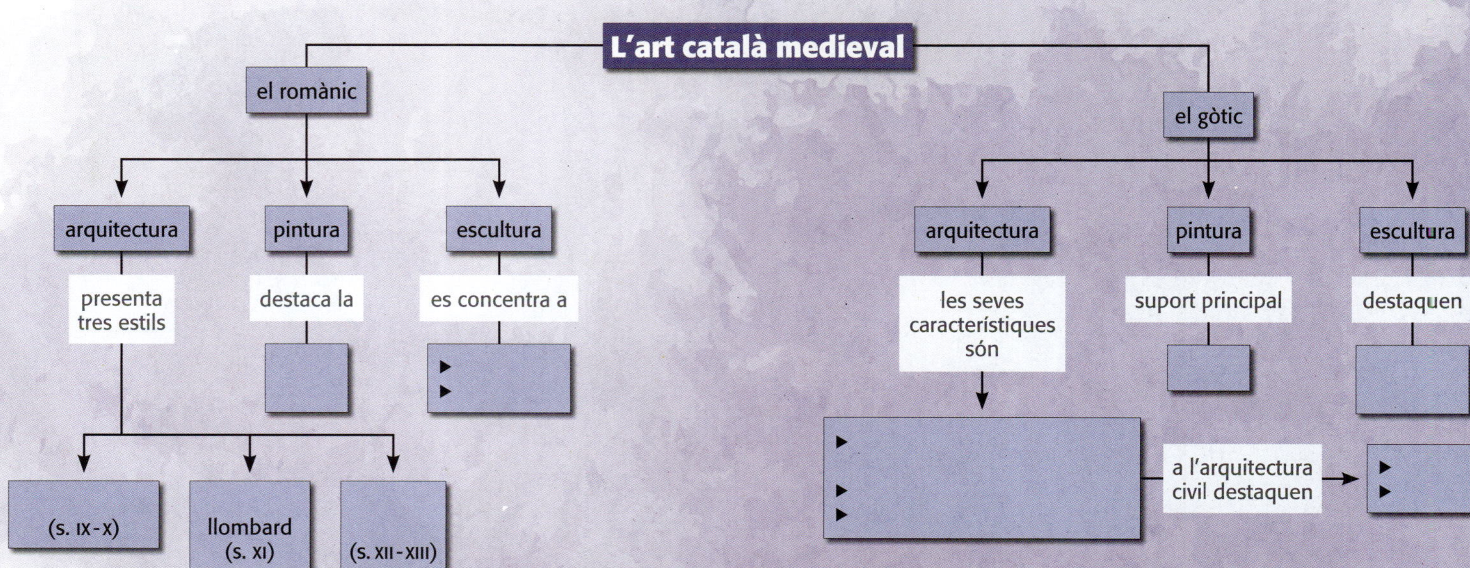

Competències en acció

6 Construir l'església i preparar les visites

Arribats a aquest punt, queda la tasca més important, la confecció dels materials i el muntatge de l'església.

Preneu els dissenys que heu preparat a les tasques anteriors i dividiu les esglésies en seccions tenint en compte els elements que s'han de muntar (murs, absis, columnes, arcs, portalada...) i els elements decoratius que s'han de confeccionar (frescos, capitells, vitralls...). Distribuïu-vos en petit grup i assigneu aquestes tasques als diferents grups.

No tingueu por, penseu que amb cartolines i cartró es pot fer tot el que vulgueu: columnes, capitells, un absis i, fins i tot, una bona portalada. Podeu consultar els professors de Tecnologia i d'Educació visual i plàstica per elaborar les decoracions.

En acabat, munteu-ho tot a l'espai designat.

Un cop muntades les esglésies, haureu de preparar les visites guiades. Per fer-ho més entretingut podríeu teatralitzar la visita representant personatges de l'edat mitjana: una noble, un sacerdot, una congregació monàstica, un mestre d'obra o un picapedrer, un grup de pagesos... Tots poden donar el seu punt de vista.

Fins i tot podeu posar música de l'època per afavorir la immersió dels visitants.

Un cop preparada la visita podeu fer una crida a les xarxes socials o convidar-hi qui cregueu convenient: professors, alumnes, famílies o, fins i tot, els col·legis de primària adscrits, i il·lustrar-los sobre la construcció d'esglésies a l'edat mitjana.

7 Valorar el repte realitzat

Coavaluació

Després de veure la feina que han fet els vostres companys de classe a la seva secció de l'església, haureu d'avaluar el grau d'acompliment del repte a partir del recurs «Coavaluació de l'església». Feu servir una plantilla per grup.

Grup avaluat:				
Indicadors	**Valoració**			
	NA (1)	AS (2)	AN (3)	AE (4)
Han construït les seccions assignades tal com estava especificat en els esquemes previs al llarg del repte.				
Han elaborat la decoració tal com s'havia especificat en els esquemes previs al llarg del repte.				
El resultat és visualment atractiu i rigorós des d'un punt de vista històric i artístic.				
El grup ha participat amb correcció en la preparació de les visites guiades i la seva teatralització.				

Autoavaluació

Per tal d'avaluar la teva pròpia feina i la del grup en la construcció de l'església, fes servir el recurs «Autoavaluació de l'església».

Indicadors	**Valoració**			
	NA (1)	AS (2)	AN (3)	AE (4)
He dut a terme el disseny de la primera església aplicant les característiques de l'arquitectura romànica.				
He projectat la decoració de la primera església amb la simbologia pròpia del romànic.				
He dut a terme el disseny de la segona església aplicant les característiques de l'arquitectura gòtica.				
He projectat la decoració de la segona església amb els elements més característics de la pintura i l'escultura gòtiques.				
He participat activament en la construcció i decoració de les esglésies.				
He manifestat la meva opinió sobre els diferents dissenys i decoracions tot explicant els meus punts de vista i respectant els dels altres.				
He preparat la guia per a les visites tot especificant el valor del patrimoni i assenyalant les característiques bàsiques dels dos estils i les seves diferències.				

OCEÀ GLACIAL ÀRTIC
Illes de la Reina Isabel
Ellesmere
Grenlàndia
Mar de Grenlàndia
Badia de Beaufort
Estret de Bering
Banks
Victòria
Badia de Baffin
Baffin
Estret de Davis
Jan Mayen
Estret de Dinamarca
Islàndia
Reykjavík
Illes Fèroe
Illes Shetland
Cercle Polar Àrtic
Alaska
Mackenzie
Gran Llac dels Ossos
Gran Llac de l'Esclau
Yukon
Badia de Hudson
Península d'Ungava
Mar del Labrador
C. Farvel
Península d'Alaska
Golf d'Alaska
Illes Aleutianes
Illes de la Reina Carlota
Vancouver
SERRALADA DE LA COSTA
SERRALADA COSTANERA
MUNTANYES ROCALLOSES
Llac Winnipeg
Labrador
AMÈRICA DEL NORD
Missouri
Les Grans Planes
Llac Superior
Llac Huron
Llac Michigan
Mississipí
Gran Llac Salat
APALATXES
Terranova
C. Race
Nova Escòcia
OCEÀ ATLÀNTIC
Illes Britàniques
Dublín
Londres
París
Mont Blanc 4.807
C. Finisterre
Golf de Biscaia
Pirineus
Península Ibèrica
Lisboa
Madrid
Washington
C. Hatteras
Illes Bermudes
Illes Açores
Estret de Gibraltar
Illes Madeira
Illes Canàries
Atles
Toubkal 4.167
OCEÀ PACÍFIC
Guadalupe
Plana de la Costa del Golf
Florida
Illes Bahames
Golf de Mèxic
Península de Califòrnia
L'Havana
Cuba
Tròpic de Càncer
C. San Lucas
Yucatán
Grans Antilles
Hispaniola
Puerto Rico
Dakhla
Illes Hawaii
Ciutat de Mèxic
Orizaba 5.700
I. Caiman
Jamaica
Guadeloupe
Nouakchott
Illes Revillagigedo
AMÈRICA CENTRAL
San José
Mar Carib / Mar de les Antilles
Petites Antilles
Illes del Cap Verd
C. Verd
Dakar
Conca del Níger
Llac de Nicaragua
Caracas
Trinitat
Clipperton
Panamà
Golf de Panamà
Roraima 2.875
Monròvia
Accra
Lomé
Golf de Guinea
Coco
Bogotà
Massís de les Guianes
São Pedro i São Paulo
Palmyra
Malpelo
Jarvis
Equador
Illes Espòrades Equatorials
Arxipèlag de Colón
Illes Galápagos
Chimborazo 6.267
Amazones
Xingu
Fernando de Noronha
C. San Roque
OCEANIA
POLINÈSIA
Illes Marqueses
Huscarán 6.768
Selves
AMÈRICA DEL SUD
Ascensió
Illes Cook
Illes Tuamotu
Lima
Illampu 6.362
Altiplà de Mato Grosso
Brasília
São Francisco
Saint Helena
Tahití
Illes de la Societat
Llac Titicaca
Golf d'Arica
Altiplà Brasiler
Paraná
Illes Tubuai
Tròpic de Capricorn
Illes dels Desventurados
SERRALADA DELS ANDES
Gran Chaco
Serra do Mar
C. Frio
Illa de Pascua
Sala y Gómez
Aconcagua 6.960
Arxipèlag Juan Fernández
Santiago
Pampa
Buenos Aires
Riu de la Plata
Illes del Tristão da Cunha
Metres
5.000
3.000
2.000
1.000
500
200
0
Depressió
0
200
2.000
4.000
5.000
6.000
Golf San Jorge
Patagònia
Illes Falkland / Illes Malvines
Gèorgia del Sud
Estret de Magallanes
Terra del Foc
C. d'Hornos
Estret de Drake
Mar de Scotia
Illes Sandwich del Sud
Illes Shetland del Sud
Illes Òrcades del Sud
Cercle Polar Antàrtic
Alexandre I
Península Antàrtica
C. Noruega
Mar de Weddell
Terra de Marie Byrd
Mar de Ross
0
5.000 km
ANT
160° 140° 120° 100° 80° 60° 40° 20° 0°
80° 60° 40° 20° 0° 20° 40° 60° 80°

OCEÀ GLACIAL ÀRTIC
Terra del Nord
Terra de Francesc Josep
C. Txeliuskin
Illes de la Nova Sibèria
Mar de Barentsz
Nova Terra
C. Nord
Wrangel
Estret de Bering
Penèplà de Sibèria Central
Plana de la Sibèria Occidental
SERRALADA DELS URALS
Tunguska Inferior
Lena
Indigirka
Kolima
MONTS TXERSKI
Sibèria Oriental
Cercle Polar Àrtic
Finlàndia
Llac Onega
Plana Russa
Volga
Moscou
Tobol
Ixim
Obi
Ienissei
Angara
Altiplà Stanovol
Aldan
Mar de Bering
Península de Kamtxatka
Mar d'Okhotsk
Sakhalin
Astana
Irtix
Kazakhstan
Mar d'Aral
Llac Baikal
Ulan Bator
Plana de la Xina Septentrional
Sikhote-Alin
Illes Kurils
Hokkaidō
Depressió Càspia
Mar Negra
Carpats
Caucas
Elbrus 5.633
Mar Càspia
Turquestan
Llac Balkhaix
TIAN SHAN
Mongòlia
Gobi
Huang He
Pequín
Mar de l'Est o del Japó
Arxipèlag Japonès
Honshū
Corea
Tòquio
OCEÀ PACÍFIC
Península Balcànica
Anatòlia
Atenes
Mesopotàmia
Teheran
Zagros
Altiplà d'Iran
Hindu Kush
Karakorum
KUNLUN SHAN
Altiplà del Tibet
HIMALAIA
Mar de la Xina Oriental
Kyūshū
Illes Ogassawara
Mediterrània
Mar Morta -395
El Caire
Sinaí
Al-Ryad
Balutxistan
Indus
Nova Delhi
Plana del Ganges
Everest 8.848
XINA
Iang-Tse
Illes Iō
Minami Tori
Tròpic de Càncer
Midway
Desert de Líbia
Golf Pèrsic
Aràbia
Oman
Golf d'Oman
Ganges
Bengala
Formosa
Okino Tori
Núbia
Mar Roja
Nil
San'a'
Mar d'Aràbia
Dècan
Golf de Bengala
Indo-xina
Tonquín
Hainan
Illes Marianes
Wake
ÀFRICA
Golf d'Aden
Socotra
C. Guardafui
Illes Lacadives
Illes Andaman
Bangkok
Annam
Mar de la Xina Meridional
Luzon
Manila
Mar de les Filipines
Johnston
Massís Etiòpic
Addis Abeba
Nil Blau
Península de Somàlia
C. Comorin
Illes Nicobar
Ceilan
Malacca
Mindanao
Filipines
MICRONÈSIA
Illes Marshall
Kenya 5.194
Muqdiisho
Illes Maldives
Sumatra
Singapur
Borneo
Illes Palau
Illes Carolines
Equador
Howland
Uele
Congo
Llac Victòria
Conca del Congo
Kilimanjaro 5.895
Zanzíbar
Illes Seychelles
Illes Chagos
Arxipèlag Malai
Moluques
OCEANIA
Serralada Mitumba
Llac Tanganyika
Kasai
Illes Comores
C. d'Ambre
Diego Garcia
Djakarta
Java
Cèlebes
Nova Guinea
Flores
Timor
Mar d'Arafura
Mar de Timor
C. York
Port Moresby
Illes Salomó
MELANÈSIA
Illes Samoa
Llac Malawi
Mayotte
Zambesi
Lilongwe
Illes Cocos
Christmas
Mar del Corall
Noves Hèbrides
Illes Tonga
Madagascar
Antananarivo
Canal de Moçambic
Kalahari
Limpopo
Orange
Drakensberg
Maurici
Reunió
OCEÀ ÍNDIC
C. Nord-oest
Kimberley
Gran Desert Sorrenc
GRAN SERRALADA DIVISÒRIA
Nova Caledònia
Tròpic de Capricorn
C. Sainte-Marie
AUSTRÀLIA
Gran Desert Victòria
Llac Eyre
Darling
Norflok
Illes Kermadec
Lord Howe
C. Naturalista
Gran Badia Australiana
Camberra
Illa del Nord
Nova Amsterdam
Sant Pau
Mar de Tasmània
Nova Zelanda
Wellington
Tasmània
C. Sud-est
Illes Chatham
Illes del Príncep Eduard
Illes Crozet
Illes Kerguelen
Illa del Sud
Illes Antípodes
Heard
Illes Auckland
Macquarie
Campbell
C. Poinsett
Cercle Polar Antàrtic
Terra d'Enderby
Illes Balleny
Terra de Wilkes
Terra Victòria
C. Adare
Mar de Ross
Ross
ANTÀRTIDA
20° 40° 60° 80° 100° 120° 140° 160° 180°
80° 60° 40° 20° 0° 20° 40° 60° 80°

OCEÀ GLACIAL ÀRTIC
Illes de la Reina Isabel
Grenlàndia (Din.)
Banks
Victòria
Baffin
Alaska
Cercle Polar Àrtic
(EUA)
Mackenzie
Jan Mayen (Nor.)
ISLÀNDIA
Reykjavík
Illes Fèroe (Din.)
Illes Shetland (GB)
GRAN BRETANYA
IRLANDA
Dublín
Londres
París
CANADÀ
Illes Aleutianes
Terranova
Missouri
Ottawa
ESTATS UNITS D'AMÈRICA
Mississipí
OCEÀ ATLÀNTIC
Washington
PORTUGAL
ESPANYA
Madrid
Lisboa
OCEÀ PACÍFIC
Açores (Port.)
Madeira (Port.)
Illes Bermudes (GB)
Rabat
MARROC
Guadalupe (Mèxic)
Illes Canàries (Esp.)
ALGÈRIA
MÈXIC
BAHAMES
Illes Turks i caicos (GB)
SÀHARA OCCIDENTAL
Tròpic de Càncer
L'Havana
CUBA
REPÚBLICA DOMINICANA
Illes Hawaii (EUA)
Ciutat de Mèxic
I. Caiman (GB)
HAITÍ
MAURITÀNIA
Illes Revillagigedo (Mèxic)
GUATEMALA
BELIZE
JAMAICA
Montserrat (GB)
MALI
Nouakchott
Guatemala
HONDURES
Antilles Neerlandeses
CAP VERD
SENEGAL
Dakar
Tegucigalpa
EL SALVADOR
NICARAGUA
Managua
Caracas
Bamako
BURKINA FASO
COSTA RICA
San José
TRINITAT I TOBAGO
GUINEA
Clipperton (França)
Panamà
PANAMÀ
VENEÇUELA
Georgetown
SIERRA LEONE
Monròvia
LIBÈRIA
COSTA D'IVORI
GHANA
Accra
Coco (Costa Rica)
GUYANA
Paramaribo
La Guaiana Francesa
Palmyra (EUA)
Bogotà
Malpelo (Colòmbia)
COLÒMBIA
São Pedro i São Paulo (Brasil)
GUINEA EQUATORIAL
Jarvis (EUA)
Equador
Arxipèlag de Colón
Illes Galàpagos (Equador)
Quito
EQUADOR
Amazones
SÃO TOMÉ I PRÍNCIPE
KIRIBATI
Fernando de Noronha (Brasil)
Xingu
PERÚ
Tokelau
BRASIL
Ascensió (Saint Helena-GB)
Lima
Brasília
São Francisco
La Paz
Saint Helena (GB)
Papete
BOLÍVIA
Paranà
Polinèsia Francesa
PARAGUAI
Illes Cook
Pitcairn (GB)
Tròpic de Capricorn
Illes dels Desventurados (Xile)
Asunción
XILE
OCEÀ ATLÀNTIC
Illa de Pascua (Xile)
Sala y Gómez (Xile)
ARGENTINA
URUGUAI
Arxipèlag Juan Fernández (Xile)
Santiago
Buenos Aires
Montevideo
Tristaõ da Cunha (GB)
Illes Falkland / Illes Malvines (GB)
Geòrgia del Sud (Falkland-GB)
Illes Sandwich del Sud (Falkland-GB)
OCEÀ PACÍFIC
Illes Shetland del Sud (GB)
Illes Òrcades del Sud (GB)
Cercle Polar Antàrtic
ANTÀRTIDA
0
5.000 km
160°
140°
120°
100°
80°
60°
40°
20°
0°

OCEÀ GLACIAL ÀRTIC
Terra del Nord
Terra de Francesc Josep
Nova Terra
Illes de la Nova Sibèria
Wrangel
Cercle Polar Àrtic
RÚSSIA
Ienissei
Tunguska Inferior
Lena
Indigirka
Kolima
Obi
Tobol
Irtix
Angara
Aldan
Volga
Don
FINLÀNDIA
Hèlsinki
ESTÒNIA
LETÒNIA
LITUÀNIA
Moscou
Minsk
BIELORÚSSIA
Kiev
UCRAÏNA
MOLDÀVIA
ROMANIA
BULGÀRIA
GEÒRGIA
ARMÈNIA
AZERBAIDJAN
Ankara
GRÈCIA
TURQUIA
Atenes
XIPRE
SÍRIA
Damasc
LÍBAN
ISRAEL
IRAQ
Bagdad
Amman
JORDÀNIA
KUWAIT
Al-Kuwait
El Caire
EGIPTE
Al-Riyad
ARÀBIA SAUDITA
Masqat
OMAN
SUDAN
ERITREA
Asmara
IEMEN
San'a'
Khartum
DJIBOUTI
Djibouti
SUDAN DEL SUD
Addis Abeba
ETIÒPIA
Juba
SOMÀLIA
KENYA
UGANDA
Muqdiisho
Nairobi
RWANDA
BURUNDI
TANZÀNIA
Dodoma
REPÚBLICA DEMOCRÀTICA DEL CONGO
Kinshasa
Congo
Kasai
ZÀMBIA
Lusaka
MALAWI
ZIMBABWE
MOÇAMBIC
BOTSWANA
Pretòria
Maputo
SWAZILÀNDIA
LESOTHO
REPÚBLICA DE SUD-ÀFRICA
MADAGASCAR
Antananarivo
Mayotte (Fr.)
COMORES
SEYCHELLES
Victòria
MAURICI
Port Louis
Reunió (Fr.)
Socotra (Iemen)
Illes Lacadives (Índia)
MALDIVES
Male
Sri Jayewardenepura Kotte
SRI LANKA
Territori Britànic de l'Oceà Índic
KAZAKHSTAN
Astana
UZBEKISTAN
Taixkent
Bishkek
KIRGUIZISTAN
TURKMENISTAN
Aixkhabad
Duixanbe
TADJIKISTAN
Teheran
IRAN
AFGANISTAN
Kabul
Islàmàbad
PAKISTAN
Indus
Nova Delhi
ÍNDIA
Ganges
NEPAL
Katmandu
BHUTAN
Thimbu
BANGLADESH
MYANMAR
Naypydaw
Hanoi
LAOS
Vientiane
TAILÀNDIA
Bangkok
VIETNAM
CAMBODJA
Phnom Penh
Illes Andaman (Índia)
Illes Nicobar (Índia)
Kuala Lumpur
MALÀISIA
Singapur
BRUNEI
INDONÈSIA
Djakarta
TIMOR ORIENTAL
Dili
Illes Cocos (Austràlia)
Christmas (Austràlia)
MONGÒLIA
Ulan Bator
XINA
Huang He
Iang-Tsé
Pequín
COREA DEL NORD
Pyongyang
COREA DEL SUD
Seül
JAPÓ
Tòquio
Illes Kurils
Taipei
TAIWAN
Manila
FILIPINES
OCEÀ PACÍFIC
Illes Ogassawara (Japó)
Illes Io (Japó)
Minami Tori (Japó)
Okino Tori (Japó)
Trópic de Càncer
Midway (EUA)
Illes Mariannes Septentrionals (EUA)
Guam (EUA)
Wake (EUA)
MARSHALL
Majuro
Johnston (EUA)
Melekeok
PALAU
ESTATS FEDERATS DE MICRONÈSIA
Palikir
Bairiki
Howland (EUA)
Equador
Yaren
NAURU
KIRIBATI
PAPUA NOVA GUINEA
Port Moresby
ILLES SALOMÓ
Honiara
TUVALU
SAMOA
Apia
VANUATU
FIJI
Vila
Suva
TONGA
Nuku'alofa
Tròpic de Capricorn
Nova Caledònia (Fr.)
Norfolk (Austràlia)
Illes Kermadec (N. Zel.)
Lord Howe (Austràlia)
AUSTRÀLIA
Canberra
NOVA ZELANDA
Wellington
Illes Chatham
Illes Antípodes (N. Zel.)
Illes Auckland (N. Zel.)
Macquarie (Austràlia)
Campbell (N. Zel.)
OCEÀ ÍNDIC
Nova Amsterdam (Fr.)
Saint Pau (Fr.)
Illes del Príncep Eduard (Sud-àfrica)
Illes Crozet (Fr.)
Illes Kerguelen (Fr.)
Heard (Austràlia)
Cercle Polar Antàrtic
Illes Balleny
Ross
1 ANDORRA
2 MÒNACO
3 CIUTAT DEL VATICÀ
4 SAN MARINO
5 BÈLGICA
6 PAÏSOS BAIXOS
7 LUXEMBURG
8 LIECHTENSTEIN
9 REPÚBLICA TXECA
10 ESLOVÀQUIA
11 ESLOVÈNIA
12 CROÀCIA
13 BÒSNIA I HERCEGOVINA
14 SÈRBIA
15 ALBÀNIA
16 MACEDÒNIA
17 MONTENEGRO
18 KOSOVO
19 BAHRAIN
20 QATAR
21 UNIÓ DELS EMIRATS ÀRABS
22 SURINAM
23 SAINT KITTS I NEVIS
24 ANTIGUA I BARBUDA
25 DOMINICA
26 SAINT LUCIA
27 SAINT VICENT I GRENADINES
28 BARBADOS
29 GRENADA
30 GÀMBIA
31 GUINEA-BISSAU
32 Puerto Rico (EUA)
33 Illes Verges Americanes
34 Illes Verges Britàniques
35 Anguilla (GB)
36 Guadaloupe (Fr.)
37 Martinica (Fr.)
38 Illes Wallis i Futuna (Fr.)
A